# 化学化工
# 文献信息检索

## 第3版

CHEMISTRY AND CHEMICAL ENGINEERING
LITERATURE INFORMATION RETRIEVAL

李一梅　罗时忠　王银玲　王伟智　卓淑娟 / 编著

中国科学技术大学出版社

## 内 容 简 介

本书是一本介绍如何检索与利用化学化工文献信息的图书,从简单到复杂、由浅入深、循序渐进、全面系统地介绍了化学化工文献信息资源及数据库系统检索与利用的理论与实践。本书主要内容包括：文献信息检索理论与检索技术；化学化工网络信息资源,如常用搜索引擎及学术搜索引擎、化学化工门户网站导航等；化学化工图书、期刊及特种文献等不同类型的文献资源及全文数据库系统,主要为一次文献,如超星图书、中外专利资源、ScienceDirect、SpringerLink、Wiley Online Library、ACS、RSC、CCS 等期刊全文数据库；中外著名的检索工具系统,主要为二次文献,如《中国化学化工文摘》、中国知网、万方数据、维普资讯、超星发现、SciFinder(CA)、Web of Science(SCI、SSCI、A&HCI、CPCI)、Engineering Village(EI)、Reaxys 等；文献管理软件,如 NoteFirst、EndNote 等；学术论文撰写及其规范要求；化学化工文献信息检索的实践环节。

本书信息量大、实用性强,可作为高等院校化学化工类及相关专业的教材,也可作为化学化工领域科研工作者文献信息检索的参考读物。

**图书在版编目(CIP)数据**

化学化工文献信息检索/李一梅等编著. —3 版. —合肥：中国科学技术大学出版社,2021.9 (2023.7 重印)

ISBN 978-7-312-05295-8

Ⅰ.化… Ⅱ.李… Ⅲ.①化学—情报检索 ②化学工业—情报检索 Ⅳ.G254.97

中国版本图书馆 CIP 数据核字(2021)第 165992 号

**化学化工文献信息检索**
HUAXUE HUAGONG WENXIAN XINXI JIANSUO

| | |
|---|---|
| 出版 | 中国科学技术大学出版社<br>安徽省合肥市金寨路 96 号,230026<br>http://www.press.ustc.edu.cn<br>https://zgkxjsdxcbs.tmall.com |
| 印刷 | 合肥市宏基印刷有限公司 |
| 发行 | 中国科学技术大学出版社 |
| 开本 | 787 mm×1092 mm　1/16 |
| 印张 | 23.5 |
| 字数 | 632 千 |
| 版次 | 2012 年 8 月第 1 版　2021 年 9 月第 3 版 |
| 印次 | 2023 年 7 月第 8 次印刷 |
| 定价 | 52.00 元 |

# 前 言

信息时代,信息素养是人们必备的核心素养之一,只有具备良好的信息素养才能适应信息社会的需要,才能拥有极大的潜能和创造力,在社会竞争中处于优势。文献信息检索课程是培养和提高学生信息素养的重要途径。

本书自 2012 年 8 月出版以来,一直用作化学化工及相关专业的文献信息检索课程的教材,于 2016 年进行了修订,出版了第 2 版,现在又过去了 5 个年头,我们深感信息社会的发展迅猛,化学化工文献信息资源不断更新,有些内容的变化促使我们不得不对教材作进一步修订完善。

本次修订在尽量保留全书原有的总体框架和主体内容的基础上对第 2 版相关内容进行更新和完善。首先,进一步精炼印刷版检索工具的内容,强化网络数据库的内容;其次,调整了个别章节的框架结构,如将第 2 版第 6 章中的"中国知网"单独提取出来,成为第 7 章"中国知网(CNKI)";再次,更新完善专业数据库内容,如 SciFinder、Web of Science、ACS、RSC、ScienceDirect 等著名专业数据库,对检索页面、检索策略等进行了更新和完善,共替换或新增约 300 幅图片;最后,依据最新规范要求进行修订,如第 13 章的参考文献著录规则,由《文后参考文献著录规则》(GB/T 7714—2005)改为《信息文献 参考文献著录规则》(GB/T 7714—2015),对各种类型的参考文献著录规则格式按照新的标准进行了修订。

本次修订的基本思路仍然是从简单到复杂、由浅入深、层层递进、理论联系实际、加强实践与综合利用。本书主要内容包括 6 个部分:第一部分为化学化工文献信息检索概述(第 1 章);第二部分介绍化学化工网络信息资源(第 2 章);第三部分介绍化学化工图书、期刊及特种文献等不同类型的文献信息源及其全文数据库系统(第 3~5 章);第四部分介绍中外著名化学化工检索工具系统(第 6~11 章);第五部分讲述文献管理软件的使用与学术论文的撰写规范等综合利用的内容(第 12、13 章);第六部分是化学化工文献信息检索实践(第 14 章)。本书既包括文献信息检索基础理论,也包括化学化工专业文献信息数据库的知识和使用方法,不仅可以作为化学化工及相关专业学生的文献信息检索课程教材,也可作为化学化工及相关专业教师、科研工作者文献信息检索的参考读物。

全书共 14 章,各章的编写分工为:李一梅负责编写第 1、2、12、13、14 章;罗时忠负责编写第 4、5 章;王银玲负责编写第 6、7、9 章;王伟智负责编写第 3、8、11 章;卓淑娟负责编写第 10 章。全书由李一梅统稿、定稿。

本书在使用过程中，广大专家、教师、领导以及学生提出了诸多改进建议，在此真诚地表示感谢！感谢安徽师范大学教材建设基金的资助！不论是原书的编写还是再版时内容的修改与完善，都借鉴了众多国内外文献信息检索专家的优秀成果，在此，对本书所引用有关资料的作者及诸位同行专家表示衷心的感谢！

尽管我们进行了精心的修改，但由于水平有限，书中难免还存在不妥之处，敬请读者批评指正！

编　者

2021 年 5 月

# 目 录

前言 ……………………………………………………………………………………（ⅰ）

**第1章　化学化工文献信息检索概述** …………………………………………（ 1 ）
　1.1　信息素养教育 …………………………………………………………（ 1 ）
　1.2　信息、知识、情报与文献 ……………………………………………（ 2 ）
　1.3　化学化工文献信息源 …………………………………………………（ 3 ）
　　1.3.1　按载体分类 ………………………………………………………（ 3 ）
　　1.3.2　按出版形式分类 …………………………………………………（ 3 ）
　　1.3.3　按加工深度分类 …………………………………………………（ 5 ）
　1.4　化学化工文献信息检索 ………………………………………………（ 6 ）
　　1.4.1　检索原理 …………………………………………………………（ 6 ）
　　1.4.2　检索工具 …………………………………………………………（ 7 ）
　　1.4.3　检索语言 …………………………………………………………（ 9 ）
　　1.4.4　检索途径 …………………………………………………………（ 15 ）
　　1.4.5　检索方式 …………………………………………………………（ 16 ）
　　1.4.6　检索方法 …………………………………………………………（ 17 ）
　　1.4.7　检索步骤 …………………………………………………………（ 18 ）
　　1.4.8　检索评价 …………………………………………………………（ 22 ）

**第2章　化学化工网络信息资源** ………………………………………………（ 24 ）
　2.1　网络信息资源概述 ……………………………………………………（ 24 ）
　2.2　计算机网络检索基础 …………………………………………………（ 25 ）
　　2.2.1　数据库 ……………………………………………………………（ 25 ）
　　2.2.2　计算机检索技术 …………………………………………………（ 26 ）
　　2.2.3　数字对象标识符 …………………………………………………（ 29 ）
　2.3　搜索引擎 ………………………………………………………………（ 31 ）
　　2.3.1　搜索引擎概述 ……………………………………………………（ 31 ）
　　2.3.2　百度、百度学术 …………………………………………………（ 32 ）
　　2.3.3　谷歌、谷歌学术 …………………………………………………（ 38 ）
　　2.3.4　读秀 ………………………………………………………………（ 41 ）
　2.4　化学化工门户网站 ……………………………………………………（ 45 ）
　　2.4.1　化学学科信息门户 ………………………………………………（ 45 ）
　　2.4.2　中国化工网 ………………………………………………………（ 46 ）
　　2.4.3　X-MOL科学知识平台 ……………………………………………（ 47 ）
　2.5　常用网络信息资源网址 ………………………………………………（ 48 ）

# 第3章 图书及化学化工参考工具 (49)
## 3.1 图书及其检索工具 (49)
### 3.1.1 图书概述 (49)
### 3.1.2 图书馆书目检索 (50)
### 3.1.3 读秀图书搜索 (51)
### 3.1.4 超星数字图书馆 (56)
### 3.1.5 中国高等教育文献保障系统 (59)
### 3.1.6 联机计算机图书馆中心 (61)
## 3.2 化学化工参考工具及其数据库 (62)
### 3.2.1 参考工具概述 (62)
### 3.2.2 常用化学化工参考工具 (64)
### 3.2.3 Reaxys (72)

# 第4章 化学化工期刊及其全文数据库 (78)
## 4.1 期刊概述 (78)
### 4.1.1 期刊的定义及其特点 (78)
### 4.1.2 期刊的发展简史 (78)
### 4.1.3 期刊的分类 (79)
### 4.1.4 科技期刊的刊名缩写 (79)
### 4.1.5 期刊的质量评价 (80)
## 4.2 主要化学化工期刊 (81)
### 4.2.1 自然科学类期刊 (81)
### 4.2.2 化学化工综合性期刊 (82)
### 4.2.3 化学化工分科性期刊 (84)
### 4.2.4 化学化工检索性工具刊 (93)
### 4.2.5 化学化工综述评论性期刊 (94)
## 4.3 化学化工期刊全文数据库 (95)
### 4.3.1 期刊全文数据库概述 (95)
### 4.3.2 ScienceDirect (98)
### 4.3.3 SpringerLink (100)
### 4.3.4 Wiley Online Library (101)
### 4.3.5 ACS (104)
### 4.3.6 RSC (106)
### 4.3.7 CCS (108)
### 4.3.8 Open Access (110)

# 第5章 化学化工特种文献及其数据库 (112)
## 5.1 专利文献 (112)
### 5.1.1 专利概述 (112)
### 5.1.2 专利文献检索工具 (117)
### 5.1.3 德温特专利数据库(DII) (124)

## 5.2 会议文献 (127)
### 5.2.1 会议文献概述 (127)
### 5.2.2 会议文献检索工具 (127)
### 5.2.3 科技会议论文引文索引(CPCI-S) (128)

## 5.3 学位论文 (131)
### 5.3.1 学位论文概述 (131)
### 5.3.2 学位论文检索工具 (132)
### 5.3.3 PQDT学位论文数据库 (133)

## 5.4 科技报告 (134)
### 5.4.1 科技报告概述 (134)
### 5.4.2 美国四大科技报告 (135)
### 5.4.3 科技报告检索工具 (136)

## 5.5 标准文献 (143)
### 5.5.1 标准文献概述 (143)
### 5.5.2 标准文献检索工具 (146)

## 5.6 产品样本、技术档案、政府出版物 (152)
### 5.6.1 产品样本 (152)
### 5.6.2 技术档案 (152)
### 5.6.3 政府出版物 (152)

# 第6章 中文著名检索工具系统 (154)
## 6.1 中文检索工具系统概述 (154)
## 6.2 中文著名检索工具举要 (156)
### 6.2.1 《全国报刊索引》 (156)
### 6.2.2 《中国化学化工文摘》 (158)
### 6.2.3 万方数据 (163)
### 6.2.4 维普资讯 (168)
### 6.2.5 超星发现 (174)

# 第7章 中国知网(CNKI) (183)
## 7.1 CNKI概述 (183)
### 7.1.1 数据库简介 (183)
### 7.1.2 产品形式 (184)
## 7.2 文献检索 (185)
### 7.2.1 检索方法 (185)
### 7.2.2 检索结果及其处理 (194)
### 7.2.3 知网节 (196)
### 7.2.4 分析功能 (200)
## 7.3 知识元检索 (202)
### 7.3.1 检索方法 (203)
### 7.3.2 检索结果及其处理 (203)

7.4 引文检索 ………………………………………………………………………… (204)
　　7.4.1 检索方法 …………………………………………………………………… (204)
　　7.4.2 检索结果及其处理 ………………………………………………………… (205)

## 第8章 外文著名检索工具系统 ……………………………………………………… (207)

8.1 外文检索工具系统概述 ………………………………………………………… (207)
　　8.1.1 外文著名综合性检索工具 …………………………………………………… (207)
　　8.1.2 外文著名化学化工专业检索工具 …………………………………………… (212)
　　8.1.3 外文著名特种文献检索工具 ………………………………………………… (214)
8.2 外文著名检索工具举要 ………………………………………………………… (217)
　　8.2.1 EBSCOhost …………………………………………………………………… (217)
　　8.2.2 Scopus ………………………………………………………………………… (220)
　　8.2.3 ProQuest Central ……………………………………………………………… (224)
　　8.2.4 IEEE Xplore …………………………………………………………………… (227)

## 第9章 《化学文摘》(CA)及 SciFinder …………………………………………… (233)

9.1 CA 概述 …………………………………………………………………………… (233)
　　9.1.1 CA 的收录范围 ……………………………………………………………… (233)
　　9.1.2 CA 的载体形式 ……………………………………………………………… (234)
9.2 印刷版 CA ………………………………………………………………………… (235)
　　9.2.1 CA 的目次 …………………………………………………………………… (235)
　　9.2.2 CA 的正文 …………………………………………………………………… (238)
　　9.2.3 CA 的索引 …………………………………………………………………… (242)
　　9.2.4 CA 索引查阅原则和方法 …………………………………………………… (248)
9.3 CA on CD ………………………………………………………………………… (248)
　　9.3.1 检索方法 ……………………………………………………………………… (249)
　　9.3.2 检索结果处理 ………………………………………………………………… (250)
9.4 SciFinder ………………………………………………………………………… (250)
　　9.4.1 数据库概况 …………………………………………………………………… (250)
　　9.4.2 检索方法 ……………………………………………………………………… (252)
　　9.4.3 检索结果处理 ………………………………………………………………… (258)
　　9.4.4 SciPlanner 功能 ……………………………………………………………… (263)

## 第10章 《科学引文索引》(SCI)及 Web of Science ……………………………… (266)

10.1 SCI 及 Web of Science 概述 …………………………………………………… (266)
　　10.1.1 SCI 及引文思想 …………………………………………………………… (266)
　　10.1.2 SCI 的载体形式及检索平台 ……………………………………………… (267)
　　10.1.3 有关概念 …………………………………………………………………… (267)
　　10.1.4 相关出版物 ………………………………………………………………… (268)
10.2 印刷版 SCI ……………………………………………………………………… (269)
　　10.2.1 引文索引系列 ……………………………………………………………… (270)
　　10.2.2 来源索引系列 ……………………………………………………………… (270)

  10.2.3 轮排主题索引 ……………………………………………………………………(271)
  10.2.4 检索方法 ………………………………………………………………………(271)
 10.3 Web of Science 核心合集 …………………………………………………………………(272)
  10.3.1 Web of Science 平台 …………………………………………………………(272)
  10.3.2 Web of Science 核心合集概况 ………………………………………………(272)
  10.3.3 检索方法 ………………………………………………………………………(274)
  10.3.4 检索结果处理 …………………………………………………………………(282)
  10.3.5 分析功能 ………………………………………………………………………(284)

## 第 11 章　《工程索引》(EI)及 Engineering Village …………………………………(286)
 11.1 EI 概述 ………………………………………………………………………………………(286)
 11.2 印刷版 EI ……………………………………………………………………………………(287)
 11.3 Engineering Village …………………………………………………………………………(289)
  11.3.1 数据库概况 ……………………………………………………………………(289)
  11.3.2 检索方法 ………………………………………………………………………(290)
  11.3.3 检索结果处理 …………………………………………………………………(296)

## 第 12 章　文献管理软件 ……………………………………………………………………………(299)
 12.1 文献管理软件概述 …………………………………………………………………………(299)
 12.2 NoteFirst ……………………………………………………………………………………(299)
  12.2.1 主要功能 ………………………………………………………………………(299)
  12.2.2 软件的下载安装和运行 ………………………………………………………(301)
  12.2.3 文献管理 ………………………………………………………………………(303)
  12.2.4 文献订阅与知识卡片 …………………………………………………………(312)
  12.2.5 团队协作 ………………………………………………………………………(314)
  12.2.6 论文写作助手 …………………………………………………………………(315)
 12.3 EndNote ……………………………………………………………………………………(319)
  12.3.1 文献管理 ………………………………………………………………………(320)
  12.3.2 论文写作助手 …………………………………………………………………(321)

## 第 13 章　学术论文的撰写规范 ……………………………………………………………………(323)
 13.1 学术论文及其撰写规范 ……………………………………………………………………(323)
  13.1.1 学术论文概述 …………………………………………………………………(323)
  13.1.2 学术论文的撰写步骤 …………………………………………………………(324)
  13.1.3 学术论文的规范结构 …………………………………………………………(327)
  13.1.4 参考文献及其著录规范 ………………………………………………………(334)
 13.2 文献综述论文 ………………………………………………………………………………(338)
  13.2.1 综述论文 ………………………………………………………………………(338)
  13.2.2 文献综述论文的编写 …………………………………………………………(339)
 13.3 学位论文 ……………………………………………………………………………………(340)
  13.3.1 学位论文等级规格 ……………………………………………………………(340)
  13.3.2 学位论文写作步骤 ……………………………………………………………(341)

13.3.3　学位论文规范要求 …………………………………………………………（344）
　13.4　校对符号及其用法 ………………………………………………………………（345）

**第 14 章　化学化工文献信息检索实践** ………………………………………………（349）
　14.1　检索实践概述 ……………………………………………………………………（349）
　　14.1.1　实践的性质与任务 …………………………………………………………（349）
　　14.1.2　实践的目的与要求 …………………………………………………………（349）
　14.2　检索实践的课题选取 ……………………………………………………………（350）
　14.3　检索实践的项目内容 ……………………………………………………………（350）
　　14.3.1　实践项目安排 ………………………………………………………………（350）
　　14.3.2　实践内容、步骤、场所 ……………………………………………………（350）
　14.4　检索实践的报告形式 ……………………………………………………………（351）

**附录** ………………………………………………………………………………………（352）
　附录 1　《中国图书馆分类法》第 5 版简表 …………………………………………（352）
　附录 2　常用网络信息资源网址 ………………………………………………………（355）
　附录 3　化学化工文献信息检索实践报告书 …………………………………………（359）

**参考文献** …………………………………………………………………………………（363）

# 第1章 化学化工文献信息检索概述

信息社会,人们把信息、物质(材料)与能源一起称为人类社会赖以生存发展的三大要素。信息是促进社会经济、科学技术以及人类生活向前发展的重要因素。一个国家的科技进步和社会发展越来越取决于对信息的开发与利用。谁能充分开发和有效利用信息资源,谁就能抢占科学技术的制高点。

随着现代科学技术突飞猛进的发展,文献的品种和数量有着惊人的增速。当今世界,化学化工文献信息浩如烟海,面对如此众多的信息资源,任何人都不可能逐一通篇阅读。如何从浩瀚的文献信息海洋中找出自己真正需求的"文献信息",是化学化工文献信息检索的任务。同样,要快、准、全地检索出符合自己需求的文献信息,就必须采用科学的检索步骤、方法和技巧。

## 1.1 信息素养教育

在信息社会,信息资源丰富多彩,信息素养已经成为人们不可或缺的综合素质之一。如何从浩瀚的信息资源中感受信息需求,培养和提高信息素养,是当代大学生的迫切需求。在高校中,开设文献信息检索课程已成为培养大学生基本技能和信息素养的重要手段。

信息资源是指各种客观存在的、可供人们直接或间接开发与利用的信息集合的总称。在人类社会及自然界的发展、运动中,不断产生着各种各样的信息,各个学科、各种领域、各类事件以及各种形式的信息层出不穷。信息需求是指人们在社会实践活动中,为了解决各种实际问题而产生的对信息的需要,这种需要表现为对信息的必要感和不满足感。人们把意识到的信息需要定义为信息需求,也就是说,信息需求是信息需要的一部分,没有意识到的信息需要还不是信息需求。

信息素养(Information Literacy)也称为信息素质,最早是由美国信息产业协会主席保罗·车可斯基(Paul Zurkowski)于1974年提出来的。信息素养是指人们能够敏锐地察觉信息需求,然后进行相应的信息检索、处理、评估,并有效利用所需信息创建新信息的能力。

信息素养包括信息意识、信息知识、信息能力和信息道德四个要素。① 信息意识是指人们对各种信息自觉的心理反应,包括对信息科学的正确认识,以及对信息需求的意识。② 信息知识是指一切与信息有关的理论、知识和方法。③ 信息能力是指人们有效利用信息设备和信息资源获取信息、加工处理信息以及创造新信息的能力。④ 信息道德是指整个信息活动中的道德规范,包括信息的生产者、加工者、传播者以及使用者都必须自觉遵守和维护的信息道德规范。

信息素养的四个要素相互联系、相互依存,构成一个统一的整体。信息意识是先导和灵魂,信息知识是基础,信息能力是核心,信息道德是信息素养外在行为表现的指航灯和调节器。信息意识、信息知识、信息道德渗透在信息能力的应用全过程中。具有强烈的信息意识,才能促进信息能力的提高;信息能力的提升,又促进了对信息知识的学习,加强了人们对信息及信息技术作用和价值的认识,进一步增强了信息意识;信息道德则是信息能力正确应用的保证,关系到信息社会的稳定和健康发展。因为信息道德在很大程度上是隐性的,所以当一个人的信息意识、信息知识和信息能力的综合能力较强时,在他的信息道德没有暴露出什么问题之前,我们一般会认为这个人的信息素养水平较高。一旦这个人利用网络实施了相关不良行为或犯罪活动,我们就可以认为他只是信息能力高,而信息素养水平不高。

信息素养是可以通过教育来培养和提高的,并且信息素养能使人终生受益。信息素养与终身学习是密切联系的。信息素养是终身学习的一个关键组分,形成了终身学习的基础。它对所有学科、各种学习环境、各层次的教育来说都是共同的。信息素养使学习者掌握学习经验,成为自我激励、自我指导、自我控制的学习者,会利用合适的信息资源解决人生中可能遇到的各种问题,提高生活、工作的质量。有信息素养的人、最终是那些懂得如何学习的人、终身学习的人。信息素养要通过终身学习才能获得和不断发展。

## 1.2 信息、知识、情报与文献

信息在日常生活中无所不在,知识、情报和文献属于信息的范畴。

(1) 信息(Information)是物质存在的一种方式、形态或运动状态,是事物的一种普遍属性,一般是指数据、消息中包含的意义,可以使消息中描述的事件的不确定性减小。信息的属性是客观存在的。与物质不同,信息是抽象而无所不在的,是脱离了载体的属性。信息的作用是消除不确定性。信息的形式是数据、消息等事实。

信息交流具有直接交流和间接交流两种形式。直接交流是指个体亲自完成的交流,如交谈、演讲、授课等属于直接交流。间接交流是指通过文献或第三方中介完成的交流,如到书店、图书馆查阅文献信息或上网浏览、下载文献信息等。

(2) 知识(Knowledge)是人们对客观事物运动规律的认识,是经过人脑加工处理过的系统化的信息。知识是人类经验和智慧的结晶,是从感性的认识上升到理性的认识,是人类科学地认识和改造世界的基础。

人类的知识有三种存在方式:① 存在于人脑的记忆中,它是属于人们主观精神世界的东西;② 存在于实物中,如文物、样品、样机、各类产品等,即可以通过研究实物而获得某种知识;③ 存在于文献中,人们使用文字、图形、符号、声频、视频、代码等技术手段,将知识记录在一定的载体上,如纸、感光材料、磁质记录材料、电子材料等。

(3) 情报(Information 或 Intelligence)是被传递的知识或事实。情报是传递着的有特定效用的知识,是人们为了解决某个具体问题所需要的新知识。情报是针对特定目的、特定对象、特定时间所提供或寻找的能起借鉴和参考作用的信息或知识。知识性、传递性和效用性是情报的三个基本属性。

(4) 文献(Literature 或 Document)是记录知识的一切载体。文献是以文字、图形、符号、声频、视频等技术手段记录人类知识的一种载体。文献是记录在载体上的有意义的信息。知识、载体、记录方式是构成文献的三要素。知识信息性、客观物质性、人工记录性、动态发展性等是文献的属性。

信息、知识和情报之间的逻辑关系为包含和被包含的关系;知识、情报都属于信息这个大的范畴,三者都可以被记录、存储、传递,而且在一定条件下可相互转化;文献是记录知识的载体,是信息、知识、情报赖以存在的外壳。它们之间的关系如图 1.1 所示。

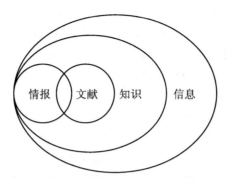

图 1.1　信息、知识、情报与文献的关系

## 1.3　化学化工文献信息源

化学化工文献信息是关于化学化工及其相关领域在理论、实验和应用方面研究成果的文字著述和信息报道的总称。化学化工文献信息资源具有数量大、增长快、类型多样、报道迅速，分布既集中又分散，内容既专深又交叉，专业重点和丰产国家不断转移等特点。

化学化工文献信息的种类繁多，按照不同的分类方法可划分为不同的类型。

### 1.3.1　按载体分类

（1）刻写型。刻写型是指在印刷术尚未发明之前的古代文献，以及当今尚未正式付印的手写记录、正式付印前的草稿。

（2）印刷型。印刷型是指通过铅印、油印和胶印等手段，将知识固化在纸张上的一类文献。

（3）缩微型。缩微型是指以印刷型文献为母本，采用光学摄影技术，把文献的影像固化在感光材料上的一类文献。

（4）声像型。声像型是一种非文字形式的文献。常见的有各种视听资料，如唱片、录音带、电影胶片、激光声视盘(CD-ROM)、幻灯片等。

（5）电子型。电子型是通过计算机对电子格式的信息进行存取和处理。常见的电子型文献信息有各种录有内容的磁带、磁盘、光盘和网络数据库。

（6）多媒体型。多媒体型采用超文本(Hypertext)或超媒体(Hypermedia)方式，将声音、图像、文字、数据等多种媒体信息综合起来，在内容表达上具有多样性与直观性，并且有友好的人机交互性。

### 1.3.2　按出版形式分类

（1）图书。图书(Book)也称书籍，是指对某一领域的知识进行系统阐述或对已有研究成果、技术、经验等进行归纳、概括的出版物。图书的内容比较系统、全面、成熟、可靠。参阅图书比从分散的期刊等其他文献中获得知识要方便得多。传统的图书出版周期较长，传递信息速度较慢,电子图书的出版发行可弥补这一缺陷。图书的著录信息有著者(编者)、书名、出版地、出版社名称、出版年、版本或版次、页码、ISBN 等(详见第 3 章)。

(2) 期刊。期刊(Periodical、Journal、Magazine 或 Serial)也称杂志,是指有固定名称、每期版式基本相同、定期或不定期的连续出版物。它的内容一般是围绕某一主题、某一学科或某一研究对象,由多位作者的多篇文章编辑而成,用卷、期或年、月顺序编号出版。期刊的著录信息有作者、篇名、期刊名称(可能用斜体给出)、年卷期号、所在页码、ISSN 号等。期刊是重要的文献源,占文献总量的 60%～70%(详见第 4 章)。

(3) 专利文献。专利文献(Patent Literature)是指与专利有关的文献资料,主要由专利说明书构成。专利说明书是指专利申请人向专利局递交的有关发明目的、构成和效果的技术文件。专利文献的著录信息有专利发明人、题名、专利国别、专利号、公告或公开日期等(详见 5.1 节)。

(4) 会议文献。会议文献(Conference Literature)是指在各类学术会议上形成的资料和出版物,包括会议论文、会议文件、会议报告、讨论稿等。其中,会议论文是最主要的会议文献。许多学科中的新发现、新进展、新成就,以及提出的新研究课题和新设想,都是以会议论文的形式向公众首次发布的。会议文献的著录信息包括:表示会议或会议录的专门用词,如 Conference、Meeting、Proceedings、Collection;会议论文的作者、题名,会议名称,召开的地点、届次、时间,以及会议录的出版社、出版地、出版时间等(详见 5.2 节)。

(5) 学位论文。学位论文(Dissertation 或 Thesis)是高等学校和研究机构的学生在结束学业时,为取得学位资格向高等院校或研究机构提交的学术性研究论文。学位论文是表明作者从事科学研究所取得的创造性结果或新见解,并以此为内容撰写而成、作为申请相应学位时供评审用的学术论文。学位论文一般具有内容的学术性、立论的创造性、交流传播的无序性、版式装订的规范性等特点。学位论文著录信息有 Dissertation 或 Thesis、作者、题名、授予单位、时间等(详见 5.3 节)。

(6) 科技报告。科技报告(Scientific & Technical Report)又称为研究报告或技术报告,是指国家政府部门或科研生产单位关于某项研究成果的总结报告或研究过程中的阶段进展报告。科技报告一般叙述详尽、真实性强,具有较为重要的参考价值。有些报告因为涉及尖端技术或国防问题等,所以分为绝密、秘密、内部限制发行和公开发行几个等级。科技报告的著录特点包括:表示报告的词,如 Report、Memorandum 等;报告题名、报告号等(详见 5.4 节)。

(7) 标准文献。标准文献(Standard Literature)是指按照规定程序编制并经过一个公认的权威机构(主管部门)批准的,供一定范围内广泛使用的,包括一整套在特定活动领域内必须执行的规格、定额、规则、要求的技术文件。每个标准一个号,并按惯例由标准颁布机构代码、顺序号和颁布年份三部分构成。标准文献的著录信息包括:表示标准的词,如 Standard、Recommendation 等;标准名称,标准号等(详见 5.5 节)。

(8) 产品样本。产品样本(Product Publication)是指产品目录、产品样本和产品说明书一类的厂商产品宣传和使用资料。产品样本的著录信息包括:表示产品样本一类资料的词,如 Catalog、Guide book、Master of、Databook of 等;公司名称(详见 5.6 节)。

(9) 技术档案。技术档案(Technical Archives)是生产建设和科学技术部门在科技活动中形成的,有一定具体对象的科技文件、图样、图表、照片、原始记录的原本以及代替原本的复制本等。它包括任务书、协议书、技术指标和审批文件;研究计划、方案、大纲和技术措施;相关技术调查材料(原始记录、分析报告等)、设计计算、试验项目、方案、记录、数据和报告等;还有设计图纸、工艺记录和应当归档的其他材料等。技术档案一般在内部使用,不公开出版发行,有些有密级限制，因此在参考文献和检索工具中极少引用(详见 5.6 节)。

(10) 政府出版物。政府出版物(Government Publication)是由政府所属各部门出版的，并由政府设立或指定的专门机构印刷发行的文件，可分为行政性文献和科技性文献两部分，如政府法令、方针政策、规章制度、决议指示、调查统计等为行政性文献；科研报告、科普资料、技术政策等为科技性文献。我国政府发表的《科学技术白皮书》就是一种科技类政府出版物(详见 5.6 节)。

(11) 原生数字资源。原生数字资源(Born Digital Resources)是指直接在互联网活动中产生的或仅仅发布于互联网并只以数字形式传播交流、保存利用的网络数字资源，是网络数字资源发展的高级阶段。它既有网络数字资源的共性，也有区别于其他非原生网络数字资源的网络原创性、数字形式唯一性和极易灭失性等独有特征。网络原生数字资源类型多样。近年来出现了无数的单纯网上学术和科技信息，有专家称此类信息为原生数字信息，如网上专题投稿、论坛等。这类文献信息是动态的、分散的，生存期短，但往往带有创意性，在网上浏览这类信息也往往会有意外的收获。

上述文献信息源中，图书、期刊称为普通文献，专利文献、会议文献、学位论文、科技报告、标准文献、产品样本、技术档案和政府出版物称为特种文献。

## 1.3.3 按加工深度分类

(1) 零次文献。零次文献(Zeroth Literature)为未经出版发行的文献，包括比较原始的素材、底稿、手稿、个人通信、工作图纸、考察记录、实验记录、调查稿、原始统计数字，以及各种口头交流的知识、经验或意见论点等。零次文献也称灰色文献，其特点是信息来源直接、内容真实新颖，如化学化工实验过程中的数据记录等。

(2) 一次文献。一次文献(Primary Literature)是指首次出版的各种文献，也称原始文献，是作者以生产与科研工作成果为依据而创作、撰写形成的文献，是最主要的文献源和检索对象。一次文献的特点是内容比较新颖、详细、具体，如期刊研究论文、科技报告、会议论文、专利说明书等。

(3) 二次文献。二次文献(Secondary Literature)是指对一次文献信息进行加工、提炼、浓缩而形成的工具文献。它反映一次文献的外表特征、内容特征及其查找线索，将分散、无序的文献信息有序化、系统化，是文献检索工具(也称检索工具)，如目录、题录、索引、文摘、各种数据库等。

(4) 三次文献。三次文献(Tertiary Literature)是指利用二次文献提供的线索，选用大量一次文献的内容，经综合、分析和评述后再度出版的文献，如各种综述述评、进展报告、动态综述、手册、年鉴和百科全书等。三次文献的特点是内容综合性强、信息量大，它既是检索对象也是检索工具。

零次文献、一次文献、二次文献和三次文献之间是相互联系和相互转化的关系。零次文献，由于没有进入出版、发行和流通这些渠道，收集利用十分困难，一般不能作为可利用的文献类型。而后三种文献是一个由分散到集中、由无序到有序、由博到精的对知识信息进行不同层次加工的过程。一般来说，零次文献是一次文献的素材；一次文献是基础，是检索利用的对象；二次文献是检索一次文献的工具，被称为检索工具；三次文献是一次文献内容的高度浓缩，是重要文献信息源，被称为参考工具。

## 1.4 化学化工文献信息检索

化学化工文献信息检索的基础理论知识包括检索原理、检索语言、检索工具、检索方法、检索步骤、检索效率评价等，掌握了检索的理论知识将能够更好地进行文献信息检索实践。

### 1.4.1 检索原理

文献信息检索(Literature Information Retrieval)是指将文献信息按一定方式组织和存储起来，并针对用户的需求找出所需要的文献信息的过程。

文献信息检索就是把检索提问标识与存储在检索工具中的标引标识进行比较，若两者一致或信息标引的标识包含着检索提问标识，则具有该标识的信息就从检索工具中输出，输出的信息就是检索命中的信息。检索过程包括存储和检索两个过程：① 存储过程是文献信息工作者对信息源进行标引，将其外表(如书名、著者、出版项等)和内容(如分类或主题)的特征用一定的检索语言转化为检索标识，并将标识按一定的顺序编排成检索系统，为用户提供检索途径；② 检索过程是将用户表达的信息需求与检索系统中表达信息特征的标识进行匹配比较，如果对比吻合，那么就按要求将相关信息从检索系统中输出。输出的信息可能是用户需求的最终信息，也可能是线索类的中介信息，依据中介信息的指引，可以进一步获得最终所需要的文献和信息。文献信息检索原理如图 1.2 所示。

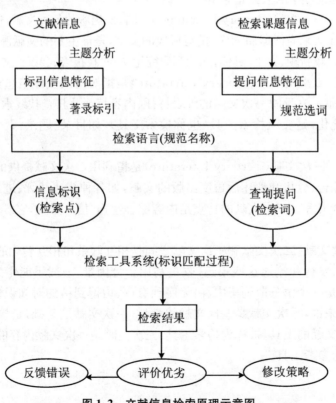

图 1.2　文献信息检索原理示意图

存储是为了检索,而检索又必须先进行存储,文献信息存储和检索之间是相互依存的关系。

## 1.4.2 检索工具

检索工具是用来存储、报道和检索文献信息线索的工具,具有存储和检索两个方面的功能。存储过程是使文献信息由分散到集中、由无组织到系统化的过程;检索过程是使人们按照一定的检索方法,随时从中查检所需文献信息的过程。

检索工具应详细著录文献信息的外表特征和内容特征,如文献信息篇名、著者姓名、主题内容等;具有既定的检索标识,如主题词、分类号、著者姓名等;全部检索标识应科学、系统地排列,组成一个有机的整体;具有多种检索手段或检索途径。

检索工具一般从检索数据库的收录范围和整合程度两个方面来判断是否选择使用。数据库收录范围从收录学科、文献类型、收录的地域(语种)和收录的时间来判断;整合程度从检索方法、途径、分析功能和全文获取情况来判断。

### 1.4.2.1 检索工具类型

随着科学技术的发展,记录文献信息载体的形式越来越多,检索工具的形式也变得越发多样化。根据不同的划分标准或方法检索工具可分为不同的类型。

**1. 按出版形式划分**

按出版形式可将检索工具分为期刊式、单卷式、卡片式、缩微式、磁带式、光盘式和网络数据库。

**2. 按加工文献和处理信息的手段划分**

按加工文献和处理信息的手段可将检索工具分为手工检索工具和计算机检索工具。

**3. 按收录范围划分**

按收录范围可将检索工具分为综合性、专科性和单一性检索工具。

(1) 综合性检索工具。其收录范围、涉及学科广,文献信息类型和语种多,因而适应面非常广,是科技人员最常用的检索工具,如《全国报刊索引》、中国知网、Web of Science 等。

(2) 专科性检索工具。其收录范围限于某一学科领域,适合检索某一专科文献信息,如美国《化学文摘》。

(3) 单一性检索工具。其仅限于收录某一种特定类型的文献信息,如《德温特世界专利数据库》。

**4. 按文献揭示方式划分**

可将检索工具分为目录、题录、文摘、索引和数据库。

(1) 目录(Bibliography Catalogue)。它是著录一批相关文献信息并按照一定的次序编排而成的一种揭示与报道文献信息的工具。通常的著录对象为一个完整的出版单位(如一本书或期刊),仅描述出版物的外表特征,提供出版单位、销售单位、收藏单位的相关文献信息线索,如国家书目、馆藏目录、联合目录等。一般著录项目包括:书(刊)名、卷(期)数、作者、出版年月、出版地及书(刊)收藏情况等,如《全国总书目》《全国新书目》。

(2) 题录(Title)。它将图书和报刊中论文的篇目按照一定的排检方法编排,是提供查找篇目出处的工具。通常的著录对象为单篇文献信息外部特征,只按"篇"报道,不论是否收藏原文,只要是已出版发行的文献信息就会收录,具有"广""全""快"的特点。一般著录项目包括:篇名、作者、文献信息出处(刊名、年卷期、页码等)和语种等,如《全国报刊索引》。

(3) 文摘(Abstracts)。它是以简明扼要的文字摘述原始文献信息的主要内容,以精练的语言形成摘要,并按一定的方式组织编排起来,提供查阅的检索工具。文摘按篇报道,著录项目除了篇名、作者、出处等还提供内容摘要,能帮助专业人员以较少的时间和精力,了解有关文献信息资料的概貌和基本内容。文摘的类型按编写方式分为指示性、报道性和评论性文摘,如《中国化学化工文摘》、美国《化学文摘》。

(4) 索引(Index)。它是将书刊内容中论及的篇名、语词、主题等文献信息特征项目,按照一定的排检方法加以编制,注明出处,供读者查检使用的检索工具。索引是对文献信息内容较深入地揭示。著录对象是完整出版物的某一部分、某一观点、某一知识单元,能弥补目录只对文献信息作整体宏观著录的不足,满足用户对文献信息内容单元的微观揭示和检索的要求。索引的种类繁多,按照索引的对象可分为篇目索引、分类索引、主题索引、著者索引、号码索引、语词索引、引文索引及专用索引(如型号索引、功能索引、分子式索引等);按照索引的时间可分为期索引、卷索引、累积索引。索引既可附于检索工具之后,也可以单独出版。

(5) 数据库(Database)。它是人们为解决特定的任务,以一定的组织方式存储在一起可共享的相关数据的集合。例如,检索数据库有 SciFinder、Web of Science、Reaxys、超星发现系统等,全文数据库有 ScienceDirect、ACS、RSC 等。

### 1.4.2.2 检索工具结构

印刷版检索工具一般由五个部分组成。

(1) 使用说明。使用说明又称编辑说明,通常放在检索工具的开头部分,是编者为使用者提供的必要指导。

(2) 目次。目次又称分类目次表,是正文部分的分类类目和其对应的页码,提供从分类途径查找文献信息。

(3) 正文。正文部分是检索工具的主体部分,由大量的文献信息款目按描述文献信息特征的规则编排而成。每一条款目都有一个固定的序号,并注明出处。

(4) 索引。索引是将表达文献信息主题内容的检索标识(主题词、分类号、作者等)和与其相关的文献信息地址(文摘号或顺序号等),按一定的顺序和方法组织编排而成的。每个索引都要注明一个或多个正文地址,从而指回正文的对应位置。

(5) 附录。附录是对检索工具内容的必要补充。它主要包括专业术语缩略语、字母英译对照表、引用期刊一览表、文献信息来源名称缩写与全称的对照表、收藏单位代码等。

### 1.4.2.3 化学化工检索工具

历史较久的化学文摘是德国的《化学文摘》(*Chemisches Zentralblatt*,1830～1969),其原名为《药学文摘》(*Pharmaceutisches Zentralblatt*)。世界上最著名、最权威的化学化工文摘——美国《化学文摘》,收录的文献信息占世界化学化工文献信息总量的98%。1933年问世的《化学》杂志,是中国早期最有影响的化学化工期刊,1952年改名为《化学学报》,其中的《中国化学撮要》专栏(1933),是中国最早的化学文摘,也是中国科技文摘的先驱。表1.1以出版时间为序列出了部分国际著名的化学化工文献信息检索工具。

表1.1 国际化学化工文献信息检索工具

| 时 间 | 名 称 | 国别 | 备 注 |
|---|---|---|---|
| 1830~1969 | 《化学文摘》<br>*Chem. Zentr.* | 德国 | 1969年被美国《化学文摘》兼并 |
| 1858~1948 | 《法国化学会志》<br>*Bull. Soc. Chim. Fr.* | 法国 | 附有文摘 |
| 1871~1925 | 《化学会志》<br>*J. Chem. Soc.* | 英国 | 附有文摘 |
| 1882~1925 | 《化学工业会志》<br>*Chim. & Ind.* | 英国 | 附有文摘 |
| 1887~1918 | 《应用化学杂志》<br>*J. Angew. Chem.* | 德国 | 附有文摘 |
| 1907~ | 《化学文摘》(CA)<br>*Chemical Abstracts* | 美国 | 网络版为 *SciFinder* |
| 1918~ | 《化学工业会志》<br>*Chim. & Ind.* | 法国 | 附有文摘 |
| 1926~ | 《英国化学文摘》<br>*Brit. Chem. Abstracts* | 英国 | 1953年停刊,1954年起分散发行 |
| 1927~ | 《日本化学总览》 | 日本 | 1964年改为<br>《日本科学技术文献速报》J分册 |
| 1940~ | *Bulletin Analylique* | 法国 | 1956年改为 *Bulletin Signaletique* |
| 1953~ | 《化学文摘》 | 俄罗斯 | |

随着信息时代通信设备的发展,很多化学化工文献检索工具被电子数据库取代,这将更加有利于提高检索效率(详见第6~11章)。

## 1.4.3 检索语言

文献信息检索语言是信息检索系统存储与检索所使用的共同语言,是为了解决对文献信息标引、存储和检索之间认识和理解上的差异,提高检索效率而创造的一种人工语言。它是专门用来描述文献信息的内容特征、外表特征和表达信息提问的一种人工语言。检索语言的作用是保证不同的信息标引人员描述信息特征的一致性,保证检索提问词与信息标引的一致性,保证检索者按不同信息需求检索信息都能获得较高的查全率和查准率。

检索语言种类很多,按描述文献信息的特征可划分为分类语言、主题语言、代码语言、引文语言、题名语言、著者语言等。

(1) 分类语言,是以学科体系为基础,将信息概念按学科性质进行分类、排列,用分类号来表示的检索语言。

(2) 主题语言,是以表达信息内容特征的主题词汇为基础,经规范化处理所形成的检索语言。

(3) 代码语言,又称号码语言,是对文献所论述事物的某一方面的特征,用代码加以描述和标引而形成的检索语言。

(4) 引文语言,是利用文献信息的引文关系建立的一种自然语言。

(5) 题名语言,是按文献信息题名字顺,逐字排检的检索语言。

(6) 著者语言,是按著者姓名(姓前名后)字顺,逐字排检的检索语言。

以下分别介绍分类语言和主题语言。

### 1.4.3.1 分类语言

分类语言是一种按学科范畴和体系来划分事物的检索语言,具体表现形式是分类法。

分类法是根据文献信息的内容,按照知识门类区分文献信息的方法。分类法用分类号来表达各种概念。分类法的主体是类目表。分类号是表达文献信息内容和检索课题的主要依据。一部完整的分类表,一般由编制说明、大纲、简表、详表、辅助表、索引、附录等组成。

中外著名的分类法有《四库全书》目录索引、《中国图书馆分类法》《中国科学院图书馆图书分类法》《中国人民大学图书馆图书分类法》《中国档案分类法》《杜威十进分类法》《国际十进分类法》《美国国会图书馆分类法》等。

**1.《中国图书馆分类法》**

《中国图书馆分类法》简称《中图法》,原名《中国图书馆图书分类法》(*Chinese Library Classification*,CLC)。《中图法》由北京图书馆等单位组织全国力量编辑出版,是新中国成立后编制出版的一部具有代表性的大型综合性文献分类法。1971 年开始编辑,1973 年试版,1975 年首版,1980 年第 2 版,1990 年第 3 版,1999 年第 4 版、机读版同时出版,并更名为《中国图书馆分类法》,简称不变。2010 年 9 月第 5 版《中图法》是我国目前通用的分类图书的工具。

《中图法》是按照一定的思想观点,以学科分类为基础,结合图书资料的内容和特点,按照从总到分,从一般到具体的编制原则,分门别类组成分类表。《中图法》由基本大类、简表、详表、复分表几部分构成。

(1) 基本部类。基本部类是图书分类法最概括、本质的划分,但是并不用来分类图书。《中图法》五大基本部类包括:① 马克思主义、列宁主义、毛泽东思想、邓小平理论;② 哲学、宗教;③ 社会科学;④ 自然科学;⑤ 综合性图书。

(2) 基本大类。基本大类是文献分类法中首先区分出来的第一级类目,它是分类表的纲目。基本大类是在基本部类的基础上扩展而来的。《中图法》在五大基本部类的基础上,组成 22 个基本大类,分别用汉语拼音字母表示(见表 1.2)。

(3) 简表。简表是图书分类法的基本类目表,是分别对每个基本大类,依据它的某些属性,作若干次逐一划分后得到的类目表。简表能使该分类法的分类结构一目了然。简表起着承上启下的作用,便于人们通过它寻找详细类目。《中图法》简表见本书附录 1。

(4) 详表(主表、正表)。详表是简表的进一步展开,是类目表的主体部分,又称正表。详表是整个《中图法》的正文,集中体现了《中图法》的分类思想和分类原则,是用来类分文献的具体依据。每一大类下又细分成若干小类,如此层层划分。但对一些要求继续细分的类目,还需要用辅助表进行细分。

(5) 通用复分表。通用复分表是为了适应详表中某些类目需要进一步细分的要求而设立的。通用复分表增强了类目的细分程度,并使详表幅度大大缩小,配上号码后,具有一定的助记性,但它们不能单独使用。《中图法》通用复分表有总论复分表、世界地区表、中国地区表、国际时代表、中国时代表、世界种族与民族表、中国民族表、通用时间地点和环境人员表。

表1.2 《中国图书馆分类法》大类类目表

| 类号<br>(22个基本大类) | 类　　目 | 基本部类 |
|---|---|---|
| A | 马克思主义、列宁主义、毛泽东思想、邓小平理论 | 马克思主义、列宁主义、毛泽东思想、邓小平理论 |
| B | 哲学、宗教 | 哲学、宗教 |
| C | 社会科学总论 | 社会科学 |
| D | 政治、法律 | 社会科学 |
| E | 军事 | 社会科学 |
| F | 经济 | 社会科学 |
| G | 文化、科学、教育、体育 | 社会科学 |
| H | 语言、文字 | 社会科学 |
| I | 文学 | 社会科学 |
| J | 艺术 | 社会科学 |
| K | 历史、地理 | 社会科学 |
| N | 自然科学总论 | 自然科学 |
| O | 数理科学和化学 | 自然科学 |
| P | 天文学、地球科学 | 自然科学 |
| Q | 生物科学 | 自然科学 |
| R | 医学、卫生 | 自然科学 |
| S | 农业科学 | 自然科学 |
| T | 工业技术 | 自然科学 |
| U | 交通运输 | 自然科学 |
| V | 航空、航天 | 自然科学 |
| X | 环境科学、安全科学 | 自然科学 |
| Z | 综合性图书 | 综合性图书 |

(6) 标记制度。《中图法》采用汉语拼音字母与阿拉伯数字相结合的混合编制号码,以字母顺序反映大类序列。另外,在工业技术大类中,由于学科较多,为了便于细分,用2个字母代表;其余的一级、二级、三级、四级……类目用阿拉伯数字细分。设置数字时尽可能使号码的级别代表类的级别,大致遵从层累制的编制原则。当数字超过3位时,为易读易记,在第三位后加小圆点".",称为间隔符号。例如,"O621.2 有机化合物性质"。

(7) 标记符号。分类法是类号和类名组成的类目集合。类号是文献知识信息概念的表示符号,《中图法》是由字母、数字及两者组合构成的,其主要作用是简明、系统地表示每个类目在分类体系中的位置,以便组织分类目录。类目是具有共同属性的一组概念。类号和类名一一对应,密不可分。例如,在"O621.2 有机化合物性质"这一类目中,"O621.2"为类号,"有机化合物性质"为类名。

(8) 与化学化工相关的类目。
- N 自然科学总论
- O 数理科学和化学
  - O6 化学
    - O60 化学原理和方法
    - O61 无机化学
      - O611 化学元素与无机化合物
        - O611.2 结构
        - O611.3 性质
        - O611.4 无机合成化学
        - [O611.5] 分析与鉴定
        - O611.6 无机化合物
        - O611.7 同位素及同位素的化合物
      - O612 周期系统各族元素
      - O613 各种非金属元素及其化合物
      - O614 各种金属元素及其化合物
      - O615 放射性元素、放射化学
      - O616 稀有元素与分散元素
      - O619 其他新化学元素
    - O62 有机化学
    - O63 高分子化学(高聚物)
    - O64 物理化学(理论化学)、化学物理学
    - O65 分析化学
    - O69 应用化学
- Q 生物科学
  - Q5 生物化学
- R 医药、卫生
  - R9 药学
- T 工业技术
  - TB 一般工业技术
    - TB3 工程材料学
  - TQ 化学工业
- X 环境科学、安全科学
  - X1 环境科学基础理论
    - X13 环境化学
  - X5 环境污染及其防治
  - X7 各行业污染、各种废物处理

注:《中图法》详表的查询网址为 http://www.clcindex.com。

**2.《中国科学院图书馆图书分类法》**

《中国科学院图书馆图书分类法》简称《科图法》,由中国科学院图书馆于1958年编制出版,

在 1974 年、1979 年、1994 年分别进行了修订,共分五大部类 25 个大类。与《中图法》不同的是它用 2 位数字作为大类类号(见表 1.3)。

表 1.3 《中国科学院图书馆图书分类法》大类表

| | | | |
|---|---|---|---|
| 00 | 马克思主义、列宁主义、毛泽东思想、邓小平理论 | 50 | 自然科学 |
| 10 | 哲学 | 51 | 数学 |
| 20 | 社会科学 | 52 | 力学 |
| 21 | 历史、历史学 | 53 | 物理学 |
| 27 | 经济、经济学 | 54 | 化学 |
| 31 | 政治、社会生活 | 55 | 天文学 |
| 34 | 法律、法学 | 56 | 地球科学 |
| 36 | 军事、军事学 | 58 | 生物科学 |
| 37 | 文化、科学、教育、体育 | 61 | 医药、卫生 |
| 41 | 语言、文字学 | 65 | 农业科学 |
| 42 | 文学 | 71 | 工程技术 |
| 48 | 艺术 | 90 | 综合性图书 |
| 49 | 无神论、宗教学 | | |

**3.《中国人民大学图书馆图书分类法》**

《中国人民大学图书馆图书分类法》简称《人大法》,由中国人民大学图书馆组织编制,1952 年编成草案,1953 年出版,1954 年出版初稿第 2 版,1955 年出版增订第 2 版,1957 年出版增订第 3 版,1962 年出版增订第 4 版,1982 年出版第 5 版,1996 年出版第 6 版。《人大法》根据毛泽东关于知识分类的论述和图书本身的特点,设立了总结科学、社会科学、自然科学、综合图书等四大部类,总共 17 个大类。类标识用数字 1~17 表示 17 个基本大类(见表 1.4)。

表 1.4 《中国人民大学图书馆图书分类法》大类表

| | | | |
|---|---|---|---|
| 1 | 马克思主义、列宁主义、毛泽东著作 | 10 | 文学 |
| 2 | 哲学、辩证唯物主义与历史唯物主义 | 11 | 历史、革命史 |
| 3 | 社会科学、政治 | 12 | 地理、经济地理 |
| 4 | 经济、政治经济学与经济政策 | 13 | 自然科学 |
| 5 | 国防、军事 | 14 | 医药、卫生 |
| 6 | 国家与法、法律 | 15 | 工程、技术 |
| 7 | 教育 | 16 | 农艺、畜牧、水产 |
| 8 | 艺术 | 17 | 综合参考 |
| 9 | 语言、文字学 | | |

**4.《杜威十进分类法》**

《杜威十进分类法》(*Dewey Decimal Classification and Related Index*,DDC)是由美国图书馆学家麦维尔·杜威(Melvil Devey)1876 年根据培根关于知识分类的思想创建的。这是世界上出现最早、流行最广、影响最大的一部分类法。它按学科系统组织和检索图书,将全部学科分为 10 大类(见表 1.5)。

表 1.5 《杜威十进分类法》大类表

| 000 | 总论 | 500 | 纯粹科学 |
|---|---|---|---|
| 100 | 哲学 | 600 | 技术科学 |
| 200 | 宗教 | 700 | 美术 |
| 300 | 社会科学 | 800 | 文学 |
| 400 | 语言学 | 900 | 历史 |

**5.《国际十进分类法》**

《国际十进分类法》(Universal Decimal Classification,UDC)是由比利时学者在《杜威十进分类法》的基础上扩充而成的,是一种组配式的体系分类法。它在揭示文献内容上比《杜威十进分类法》更加深入。它初版于1905年,被称为世界图书信息的国际交流语言。它的10大部类如表1.6所示。

表 1.6 《国际十进分类法》大类表

| 0 | 总论 | 5 | 数学、自然科学 |
|---|---|---|---|
| 1 | 哲学、心理学 | 6 | 应用科学、医学、工学、农学 |
| 2 | 宗教、神学 | 7 | 艺术、美术、摄影、音乐、娱乐、竞技 |
| 3 | 社会科学、法律、行政 | 8 | 语言学、文学 |
| 4 | (语言学) | 9 | 地理、传记、历史 |

注:1964年,《杜威十进分类法》将"4 语言学"并入"8 语言学、文学",现序号4暂缺。

**6.《美国国会图书馆分类法》**

《美国国会图书馆分类法》(Library of Congress Classification,LC),是在美国国会图书馆馆长普特南主持下,根据本馆藏书编制的综合性等级列举式分类法。1899年参考卡特的《展开式分类法》拟定最早的大纲,然后按大类陆续编制并分册出版,1901年发表分类大纲,1902年出版"Z 目录学"分册,总篇幅超过1万页,各大类绝大部分在1901~1938年出版,至1985年已出版36个分册,其中较早出版的分册已修订四五次。《美国国会图书馆分类法》分类号由字母与数字组成,数字部分按整数顺序编号。《美国国会图书馆分类法》的大类如表1.7所示。

表 1.7 《美国国会图书馆分类法》大类表

| A | 综合性著作 | M | 音乐 |
|---|---|---|---|
| B | 哲学、宗教 | N | 美术 |
| C | 历史:辅助科学 | P | 语言、文学 |
| D | 历史:世界史 | Q | 科学 |
| E~F | 历史:美洲史 | R | 医学 |
| G | 地理、人类学 | S | 农业、畜牧业 |
| H | 社会科学 | T | 技术 |
| J | 政治学 | U | 军事科学 |
| K | 法律 | V | 海军科学 |
| L | 教育 | Z | 书目及图书馆学 |

#### 1.4.3.2 主题语言

主题语言是以自然语言的语词为字符,以规范化或未经规范化的名词术语为基本词汇,以概念之间的形式逻辑作为语法和构词法,按语词字顺排列,主题概念以参照系统显示概念之间关系的一类检索语言。不同的检索工具和检索系统通常都有自己的主题词表。例如，《汉语主题词表》。主题语言按照主题性质的不同，又分为关键词语言、标题词语言和叙词语言。

**1. 关键词语言**

关键词语言(Keyword Language)是直接选用原始文献中的自然语言作基本词汇，并将能够揭示文献题名或主要意旨的关键性语词抽出作为关键词进行标引的一种检索语言。概括地说，关键词语言就是将文献原来所用的、能描述其主题概念的那些具有关键性的词抽出，不加规范或只作极少量的规范化处理，按字顺排列，以提供检索途径的方法。

关键词是指那些出现在文献的标题(篇名、章节名)、摘要或正文中，表征文献主题内容且具有实质意义的词语，也就是对揭示和描述文献主题内容起关键性作用的词语。绝大多数具有实际意义的信息单元(冠词、连词、副词、介词等除外)都能作为关键词。

检索词来自文章标题或文摘、正文，专指度高、查准率高，却因未经规范处理，故其查全率较低。

**2. 标题词语言**

标题词语言(Subject Heading Language)是对标明和查询信息主题概念的规范词进行标引的一种语言。标题词语言是采用规范化了的自然语言，即经过标准化处理的名词术语作为标识，来表达文献论述或涉及的事物——主题，并将全部标识按字顺排列。

标题词又分为主标题词和副标题词，若有多级标题，则副标题词还可细分为第三级、第四级标题。主标题词和副标题词是固定组配好的，属于先组式检索语言。例如，《中国化学化工文摘》的卷主题索引使用的就是标题词语言。例如，"氨基酸"作主题词时，"性质"一词作为副标题，组配后检索的内容为有关"氨基酸性质"的文献。

**3. 叙词语言**

叙词语言(Descriptor Language)是用经过规范化处理的词和词组进行标引的语言。叙词语言是以表达文献主题内容的概念单元为基础，经过规范化处理，可进行逻辑组配的一种主题语言。

叙词是指一些以概念为基础的、经过规范化的、具有组配功能并可以显示词间关系和动态性的词或词组。概念组配是叙词语言的基本原理，是概念的分析和综合，而不是简单地依据字面意义进行组词和拆词。叙词语言是后组式检索语言，有一套较完整的参照系统，能显示叙词之间的相互关系。找到切题的叙词，只要组配得当，就能大大地提高检索效率。例如，"碳酸钙"与"二氧化碳"作为叙词，任意组配后检索的内容为既包含"碳酸钙"又包含"二氧化碳"的文献，从这些文献中就可以了解"碳酸钙""二氧化碳"及其相互转变关系的内容。

## 1.4.4 检索途径

文献信息的检索途经与文献信息的特征相关，文献信息特征可分为外表特征和内容特征。外表特征与文献信息主题内容没有关系或关系不大，一般能够一眼看出，如题名、著者、著者单位、代码、文献类型、期刊名称、专利说明书的专利号、文种等；内容特征与文献信息主题内容密切相关，一般要经过分析才能得知，如主题词和分类号。外表特征和内容特征的区别在于是否与文献信息内容密切相关。密切相关的是内容特征，反之就是外表特征。

根据文献信息特征可以选择不同的检索途径。检索途径可分为题名途径、著者途径、代码途径、引文途径、分类途径、主题途径、分子式途径等(见表1.8)。

表1.8 文献信息特征与检索途径表

| 文献信息特征 | | 内容 | 途径 |
| --- | --- | --- | --- |
| 外表特征 | | 著者(或译者、编者、责任者等) | 著者途径 |
| | | 题名(书名、篇名等) | 题名途径 |
| | | 文献代码(ISBN、CA登记号、专利号等) | 代码途径 |
| | | 引用文献 | 引文途径 |
| | | 出版日期、出版地 | 其他途径 |
| 内容特征 | | 自然语言标识 | 关键词途径 |
| | 人工语言标识 | 主题(标题词、序词、单元词) | 主题途径 |
| | | 学科分类号系统 | 分类途径 |
| | | 分子式、结构式索引 | 其他途径 |

在检索过程中,检索途径的选择对检索结果有很大的影响。例如,需要检索某位专家的研究成果,检索途径选定为著者途径,如果错选为主题等途径,那么检索结果将大相径庭;又如,使用主题、题名、关键词、摘要、全文等途径,检索的结果也是不尽相同的。在需要精确检索时,一般选择题名途径;主题途径检索的范围比较适中,因此主题途径是比较常用的检索途径。

## 1.4.5 检索方式

文献信息的检索方式有手工检索与计算机检索两种方式。

### 1.4.5.1 手工检索方式

手工检索简称手检,是人们在长期的文献信息检索实践中沿用的传统方法,是人们直接凭头脑进行判断,借助简单的机械工具对记录在普通载体上的资料进行检索的各种方法的统称,是检索者通过书本式目录、卡片式目录以及题录、文献、索引等印刷版检索工具来查找文献信息线索的过程。手工检索由人手工操作完成,其匹配靠的是人脑的思考、比较和选择,最常见、最基本的方法是追溯法、工具法、混合交替法。

### 1.4.5.2 计算机检索方式

计算机检索简称机检,是利用计算机在各种数据库中查找所需文献信息的方法。其检索过程由人操纵计算机完成,其匹配是通过计算机进行的。在检索过程中,人是整个检索方案的设计者和操控者。计算机检索是在计算机技术、通信技术和网络技术迅猛发展的基础上建立起来的,在信息服务领域具有划时代的意义。

手工检索和计算机检索将长期共存。手工检索是计算机检索的基础,计算机检索是手工检索发展的高级阶段。手工检索方式与计算机检索方式的比较如表1.9所示。

表 1.9 手工检索方式与计算机检索方式比较

| 检索方式 | 手工检索 | 计算机检索 |
| --- | --- | --- |
| 速度、效率 | 速度慢,效率低 | 速度快,效率高 |
| 检索途径 | 检索途径少,一般仅有分类、主题、作者途径,检索点少 | 检索途径多,检索点多 |
| 检索范围 | 窄 | 广 |
| 检索方便程度 | 查找不方便 | 检索灵活方便,可以任意扩大或缩小检索范围 |
| 检索设备与要求 | 只需要纸质信息检索工具就可以进行检索,要求检索人员具有专业知识、外语知识,掌握检索工具的使用 | 需要计算机、网络、通信技术、打印机等支持,要求检索人员具有一定的专业知识、外语知识和检索系统知识 |
| 输出方式 | 检索结果只能靠人工记录 | 一次输入,多种输出 |
| 检索费用 | 检索费用低 | 检索费用较高,尤其是联机检索 |

## 1.4.6 检索方法

手工检索与计算机检索的检索方法有所不同。

### 1.4.6.1 手工检索方法

文献信息的手工检索方法一般包括直接法、工具法、引文法、循环法等四种方法。

**1. 直接法**

直接法即直接检索法,是从浏览查阅原始文献信息中直接获取所需文献信息的方法。不利用检索工具或检索系统。

**2. 工具法**

工具法是利用文摘或题录等各种文献信息检索工具查找文献信息的方法,又可细分为顺查法、倒查法和抽查法。

(1) 顺查法。顺查法是从课题研究的起始年代开始,由远而近,利用检索工具逐年查找,一直查到最近期为止。顺查法的优点是检出率较高,漏检较少;缺点是检索费时费力,尤其是检索年代较长的课题,工作量很大。早期的许多文献信息大多已过期,除了极少数经典著作或论文至今还在被引用外,绝大多数的文献信息已被后来的研究成果取代。

(2) 倒查法。倒查法是从最近开始,由近及远,逐年查找。倒查法的优点是可以节省大量的查找时间。由于近期文献信息在论述现代科学技术成就的同时,一般都要论述和概述早期的有关文献信息,从而可以了解该课题的早期研究情况。因此,检索文献信息时只要从这些文献信息中掌握基本的所需信息即可。

(3) 抽查法。抽查法是针对本学科的发展特点,可以锁定本学科文献信息发展的核心刊物和发展的重要年代,抽出一段时间(几年或几十年),再进行逐年检索。抽查法的优点是能快速地了解该学科的发展情况;缺点是可能漏检重要线索和有用的文献信息。

**3. 引文法**

引文法又叫追溯法,是利用文后参考文献信息进行追溯检索。在没有成套检索工具或检索工具很不齐全的条件下,用此方法可以查到一批相关的文献信息。引文法能够查到相关研究的背景和依据,起到扩大检索范围的作用。

**4. 循环法**

循环法又称为分段法或交替法,实际上是上述几种检索方法相互交替使用的过程。先用检索工具查出一批文献信息,然后利用这些文献信息中所附的参考文献信息追溯查找,扩大线索,或者先掌握一篇文献信息后的参考文献信息线索,从中发现这些文献具备的检索途径,如作者、序号、分类、主题等,然后利用相应的检索工具扩大线索、获取文献信息。

### 1.4.6.2 计算机检索方法

计算机检索方法有多种,常用的方法有浏览检索、一般检索、高级检索、专业检索。

**1. 浏览检索**

浏览检索又称为导航检索,是以学科分类、字母顺序、出版时间等为途径查找相关文献信息的方法。例如,中国知网将文献信息资源按学科分为十大专辑、168个专题,从学科分类的角度,为读者提供相关文献的检索途径。

**2. 一般检索**

一般检索又称为快速检索或简单检索,是计算机数据库提供的最常用、最简捷的检索方法,在计算机数据库首页提供的检索输入框输入相关检索词,可进行直接检索并获得检索结果。例如,中国知网首页的一框式检索,直接输入检索词进行检索,即可获得检索结果。其优点是快速简便,缺点是不能实现精确检索。

**3. 高级检索**

高级检索是对检索字段(如题名、作者、主题、关键词、代码等检索项)进行选择限定,再通过布尔逻辑运算符连接并组配各种检索词,以达到精确检索的目的。大多数数据库都提供高级检索方法。

**4. 专业检索**

专业检索方法主要指的是利用检索算符、检索词组配、条件限定符、截词符等写出专业检索式并进行检索。这种方法主要供专业检索人员或者爱好检索的读者使用。

上述是常用的计算机检索方法,另外还有被引参考文献检索、作者检索、句子检索、结构式检索等计算机检索方法。不同的数据库系统设置了不同的检索方法,如中国知网设置的检索方法有浏览检索、一般检索、高级检索、专业检索、作者发文检索、句子检索等。在使用数据库时应根据课题需要选择合适的检索方法,以提高检索效率。

## 1.4.7 检索步骤

文献信息检索步骤指的是按照课题检索的要求,使用检索工具或检索系统查找相关文献信息的具体过程。文献信息检索步骤没有固定的模式,无论是手工检索还是计算机检索,其原理都是一样的,一般会按照分析研究课题、选择检索工具、制定检索策略、实际检索操作、获取原始文献信息等五个步骤进行(见图1.3)。

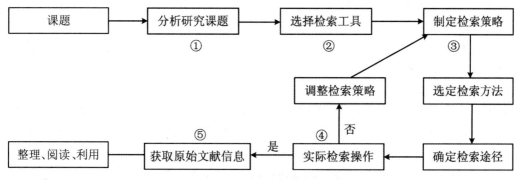

图 1.3 文献信息检索流程图

## 1.4.7.1 分析研究课题

分析研究课题是化学化工文献信息检索过程中至关重要的一步,要明确查找的目的和要求,弄清楚课题的性质,确定课题的学科专业范围,进而确认要求的文种、年代、文献信息类型、关键词等。

对于学科专业类型,化学一级学科可细分为无机化学、有机化学、高分子、物理化学、分析化学等二级学科,化学工业可细分为无机化学工业、有机化学工业、高分子化合物(聚合物工业)、溶剂与增塑剂的生产、燃料化学工业、染料及中间体工业和其他化学工业等,化学化工常涉及其他学科或跨学科,如生物学、物理学、地理学、数学、材料学等。

语种范围是指课题需要参考的文献信息的语言类型,是本国的文献信息还是国外的文献信息。

时间范围是指课题文献信息资料的年代范围,是古代文献信息,还是近现代文献信息?或是新近出版发表的文献信息?

文献信息类型若属于基础理论性研究,则一般侧重于查找期刊论文、会议论文;若属于尖端科学技术,则侧重于科技报告;若属于发明创造、技术革新,则应侧重于专利文献;若属于产品定型设计,则需利用标准文献及产品样本。

## 1.4.7.2 选择检索工具(系统)

在工具书、数据库和搜索引擎三大检索系统中,一般来说,应该首先考虑选择学术价值高的学术型数据库,其次考虑利用搜索引擎,最后是工具书。

在检索课题的实质明确以后,就要选用合适的检索系统进行检索。是使用手工检索,还是使用计算机检索?是利用参考性工具、搜索引擎,还是利用检索性工具?这些要根据检索课题的具体要求、课题的学科、专业特点以及所需文献信息类型,考虑检索工具报道文献信息的学科专业范围、文献信息类型、文种是否符合需要,以及所选检索工具对文献信息提示的深度、提供的检索途径、报道的时差等因素,选择最能满足检索要求的检索工具,同时还要注重检索工具的权威性、综合性与专业性、单一性等的结合使用。

利用各种类型的事实与数据、数值型参考工具书或参考数据库,可查找学科术语、事实类和数据类文献信息资料。例如,查找物质的物理性质数据、分子式和化学方程式等事实数据信息,可利用参考工具书或参考工具数据库检索系统,如《化学化工词典》《英汉化学化工词汇》《CRC物理化学手册》《盖墨林无机化学大全》《拜尔斯坦有机化学大全》、Reaxys 数据库等。

利用书目可查找各类图书、期刊、报纸;利用索引可查找论文篇目、主题资料、作者、主题等;利用文摘可查找图书或期刊论文提要等。

若查找中文文献信息,则可使用国内著名的检索工具,如中国知网、万方数据、维普数据库等;若查找国外的文献信息,则可使用 Web of Science、SciFinder、EI、ScienceDirect、ACS、SpringerLink 等数据库。

利用学术搜索引擎,通过搜索学术论文、国际会议、权威期刊、学者等来检索所需课题的大致范围,尤其是在不能确定用哪个数据库时,可先使用学术搜索引擎。常用的学术搜索引擎有谷歌学术搜索、百度学术搜索、读秀学术搜索等。

总之,鉴别检索系统质量一般是从文献信息的收录情况及整合程度两个方面来判断,如学科范围、地域范围、文献语种、文献的时限等收录情况,又如易用性、检索方法、检索途径、分析功能、原文获取等方面的整合程度。

### 1.4.7.3 制定检索策略

选用具体的检索工具系统后,需要制定检索策略。检索策略包括选定检索方法、检索途径,选用检索词,编制检索式以及达到什么样的检索要求等。

**1. 确定检索方法**

手工检索方法包括直接法、工具法、引文法和循环法四种,根据实际需要可以选用不同的检索方法。而计算机数据库的检索方法一般包括一般检索、高级检索、浏览检索和专业检索。

计算机检索一般使用学术搜索引擎、相关学科门户网站或专业数据库,网络数据库系统一般会设置一般检索、高级检索、专业检索、分类导航检索等多种检索方法。首先,确定需要检索的文献类型,也就是选择子数据库。例如,需要查全图书、期刊、学位论文、专利、标准、科技报告等文献类型,可以全选子数据库,如果只需要某一种文献类型,则需要先选定子库。其次,选定主题、篇名、关键词、摘要、全文、分类号等检索项。最后,建议尽量使用高级检索方法,其能够进行检索项的精确组配,以达到查全和查准的目的。

**2. 确定检索途径**

根据文献信息的外表及内容特征,检索途径可分为题名途径、责任者途径、代码途径、分类途径及主题途径等。

在利用各种检索工具系统查找文献信息时,主要是利用检索工具的各种索引(或检索字段)来完成检索。每种索引(或字段)提供一种文献信息检索途径,一般来说,每种检索工具都为用户提供几种检索途径:① 工具书的编排方法就是依其提供的查询途径,一般有分类、主题、作者、拼音、部首、笔画等检索途径;② 数据库系统的主要检索途径有分类途径、主题词/关键词途径、著者途径、题名途径,全文检索系统还提供任意词(自由词)途径,有的数据库还提供一些特殊的检索途径,如机构途径、引文途径、基金途径等。

一种检索途径一般只适应某一种检索要求,检索时应考虑课题的难易和范围,并结合各种检索途径的特点,选择相应的检索途径。检索途径的选择应根据课题的需要而加以灵活运用,或将几种检索途径相互补充、配合使用,以达到理想的检索效果。以查全为前提的课题,宜用分类途径,选择相应的分类名和分类号,就能检索到与课题相关的全部文献信息;以查准为前提的课题,若文献信息需要量不大,则可用题名检索途径,因其直接采用文献信息题名的词汇为检索标识,故查准率较高,若将题名途径和主题途径配合使用,则可达到较高的查全率和查准率。

多数研究课题通过标题、主题途径基本能达到检索目的。当通过标题或主题途径检索效果不理想及文献信息检出量不够时,可考虑全文数据库任意词(自由词)检索途径。对于全文数据库,应考虑使用全文关键词途径,其能将文献信息题名未包含该词而文献信息内容却包含该词的文章检出,查全率较高,但误检率也较高,会带出一批文献信息内容虽含有该词但对课题却无参考价值的文献信息。若想了解课题研究最新成果或跟踪课题发展趋势,则可配合年份途径进行限制检索。若检索某一专家学者的学术成就,则应采用著者检索途径。

**3. 编制检索提问式**

学会利用适当的检索词构造检索提问式。检索提问式是指使用布尔逻辑算符、截词符、限制符等将检索词进行组配,确定检索词之间的概念关系或位置关系,以准确表达课题主题内容。

检索词的选择是在课题主题概念的基础上形成的。选择检索词应注意选择同义词和相关词,适当控制检索词的内涵和外延以及词语的不同表现形式。

检索提问式编制的关键是组配。组配就是用两个以上的检索词或两个以上的检索字段来表达一个复杂的主题概念。对查全率要求高的课题,可用逻辑或(OR)来组配同义词或相关词;对查准率要求高的课题,可用逻辑与(AND)来组配具有交叉、限定概念的检索词,也可使用逻辑非(NOT)来排除某些没用的文献信息;对比较复杂的或综合性的课题,为兼顾查全率和查准率,可适当使用两个算符或多个算符进行组合检索。

当偏离或背离检索目标,检出的文献信息与实际需求不相符合(漏检或误检)时,应重新调整检索策略,调节检索词之间的数量关系及逻辑组配关系,进行二次检索。当检出的文献信息量过多时,可使用逻辑与或逻辑非缩小检索范围,或者对原检索词增加时间、文种、著者、文献信息类型等限定检索。当文献信息量过少时,可使用逻辑或扩大检索范围,也可使用截词符处理自由词,提高查全率。反复修改检索策略,直至检索到适合的文献信息为止。根据检索系统提供的检索结果输出格式,选择需要的记录以及相应的字段(全部字段或部分字段),将结果显示在显示屏上、存储到磁盘或直接打印输出,网络数据库检索系统还提供电子邮件发送、定制服务等。检索结果往往是凌乱的、不系统的,有时是不一致的甚至是互相矛盾的,这就需要去粗取精、去伪存真,对照原始文献信息进行阅读、核对和查实,并使之条理化,判断所得文献信息的参考价值,准确记录文献信息的分类号、题名、著者、出处和入藏号,以便索取原始文献信息。

### 1.4.7.4 实际检索操作

构建完检索提问式后,就可以利用检索工具(或系统)实施具体的检索。文献信息检索过程是一个动态的决策过程,检索失误时有发生。检索失误是指检索行为在检索过程中偏离或背离检索目标,使得检出的文献信息与实际需求不相符(漏检或误检)。因而,有必要对检索结果进行分析、评价,重新调整检索策略,调节检索词之间的数量关系及逻辑组配关系,进行二次检索,以逐步接近或达到满意的检索效果。

检索结果文献信息量过多的可能原因包括:一是主题词本身的多义性导致误检;二是对所选的检索词、截词使用不当。要想避免这种情况发生,可以考虑减少同义词与同族相关词;使用逻辑与或逻辑非缩小检索范围,或者对原检索词增加时间、文种、著者、文献信息类型等某些字段范围的限定;调整位置算符,使其由松变严等。

检索结果文献信息量过少的可能原因包括:一是选用了不规范的主题词或某些产品的商品俗称作为检索词;二是同义词、相关词、近义词没有运用全;三是上位概念或下位概念没有完整运用等。要想避免这种情况发生,可以考虑选全同义词与相关词,并用逻辑或扩大检索范围;也可减少逻辑与运算,丢掉一些可不要的或过于专指的概念,或者使用截词符处理自由词,调整位置算符,使其由严变松,提高查全率。

#### 1.4.7.5 获取原始文献信息

查找原始文献信息是整个检索过程的最后阶段。首先,从检索工具系统中查到文献信息线索后,先要对其进行甄别,剔除不需要的和重复的文献信息;其次,正确地找出获取原文所必需的著者姓名、题名、出版时间及详尽的出处,将文献信息来源的缩写形式通过检索工具本身的附录(如"来源索引""收录出版物一览表"等)转换为全称,将中文、日文、俄文等非拉丁语出版的文献信息的拉丁语译文根据附录或有关规则还原成原文名称;最后,利用各种类型的馆藏目录和联合目录,即可查到文献信息原文。许多的数据库系统都有全文或全文链接,可以直接单击链接进行浏览、打印或下载,也可以通过相关的互借系统,如文献传递进行复制、订阅或申请订购。各类文献信息的获取方法,要视检索工具和馆藏的具体情况而定。查找原始文献信息,一般是由近而远,先从本单位、本地区的文献信息资源入手,然后利用全国性的文献联合目录或者互联网进行文献信息的查找和获取所需文献信息。

### 1.4.8 检索评价

方便而快速地查到所需要的切题文献信息,达到满意的检索效果,用户利用检索系统时最关心的就是检索效率问题。

检索效率是指利用检索系统(或工具)进行检索服务时产生的有效结果,反映了检索系统的能力,即检索系统具备的查全能力和查准能力。对检索效率的评价,首先必须考虑的是对检索结果进行评价,即用户能否方便而快速地查到所需要的切题文献信息,达到满意的检索效率。具体标准有两个:一是有没有得到所需要的信息;二是得到的信息是不是全面且准确的。为了衡量与评价检索效率,人们提出了一些评价指标,如收录范围、查全率、查准率、误检率、漏检率、响应时间、用户负担、输出形式等,其中查全率和查准率是普遍采用的量化评价指标。

(1) 查全率。查全率(Recall,简写为 $R$)是指系统在进行某一检索时,检中的相关信息量与系统信息库中相关信息总量之间的比率,即

$$R = \frac{检中的相关信息量}{信息库中相关信息总量} \times 100\%$$

查全率反映该系统文献信息库中实有的相关文献信息量能在多大程度上被检索出来。例如,利用某个检索系统查某课题,假设在该系统文献信息库中共有相关文献信息 100 篇,而只检索出 70 篇,那么查全率就为 70%。

(2) 查准率。查准率(Precision,简写为 $P$)是指系统进行某一检索时,检中的相关信息量与检出的信息总量之间的比率,即

$$P = \frac{检中的相关信息量}{检出的信息总量} \times 100\%$$

查准率反映每次从该系统文献信息库中实际检出的全部文献信息中有多少是相关的。例如,如果检出的文献信息共计 60 篇,经审查确定其中与项目相关的只有 45 篇,其他 15 篇与该课题无关,那么这次检索的查准率为 45÷60×100% = 75%。

显然,查准率是用来描述系统拒绝不相关文献信息的能力。查准率和查全率结合起来可用于描述系统的检索成功率。两者之间存在着互逆关系。检索结果的评价是一个非常复杂的问

题,从检索要求来说,希望查全率和查准率能同时达到100%,即系统中存储的所有相关文献信息都被检出是最理想的结果,事实上不大可能达到100%的查全与查准。在多数情况下,查全率和查准率之间存在着相反的相互依赖关系,即若要提高检索的查准率,则势必会降低其查全率,反之亦然。影响检索效果的因素很多,几乎涉及信息存储和信息检索全过程。从信息存储的角度看,检索系统文献信息收录不全,文献信息质量不高,标引不够详尽、准确,提供的检索途径不多等,都是影响查全、查准的因素。从信息检索的角度看,检索者检索课题要求不明确,检索工具选择不当,检索途径选择不准,检索策略编制不佳等,都会导致难以达到理想的检索效率。在实际检索过程中,应该尽量兼顾查全率和查准率,不可片面追求某一方面。

思考与练习

1. 信息素养及其四个要素是什么?谈谈如何通过文献检索课程的学习来提高和培养信息素养及终身学习的能力。
2. 按加工深度分类,化学化工文献信息源包括哪些?它们之间的关系如何?
3. 结合相关课题文献信息的检索实际,叙述文献信息检索的步骤及过程。

# 第2章 化学化工网络信息资源

化学化工网络信息资源是指通过计算机网络可以利用的各种化学化工及其相关的信息资源的总和。本章主要介绍计算机检索的基础知识与技术、化学化工网络信息资源基本知识、搜索引擎、门户网站等。有关化学化工检索工具数据库及期刊全文数据库，将在后续章节中逐一介绍。

## 2.1 网络信息资源概述

化学化工网络信息资源是指所有以电子数据形式把文字、图像、声音、动画等信息存储在光、磁等非纸介质的载体中，并通过网络通信、计算机或终端等方式再现出来的化学化工信息资源。

近年来，网络为化学化工信息提供了十分重要而便捷的载体。它包含了十分丰富的信息，主要有如下类型：化学工业新闻，化学电子期刊与杂志，化学化工图书信息，化学图书馆，各种化学会议信息，互联网上召开的化学类电子会议，专利信息，化学数据库，与化学相关的学会、组织、机构、实验室及研究小组信息，与化学相关的产品目录、电子商务及与化学相关的公司，与化学相关的教学资源、软件、文章精选、在线服务、在线讨论、论坛等。按学科分为无机化学、有机化学、物理化学、分析化学、生物化学、高分子化学、化学工业、环境化学、材料化学、应用化学、立体化学、医药化学、化学教育等，绝大部分的化学信息都可以在网络上找到。

化学化工网络信息内容比印刷版数量大、检索速度快。化学化工网络信息中的大多数内容与印刷版相同，但也有其独特之处，如期刊与杂志电子版、互联网上召开的化学化工类电子会议、化学化工软件、在线服务、在线讨论等，其优越性是印刷版无法比拟的。

网络信息资源具有以下特点：数量巨大、增长迅速、内容丰富、形式多样、结构复杂、分布广泛、不稳定性、强交互性、无序混乱、质量参差。

网络信息资源的获取途径一般有以下三种：

(1) 搜索引擎。网页是互联网最主要的组成部分，也是人们获取网络信息的最主要来源。为便于人们在大量繁杂的网页中找寻自己需要的信息，这类检索工具快速地发展起来。学术搜索引擎的产生，对专业文献的检索具有一定的意义。

(2) 门户网站。虽然当前搜索引擎的种类繁多，但是由于各引擎使用的自动搜索和标引技术尚不够智能，检索结果常会含有大量的不需要的信息，严重地影响了网络信息资源的利用。因此，由某一专业领域的机构精心选择和提供的该领域网络信息资源就有了更大的参考价值。由专业机构搜集的网络信息集合，人们通常称其为学科导航或门户网站，当今出现的部分公众号也属于这一类。

(3) 专业数据库。搜索引擎和门户网站是两种获取网络信息资源的重要途径，前者主要考虑查全率，后者主要考虑查准率。而网络信息资源数据库则兼顾了查全率和查准率，能够向用户提供相对全面和准确的网络信息资源。

常用化学化工文献信息资源网址见附录2。

## 2.2 计算机网络检索基础

计算机检索是指利用计算机及相关软件和通信设施,对本地计算机、远程服务器及网上信息进行检索的过程或活动。随着信息技术的快速发展及对各种文献信息的数字化处理,计算机文献信息检索已经成为文献信息检索的主要手段。

### 2.2.1 数据库

数据库(Database)是人们为解决特定的任务,以一定的组织方式存储在一起可共享的相关数据的集合。它是计算机信息检索系统的重要组成部分。

#### 2.2.1.1 数据库结构组成

数据库结构由相互关联的文档组成,文档由记录组成,记录由字段组成。文档是若干记录构成的集合,是数据库中数据组成的基本形式。数据库结构有顺排文档和倒排文档两种。顺排文档是指文档中的全部记录按顺序一个接一个地存放,也称主文档。倒排文档是指将数据库中记录的一切可检字段或检索标识抽出,按某种顺序重新组织的一种文档,相当于印刷型检索工具的各种索引。记录是指作为一个单位来处理有关数据的集合,是对某一实体属性进行描述的结果,如一篇文献。字段是指记录的下一级数据单位,用来描述实体的某一属性,如一篇文献的题名、作者、分类、出处等字段。

#### 2.2.1.2 数据库类型

数据库种类繁多,按国际通用的分类方法可划分为参考数据库和源数据库(见图2.1)。

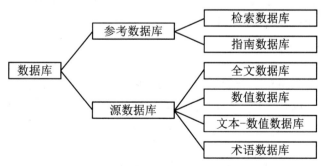

图 2.1 文献信息数据库类型图

**1. 参考数据库**

参考数据库(Reference Database)是指引用户到另一信息资源以获得原文或其他细节的一类数据库。它包括检索数据库和指南数据库。

(1) 检索数据库,是存储某个领域的二次文献(如目录、题录、文摘等书目数据)的一类数据库,有时又称为二次文献数据库,或简称文献检索数据库。它主要提供文献的题名、作者、出处等基本题录信息,有时提供文摘内容,如 Web of Science、SciFinder 等。虽然检索数据库本身没有全文,但常常都有全文链接。

(2) 指南数据库,是存储关于某些机构、人物、出版、项目、活动等对象的简要描述信息,指引用户从其他有关信息源获取更详细的信息,也称指示性数据库或事实数据库。

**2. 源数据库**

源数据库(Source Database)是能直接提供原始资料或具体数据的自足性数据库,用户不必再查阅其他信息源。它包括全文数据库、数值型数据库、文本-数值数据库、术语数据库、图像数据库、音视频数据库等。

(1) 全文数据库,是存储文献全文或其中主要部分的一种源数据库,如 ScienceDirect、ACS 期刊全文数据库等。

(2) 数值型数据库,是专门提供以数值方法表示数据的一种源数据库,记录了大量的原始调查数据和统计数据。

(3) 文本-数值数据库,是同时提供文本信息与数值数据的一种源数据库。

(4) 术语数据库,是专门存储名词术语信息、词语信息以及术语工作和语言规范工作成果的一种源数据库。

## 2.2.2 计算机检索技术

计算机检索技术是指利用计算机检索系统,检索有关信息而采用的相关技术。常用的有导航检索、布尔逻辑检索、截词检索、字段限定检索、位置算符检索等技术手段。

### 2.2.2.1 导航检索

导航检索是指用户通过文献学科类目、文献类型或者文献特征等途径浏览数据库记录的检索方式。从学科分类等各种途径对文献进行导航检索,便于用户从不同的角度入手,进行文献检索,绝大多数数据库都支持导航检索功能。例如,中国知网文献数据库具有学科分类导航、期刊导航、基金导航、作者单位导航、博士学位授予单位导航、硕士学位授予单位导航、会议主办单位导航、会议论文集导航、报纸导航等检索功能。

### 2.2.2.2 布尔逻辑检索

布尔逻辑检索是指利用布尔逻辑运算符连接各个检索词,然后由计算机进行相应逻辑运算,以找出所需信息的方法。布尔逻辑运算符的作用是把检索词连接起来,构成一个逻辑检索式。布尔逻辑运算符包括:逻辑与(AND)、逻辑或(OR)、逻辑非(NOT)。

**1. 逻辑与(AND)**

逻辑与用"AND"或"*"表示,可用来表示其连接的两个检索项的交叉部分,即交集部分。检索式:A AND B,表示让系统检索同时包含检索词 A 和检索词 B 的信息集合,其作用是缩小检索范围,提高查准率。

**2. 逻辑或(OR)**

逻辑或用"OR"或"+"表示,可用于连接并列关系的检索词。检索式:A OR B,表示让系统查找含有检索词 A、B 之一,或同时包括检索词 A 和检索词 B 的信息,其作用是扩大检索范围,增加命中文献数,提高查全率。

**3. 逻辑非(NOT)**

逻辑非用"NOT"或"-"号表示,可用于连接排除关系的检索词,即排除不需要的和影响检索结果的概念。检索式:A NOT B,表示检索含有检索词 A 而不含检索词 B 的信息,即将包含检索词 B 的信息集合排除掉,其作用是缩小检索范围。

图 2.2 为布尔逻辑运算符图示,阴影部分为命中的结果。

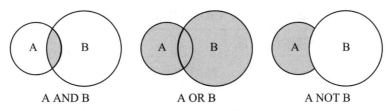

图 2.2　布尔逻辑运算符图示

在检索过程中,布尔逻辑运算符是使用最频繁的,逻辑运算符使用的技巧决定检索结果的满意程度。一个检索式中,可以同时使用多个逻辑运算符,构成一个复合逻辑检索式。复合逻辑检索式中,可以使用括号改变运算次序。例如,检索式:(A OR B) AND C,表示先运算 A OR B,再运算 AND C。

### 2.2.2.3　截词检索

截词是指在检索词的合适位置进行截断,然后使用截词符进行处理。它的目的是针对近义词、同一词根、单复数等词汇的变化,既减少检索词的输入,又能保证相关检索概念的覆盖面,防止漏检,提高查全率。大多数系统都提供截词检索功能。这样既可节省输入的字符数目,又能达到较高的查全率。

截词按位置分为前截词、中间截词和后截词三种。前截词因误检率高,故一般不用;中间截词也很少使用;最常用的是后截词,又称后端截词或前端一致。

截词符,也称通配符,通常用"＊""$""?"表示。在不同的检索系统中,截词符的使用略有差别。在检索系统中,使用截词符处理自由词,对提高查全率具有非常显著的效果。

例如,在 Web of Science 核心合集数据库中,截词符有"＊""$"和"?",其中"＊"表示无限截断,"$"表示 0~1 个字符,"?"表示 1 个字符。

(1) 检索式:comput＊,检出结果 comput、compute、computing、computed、computer、computers、computation、computational、computerisation 等,表示词尾无限截断;

(2) 检索式:alumin＊m,检出结果 aluminum、aluminium,表示中间截断;

(3) 检索式:computer$,字符≤1,检出结果 computer、computers 等;

(4) 检索式:computer?,字符＝1,检出结果 computers。

### 2.2.2.4　字段限定检索

字段限定检索是指限定检索词在数据库记录中的一个或几个字段范围内查找的一种检索方法。检索时,系统只对指定字段范围进行匹配运算,提高了效率和查准率。通常检索字段符分为后缀式和前缀式两类。

后缀式字段代码用"/",放在检索词之后。例如,检索式:catalyst/TI,表示"catalyst"一词必须出现在题名字段。

前缀式字段代码用"=",放在检索词之前。例如,检索式:AU = Johnson,A. R.,表示"Johnson,A. R."必须出现在作者字段。

**1. 限制符**

字段限定检索有时用限制符来表示,不同检索系统其数据库的字段名称和限制符有所不同,数据库常用字段名称及限制符如表 2.1 所示。

表 2.1 数据库常用字段名称及限制符列表

| 西文数据库常用字段 | | 中文数据库常用字段 |
|---|---|---|
| 字段名称 | 限制符 | |
| Title | TI | 题名 |
| Author | AU | 作者 |
| Keyword | KW | 关键词 |
| Subject、Topic | SU | 主题 |
| Corporate Source、Affiliation、Company | CS | 机构(作者单位) |
| Abstract | AB | 文摘 |
| Document Type | DT | 文献类型 |
| Journal Name、Publication Title | JN | 期刊名称 |
| Publication Year | PY | 出版年 |
| ISBN | IB | 国际标准书号 |
| ISSN | SN | 国际标准刊号 |
| Full Text | FT | 全文 |
| Language | LA | 语种 |

利用限制符和布尔逻辑运算符编制检索式,可实现精确检索。例如,查找 2010 年出版的英文或法文的催化作用或催化剂方面的期刊文献,则检索式为:(catalysis/TI,AB OR catalyst/TI,AB) AND PY=2010 AND (LA=EN OR FR) AND DT=Serial。

**2. 范围符号**

使用 Less than、Greater than、From、to 等词语范围符号进行范围限定检索。

例如,查找 1989~1999 年的文献,可使用"PY=1989:1999"或者"PY=1989 to PY=1999"。又如,查找在指定的文摘号范围内有关催化作用方面的文献,可使用"catalys? /635000800000"。

**3. 限制指令**

限制指令可以分为一般限制指令(Limit,它对事先生成的检索集合进行限制)、全限制指令(Limit all,它是在输入检索式之前向系统发出的,把检索的全过程限制在某些指定的字段内)。

例如,"Limit S5/328000560000"表示把先前生成的第五个检索集合限定在指定的文摘号内。又如,"Limit all/DE,TI"表示将后续检索限定在叙词和题名字段。

上述几种限制检索方法既可独立使用,也可混合使用。

### 2.2.2.5 位置算符检索

位置算符又称邻近算符,表示其连接的两个检索词之间的位置关系,是以原始记录中词与词之间特定位置关系为检索对象的运算。常用的位置算符有 With(W、$n$W)、Near(N、$n$N)、Field(F)、Subfield(S)、Link(L)等。

**1. With(W、$n$W)算符**

W 是 With 的缩写。(W)或( )表示其连接的两个检索词必须按序出现,中间不允许插词,只能有一个空格或标点符号;($n$W)与(W)类似,只是它允许插词,插词数量小于等于 $n$ 个。

例如,computer(W)network 会出现 computer network 或 computer-network 等。又如,laser(1W)printer 会出现 laser printer、laser color printer、laser and printer 等。

**2. Near(N、$n$N)算符**

N 是 Near 的缩写。(N)表示其连接的两个检索词的顺序可以互易,但两词间不允许插词;($n$N)中的 $n$ 表示允许插词量小于等于 $n$ 个。

例如,chemistry(N)physics 会出现 chemistry physics、physics chemistry。又如,internet(1N) accessing 会出现 accessing internet、accessing the internet、internet intranet accessing 等。

**3. Field(F)算符**

F 是 Field 的缩写。(F)表示其连接的两个检索词必须出现在同一字段中,字段不限,词序不限。

**4. Subfield(S)算符**

S 是 Subfield 的缩写。(S)表示其连接的两个检索词必须出现在同一子字段中。子字段是指字段中的一部分,如一个句子、词组、短语。字段不限,词序不限。

**5. Link(L)算符**

L 是 Link 的缩写。(L)表示其连接的两个检索词之间有主副关系,前者为主,后者为副,可用来连接主、副标题词。它们出现在记录的规范词字段。

以上所有算符的书写用大小写均可,与 NOT 连用表示意义相反。不同数据库使用的位置算符不一定相同,使用前应查阅帮助信息。

## 2.2.3 数字对象标识符

数字对象标识符(Digital Object Identifier,DOI),是一种对包括互联网信息在内的数字信息进行标记的工具。网上的文档一旦变更网址(url),就会消失得无影无踪,让人无从追索,如果给数字信息加上 DOI,则如同出版物被贴上了条码一样,无论走到哪里都有踪迹可寻。因而 DOI 被形象地称为数字资源的条码。

DOI 系统在 1997 年法兰克福图书博览会上首次亮相,成为数字资源命名的一项标准。1998 年在法兰克福成立了非营利性组织——国际 DOI 基金会(International DOI Foundation,IDF),负责有关 DOI 的政策制定、技术支持、名址注册等业务。

DOI 的结构式:<DIR>.<REG>/<DSS>,分为前缀和后缀两部分,中间用一斜杠分开,前缀中又以小圆点分为两部分。

前缀中<DIR>为 DOI 的特定代码,其值为 10,<REG>(Registrant Code)是 DOI 注册者的代码,由 DOI 的管理机构 IDF 负责分配,由 4 位或以上的数字组成。

后缀<DSS>(DOI Suffix String)由 DOI 注册者自行给出,需要确保所有产品中具有唯一性。表 2.2 所示为 DOI 的合法编码。

表 2.2 DOI 示例表

| 序号 | 示例 | 所属数据库 |
| --- | --- | --- |
| 1 | DOI:10.1016/j.chemphys.2012.09.020 | ScienceDirect |
| 2 | DOI:10.1007/s10489-010-0268-6 | SpringerLink |
| 3 | DOI:10.1002/anie.200901246 | Wileyonline library |
| 4 | DOI:10.1300/J107v09n04_09 | Taylor & rancisonline |
| 5 | DOI:10.1177/0017896910364833 | Sage Publishing |
| 6 | DOI:10.1021/ol052640i | ACS pubs |
| 7 | DOI:10.1039/C2CC38658E | RSC pubs |
| 8 | DOI:10.3969/j.issn.1005-8095.2011.01.001 | 万方数据 |
| 9 | DOI:10.15881/j.cnki.cn33-1304/g4.2013.01.007 | 中国知网(CNKI) |

DOI 的命名结构使每个数字资源在全球具有唯一的标识。DOI 不同于 url,它是数字资源的名称,而与地址无关,是信息的数字标签和身份证。有了它,就使信息具有了唯一性和可追踪性。

例如,胡益民老师发表在化学领域国际权威期刊——德国《应用化学》上的论文"One-Step Synthesis of the Benzocyclo[penta-to octa-]isoindole Core, Angewandte Chemie International Edition",DOI:10.1002/anie.200901246。通过 DOI:10.1002/anie.200901246,可以在不同的数据库中找寻到这一篇论文。

利用 DOI 可以直接检索文献,DOI 检索网址为 http://dx.doi.org。例如,已知某文献的 DOI 为 10.1002/anie.200901246,打开检索页面(见图 2.3),将 DOI 输入检索框中,单击"Go"按钮,直接链接到该 DOI 所在数据库中的文献,并可以直接浏览该篇文献的详细信息(见图 2.4)。

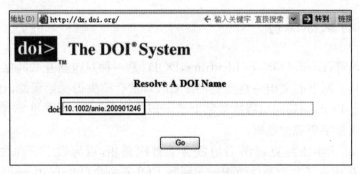

图 2.3 DOI 检索页面

利用 DOI 编码能以最快的速度检索到有效的全文信息,DOI 的查询及有关信息可参见中文 DOI 主页(http://www.chinadoi.cn)和国际 DOI 网站(http://dx.doi.org)。

图 2.4 DOI 检索结果页面

## 2.3 搜索引擎

### 2.3.1 搜索引擎概述

搜索引擎既是检索软件,又是提供查询和检索的网站。搜索引擎并不真正搜索互联网,它搜索的实际上是相关的网页索引数据库。真正意义上的搜索引擎,首先通过网络自动索引程序收集信息,建立网页索引数据库。在用户提交搜索关键词后,所有在页面内容或 HTML 代码中包含了该关键词的网页都将作为搜索结果被搜索出来,再通过搜索引擎网站自身的算法进行排序,这些结果将按照与搜索关键词的相关度高低,依次排列,反馈给用户。

搜索引擎按照收录的内容可分为一般搜索引擎和学术搜索引擎。著名的搜索引擎有谷歌(美国)、Bing(美国)、百度(中国)、雅虎(美国)、Yandex(俄罗斯)、Ask(美国)、DuckDuckGo(美国)、Naver(韩国)、AOL(美国)、Seznam(捷克)等。著名的学术搜索引擎有谷歌学术、微软学术、百度学术、读秀、百链、CNKI 学术搜索、万方学术搜索、搜狗学术搜索等。

#### 2.3.1.1 搜索引擎常用方法

(1) 简单(基本)搜索。简单(基本)搜索是指输入一个单词(关键词),提交搜索引擎查询的搜索方式。这种查询方法最简单、最常用。直接输入关键词查找往往会反馈大量不需要的信息。

(2) 词组(短语)搜索。词组(短语)搜索是指输入两个单词以上的词组(短语),提交搜索引擎查询,也叫短语搜索,现有搜索引擎一般都约定把词组或短语放在引号内表示。双引号可以实现精确查询,一个带引号的词组意味着只有完全匹配该词组的网页才是要搜索的网页。

(3) 高级搜索。高级搜索是指输入多个词组(短语),提交搜索引擎查询。词组(短语)之间用布尔逻辑组配,以及使用通配符和范围运算符等。

(4) 目录(分类)搜索。目录(分类)搜索是指按搜索引擎提供的分类目录逐级查询,用户一般不需要输入查询词,而是按照查询系统所给的几种分类项目,选择类别进行搜索。

(5) 使用网页快照功能。网页内容更新频繁,有时在搜索引擎中能够搜索到相关链接,但单击后会发现该网页已经被删除了,无法打开。为了避免这种情况发生,百度、谷歌等搜索引擎提供了网页快照功能,把网页储存在自己的服务器中,这样即使网站已经把这个网页删除了,用户也能正常浏览。

#### 2.3.1.2 使用搜索引擎注意事项

搜索引擎的出现极大地方便了用户搜索网络资源信息,但因其本身固有的差别,故常使不熟悉的用户在检索时难以获得满意的检索结果。为提高检索效率,使用搜索引擎时应注意以下几点:

(1) 选择适当的搜索引擎。不同的搜索引擎在设计目的、收录内容、使用对象及用途上各有偏重。用户在选择搜索引擎时应针对自己的需要,选择合适的搜索引擎。

(2) 阅读引擎的帮助信息。许多搜索引擎都有帮助信息,提供本引擎的操作方法、使用规则及运算符说明。这些信息是用户进行网络信息资源查询所必须具备的知识。

(3) 选择恰当的检索关键词。查找相同的信息,不同的用户使用相同的搜索引擎,会得出不同的结果。造成这种差异的原因就是关键词选择不同。选择搜索用关键词要做到"精"和"准",同时还要具有"代表性"。"精""准"才能保证搜索到所需信息,"代表性"才能保证搜索的信息有用。

(4) 合理使用检索符。如果只给出一个关键词进行搜索,那么将出现数以千计甚至百万计的匹配网页,如果再加一个关键词,那么搜索结果可能会更切题,因此要善于使用各种检索符。不同的搜索引擎在布尔逻辑运算等具体的检索运算表达式写法上有所区别,应针对不同搜索引擎,使用正确的检索符。

### 2.3.2 百度、百度学术

百度是全球最大的中文搜索引擎及最大的中文网站,2000 年 1 月 1 日创立于中关村。百度的产品种类有搜索服务、导航服务、社区服务、游戏娱乐、移动服务、站长与开发者服务、软件工具等(见表 2.3)。

表 2.3 百度产品种类大全

| 服务种类 | 产品大全 |
| --- | --- |
| 搜索服务 | 网页、百度人工翻译、视频、百度翻译、音乐、地图、新闻、图片、百度识图、太合音乐人、百度学术 |
| 导航服务 | Hao123、网站导航 |

续表

| 服务种类 | 产 品 大 全 |
|---|---|
| 社区服务 | 百度取证、百家号、百度广播开放平台、DUEROS、百度安全社区、文库、百度网盘、百科、贴吧、知道、经验、度小满支付、百度阅读、百度众测、康波·财经、百度社团赞助平台、宝宝知道、百度信誉 |
| 游戏娱乐 | Hao123游戏·手游、百度游戏、百度移动开放平台 |
| 移动服务 | 百度H5、度小满理财、百度手机输入法、百度手机助手、百度翻译APP、百度手机卫士 |
| 站长与开发者服务 | 百度教育商业服务平台、百度灵犀、百度律师、百度大脑、百度商桥、百度推荐、百度数据开放平台、百度搜索资源平台、百度统计、百度联盟、百度推广、风云榜、百度指数、百度移动统计、百度司南、百度开发者中心、百度图＋、百度云观测、百度商业服务市场、百度舆情、百度精算、百度云加速、百通广告、百度智能云、百度语音、百度SSP媒体服务、百度云推送、百度移动云测试中心 |
| 软件工具 | 百度脑图工具、千千音乐、百度hi、百度输入法、百度五笔输入法 |
| 其他 | 小度商城、简单搜索、好看视频、百度营销中心、百度技术学院、全民小视频、百度智能门户 |

以下主要介绍百度网页搜索与百度学术搜索。

### 2.3.2.1 百度网页搜索

**1. 一般搜索**

百度搜索的网址是http://www.baidu.com,百度搜索的主页如图2.5所示。

图 2.5 百度搜索主页

百度首页排列的功能模块有网页、新闻、图片、地图、视频、知道、学术等,默认是网页搜索。百度搜索简单方便,只需要在搜索框内输入需要查询的内容,敲回车键或者单击搜索框右侧的"百度一下"按钮,就可以得到符合查询需求的网页内容。输入多个词语搜索(不同字词之间用一个空格隔开)时,默认词语之间的关系为逻辑与,可以获得更精确的搜索结果,或者使用双引号可以实现精确完整词语的搜索。

**2. 高级搜索**

点击百度首页的"设置"按钮(见图2.5右侧),选择"高级搜索",即可进入百度高级搜索页面(见图2.6)。

在图2.6中,"包含全部关键词"表示在所有给出的关键词之间为逻辑与的关系;"包含完整关键词"表示词组内的词不分开,实现精确检索;"包含任意关键词"表示包含任何一个关键词的内容都会被检出,词与词之间是逻辑或的关系,扩大搜索范围。另外,可以实现时间、文档类型、关键词位置限定、指定网站的条件限定，以达到精确搜索的目的。例如，查找有关金属有机化学的网页，在"包含完整关键词"的检索框中输入"金属有机化学"，即可搜索到包含完整的"金属有机化学"关键词的网页。

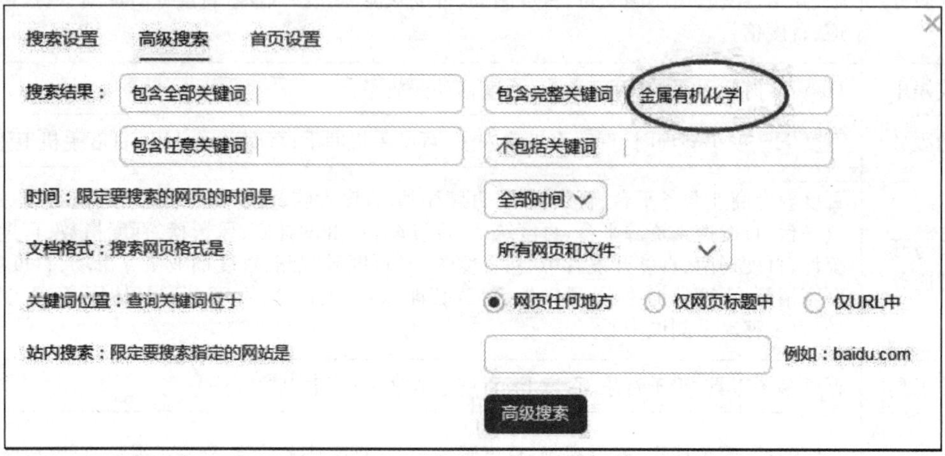

图 2.6　百度高级搜索页面

**3. 高级语言搜索**

百度搜索可以使用高级专业搜索语言进行精确搜索。

（1）专业文档搜索（filetype:）。很多有价值的资料，在互联网上并非是普通的网页，而是以 Word、PowerPoint、PDF 等格式存在。百度支持对 Office 文档（包括 Word、Excel、PowerPoint）、Adobe PDF 文档、RTF 文档进行全文搜索。要搜索这类文档，很简单，只需要在普通的查询词后面加一个"filetype:"（文档类型限定）。"filetype:"后可以跟以下文件格式：DOC、XLS、PPT、PDF、RTF、ALL。其中，ALL 表示搜索所有文件类型。例如，查找有关信息素养教育的 Word 文档，输入"信息素养教育 filetype:doc"，即可得到有关信息素养教育的 Word 文档结果列表（见图 2.7），可以单击标题后的"百度快照"快速查看该文档的网页格式内容。

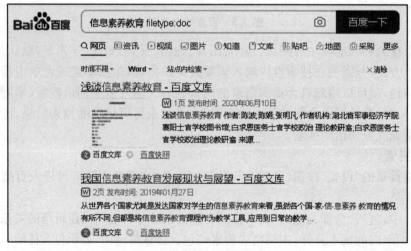

图 2.7　百度专业文档搜索结果

另外,通过百度文档搜索页面 http://wenku.baidu.com,可以直接使用专业文档搜索功能。

(2) 网页标题搜索(intitle:)。网页标题通常是对网页内容提纲挈领式的归纳。把查询内容范围限定在网页标题中,有时能获得良好的效果。使用的方式是把查询内容中特别关键的部分用"intitle:"领起来。例如,搜索网页标题中含有"信息素养"的大学生信息素养教育的内容,就可以输入"大学生 intitle:信息素养",应注意,"intitle:"和后面的关键词之间不要有空格。搜索结果如图 2.8 所示。

图 2.8　百度网页标题限定(intitle:)搜索结果

(3) 特定站点搜索(site:)。如果知道某个站点中有自己需要找的东西,那么就可以把搜索范围限定在这个站点中,以提高查询效率。使用的方式是在查询内容的后面加上"site:站点域名"。例如,在安徽师范大学的网站查询有关学生专利的信息,可以这样查询:"学生专利 site:www.ahnu.edu.cn",应注意,"site:"后面跟的站点域名不要带"http://";另外,"site:"和站点名之间不要有空格。搜索结果如图 2.9 所示。

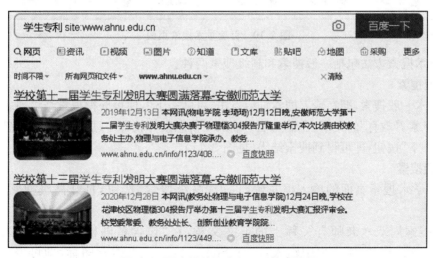

图 2.9　百度网站限定(site:)搜索结果

(4) url 链接搜索(inurl:)。网页 url 中的某些信息,常常有某种有价值的含义。因此,若对搜索结果的 url 作某种限定,则可以获得良好的效果。实现的方式是用"inurl:",其后跟需要在 url 中出现的关键词。例如,查找关于 Photoshop 的使用技巧,可以输入:"Photoshop inurl:jiqiao",这个查询串中的"Photoshop"可以出现在网页的任意位置,但"jiqiao"必须出现在网页 url 中。注意,"inurl:"语法和后面跟的关键词之间不要有空格。

(5) 双引号(" ")。如果输入的查询词很长,那么百度在经过分析后,给出的搜索结果中的查询词就可能是拆分的。而给查询词加上双引号可以达到精确搜索的效果。例如,搜索"安徽师范大学",如果不加双引号,那么搜索结果会被拆分,效果不是很好,但加上双引号后,获得的结果就全是符合要求的了。

(6) 书名号(《 》)。书名号是百度独有的一个特殊查询语法。在其他搜索引擎中,书名号会被忽略,而在百度中,中文书名号是可被查询的。加上书名号的查询词有两种特殊功能:一是书名号会出现在搜索结果中;二是被书名号括起来的内容,不会被拆分。书名号在某些情况下特别有效果。在查名字很通俗和常见的那些电影或者小说时,如查电影"手机",如果不加书名号,那么很多情况下出来的是通信工具手机,而加上书名号后,获得的结果就全是关于手机的文艺作品了。

### 2.3.2.2 百度学术搜索

百度于 2014 年开发了百度学术搜索产品,该产品提供海量中、英文学术文章搜索服务,网址为 http://xueshu.baidu.com,百度学术搜索页面如图 2.10 所示。

图 2.10 百度学术搜索页面

百度学术搜索方法包括一般搜索和高级搜索两种。

**1. 一般搜索**

百度学术一般搜索,即在输入搜索词后点击"百度一下",便可获得搜索结果列表。例如,搜索有关"信息素养教育"的文章,在输入框中输入"'信息素养教育'"(加引号,搜索完整的词组),点击"百度一下"按钮,即可得到搜索结果(见图 2.11)。

**2. 高级搜索**

在百度学术搜索页面的输入框左侧,点击"高级搜索"按钮,打开高级搜索页面(见图 2.12)。

例如,搜索周双六老师有关稀土的英文文章,在"包含精确检索词"的输入框中输入"rare earth",在"作者"输入框中输入"Zhou Shuangliu",点击搜索图标,即可得到搜索结果(见图 2.13)。

图 2.11　百度学术搜索结果

图 2.12　百度学术搜索高级搜索页面

对检索结果可以作一定的处理,排序方式有相关性、被引和时间三种,默认为相关性排序;分组浏览包括时间、领域、核心和获取方式四种(见图 2.13)。针对某一篇文章,百度学术会显示题名、作者、来源刊物、发表时间、被引数、摘要信息以及所有来源链接,百度学术还给出了某些论文的免费下载地址,以方便读者免费获取全文。在检索结果列表中,对感兴趣的文章,读者可直接点击题名链接,打开这一篇文章的详细题录页面,从而获得更多详细的信息。

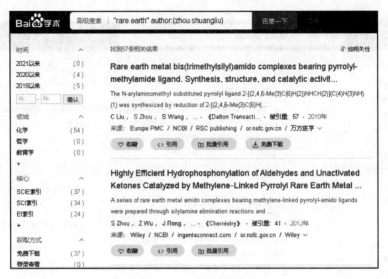

图 2.13　百度学术搜索高级搜索结果

## 2.3.3　谷歌、谷歌学术

谷歌(Google)搜索引擎是由斯坦福大学的两位博士生拉里·佩奇(Larry Page)与谢尔盖·布林(Sergey Brin)于 1998 年 9 月发明的,两人于 1999 年成立谷歌公司(Google Inc.)。谷歌的产品有多种,如 Search & explore、Watch & play、Use anywhere、Grow your business、Work smarter、Talk & text、Stay organized、Devices made by Google 等。

### 2.3.3.1　谷歌搜索

谷歌搜索引擎是谷歌公司的主要产品,也是全球最大的搜索引擎之一,网址为 http://www.google.com。谷歌搜索引擎具有多种语言选择,中文搜索页面如图 2.14 所示。

图 2.14　谷歌搜索中文主页

谷歌搜索引擎的搜索方法有一般搜索和高级搜索两种。

**1. 一般搜索**

谷歌搜索排列的功能模块有网页、图片、视频、地图、新闻、购物、翻译、Gmail、更多等,默认是网页搜索。在搜索框内输入查询内容,单击"Google 搜索"按钮(或者按回车键),符合条件的结果就会显示出来。每一个字词都很重要,搜索引擎会使用在查询中输入的所有字词,默认为 AND 操作,搜索词不区分大小写,标点符号会被忽略。点击"手气不错"按钮,会自动链接到谷歌推荐的网页等。

**2. 高级搜索**

单击谷歌主页右下角的"设置",出现下拉菜单,点击"高级搜索"按钮(见图 2.14),即可打开高级搜索页面(见图 2.15)。

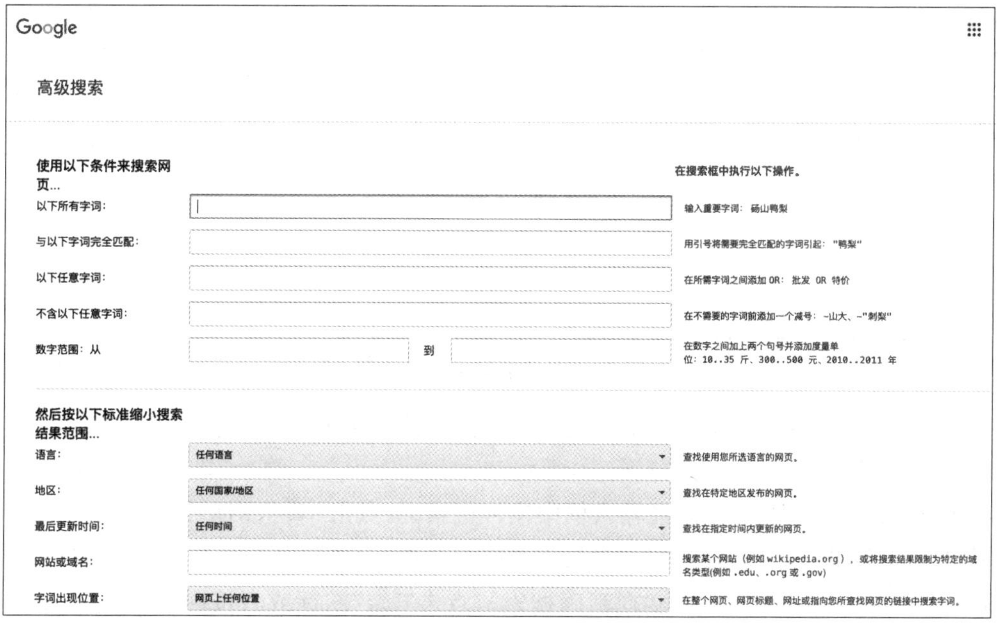

图 2.15 谷歌高级搜索页面

对于某些复杂的搜索,为更好地控制显示的搜索结果,可查看供更精确搜索和获取更实用搜索结果的选项。当搜索目标可能难以指定时,使用高级搜索功能,通过许多不同的有效方式来选择或排除页面,可准确查找内容。分门别类填写搜索词,还可以进一步地分别设定语言、文件格式、日期、字词出现的位置、网站等选项。

**3. 高级语言搜索**

(1)词组搜索("")。给搜索词组添加双引号,让搜索引擎严格按照该词组的形式查找结果,而不对搜索词组进行任何变动。例如,输入加有双引号的"'金属有机化学'",搜索结果皆是包含完整的"金属有机化学"搜索词的网页。

(2)在特定网站内搜索(site:)。指定搜索结果来自特定网站。例如,查询"download site:apple.com"会仅传回 apple.com 网站上关于 download 的网页。

(3)要排除的字词(一)。在字词前紧靠该字词的位置加一个减号,表示不希望搜索结果中出现包含该字词的网页。减号应该紧靠相应字词,且减号的前面应该加一个空格。例如,"信息素养-信息素质",表示搜索"信息素养",但是不希望搜索出"信息素质"的内容。

(4)通配符(*),如果在查询中使用"*",那么谷歌会将"*"视为任意未知字词,然后查找最佳匹配结果。

（5）OR 操作符。谷歌默认是搜索所有字词，如果希望专门搜索若干字词中的任意一个字词，那么可以使用 OR 操作符（请注意，OR 必须都是大写形式）。OR 可以使用符号"|"代替。

#### 2.3.3.2 谷歌学术

谷歌学术搜索（Google Scholar）可以搜索到全世界的学术文章，对于文献信息搜索具有很大的应用价值，其网址为 http://scholar.google.com（见图2.16）。

图 2.16　谷歌学术搜索页面

谷歌学术搜索的搜索方法有一般搜索和学术高级搜索两种。

**1. 一般搜索**

打开 Google 学术搜索页面，在输入框中输入检索词，点击"🔍"图标，即可得到搜索结果。

例如，使用谷歌学术搜索检索含有"稀土金属配合物"完整词组的文章。首先在输入框中输入""稀土金属配合物""（加引号，实现精确搜索），点击"🔍"图标或者按回车键，即可得到搜索结果（见图2.7）。对感兴趣的条目，可以单击打开详细页面。

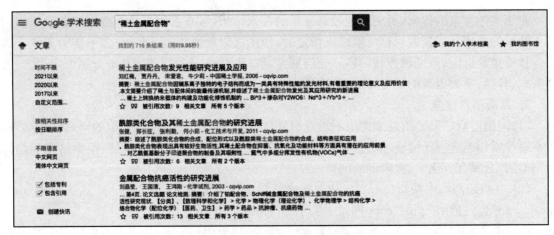

图 2.17　谷歌学术一般搜索结果

**2. 高级搜索**

同样，可以使用谷歌学术高级搜索功能，点击"谷歌学术搜索"左上角的三条横线图标，在展开的菜单中点击"高级搜索"按钮,即可打开"高级搜索"对话框(见图 2.18)。

例如,搜索周双六老师有关稀土的文章,在"包含全部字词"输入框中输入"rare earth",在"显示以下作者所著的文章"输入框中输入"'S L Zhou'"(加引号,实现精确搜索),点击" "图标,即可得到搜索结果(见图 2.19)。

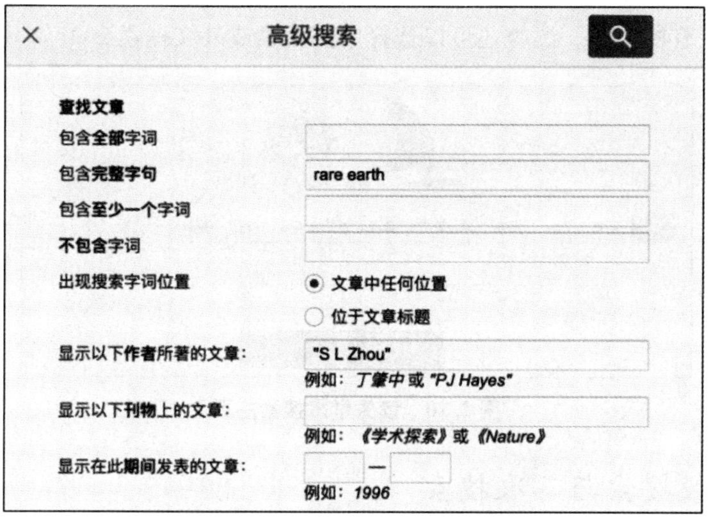

图 2.18 谷歌学术高级搜索页面

同样,对感兴趣的文章,可以获得标题、著者、刊名、来源数据库、摘要、被引频次、相关文章等信息,直接点击文章题名,即可打开文章的来源页面,如果已购买了相关数据库,那么还可浏览和下载全文。

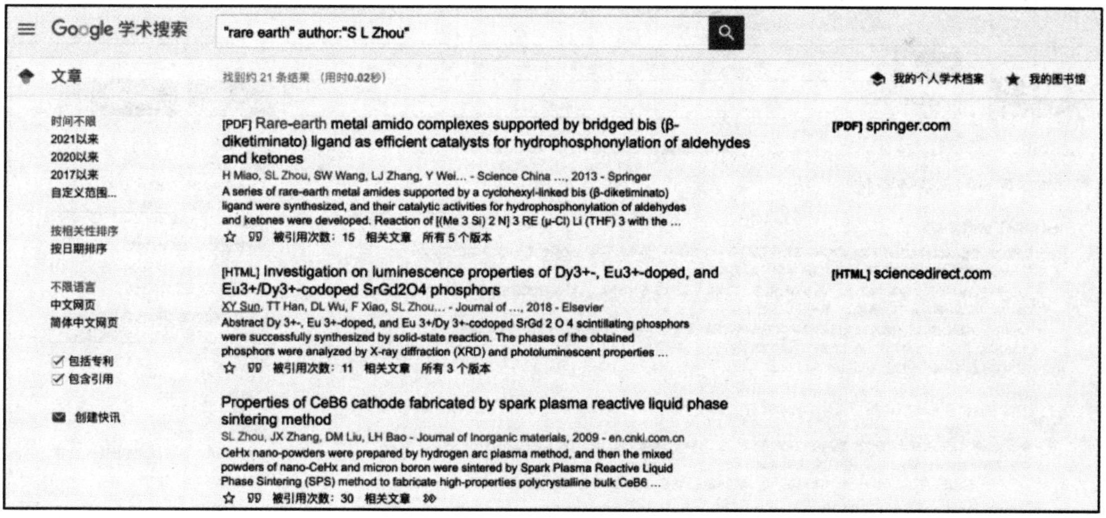

图 2.19 谷歌学术高级搜索结果

## 2.3.4 读秀

"读秀"是学术搜索引擎及文献资料服务平台,是由海量全文数据及资料基本信息组成的超大型数据库,可为用户提供深入图书章节和内容的全文搜索、部分文献的原文试读,以及查找、获取各种类型学术文献资料的一站式搜索和参考咨询服务。读秀网址为 http://www.duxiu.com,读秀学术搜索主页如图2.20所示。

读秀包含知识、图书、期刊、报纸、学位论文、会议论文、音视频、文档、考试辅导、课程、词典、标准、专利、百科、信息资讯、讲座、电子书、政府信息等频道,默认的频道为知识频道。不同频道的搜索途径和方法有所不同。读秀还可以选择中文搜索或外文搜索。

图 2.20　读秀学术搜索主页

### 2.3.4.1　一般搜索与二次搜索

在输入框中输入搜索词,选择搜索频道,再单击"中文搜索"或"外文搜索"按钮即可得到搜索结果。

例如,搜索有关催化剂的知识,搜索步骤依次为:在输入框中输入"催化剂",在输入框右侧有"中文搜索"和"外文搜索"两个选项,如果想查找中文文献,那么单击"中文搜索"按钮,即显示搜索结果列表,同时给出搜索词的英文单词及近义词(见图2.21)。

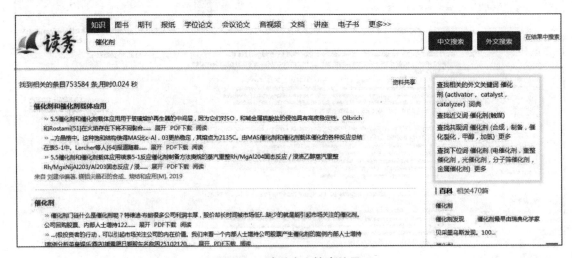

图 2.21　读秀中文搜索结果

读秀可以对搜索结果进行二次精确搜索,以提高查准率。

例如,搜索有关稀土金属催化剂方面的知识,在图2.21所示页面中,在搜索框中输入搜索词"稀土金属",单击右侧的"在结果中搜索"按钮,会得到有关稀土金属催化剂的知识搜索结果列表(见图2.22)。

第 2 章 化学化工网络信息资源

图 2.22 读秀二次搜索结果

### 2.3.4.2 高级搜索

在搜索页面，如果选择图书、期刊、报纸、学位论文等频道，那么系统会提供高级搜索和专业搜索两种搜索方式，并且提高全部字段、标题、作者、刊名、关键词、作者单位等匹配途径的限定选择（见图 2.23）。单击"高级搜索"按钮，进入高级搜索页面（见图 2.24）。

图 2.23 读秀期刊频道搜索页面

图 2.24 读秀期刊频道高级搜索页面

高级搜索可以使用布尔逻辑运算符对搜索项限定的组配进行搜索,搜索项包括全部字段、标题、作者、刊名、关键词、作者单位及内容摘要。例如,搜索安徽师范大学 2000～2020 年有关稀土催化方面的中文期刊文献,在第一个标题选项栏中输入"稀土",在第二个标题选项栏中输入"催化",逻辑关系选择"与",限定年度范围为"2000～2020 年"(见图 2.24),单击"高级搜索"按钮,得到搜索结果,查找到相关的中文期刊论文 12 篇(见图 2.25)。

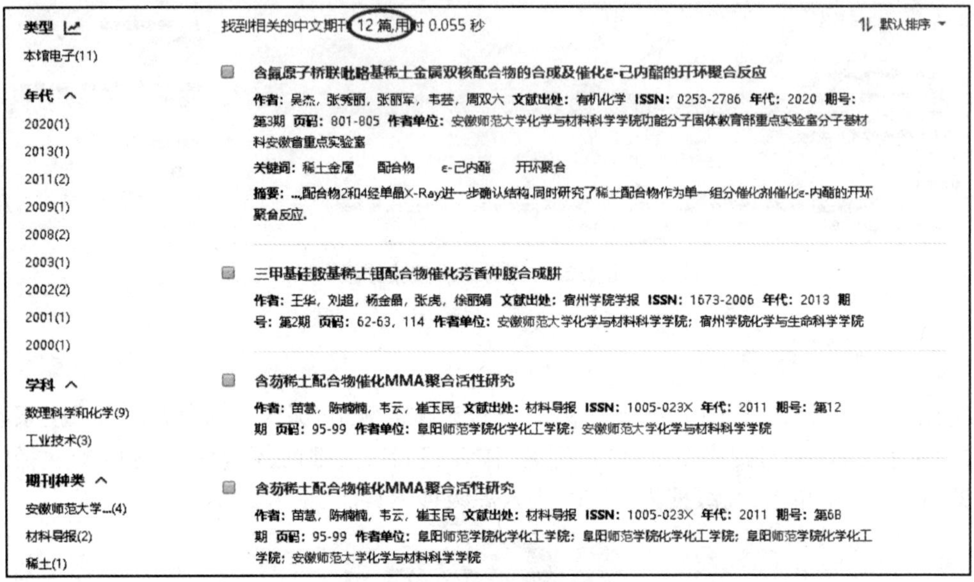

图 2.25　读秀高级搜索结果

### 2.3.4.3　专业搜索

专业搜索是利用布尔逻辑运算符、限制符、位置算符等写出搜索式的搜索方式。以期刊频道为例,单击"切换至专业搜索"按钮,进入专业搜索页面(见图 2.26)。

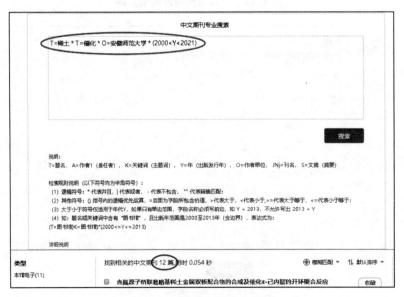

图 2.26　读秀专业搜索结果

例如,搜索安徽师范大学 2000~2020 年有关稀土催化方面的中文期刊文献。写出搜索式"T=稀土 * T=催化 * O=安徽师范大学 * (2000<Y<2012)",单击"搜索"按钮,得到搜索结果。其与 2.3.4.2 小节高级搜索的结果完全相同,搜索到相关的中文期刊论文 12 篇(见图 2.25)。由此可以看出,专业搜索与高级搜索得到了同样的结果,如果熟练地掌握专业搜索式的书写,那么使用专业搜索更能提高搜索效率。

读秀的图书频道搜索的详细内容可见 3.1.3 小节。

## 2.4 化学化工门户网站

门户网站是指集中了某一类或大量的专业或专门网站的网站,通过它可进入目标网站。

### 2.4.1 化学学科信息门户

化学学科信息门户(ChIN,http://chemport.ipe.ac.cn)是化学文献的门户网站,集中了化学学科及其相关领域大量的专业或专门网站资源,通过它可以进入需要的网站。化学学科信息门户可提供权威、可靠的化学信息导航,并可整合文献信息资源系统及其检索利用,逐步支持开放式集成定制。该网站旨在帮助用户利用互联网上飞速增长的化学化工信息资源,已成为互联网上化学化工信息资源咨询的基本工具。

化学学科信息门户主要包括动态及相关信息、日常工具、机构信息、信息源知识和其他资源搜寻工具等模块(见图 2.27)。

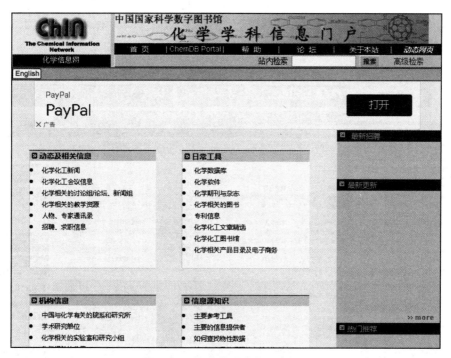

**图 2.27 化学学科信息门户主页**

在网站内可以进行站内搜索和高级搜索,以得到相关的信息资源链接。可以利用主页上的"搜索"和"高级检索"按钮进行站内搜索(见图 2.28)。

图 2.28　化学学科信息门户高级检索页面

## 2.4.2　中国化工网

中国化工网(http://China.Chemnet.com),提供化工市场行情及化工产品交易信息,集化工产品数据库、化工供求信息、REACH 服务、化工搜索、化工资讯、化工会展、化工人才等栏目为一体,包含的化学化工信息庞杂。中国化工网主页如图 2.29 所示。

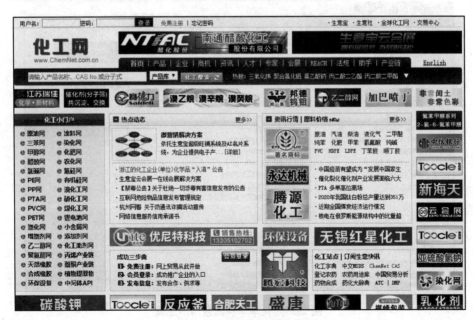

图 2.29　中国化工网主页

中国化工网的 ChemNet 化工助手频道包括化工字典、化学结构检索、元素周期表、化合物取代基数据库、化合物母体数据库、化学物质分析方法数据库、免费化工期刊数据库等常用的化学化工查询工具。化工字典现有词汇量 1800000 条。可在 ChemNet 化工助手页面输入产品中文名称、英文名称或 CAS 登记号进行检索(见图 2.30)。

图 2.30 中国化工网的 ChemNet 化工助手页面

## 2.4.3 X-MOL 科学知识平台

X-MOL 科学知识平台(http://www.x-mol.com),由北京衮雪科技有限公司创办,免费开放,内容包括行业资讯、文献直达、全球导师介绍、论文发表、试剂查询服务,包含化学·材料、医学、生命科学、物理、数学、计算机科学、电子通讯、工程技术、环境·农林、地球·天文等多个子平台。

X-MOL 化学·材料平台(http://www.x-mol.com/chem)主要设有信息检索和各类资讯。信息检索包含文献直达、行业资讯、试剂采购、物性数据等详细信息的检索查找;各类资讯包含学术期刊、X-MOL 问答、求职广场、行业资讯、全球导师、试剂采购、网站导航等栏目内容。学术期刊:包括 *Nature*、*Science*、*Nature Chemistry*、JACS 等数十种高水平期刊最新论文的信息,图文每日更新,看文献更方便。行业资讯:与旗下微信公众号"X-MOL 资讯"同步,跟踪全球化学及生物医药领域内的重要科研进展和新闻事件,提供中文的文摘和深度分析,此外还有更多的实用信息,每个工作日更新。网站导航:常用科研网站持续更新。X-MOL 化学·材料平台主页如图 2.31 所示。

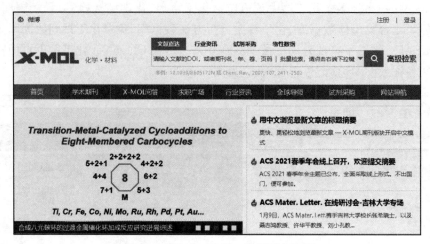

图 2.31　X-MOL 化学·材料平台主页

## 2.5　常用网络信息资源网址

网络信息资源种类繁多，数量巨大，本书从搜索引擎、参考数据库、源数据库、机构协会、工具等方面分别列出一些常用的网络信息资源及其数据库网址，详见附录 2。

### 思考与练习

1. 简述布尔逻辑检索技术的作用。
2. 请列表反映所在单位数据库的类型（要求注明哪些是源数据库、参考数据库）。
3. 你在学习中经常使用的网上资源及搜索引擎有哪些？使用学术搜索引擎搜索相关课题的文献并下载全文。
4. 利用百度学术搜索引擎搜索相关课题的信息：(1) 列出网址、搜索词、搜索结果数；(2) 列出中英文条目（作者、题名、来源、摘要、被引、相关论文、所有版本、来源等）各两条；(3) 下载并阅读部分原文。

# 第3章 图书及化学化工参考工具

图书是一种重要的文献类型。正式出版的科技图书提供的信息不是最新的信息,但是很全面。它是了解和掌握一门学科、一个专业、一种方法及各种数据的重要途径。其中,参考工具书是查阅和获取科研活动事实和数据的重要文献信息源。

## 3.1 图书及其检索工具

传统印刷版图书的出版周期较长,传递信息速度较慢,而电子图书的出版发行可弥补这一缺陷。

### 3.1.1 图书概述

图书(Book),也称书籍,是对某一领域的知识进行系统阐述或对已有研究成果、技术、经验等进行归纳、概括的出版物。图书的内容比较系统、全面、成熟、可靠。要全面、系统地获取某一专题的知识,参阅图书是行之有效的方法,比从分散的期刊等其他文献中获得知识要方便得多。

科技图书一般可分为以下三种类型:
(1) 阅读性的图书,包括教科书、科普读物和一般生产技术图书。
(2) 学术专著,是指论述某个学科、专业和专题的著作、文献总结等,以及含有独创性内容的专著、论文集等。
(3) 参考工具书,包括百科全书、字典、词典、手册年鉴、数据集、图谱集等参考工具,属于三次文献。

图书的著录信息包括:书名、著者(编者)、出版地、出版者、出版年份、版次、国际标准书号(ISBN)等。

国际标准书号(International Standard of Book Number,ISBN),是国际通用的图书或独立的出版物(除定期出版的期刊外)代码。国际标准化组织于1972年公布了一项国际通用的出版物统一编号方法,所有正规出版的普通图书版权页都有 ISBN。ISBN 由 10 位或 13 位数字组成,这13位数字由前缀、组号、出版者号、书名号、校验号5部分组成,其间用"-"相连。第一部分为978或979,代表图书;第二部分为组号,最短的是1位数字,最长的达5位数字,大体上兼顾文种、国别和地区,0代表美国出版的图书,1为英文图书,2为法语图书,3为德语图书,4为日本图书,5为俄语图书,7为中国内地图书;第三部分为出版者代码;第四部分为出版者赋予的图书编号;最后一位是校验码。校验码的值的具体算法是:用1分别乘ISBN的前12位中的奇数位数,用3分别乘ISBN的前12位中的偶数位数,乘积之和除以10得到余数,用10减去此余数,即可得到校验码的值,该值的范围是0~9。例如,《化学化工信息检索与利用》(第3版)的

ISBN 为 978-7-5611-3943-1。

电子图书即 E-Book，英文全称是 Electronic Book，它是指将图、文、声、像等信息以数字形式进行加工，通过计算机网络进行传播，并借助计算机或类似设备来进行阅读的图书。构成电子图书的三要素有电子图书的内容、电子图书阅读器和电子图书阅读软件。印刷版图书皆可以电子化，从而通过网络传播。

图书的各种相关信息，如内容信息（书名、作者等）、出版信息（出版者、出版年等）、收藏信息等，是获取图书的主要线索。网上图书相关信息的查询途径：一是通过该信息的 url 直接找到其 Web 页面；二是通过 Web 页面上的链接直接单击相关站点；三是通过搜索引擎查询所需图书信息的网站；四是利用搜索引擎获取有关出版社或网上书店等网址信息；五是利用图书数据库系统检索图书内容信息。

网上电子图书站点分为免费电子图书网站和收费电子图书网站。免费电子图书网站可以说是互联网上最先涌现出来的电子图书网站。根据这些网站的经营性质和实行免费的原因，又可以将其分为两大类型：一是已经解决了版权等问题，或者它根本不存在版权问题；二是一些个人或民间组织建立的一些公益、非营利性的网站，其主要目的是为了方便公众使用。与免费站点相比，收费电子图书网站以营利为目的，收录的电子图书数量多、涉及主题广、品种齐全、版权问题基本得到解决。因为有资金保障，收费电子书网站发展比较迅速和稳定，已具备较强的分类浏览、检索、下载等数据库功能，所以也被称之为电子图书数据库。

国内著名的电子图书数据库有读秀图书搜索（http://www.duxiu.com）、超星数字图书馆、方正 Apabi 数字图书馆（http://www.apabi.com）等。

国外著名的电子图书数据库有联机计算机图书馆中心（OCLC，http://www.oclc.org）、美国国会图书馆联机目录数据库（LC，http://www.loc.gov）、大英图书馆馆藏联机目录（http://www.bl.uk）等。

## 3.1.2 图书馆书目检索

图书馆书目检索是指图书馆的馆藏目录检索系统。它具有一些基本功能，可为读者提供多种检索途径，包括题名、作者、分类号、主题词、ISBN/ISSN 等；支持多种检索策略，如布尔逻辑检索、截词检索和全文检索等；能够显示特定书刊和资料的准确状态信息（借、还情况，收藏处所等）。

图书馆书目检索方法：直接登录某图书馆的网站，进入"联机公共书目查询"或"馆藏书目数据库检索"栏目。例如，中国国家图书馆馆藏目录检索系统（见图 3.1）。安徽师范大学图书馆与院系资料室共建共享文献资源，整合了院系资料室的文献资源，建立了图书馆书目检索和院系资料室书目检索两个入口，满足了读者对书目的检索需求（见图 3.2）。

第 3 章　图书及化学化工参考工具　　51

图 3.1　中国国家图书馆馆藏书目检索页面

图 3.2　安徽师范大学图书馆书目检索页面

## 3.1.3　读秀图书搜索

　　读秀学术搜索在 2.3.4 小节中已作了介绍,其中的图书频道——读秀图书搜索是当前进行中文图书搜索的最佳搜索途径之一。读秀图书搜索是由海量中文图书资源组成的庞大的知识库系统,其以约 300 万种中文图书资源为基础,为用户提供深入图书内容的书目和全文检索、部分文献的全文试读,以及通过 E-mail 获取文献资源,检索到的图书可下载至本地阅读,借助自动文献传递功能和个人邮箱获取图书的全文链接,实现知识搜索、文献服务,如果购买了使用权限,则可以下载阅读大量的图书电子全文,即使没有电子全文,也可以进行邮箱文献传递。

当前很多高校及机构购买了读秀搜索的使用权限。登录方式有两种:一种是从学校图书馆的电子资源列表中找到读秀图书搜索链接,点击进入;另一种是通过输入网址 http://www.duxiu.com 来进入读秀搜索页面,选择"图书"频道,即可进行读秀图书搜索。

### 3.1.3.1 搜索方法

读秀图书搜索的方法有一般搜索、高级搜索、专业检索、分类导航等。读秀图书搜索的页面如图 3.3 所示。

图 3.3 读秀图书搜索页面

**1. 一般搜索**

打开读秀学术搜索页面,选择图书频道,在检索框中输入搜索词,搜索项有全部字段、书名、作者、主题词、丛书名和目次等选项,可选择一个搜索项进行搜索。另外还有精确与模糊匹配选项供选择,默认为精确匹配。点击"中文搜索"按钮,即可得到搜索结果。例如,搜索有关有机化学的图书,在检索框中输入"有机化学",搜索项选择"书名",匹配项选择"精确匹配",点击"中文搜索",可获得 3934 条检索结果(见图 3.4)。

**2. 高级搜索**

点击搜索框右侧的高级搜索标签,切换到高级搜索页面(见图 3.5)。若已知图书基本信息,则可选择按照书名、作者、主题词、ISBN 号、出版年代等组合条件进行精确查询,各搜索条件之间执行逻辑与,搜索结果一步到位。在搜索字段后面的搜索框内输入相应的搜索词,能得到更加精确的搜索结果。输入的搜索词越多,得到的搜索结果越精确,同时由于限定的条件太多,可能会使搜索结果为零。例如,搜索邢其毅编写的有关有机化学的图书,在书名字段输入"有机化学",作者字段输入"邢其毅",点击"高级搜索"按钮即可获得检索结果。

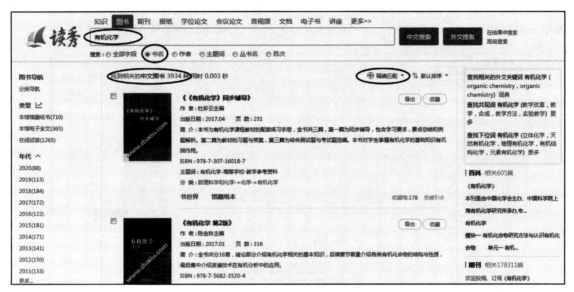

图 3.4 读秀图书搜索一般搜索页面

图 3.5 读秀图书搜索高级搜索页面

**3. 专业搜索**

在高级检索页面点击"切换至专业检索"按钮,即可打开专业检索页面,通过在搜索框中输入专业搜索式进行检索(见图 3.6)。专业检索式的书写参见检索框下的说明。例如,检索邢其毅编写的有关有机化学的图书,检索式为"T=有机化学 ＊ A=邢其毅",点击"搜索"按钮即可获得检索结果。

**4. 分类导航**

点击搜索框右侧的"分类导航"按钮,打开分类导航页面,进行分类浏览相关信息,在左侧显示 23 个知识大类分类情况(《中图法》的 22 大类和 1 个古籍),点击感兴趣的类别,直到全部列出该类别的所有图书信息,搜索结果可以按照书名、作者、出版日期进行排序,直接点击感兴趣的图书链接即可进入详细题录页面(见图 3.7),进而浏览、阅读、下载图书信息。

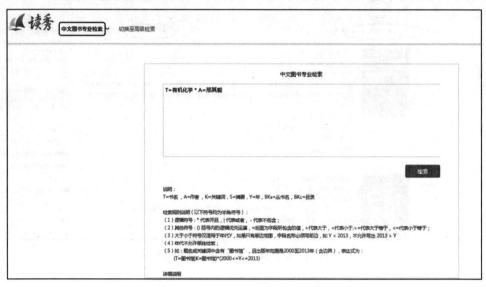

图 3.6　读秀图书搜索专业检索页面

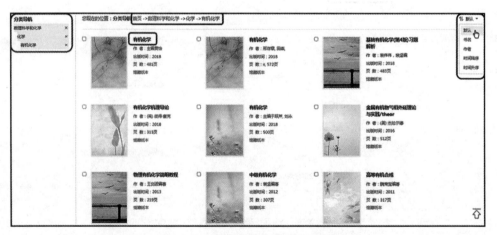

图 3.7　读秀图书搜索分类导航页面

### 3.1.3.2　搜索结果处理

读秀图书搜索的结果列表可以进行二次精确检索,对某一种图书可进行馆藏纸本的获取、电子全文的阅读与获取、文献传递获取全文。

**1. 二次检索**

检索结果可以进行二次检索,更换或添加检索关键词。点击"在结果中搜索",进行二次检索,可以进一步缩小检索范围。在以上三种检索过程中均可进行二次检索。例如,在一般检索实例中的书名中含有"有机化学"的检索结果为 3934 条,重新输入检索词"考研",点击"在结果中搜索",即可得到有机化学考研图书方面的 28 条结果(见图 3.8)。

## 2. 检索结果处理

（1）检索结果页面：检索结果列表可以进行排序、聚类浏览等相应的处理，如排序方式有时间升降序、访问量、引用量、单位收藏量等。在页面左侧进行分类导航、馆藏类型、年代、学科、作者等聚类浏览。

（2）详细题录页面：从某一种图书的详细题录页面可以获取题名、作者、内容提要等题录信息，以及馆藏信息、获取图书全文的途径、参考文献格式、在线阅读等信息（见图3.9）。

图 3.8　二次检索结果页面

图 3.9　读秀图书搜索图书详细题录页面

## 3. 全文获取方式

（1）馆藏纸本图书。若如在检索结果标题后有"馆藏纸本"按钮或图书的信息页面中有"本馆馆藏纸书"链接，则可点击该按钮或链接，进入本单位图书管理系统，获得该图书的书目信息，从而到相应借阅室借阅该图书。

（2）电子图书全文。若在检索结果信息页面中有"汇雅电子书"标记，则可点击该链接直接在线阅读或下载全文。打开网页全文阅览，进行书页的选择、放大缩小、文字摘录、截取图片、打印、收藏等处理（见图 3.10）。

（3）试读。若检索结果显示的是"试读"，则不仅提供图书文献的传统书目信息（包括图书的作者、丛书名、出版社、ISBN 号、原书定价、参考文献、主题词、内容提要等基本信息），还提供封面页、版权页、前言页、目录页、正文 17 页的全文阅读。通过试读全文，用户能够清楚地判断其是否是自己所需的图书，提高查准率和用户获得知识资源的效率。其余部分可以通过文献传递的方式提供。

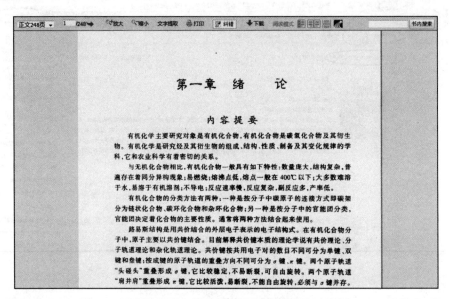

图 3.10 读秀图书网页全文图示

（4）文献传递。读秀参考咨询服务中心提供版权范围内的文献局部使用，该中心目前提供图书参考咨询服务，用户向服务中心提交与图书相关的咨询，服务中心接到咨询请求后，咨询馆员将通过 E-mail 把数字文献传递给用户，以供参考。使用 E-mail 进行文献传递，图书单次不超过 50 页，同一文献一周累计咨询量不超过全书的 20%。需要注意的是，服务中心所有咨询内容的有效期为 20 天，不提供下载、打印服务，且原则上不提供新书的参考咨询服务。

## 3.1.4 超星数字图书馆

超星数字图书馆是由北京世纪超星信息技术发展有限公司开发的，为目前全球最大的中文在线数字图书馆。另外，许多单位购买了超星数字图书馆的镜像版。

### 3.1.4.1 超星读书

超星读书（http://book.chaoxing.com），提供电子书在线免费阅读，是全球最大的中文免费电子书阅读网站，它为用户提供数十万种电子图书资源免费阅览。超星读书页面如图 3.11 所示。其检索方式包括分类导航和一般检索。

第 3 章 图书及化学化工参考工具    57

图 3.11　超星读书页面

## 3.1.4.2　超星数字图书馆

超星数字图书馆即汇雅电子图书数据库，其网址为 http://www.sslibrary.com，是超星图书馆的产品，可为用户提供 22 个大类（《中图法》分类）、约 300 万种中文图书资源以及深入图书内容的书目和全文的搜索、阅读和下载。在阅读超星数字图书馆的电子图书前，要先下载和安装超星阅读器。

超星数字图书馆主页如图 3.12 所示。检索方式有浏览检索、一般检索和高级检索三种。

图 3.12　超星数字图书馆主页

（1）浏览检索。通过首页左侧的 22 个学科分类目录链接逐层浏览，直到查到所需类别的图书列表。

（2）一般检索。默认为一般检索，在首页的检索输入框中输入检索词，点击"检索"按钮，即可得到检索结果。一般检索可供选择的检索项有书名、作者、目录、全文检索。例如，在检索框中输入"无机化学",检索项选择"书名",点击"检索"按钮,即可检索出书名中含有"无机化学"的图书,并可对检索结果按时间升降序、书名升降序进行排列(见图3.13)。一般检索的结果还可以进行二次检索,如在上例检索结果页面,在检索框中输入"武汉大学",检索项选择"作者",点击"二次检索"按钮,即可检索出书名中含有"无机化学",作者包含"武汉大学"的图书(见图3.14)。

图 3.13　超星数字图书馆一般检索结果

图 3.14　超星数字图书馆二次检索结果

(3) 高级检索。在首页点击"高级检索"按钮,打开高级检索页面,可以进行书名、作者、主题词、分类、中图分类号等多项检索项组配检索,并可进行年代和搜索结果显示条数选择(见图3.15)。

对于检索结果中感兴趣的图书,直接点击书名下方的"阅读器阅读",即可在超星阅览器中打开并进行阅读(见图 3.16)。超星阅览器打开的全文,可以进行上下翻页、自动滚屏、全屏阅览、显示章节目录、添加书签、图书标注、区域选择、文字识别、下载、打印、输出等处理,若点击"网页阅读"(见图 3.14),则可通过网页浏览器直接在线阅读。

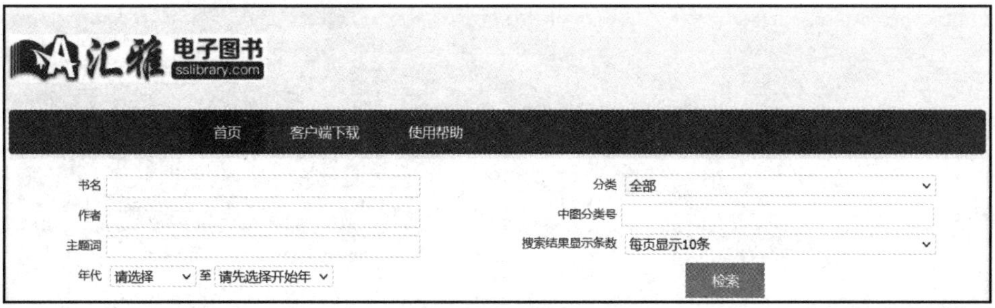

图 3.15 超星数字图书馆高级检索页面

此外,我国有许多高校和研究单位购买了超星数字图书馆的镜像版。镜像版的检索方法有分类检索、快速检索和高级检索三种。在阅读检索结果中的电子图书前,要先下载和安装超星阅览器。直接点击检索结果中的书名链接,即可在超星阅览器中打开并进行阅读。

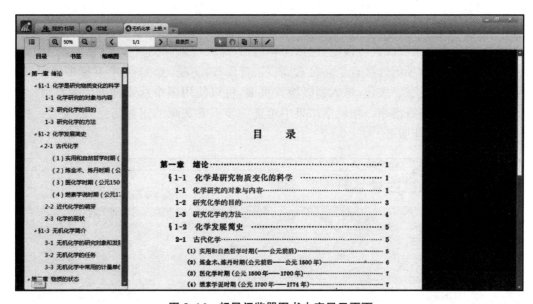

图 3.16 超星阅览器图书内容显示页面

## 3.1.5 中国高等教育文献保障系统

中国高等教育文献保障系统(China Academic Library & Information System,CALIS)。从 1998 年中国高等教育数字图书馆开始建设以来,参加 CALIS 项目建设和获取 CALIS 服务的成员馆已超过 1700 家。CALIS 在北京建立了文理、工程、农学、医学四个全国性文献信息中心。CALIS 网址为 http://www.calis.edu.cn(见图 3.17)。

CALIS 系统提供的项目与服务功能有高校图书馆质量工程、高职高专图书馆发展行动计划、一代图书馆服务平台建设计划、编目服务、资源发现、馆际互借与文献传递、共享软件服务、查收查引系统、采编一体化平台等。

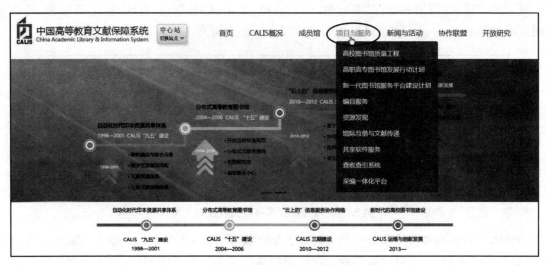

图 3.17　中国高等教育文献保障系统网站主页

（1）编目服务。其提供联机套录编目、原始编目、加载馆藏和检索下载书目记录等服务，设有 CALIS 联合目录公共检索系统：http://opac.calis.edu.cn。CALIS 联合目录公共检索系统可以对全国高校图书馆资源进行搜索，包括简单检索、高级检索和浏览检索（见图 3.18）。系统默认是简单检索，检索项的选项有全面检索、题名、责任者、主题、分类号、所有标准号码、ISBN、ISSN 等。单击"高级检索"按钮，进入高级检索页面，可以使用多个检索词进行逻辑组配检索，以实现精确检索，提高查准率。在检索结果中可进一步查看文献的馆藏信息，以及是否提供馆际互借和文献传递功能服务。

图 3.18　CALIS 联合目录公共检索系统页面

（2）资源发现服务。其通过"开元知海 e 读"学术搜索（http://www.yidu.edu.cn）可寻找全国高校丰富的纸本和电子资源（见图 3.19），包括期刊、学位论文、普通图书、工具书、年鉴、报纸等。在检索到的资源中,本馆纸本资源可直接链接至图书馆 OPAC,查阅在架状态;电子资源可直接在线阅读或获取章节试读。若是本馆没有馆藏的资源,则可通过文献传递获取。

图 3.19　开元知海 e 读学术搜索页面

(3) 馆际互借与文献传递服务。其通过全文文献获取门户"e 得"(http://yide.calis.edu.cn),为读者提供电子全文下载、文献传递、馆际借书、单篇订购、电子书租借等多种全文获取服务(见图 3.20),结合专业图书馆员提供的代查代检服务,可帮助读者在全国乃至全世界查找和索取图书、期刊、学位论文、会议论文、专利标准等各类电子或纸本资源。

图 3.20　e 得全文文献获取门户页面

## 3.1.6　联机计算机图书馆中心

联机计算机图书馆中心(Online Computer Library Center,OCLC)创立于 1967 年,是全球最大的不以营利为目的、始终坚持使用最先进的技术维护和管理电子资源系统,并提供计算机图书馆服务的会员制合作和研究组织。其宗旨是为广大用户提供对全世界各种信息的应用服务,以及降低用户获取信息的成本。全球有 100 多个国家和地区的数万座图书馆都在使用

OCLC 的服务来查询、采集、出借、保存资料以及编目。OCLC 网址为 http://www.oclc.org。

OCLC 的目标是建立、维护与管理已经计算机化的图书馆网络;促进对图书馆的使用与加强图书馆本身与图书馆学的发展;为图书馆及其用户提供各种处理信息的方法与产品。其目标之一是增加图书馆用户对图书馆资源的利用率和降低各图书馆费用的增加幅度,其最终的目的是推进公众查询和利用世界各国在科学、文学与教育领域中日益增加的知识与信息。

OCLC 提供的信息服务可以分为六大类:① 针对图书馆信息服务所作的研究计划和成果;② 连接全球图书馆,以促进图书馆合作的服务项目;③ 提供电子信息服务;④ 提升图书馆自动化水平的软件;⑤ 通过万维网向大众提供信息服务;⑥ 杜威分类法。

OCLC 的联合目录——WorldCat 是一个全球统一目录数据库,目前包括 4560 多万条记录,这些记录来自 370 多种语言的文献,覆盖了从公元 1000 年到现在的资料,主题范围广泛,堪称同类数据库中最大最全面的一个,基本上囊括了全球范围内的图书馆所拥有的图书和其他资料。WorldCat 是世界上最大的图书馆目录和服务网。

## 3.2 化学化工参考工具及其数据库

从事化学化工学科的学习及科研工作时,利用参考工具查阅数据、公式是不可或缺的。

### 3.2.1 参考工具概述

参考工具是作为工具使用的一种特定类型的书籍或数据库,仅供查找有关参考的知识及知识线索。参考工具分为印刷版参考工具书和电子版参考工具数据库。

参考工具就是根据某种需要,全面系统地汇集一定范围的文献资料,经过审定、整理或概括,用简明易查的方法加以组织编排,专供查检和参考的文献。它是对知识进行分类、提炼、加工、浓缩和重组后形成的以图书或数据库形式出版的检索工具,属于三次文献。

参考工具主要用于各种事实和数据的检索,其结果是获得直接的、可供参考的答案。进行事实和数据检索时,可使用各种参考工具,包括字典、词(辞)典、百科全书、年鉴、手册、名录、表谱及其相应的光盘和数据库系统等。

#### 3.2.1.1 参考工具的特点

一般来说,参考工具具有以下三个特点:

(1) 收集内容的广泛性和完整性。其宗旨是以其丰富的资料汇集供人们参考、解答疑难问题,提供知识和文献线索。相应地,根据特定需要,汇集各领域或某一领域的完整信息资料和最新的研究成果,汇编内容具有概述性质。

(2) 反映内容的简明性和精确性。它对原始信息进行整序、浓缩、重组和综合。文字简洁,有图、表、照片,使人一目了然。

(3) 特定的编排方法和检索方便。参考工具编排体例特殊,按照一定的检索层次性序列编排,只要了解体例和编排方法,就可一查即得。

### 3.2.1.2 参考工具的类型

根据收录的内容及其具备的功能,参考工具可分为术语型、事实型和数值型三种。

(1) 术语型参考工具。术语型参考工具是指专门用于揭示字、词的形、音、义和使用方法,以及学科名词术语的含义、演变和发展的工具书或数据库,如各种字典、词典和各类专科辞典。

(2) 事实型参考工具。事实型参考工具是指根据一定的社会需要,广泛汇集某一领域的文献信息(如名词术语、事件、人名信息、地名信息、机构信息、产品信息等)并按一定方法编排,专供检索有关事实信息和解难释疑的工具,如百科全书、年鉴、手册、表谱、图录、名录等检索工具。

(3) 数值型参考工具。数值型参考工具是指提供各类数值信息(如各种科学数据、人口数据、管理数据、金融数据、财政数据、商业数据等)的存储和检索的工具,是进行各种统计分析、定量研究、管理决策和预测的重要工具,如各类统计年鉴、统计资料汇编、统计数据库等。

### 3.2.1.3 参考工具的结构

**1. 参考工具书**

印刷版参考工具书的组成主要包括目次、正文和索引。

(1) 目次和正文的编排方法。参考工具书目次和正文的排检方法主要有三种形式。① 按字(音)顺排列:以字或词的笔画多少,或者读音的字母顺序编排。② 按分类主题排列:一是按学科分类,大多数参考工具书都按这一方法排检;二是按功能分类,按收录内容的不同功能分类,如产品手册、产品目录等;三是按主题词的字顺编排,主要是一些学科性术语词条的解释,常用于各种工具书索引的排检。③ 按时序和地序排列:按时间地理、地域顺序编排,如统计资料、年鉴地名录、机构名录类,也有一些年鉴、人名录或产品目录按地序排检。

(2) 索引和参照系统。参考工具书正文只能按一种方式编排,提供一种检索途径,这给使用带来不便。为了弥补这种不足,参考工具书常常采用下列方法扩大检索途径:① 使用参照系统,在正文中利用"见"或"参见"的形式,把相关的内容联系起来,扩大检索范围。这种参照系统在按字顺排列的参考工具书中使用较多。② 索引是在正文后附一种或多种辅助索引,如主题索引、著者索引、分子式索引、号码索引(如美国化学文摘社的登记号索引),有时还附有不同字顺的索引和不同文种的对照索引。这些辅助索引提供了多种检索途径,大大地方便了参考工具书的使用。

**2. 参考工具数据库**

近年来,电子版及网络版工具书的增长迅速。不少世界著名的工具书都已有相应的电子出版物,而且增加了很多辅助工具,从而扩大了功能,增加了检索途径。因参考工具书编写和出版周期长,许多正在发展中的最新事实与数据,如各类产品的最新产销数据、价格,股票和黄金市场每日升跌,哪些厂家正在推出新的电气电子类产品等,这些不可能及时被收录。由于网络工具的发展,参考工具数据库应运而生。参考工具数据库一般分为事实类数据库和数值类数据库。

(1) 事实类数据库:存储的是相互关联的事实集合。收录人物、机构、事务等现象、情况、过程之类的事实性数据。事实类数据库包括的信息数据类型较多,如经贸信息、统计数据、企业基本信息及产品信息等相关信息。

(2) 数值类数据库：存储的数据是某种事实、知识的集合，主要包含数字数据，如统计数据、科学实验数据、科学测量数据等。

#### 3.2.1.4　Hill 系统排列规则

在使用参考数据检索化学物质时，利用分子式是一个快速、准确的检索途径。Hill 系统（Hill System）规则排列是世界上常用的分子式排列方法，最早由美国专利商标局的 Edwin A. Hill 于 1900 年发布，是化学数据库和分子式索引中最常用的分类化合物的列表系统。

Hill 系统分子式排列的规则是：首先将分子式中相同元素的原子数目加在一起，然后按元素符号的拉丁字母顺序排列；如果分子式中含碳元素，则碳元素符号排在最前面，其他元素符号按字母顺序排在其后；含碳、氢元素的化合物，先排碳后排氢，其他元素符号按字母顺序排在两者之后；不含碳元素的化合物，按化合物元素符号字顺排列。例如，$CH_3COOH \rightarrow C_2H_4O_2$，$C_5H_{11}O_5CHO \rightarrow C_6H_{12}O_6$，$NaOH \rightarrow HNaO$，$H_2SO_4 \rightarrow H_2O_4S$，$SiC \rightarrow CSi$。

分子式索引的编排顺序，原则上按照分子式的字母顺序。当元素符号相同时，按照原子数从小到大的顺序排列；当两种元素的符号以同一个字母开头时，单字母元素位于两字母元素符号之前，如 B 位于 Be 之前，而 Be 又位于 Br 前。以下示例为使用 Hill 系统编写并排序的分子式：$AlH_6O_6$，$AlH_{10}O_4Si_2$，$C_5H_9O_3$，$C_6H_8O_2S$，$CaH_7O_2$，$H_4Sn$。

很多著名的化学专业检索系统都设有分子式检索途径，并且都按 Hill 系统排列规则进行排列，如美国《化学文摘》的分子式索引、《CRC 化学和物理手册》的分子式索引、《有机化合物词典》的分子式索引等。

### 3.2.2　常用化学化工参考工具

化学化工参考工具包括化学化工词典、数据手册、百科全书、专论丛书、大型论著及参考工具数据库系统等，具有分类清楚、内容集中、叙述系统和便于查阅等优点。

#### 3.2.2.1　化学化工词典

化学化工类字典和词典是解释化学化工类的字和词的参考工具书，提供化学名词和术语的定义或解释，也是介绍一些化学物理常数的工具书，而有些则是不同语种的名词术语之间的意译。化学化工类字典、词典的种类很多。一是解释词语，说明其读音、意义和用法的词典。二是解释专门名词和术语的词典。这类词典汇集各科名词和术语，并进行科学的解释，作出恰当的定义。化学化工方面的名词术语词典除了对化学化工各个专业的专门名词、术语进行解释外，还对各种化合物的分子式、物理性质、化学性质及用途等作出说明，是常用的工具书之一，如《韦氏第 3 版新国际英语大词典》(Webster's Third New International Dictionary of English Language Unabridged)、《英汉化学化工词汇》《日英汉化学化工词汇》《英汉化学化工缩略语词典》《硅酸盐辞典》《化学化工大辞典》《化工辞典》《精细化工辞典》《海氏有机化合物词典》(Heilbron's Dictionary of Organic Compounds)、《化合物辞典》《汉英化学化工科技词典》《汉英化学化工词汇》等。

## 3.2.2.2　常用化学化工数据手册

**1.《CRC 化学和物理手册》**

《CRC 化学和物理手册》(*CRC Handbook of Chemistry and Physics*)由美国化学橡胶公司(CRC Chemical Rubber Company)出版,创始于 1913 年,每年累积增新并再版一次,仅在第一次和第二次世界大战期间停过几年,后来又改为每两年再版一次,内容不断扩充更新。2021 年已出版至第 101 版。它的内容丰富,不仅提供了化学和物理方面的重要数据,还提供了大量科学研究和实验工作所需要的知识。它是一部关于化学、物理及其相近学科数据资料最完整和最详细的手册,书末附有主题索引。

老的版本(1989～1990),以第 70 版为例,总共只有 6 个部分,分别是:
SECTION A：MATHEMATICAL TABLES(数学用表);
SECTION B：THE ELEMENTS AND INORGANIC COMPOUNDS(元素和无机化合物);
SECTION C：ORGANIC COMPOUNDS(有机化合物);
SECTION D：GENERAL CHEMICAL(普通化学);
SECTION E：GENERAL PHYSICAL CONSTANTS(普通物理常数);
SECTION F：MISCELLANEOUS(杂项)。

在 1999 年以后的版本中,增加了许多新的内容,如生物化学、聚合物性质及健康与安全信息等,总共 16 个部分,分别是:

第一部分：基本常数、单位和换算因子;

第二部分：符号、术语及命名;

第三部分：有机化合物的物理常数;

第四部分：元素和无机化合物的性质;

第五部分：热化学、电化学和动力学;

第六部分：流体性质;

第七部分：生物化学;

第八部分：分析化学;

第九部分：分子结构与光谱;

第十部分：原子、分子和光物理;

第十一部分：核和粒子物理;

第十二部分：固体性质;

第十三部分：聚合物性质;

第十四部分：地球物理学、天文学和声学;

第十五部分：实验室实用数据;

第十六部分：健康与安全信息。

使用简介:收录的化合物均采用 IUPAC 命名原则命名,并按化合物名称的英文字母顺序编排。有机化合物按母体名称字母编排。母体名后的基团名称也按字母顺序排列。有机化合物物理常数表中列有 15000 多种常见有机化合物。顺序号从 1 号至 15031 号。顺序号后紧接化合物名称(或同义词)和分子式。物理常数项为:分子量、颜色、晶形、比旋光度和最大吸收光谱、沸点、熔点、密度、折射率、溶解度等。最后 1 栏(第 80 版后为倒数第 2 栏)为参考文献,即数据来源。例如,"B$2^4$,94"表示 Beilstein 第 2 补编第 4 卷,第 94 页;

"Am74,2409"表示 J. Am. Chem. Soc. 第 74 卷,第 2409 页;"C49,11662"表示 CA 第 49 卷,第 11662 页。

表中所用的符号和缩写,可查该表前的符号和缩写一览表。第 80 版中增加了一栏 CAS 化学物质登记号。

欲查某物质的结构式,可以根据表中顺序号查该表后面附录的有机化合物结构式。若查阅该表时,不知道化合物的正确英文名称,则可利用表后面附录的分子式索引。

分子式按 Hill 系统组排,它与 CA 分子式索引相同。每一分子式下面列出同分异构体的顺序号,按顺序号可在表中查到它们的名称及物理常数,并可根据参考文献查找原始文献。

在《分子式索引》的条目编排中,大多数条目都是以完整的分子式形式出现的,但也有相当一部分条目是以分子式的一部分出现的。

索引的使用:手册末尾索引的使用方法比较简单,如查各元素的有关资料,用元素名称作为主题查找即可。若查某种化合物,则可用它们的属首词查找,如"Inorganic compounds""Organic compounds"。然后再逐条阅读属首词下的相关项(副题词或说明词),或通过物质的某性质名称来查找。

主题索引一般不用化合物名称作为主题词。例如,查找"氧化钙的密度",在索引中没有"Calcium oxide"这一主题词,只能查"Inorganic compounds",在此名称下有副标题"density, table B-68-146(第 70 版)",然后在 B 部分的无机物物理常数表中按字顺查"Calcium",在该词下按字顺查"oxide",在 B-81 页上找到顺序号 c-155 即为"Calcium oxide",可查到其相对密度为 3.25~3.38;或从"density"开始查,在该词下有"Inorganic compounds","table B-68-146",然后再在此表中查找该化合物,即可查到其密度。

《CRC 化学和物理手册》第 101 版数据库网站地址为 http://www.hbcponline.com(见图 3.21)。

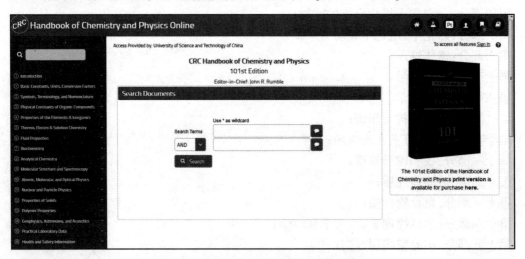

图 3.21 《CRC 化学和物理手册》检索页面

**2.《兰氏化学手册》**

《兰氏化学手册》(*Lange's Handbook of Chemistry*)是一本著名的化学数据手册,1934 年出版第 1 版,1998 年出版第 15 版。第 1~10 版由 N. A. Lange 主持编撰,原名《化学手册》。Lange 先生逝世后,更改为现名。从第 11 版开始由 J. A. Dean 任主编。该手册中文版由魏俊发等翻译,科学出版社出版。

正文以表格形式为主,共分为 11 个部分,书后附有索引:
第 1 部分:有机化合物(4300 种);
第 2 部分:通用数据、换算表及数学;
第 3 部分:无机化合物;
第 4 部分:原子、自由基和键的性质;
第 5 部分:物理性质;
第 6 部分:热力学性质;
第 7 部分:光谱学;
第 8 部分:电解质、电动势和化学平衡;
第 9 部分:物理化学关系;
第 10 部分:聚合物,橡胶,脂肪,油和蜡;
第 11 部分:实验室实用资料;
索引。

**3.《有机化合物词典》**

《有机化合物辞典》(*Dictionary of Organic Compounds*),共分为 10 卷:第 1~7 卷是正文部分,按化合物名称字顺编排,每一个化合物都有一个顺序号。每一个化合物都提供替换名(其他系统命名、非系统命名)、结构式、分子式、立体化学描述、化学和物理性质、用途和引证文献线索等资料。新版出版之前,每年出版补编,报道最新的有机化合物。

第 8~10 卷是索引卷,分别是有机化合物名称索引、化学物质登记号索引和分子式索引(分子式按 Hill 系统排列)。

**4.《化学工程师手册》**

《化学工程师手册》(*Chemical Engineer's Handbook*)是一部权威性的化工参考工具书,1934 年出版第 1 版,由 J. H. Pahy 主编;第 6 版由 R. H. Parry 主编。书中大量的数据来源于国际判定表(ICT),但这些数据根据化学工程师们的实际使用的单位,重新进行了整理和换算,并引用了很多原始文献。第 6 版对第 5 版进行了全面修订,完全重写了过程经济、蒸馏、萃取和吸收作用部分,增加了新兴的生化工程和三废治理两个部分。全书共包括 29 个部分:换算系数和各类表,数学,理化数据,反应动力学,反应器设计和热力学,流体和流体力学,流体的运输和储藏,散装固体的输送和固体、液体的包装,体积降解与体积放大,能的利用、转换和再转换,热传递,传热设备,湿度测量,蒸发冷却,冷冻和冷冻过程,蒸馏,传质和气体吸收,液液萃取,吸附和离子交换,新的分离过程,液气体系,液固体系,干燥固体和气固体系,固固、液液体系,过程的控制,制造设备用的材料,传动的机器设备,过程经济,三废处理,生化工程等。最后附有主题索引。

**5. PubChem**

PubChem 是由美国国家健康研究院(US National Institutes of Health,NIH)支持,基于美国国家生物技术信息中心生物信息平台的一个开放数据库项目。该数据库于 2004 年 9 月启动,旨在促进小分子数据资源的公共利用。PubChem 数据库包括三个子数据库:PubChem Substance 用于存储机构和个人上传的化合物原始数据;PubChem Compound 用于存储整理后的化合物化学结构信息;PubChem BioAssay 用于存储生化实验数据,实验数据主要来自高通量筛选实验和科技文献。三个数据库彼此联系,可以互相访问,并与 NIH 所属的蛋白质、核酸、基因、文献等数据库相链接,以帮助用户快速获取相关信息。

PubChem 数据库存储了大量小分子化合物的结构和生化实验数据,且所有数据均可免费使用,因此是一个巨大的数据资源。更多的相关信息,可以查看 PubChem 主页 http:// pubchem. ncbi. nlm. nih. gov(见图 3.22)。

图 3.22 PubChem 主页

**6. ChemExper**

ChemExper 是一个把化学、计算机科学和电信等领域联系起来的一个公司。ChemExper 在网站上提供了化学物质搜索引擎 Finding chemicals,可以通过 CAS 登记号、目录号和分子式、分子名称等形式进行检索。它还提供了一个插件程序,通过这个技术,化学品供应商可以在自己的网站上提供超文本链接标识语言,所有的疑问都可以通过 ChemExper 上的服务器进行解答。ChemExper 在网站上提供了 ChemExper Chemical Directory(CCD)数据库,该数据库可以免费使用。CCD 包含了 11390929 种化学物质结构、16000 种材料的安全数据表、100000 种带有各种信息的产品。ChemExper 网址为 http://www.chemexper.com(见图 3.23)。

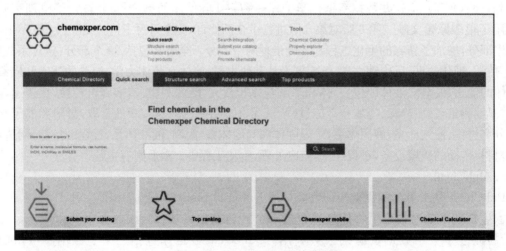

图 3.23 ChemExper 网站主页

另外,还有一些查找化学化工数据的网站。例如,eMolecules(化学专业),http://www.chemeurope.com/en/encyclopedia/EMolecules.html;ChemBlink(化学品信息),http://www.chemblink.com;WWW Chemicals,http://www.chem.com;ChemWeb 站点,http://www.chemweb.com。

### 3.2.2.3 化学化工百科全书

百科全书又称大全,是系统地汇集一定领域范围内的全部知识的大型参考工具书。它将搜集到的专门术语、重要名词分列条目,加以详细的叙述和说明,并附有参考文献。以下介绍一些常用的化学化工百科全书。

**1.《拜尔斯坦有机化学大全》**

《拜尔斯坦有机化学大全》(*Beilstein's Handbuch Organischen Chemie*)是世界上最完整、最庞大的一部有机化合物情报资料数值与事实数据库。它是1881年由在德国工作的俄籍化学家F. K. Beilstein创立的,有一百多年的出版历史,是化学化工领域最重要的参考工具。《拜尔斯坦有机化学大全》发展概况和文献收录期限如表3.1所示。

表3.1 《拜尔斯坦有机化学大全》发展概况与收录期限

| 代号 | 版次 | 出版年 | 卷数 | 化合物 | 编者 | 收录文献的期限 |
|---|---|---|---|---|---|---|
| | 第1版 | 1881~1882年 | 2 | | Beilstein | |
| | 第2版 | 1889~1890年 | 3 | | Beilstein | |
| | 第3版 | 1906年前 | | 80000 | Beilstein及其助手 | |
| | 第3版补编 | 1918年 | | | 德国化学会Beilstein研究所 | |
| H | 第4版 | 1918~1940年 | 31 | 200000 | 德国化学会Beilstein研究所 | 1910~1920年 |
| EⅠ | 第1补编 | 1928~1938年 | 27 | | 德国化学会Beilstein研究所 | 1920~1930年 |
| EⅡ | 第2补编 | 1941~1955年 | 29 | | 德国化学会Beilstein研究所 | 1930~1949年 |
| EⅢ | 第3补编 | 1958年 | 1~16 | | 德国化学会Beilstein研究所 | 1950~1959年 |
| EⅢ/EⅣ | 3、4合编 | | 17~27 | | 德国化学会Beilstein研究所 | 1930~1959年 |
| EV | 第5补编 | 1984年 | 17~27 | | 德国化学会Beilstein研究所 | 1960~1979年 |

(1)《拜尔斯坦有机化学大全》收录内容:各种有机化合物的来源、结构、制备、物理和化学性质、化学反应、化学分析、用途及其衍生物等。

(2)《拜尔斯坦有机化学大全》分类系统:先由母体确定部别,再按杂环定分部,然后参照官能团定类别,最后用系统号连贯。正编、补编各卷如表3.2所示。

表3.2 《拜尔斯坦有机化学大全》分类系统

| 部别 | 内容 | 卷号 | 系统号码 |
|---|---|---|---|
| Ⅰ | 无环化合物 | 1~4 | 1~449 |
| Ⅱ | 碳环化合物 | 5~16 | 450~2358 |
| Ⅲ | 杂环化合物 | 17~27 | 2359~4720 |
| Ⅳ | 天然化合物 | 30~31 | 4723~4760 |

(3)《拜尔斯坦有机化学大全》的编制原则:各种有机物按结构分类编制。母体按碳原子数增加及不饱和度增加的次序编排。取代衍生物按F、Cl、Br、I、NO、$NO_2$、$N_3$的次序排列,多取代物在单取代物之后。同一官能团的化合物按官能团增加的次序,多官能团按最后位置优先原则编排。每一种化合物之后编排其衍生物。

(4)《拜尔斯坦有机化学大全》的索引:第 28、29 卷是完整的主题索引和分子式索引。分子式索引按 Hill 系统编排。1999 年出版第 27 卷补编的第 4 次累积索引——化合物名称索引和分子式索引,名称索引为 A~Z,共有 5 册,分子式索引为 $C_1$~$C_{204}$,共有 6 册。

(5)《拜尔斯坦有机化学大全》包括正编和 6 套补编在内,到 1998 年为止已出版了 141 卷 464 册(包括索引)。印刷版历经 100 多年后已于 1999 年停刊,被电子版和网络化检索取代,现收录于 Reaxys 数据库。

**2.《盖墨林无机化学大全》**

《盖墨林无机化学大全》(*Gmelin's Handbuch der Anorganischen Chemie*)是世界上最具权威和最完整的无机化合物手册,始创于 1817~1819 年,第 1 版共有 3 卷,原名为《理论化学手册》(*Handbuch der Theoretishen Chemie*)。1924 年后由德国化学会主编,1927 年出到第 7 版。德国化学会于 1946 年成立了 Gmelin 研究院,负责编辑第 8 版、第 8 版的补编及新补编。第 8 版包括的文献的时间是 18 世纪中期到 1963 年,到 1973 年底共出版了 225 册。1971 年开始,该手册同时出版新补编,并不断推出英文版本或部分采用英文的版本。新补编不再用系统号,按出版先后确定卷号。因为采用了新补编的卷号出版并配备索引,所以不会再出第 9 版。

(1)《盖墨林无机化学大全》收录内容:化合物的发现、生成和制备,物理性质(包括熔点、密度、晶体结构、光谱线、磁性质等),化学性质,对空气、水、热、非金属、金属、酸、有机物质等的反应。

(2)《盖墨林无机化学大全》的编排形式:按每种元素分别编写,多数元素有固定的系统号。它共有 71 个系统号,每一个号为一编,除 3 种同族元素(稀有气体、稀土元素、铀后元素)外,每种元素和铵均有一个系统号。编排顺序:阴离子系统号在阳离子系统号之前,即非金属在前、金属在后(见表 3.3)。

表 3.3 Gmelin 无机化学大全编排顺序

| 系统号 | 元 素 | 系统号 | 元 素 |
| --- | --- | --- | --- |
| 1 | 稀有气体 He、Ne、Ar | 37 | 铟 |
| 2 | 氢 | 38 | 铊 |
| 3 | 氧 | 39 | 稀土元素 Sc、Y、La~Lu |
| 4 | 氮 | 40 | 锕 |
| 5 | 氟 | 41 | 钛 |
| 6 | 氯 | 42 | 锆 |
| 7 | 溴 | 43 | 铪 |
| 8 | 碘 | 44 | 钍 |
| 9 | 硫 | 45 | 锗 |
| 10 | 硒 | 46 | 锡 |
| 11 | 锑 | 47 | 铅 |
| 12 | 钋及同位素 | 48 | 钒 |
| 13 | 硼 | 49 | 铌 |
| 14 | 碳 | 50 | 钽 |
| 15 | 硅 | 51 | 镁 |

续表

| 系列号 | 元　素 | 系列号 | 元　素 |
| --- | --- | --- | --- |
| 16 | 磷 | 52 | 铬 |
| 17 | 砷 | 53 | 钼 |
| 18 | 锑 | 54 | 钨 |
| 19 | 铋及放射性 | 55 | 铀 |
| 20 | 锂 | 56 | 锰 |
| 21 | 钠 | 57 | 镍 |
| 22 | 钾 | 58 | 钴 |
| 23 | 铵 | 59 | 铁 |
| 24 | 铷 | 60 | 铜 |
| 25 | 铯 | 61 | 银 |
| 26 | 铍 | 62 | 金 |
| 27 | 镁 | 63 | 钌 |
| 28 | 钙 | 64 | 铑 |
| 29 | 锶 | 65 | 钯 |
| 30 | 钡 | 66 | 锇 |
| 31 | 镭及同位素 | 67 | 铱 |
| 32 | 锌 | 68 | 铂 |
| 33 | 镉 | 69 | 锝 |
| 34 | 汞 | 70 | 铼 |
| 35 | 铝 | 71 | 铀后金属 |
| 36 | 镓 | | |

(3)《盖墨林无机化学大全》的索引中第 1~12 卷的分子式索引：

第 1 卷：Ac~Au；

第 2 卷：B~Br2；

第 3 卷：Br3~C3；

……

第 12 卷：O~Zr。

(4)《盖墨林无机化学大全》的查阅方法主要有两种：① 应用 Gmelin 体系首先确定卷（册），然后查检目次表，即可检索到所需资料。② 应用索引检索。索引有三种类型：① 早期按系统号出版的索引，一般均有题目索引和分子式索引，可检索该系统号下正编各册的资料；② 第8版分子式总索引，本索引按 Hill 规则编排，附英、德两种文字的使用指南，可检索正编、补编和新补编的全部资料；③ 新补编各卷索引，附于各卷正文之后,可查各卷新补编内的资料。

印刷版《盖墨林无机化学大全》于 1997 年停止出版，被电子版和网络化检索取代，现收录于 Reaxys 数据库。

**3. 《化工百科全书》**

《化工百科全书》(1991~1998年)由化学工业出版社出版,正文19卷,索引1卷,是化工领域一部重要的工具书,由陈冠荣等4位院士主编,全国1800多名知名专家、学者和高级工程技术人员历时10年编撰,全书4800多万字,较全面、准确地反映了化工领域最新的技术和发展趋势。全书覆盖的内容齐全完备,涉及的专业和学科十分广泛,包括无机化工、基本有机化工、精细化工、高分子化工、染料、农药、橡胶、纤维、涂料、造纸和制革、摄影和感光材料、日用化工、油脂和食品、石油、材料科学和工程、半导体、电子和信息材料、冶金、纺织和印染、生物技术、化学工程、化工机械、化工仪表和自动化、电子计算机技术、分析方法、安全和工业卫生、环境保护,以及化学和物理的一些基本问题,收录的主词条达800余条(见图3.27)。

图 3.24 《化工百科全书》

### 3.2.3 Reaxys

Reaxys是爱思唯尔(Elsevier)公司出品的一个全新的辅助化学研发的在线参考数据库。

#### 3.2.3.1 Reaxys 概况

Reaxys将著名的CrossFire(Beilstein、Gmelin、Patent Chemistry)数据库进行整合。其中,Beilstein是全球最全的有机化学数值和事实库;Gmelin是当今最全面的无机与金属有机化学事实数据库;Patent Chemistry是化学专利数据库。Reaxys数据库内容涵盖文摘数据库、物质数据库、反应数据库、理化性质数据库、物质商业数据库、专利数据库。Reaxys为无机、有机金属化学和有机化学的研究提供有效地设计化合物合成路线的工具,无论是页面还是功能均针对化学家们的使用习惯进行了全新设计。目前,Reaxys已升级为Web方式,并新增更多强大的功能,能对检索结果进行二次过滤,拥有更好的筛选和导出功能,并且能够进行智能化合成路线设计。Reaxys的网址为http://www.reaxys.com(见图3.25)。

Reaxys功能菜单有快速检索(Quick search)、自定义检索(Query builder)、结果显示(Results)、合成设计(Synthesis Planner)、历史(History)等。

#### 3.2.3.2 检索方法

Reaxys的检索方法包括快速检索(Quick search)、自定义检索(Query builder)。

**1. 快速检索**

Reaxys检索页面默认检索方式为快速检索(Quick search),可检索文献、化合物、化学反应。快速检索方法为直接在首页的检索框中输入检索词进行检索,即可获得检索结果。快速检索的检索词支持输入自然语言,即输入物质名称、分子式、化学物质登记号(CAS 号),也可键入一个或多个词语,进行文献、化合物具体性质数据、化学反应的检索。例如,在检索框内输入"published by Shaowu Wang"或"CrystEngComm,2017,19,218",点击"Find",即可对作者 Shaowu Wang 发表的文献或 2017 年发表于期刊 CrystEngComm 19 卷 218 页的文献进行检索。输入"Acetone、67-64-1"或"boiling point of acetone",都可检索出丙酮及其沸点的数据。输入"preparation of porphyrin"或"Suzuki coupling",则可检索出有关卟啉制备或 Suzuki 偶联反应的信息。

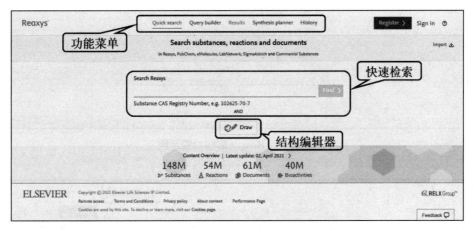

图 3.25　Reaxys 检索页面

除了通过词汇,Reaxys 的快速检索还可以通过绘制结构或反应示意图来进行化合物和化学反应检索。点击 Reaxys 检索页面中的"Draw",即可进入结构编辑器页面(见图 3.26)。

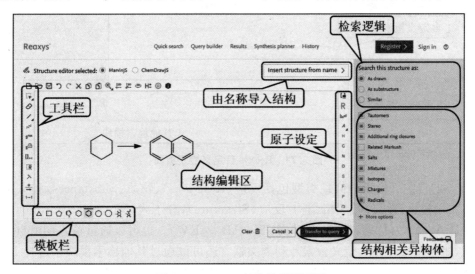

图 3.26　Reaxys 结构编辑器页面

结构式既可通过物质名称导入,也可通过工具栏、模板栏、原子设定绘制和编辑结构式(如在结构编辑区绘制由环己烷合成萘的反应示意图),还可通过检索逻辑,限定检索选项为如图所画、亚结构检索、相似检索;并可进一步选取结构相关异构体进行检索。在物质或反应的结构编辑好后,点击"Transfer to query",即可回到快速检索页面,对所编辑的结构进行检索(见图 3.27)。

**2. 自定义检索**

点击 Reaxys 检索页面的"Query builder",即可进入自定义检索页面(见图 3.28)。

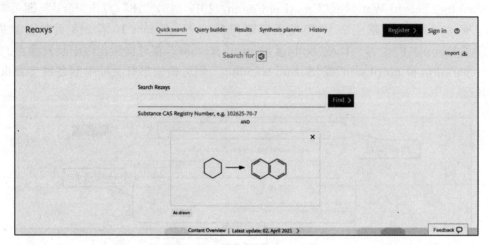

图 3.27　Reaxys 结构检索示例

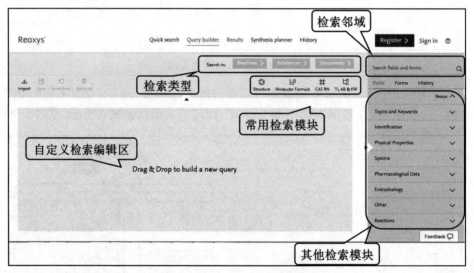

图 3.28　Reaxys 自定义检索页面

Reaxys 的自定义检索的信息类型包括反应(Reactions)、物质(Substances)和文档(Documents)。常用检索模块包括编辑结构/反应(Structure),分子式(Molecular Formula),化学物质登记号(CAS RN)、标题、摘要、关键词(TI, AB & KW)。也可以通过输入词汇自定义相关检索邻域,如输入"patent",定义检索专利类文献。还可以通过其他检索模块来选择 Reaxys 外的其他数据库 PubChem 进行检索。针对选择好的数据库,在其他检索模块区可进一步通过选择来自定义检索范围,如可选择主题和关键词(Topics and Keywords)、类别(Identification)、物理性质(Physical Properties)、谱图(Spectra)、药理学数据(Pharmacological Data)、生态毒理学(Ecotoxicology)等。

选择好的检索模块会出现在自定义检索编辑区(见图 3.29)。自定义的多种检索模块间通过布尔逻辑算符连接,通过自定义不同模块之间的逻辑关系可以组合成综合信息检索组,进行更准确的检索。

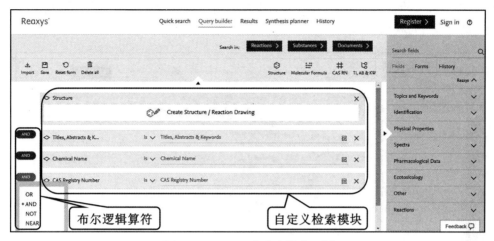

图 3.29　Reaxys 自定义检索示例

## 3.2.3.3　检索结果处理

以"indol"(吲哚)检索为例,使用快速检索,检索结果如图 3.30 所示。示例的检索结果显示检索到有关 indol 的结果为 Substance(459)、Document(104935)和 Commercial Subtance(13),点击"View Results"可查看每一项详细的检索结果。每项的详细检索结果页面采用统一的形式,在页面左侧的 Filter 栏中可对所显示的结果进行各种进一步筛选和精简。

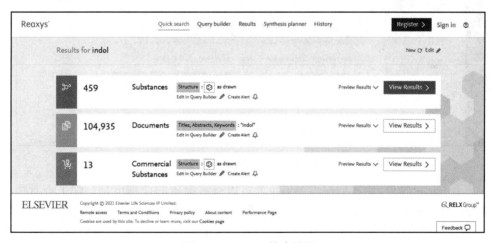

图 3.30　Reaxys 检索结果

(1) Commercial Substances(商业物质)的结果来源于 Reaxys 的化学品供应商数据库,数据来自重要的、高质量的整合平台,包括 eMolecules 和 LabNetwork,以及全球 330 多家相关供应商。该内容旨在高效地为合成者或购买者提供所需化学品供应商的信息。数据库每月更新一次,以确保准确性。通过 Commercial Substances 详细检索结果页面的 Filter 栏,可进一步对所需化学品的价格、纯度、规格、发货地点等进行筛选(见图 3.31)。

(2) 图 3.32 所示为 Document(文档)的详细检索结果页面,检索结果可按相关性、出版时间、文档类型、被引次数进行排序。每一条检索结果都提供了文档的题名、作者、出版物名称、出版时间等详细信息,并可进一步查看摘要,进入原文出版商页面以进一步获取全文。通过被引次数选项,可了解文档被引用情况,并可进一步查看引用该文档的文献信息。通过 Filter,还可对文档检索结果进行精简和筛选。

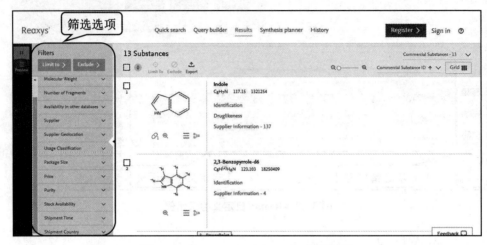

图 3.31　Commercial Substances 检索结果

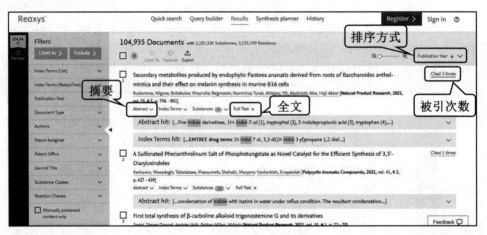

图 3.32　Document 检索结果

（3）Substance(物质)的详细检索结果页面可以查看物质的详细信息。除了查看物质的化学性质数据、物理性质数据、谱图数据、生物活性等信息以外,还可进一步获取物质的制备 (Preparations)、涉及反应(Reactions)、有关文档(Documents)等信息(见图 3.33)。此外,通过点击物质结构式下方的"Synthesize"按钮,选取"Create synthesis plans",可进入 Reaxys 的"Synthesis Planner"(合成设计)功能。

## 3.2.3.4　合成设计

Reaxys 的"Synthesis Planner"是化学研究者设计合成路线的好帮手。通过点击"Substance"检索显示结果中任意化合物下的 Synthesis 超链接,可进入化合物的合成路线设计页面 (见图 3.34)。此外,还可以通过导入已经保存的合成设计文件和建立新任务两种方式建立化合物的合成设计路线。

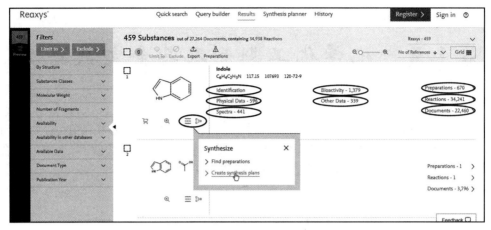

图 3.33　Substance 检索结果

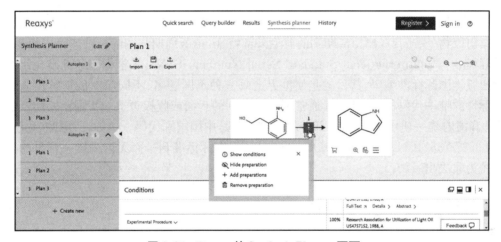

图 3.34　Reaxys 的 Synthesis Planner 页面

Synthesis Planner 页面显示的是示例化合物"indol"的合成路线图。不同的合成路线来自不同文献，在合成路线下方显示目标产物的相关合成文献。对于合成路线中的起始原料，可进一步通过点击其结构下的选项，获取原料供货商、合成路线、物质的详细信息。若该路线图不符合用户的合成要求，则可通过点击"Add preparations"或"Remove preparation"键来添加新的合成路线或去除不符合要求的步骤，形成新的树状合成路线图。Reaxys 的 Synthesis Planner 功能的优点在于：用户可根据不同文献中给出的合成路线整合出新的可行的合成设计路线。

思考与练习

1. 学习使用读秀图书搜索有关课题的图书，并依据国家标准 GB/T 7714—2015 要求写出图书的相关信息。

2. 用 Hill 系统规则写出下列化合物的分子式：(1) $HOOC(CH_2)_8COOH$；(2) $C_6H_5NHC_2H_5$；(3) $C_3H_6N_6$（三聚氰胺）；(4) $C_3N_3O_3Cl_3$；(5) $Fe(C_5H_5)_2$（二茂铁）。

3. 利用参考工具书或参考工具数据库检索第 2 题中的化合物的物理性质数据、结构式，并标明来源。

# 第4章 化学化工期刊及其全文数据库

期刊是重要的文献源,占文献的 60%~70%。本章将介绍期刊的基础知识,如期刊的定义、特点、类型,期刊质量的评价,期刊名的缩写原则等;同时介绍国内外比较有影响的综合性期刊和化学与化工领域比较重要的期刊,以及著名的期刊文献全文数据库。

## 4.1 期刊概述

期刊主要是从"Magazine""Periodical""Journal"三个英文单词翻译过来的,它们都属于广义的连续出版物(Serials),都具备期刊的典型外部特征:出版周期与国际标准连续出版物号。

国际标准刊号(International Standard Serial Number, ISSN),是根据国际标准化组织制定的连续出版物国际标准编码,其目的是使世界上每一种不同题名、不同版本的连续出版物都有一个国际性的唯一代码标识。ISSN 通常都印在期刊的封面或版权页上。我国正式期刊的刊号由 ISSN 和国内统一刊号(CN)两个部分组成,"CN"是中国国别代码。例如,我国的《化学学报》ISSN 为 0567-7351,CN 为 11-2710/O6。只有 ISSN 国际标准刊号而无国内统一刊号的期刊在国内被视为非法出版物。

### 4.1.1 期刊的定义及其特点

期刊也称杂志。联合国教科文组织 1964 年 11 月 19 日在巴黎举行的大会上通过决议,决议将期刊定义为:凡用同一标题连续不断(无限期)定期与不定期出版,每年至少出一期(次),每期均有期次编号或注明日期的出版物。由此可见,构成期刊的要素包括:① 连续出版;② 有一个稳定的名称;③ 每年至少出版一期,有卷、期或年、月等表示连续出版的序号;④ 由众多作者的不同作品汇编而成。

### 4.1.2 期刊的发展简史

期刊内容包罗万象,有医疗卫生、农业科学、工业技术、哲学政法、社会科学、经济财政、科教文艺等门类。世界上最早出版的一本杂志是 1665 年创刊于巴黎的 *Philosophical Transaction of the Royal Society*(《学者杂志》)。最早的中文杂志是 1815 年在马六甲出版的《察世俗每月统记传》。最早的化学专业期刊是 1778 年创刊于德国的 *Chemiches Journal*(《化学杂志》);而最早的化学会志是 1848 年发行的《英国化学会志》(*Journal of the Chemical Society, London*)。我国最早的有关化学的期刊可追溯到 1900 年,由杜亚泉先生在上海亚泉学馆创办的《亚泉杂志》。该刊原为半月刊,自第 5 期起改为月刊,共出版 10 期,于次年 5 月停刊。《亚泉杂志》是一种综合性的自然科学期刊,虽非化学专业刊物,但凡是内容重要的、篇幅长的都是关于化学方面的文章,因此《亚泉杂志》可视为我国第一部有关化学的学术期刊。

从世界上第一份真正的期刊创刊开始,期刊已经走过了350多年。期刊发展极为迅速,18世纪全世界发行约100种,到19世纪中叶就增长了10倍,1900年达到5000种,据统计,在1965年的113000种杂志中,科技期刊约占26000种,截至2020年,具有ISSN的期刊有27万种。期刊业为人类文化和科技的发展作出了不可磨灭的贡献。美国学者R. N. Broadus将各种类型文献在不同历史时期所起的作用概括性地评价为:"18世纪是小册子世纪,19世纪是书本世纪,20世纪是期刊世纪。"马克思在《新莱茵报·政治经济评论》出版启事中指出:"与报纸相比,期刊的优点是它能够更广泛地研究各种事件,只谈最主要的问题。"

## 4.1.3 期刊的分类

期刊种类繁多,依不同的分类标准,可以有各种不同的分类。① 按内容分,期刊可分为综合性期刊与专业性期刊两大类。② 按学科分,期刊可分为社科期刊、科技期刊、普及期刊等三大类,而社科期刊又可分成新闻类、文艺类、理论类、评论类等;科技期刊又可分成理科类、工科类、天地生化类等,本书讨论的期刊为科技期刊;普及期刊又可分成知识类、娱乐类、科普类等。③ 按出版方式分,期刊可分为印刷版和电子版。④ 按出版周期分,期刊可分为周刊、半月刊、月刊、双月刊、季刊、半年刊、年刊等。⑤ 按读者对象分,期刊可分为儿童杂志、青年杂志、少年杂志、妇女杂志等。⑥ 按文种分,期刊可分为中文杂志、英文杂志、日文杂志等。⑦ 按开本分,期刊可分为大16开、小16开、大32开、小32开等。⑧ 按发行范围分,期刊可分为内部发行、国内公开发行、国内外公开发行等。

## 4.1.4 科技期刊的刊名缩写

科技期刊刊名在很多情况下采用其缩写形式,一般来讲,它有一个比较统一的缩写规则。该规则的用途有两个:① 根据规则可以将文献后面的参考文献中的刊名缩写还原,便于找到原文;② 在投稿时编辑要求对一些刊名进行规范缩写。科技期刊刊名缩写规则如下:

(1) 刊名必须有两个(包括两个)以上的词才可以缩写,即单个词组成的刊名不得缩写,如 *Science*、*Nature* 不得缩写。

(2) 缩写的单词大多采用减少音节的方法。一般是在辅音后、元音前切开。例如,*Chemistry* 缩写为 *Chem.*,但也有例外,如 *Science* 缩写为 *Sci.*,*Association* 缩写为 *Assoc.*。

(3) 刊名中的冠词、介词、连词(and、the、of、for 等)均省略,如 *Chemistry of Materials* 缩写为 *Chem. Mater.*。

(4) 刊名缩写时,刊名第一个单词的首字一定要大写,以后的单词起始字母大小写均可;缩略词后可加圆点".",也可用空格隔开,但使用时前后必须一致。

(5) 对刊名中频繁使用的单词,也可缩写成开头的一两个字母,如 *Journal* 缩写为 *J.*;*Quarterly* 缩写为 *Q.*。有的单词把词尾的一两个字母作为缩写的结尾字母,如 *National* 缩写为 *Natl.*,*Country* 缩写为 *Ctry.*。

(6) 刊名中带人名的,姓和名都不可缩写。

(7) 名词的复数形式与单数形式一样缩写,如 *Polymers and Polymer Composites* 缩写为 *Polym. Polym. Compos.*。

(8) 单音节词一般不缩写，如 *Food*、*Cell* 不缩写。
(9) 压缩字母的方法，如 *Japanese* 缩写为 *Jpn.*。

## 4.1.5 期刊的质量评价

关于期刊的质量评价，一般从以下几个方面考察：

(1) 主办单位的级别。主办单位可以分为国际级、国家级、省级。一般而言，主办单位级别越高，期刊质量就越好。

(2) 期刊的文献被引用次数。期刊被引频次是指自期刊创刊以来全部论文在某一年被引用的总次数（绝对数量指标）。它可测度期刊自创刊以来的学术影响力，是从信息反馈的角度评价期刊的基本指标之一。该项指标从历史的角度，用期刊论文被引用的数量直接反映了期刊在科学发展和文献交流中所起的作用。

(3) 期刊的文献被著名检索工具收录的情况。如被著名检索工具 SCI、CA 等收录的文章的数量。

(4) 基金论文的数量。受各种基金项目（一般指国家和省市级重大基金及国家重大项目）资助的论文（简称"基金论文"）往往代表了某研究领域的新趋势、"制高点"，具有比较高的学术价值。因此，期刊登载的基金论文数越多，应该越能提升期刊的知名度。基金论文的作者大多愿意把自己的成果投向高水平的期刊。

(5) 影响因子。影响因子（Impact Factor，IF）是指期刊前两年发表论文在 JCR（Journal Citation Reports）统计年的被引次数与前两年论文总量的比值（相对数量指标）。该项指标用论文平均被引率反映了期刊近期在科学发展和文献交流中所起的作用。

(6) 自然指数期刊

自然指数（Nature Index）于 2014 年 11 月首次发布，是依托于全球顶级期刊统计各高校、科研院所（国家）在国际上最具影响力的研究型学术期刊上发表论文数量的数据库。自然指数已发展成为国际公认的，能够衡量机构、国家和地区在自然科学领域的高质量研究产出与合作情况的重要指标，在全球范围内有很大影响力。目前，与化学化工相关的自然指数期刊有 20 余种，主要包括：*Advanced Materials*、*Analytical Chemistry*、*Angewandte Chemie International Edition*、*Chemical Communications*、*Chemical Science*、*Inorganic Chemistry*、*Journal of the American Chemical Society*、*Macromolecules*、*Nano Letters*、*Nature*、*Nature Chemical Biology*、*Nature Chemistry*、*Nature Communications*、*Nature Materials*、*Nature Nanotechnology*、*Organic Letters*、*Proceedings of the National Academy of Sciences of the United States of America*、*Science*、*Science Advances*、*The Journal of Physical Chemistry Letters* 等。

(7) 主编和编委的组成。主编和编委会是刊物的质量水平的代表，是期刊品牌形式的有力保障。为了提高期刊的影响力，各期刊对编委会的组建特别重视，基本上是围绕着学术水平、学科平衡和动态化的原则，尽力邀请本领域知名的学者担任期刊的编委，从而对期刊的编辑出版发挥学术领导或指导作用。

## 4.2 主要化学化工期刊

本节将对国内外主要的化学化工期刊进行简单介绍，以便读者阅读。

### 4.2.1 自然科学类期刊

**1. Science**

美国著名杂志 Science(《科学》)由托马斯·爱迪生创办于 1880 年,自 1894 年起成为美国科学促进会的官方刊物,ISSN 0036-8075。Science 是独立编辑的综合性科学周刊,主要包括科学新闻报道、综述、分析、书评等部分,具有新闻杂志和学术期刊双重特点。美国科学信息所将 Science 上发表的论文一贯地评为世界上最经常被引用的研究报告之类,是最有影响力的综合性自然科学期刊之一。Science 刊载的论文中约 60% 为生物科学类,40% 为物理科学类,且刊载越来越多的跨学科研究成果。2020 年的 IF 为 47.728。

美国科学促进协会除了出版 Science 周刊以外,还陆续推出了一系列高级别子刊:Science Signaling(《科学信号》)是刊载细胞信号与调节生物学的主要期刊;Science Translational Medicine(《科学转化医学》)主要刊载将医学、工程学和科学相结合以促进人类健康的研究成果;Science Advances(《科学进展》)刊载面向所有科学的创新且高质量的研究成果;Science Robotics(《人工智能》)刊载基于科学或工程学的研究文章,它们推动了机器人技术的发展;Science Immunology(《免疫学》)刊载免疫学研究领域的重要进展,包括重要的新工具和技术等。

**2. Nature**

英国著名杂志 Nature(《自然》)周刊是世界上较早的国际性科技期刊,ISSN 0028-0836。自 1869 年创刊以来,始终如一地报道和评论全球科技领域中最重要的突破,是最有影响力的综合性自然科学期刊之一。其办刊宗旨是"将科学发现的重要结果介绍给公众,让公众尽早知道全世界自然知识的每一分支中取得的所有进展"。2020 年的 IF 为 49.962。

Nature 是综合性刊物,而其子刊 Nature research journals 的领域要窄一些,专门针对某一类别的研究。目前以 Nature 打头的子刊共有 57 本,其中与化学化工相关的子刊主要有:Nature Communications(《自然通讯》),主要刊载生物、物理、化学和地球科学等领域的高质量研究成果,其发表的研究成果对各领域的专家来说都意味着相关学科的重大突破;Nature Chemistry(《自然化学》)专门刊载化学所有领域最重要、最尖端研究工作的高质量研究成果;Nature Catalysis(《自然催化》)主要刊载来自所有化学和相关领域的涉及均相催化、非均相催化和生物催化剂等方面的研究成果。

**3.《科学通报》**

《科学通报》(Science Bulletin)创刊于 1950 年,旬刊,ISSN 0023-074X,是中国科学院主管,中国科学院、国家自然科学基金委员会主办的自然科学综合性学术期刊。该刊力求及时报道自然科学各学科基础理论和应用研究方面具有创新性的最新研究成果,要求文章的可读性强,能在一个比较宽泛的学术领域产生深刻的影响。它主要设有点评、进展、论文、快讯等栏目。2020 年的 IF 为 11.780。

## 4.2.2 化学化工综合性期刊

**1. Journal of the American Chemical Society**

*Journal of the American Chemical Society*（《美国化学会会志》，缩写为 *J. Am. Chem. Soc.* 或 JACS），由美国化学会（American Chemical Society, ACS）出版，创刊于 1879 年，ISSN 0002-7863。该期刊已经吸纳了另外两个期刊：*The Journal of Analytical and Applied Chemistry*（1893 年 7 月）和 *The American Chemical Journal*（1914 年 1 月）。该期刊涉及化学领域的所有内容（有机、无机、分析、物化等），是目前化学期刊中高级别的典型代表，根据 ISI 的统计数据，JACS 是化学领域内被引用最多的期刊，享有极高的声誉。JACS 的创刊宗旨是通过刊载化学领域最好的论文来追踪化学领域的最新前沿，包括重要问题的应用性方法论、新的合成方法、新理论、重要结构与反应的新进展。2020 年的 IF 为 15.419。

**2. Angewandte Chemie-International Edition**

*Angewandte Chemie-International Edition*（《应用化学》）创刊于 1888 年，ISSN 1433-7851，由德国化学家协会编辑出版，是德文版 *Angewandte Chemie* 的英文翻译版，两者报道的内容相同。该刊主要刊登覆盖整个化学学科研究领域的高水平研究论文和综述性文章，是目前化学学科期刊中有高影响因子的期刊之一。其栏目有"eviews""highlight""communications"，其中"highlight"类似小型综述，描述某个比较生动新颖的课题成果。2020 年 IF 的为 15.336。

**3. Chem**

*Chem*（《化学》）是杂志 *Cell*（《细胞》）的第一份自然科学类姐妹刊，创刊于 2016 年，ISSN 2451-9294，由 Cell Press 出版。该刊致力于推广化学及其交叉领域的创造性成果，刊发旨在解决全球性挑战的应用和基础研究论文。科学概念性的创新是 *Chem* 选择论文的首要标准。2020 年的 IF 为 20.804。

**4. Nature Chemistry**

*Nature Chemistry*（《自然-化学》）是 *Nature* 子刊，2009 年创刊，月刊，ISSN 1755-4330。该刊致力于发表高质量的论文，描述化学各个领域最重要和最前沿的研究。除了反映分析化学、无机化学、有机化学和物理化学等传统核心学科的研究成果外，该期刊还介绍更广泛的化学研究工作，包括但不限于催化、计算化学和理论化学、环境化学、绿色化学、药物化学、核化学、聚合物化学、超分子化学和表面化学，也刊载其他跨学科的主题，如生物无机、生物有机、有机金属、生物学、材料科学、纳米技术和物理有机化学等领域的研究成果。2020 年的 IF 为 24.427。

**5. Chemical Communications**

*Chemical Communications*（《化学通讯》）于 1982 年创刊，全年 24 期，2005 年改为周刊（52 期），ISSN 1359-7345，由英国皇家化学会出版。它是刊载全球化学领域最新科研成果的简报，出版快速。每期《化学通讯》都会刊登一篇特写，特写文章的作者均是各分支学科的顶级人物。他们从个人角度对最新研究的总结、创新领域的开拓往往会激起化学家们的普遍兴趣。2020 年的 IF 为 6.222。

**6. Chemical Science**

*Chemical Science*（《化学科学》）创刊于 2010 年，月刊，ISSN 2041-6520，由 RSC 出版，其内容涵盖了化学的各个领域。2020 年的 IF 为 9.825。

### 7. Chemistry-A European Journal

*Chemistry-A European Journal*(《化学:欧洲杂志》)创刊于 1995 年,是 John Wiley 出版的英文旬刊,ISSN 0947-6539。它是发表世界知名学者学术论文的欧洲论坛,其内容涉及化学及其边缘学科的各个领域。2020 年的 IF 为 5.236。

### 8.《化学学报》

1932 年 8 月,中国化学会第一次理事会决定出版《中国化学会会志》,1933 年 3 月《中国化学会会志》在北平正式出版。它是中国创办最早的在国内外较有影响的化学学术刊物,也是中国唯一最早用三国文字(英、法、德)发表论文的西文版化学期刊。《中国化学会会志》从 19 卷 1 期开始(1952 年 6 月)改名为《化学学报》(*Acta Chimica Sinica*),并改用中文出版,刊登外文摘要和英文目录。《化学学报》是我国化学学科的综合性学术期刊,ISSN 0567-7351,CN 31-1320/O6。它由中国化学会、中国科学院上海有机化学研究所主办,主要报道化学学科领域基础理论研究和应用理论研究方面的原始性、首创性研究成果,综述化学学科领域的研究热点和前沿课题,报道各分支学科发展动态等。其主要栏目有研究专题、研究通讯、研究论文、研究简报等。《化学学报》被国内外多种著名检索刊物和文献数据库摘引和收录。2020 年的 IF 为 2.668。

### 9. CCS Chemistry

*CCS Chemistry* 创刊于 2019 年,ISSN 2096-5745,是中国化学会独立出版的第一本英文杂志,旨在打造在中国出版的杰出的国际化学期刊。*CCS Chemistry* 涵盖化学和化学科学的所有领域,包括开创性的概念、机理、方法、材料、反应和应用。*CCS Chemistry* 旨在为全球化学科学领域的创新和重要研究提供精选的文章。除了报道化学领域的杰出工作外,该期刊还重点介绍了化学发挥核心作用的跨学科领域。适合在 *CCS Chemistry* 中发表的研究领域包括(但不限于):分析化学、催化、生物化学与化学生物学、生物医学、地球与行星科学、能源化学、环境科学、无机化学、材料化学与材料科学、纳米科学与纳米技术、有机化学、物理化学、高分子化学、超分子化学与自组装、合成化学、理论与计算化学等。

### 10.《中国科学:化学》

《中国科学:化学》(*SCIENCE CHINA Chemistry*)的前身是《中国科学 B 辑》(*Science in China Series B:Chemistry*),该杂志于 1950 年创刊,是中国科学院主办、中国科学杂志社出版的自然科学专业性学术刊物,主要反映我国自然科学中化学的最新科研成果,以促进国内外的学术交流,2011 年更名为《中国科学:化学》,ISSN 1674-7224,CN 11-5838/O6。2020 年的 IF 为 9.445。

### 11.《中国化学快报》

《中国化学快报》(*Chinese Chemical Letters*,CCL)创刊于 1990 年 7 月,是中国化学会主办、中国医学科学院药物研究所承办的核心刊物,ISSN 1001-8417,CN11-2710/O6。《中国化学快报》的内容覆盖我国化学研究全领域,报道我国化学领域研究的最新进展及热点问题。2020 年的 IF 为 6.779。

### 12.《高等学校化学学报》

《高等学校化学学报》(*Chemical Journal of Chinese Universities*)创刊于 1964 年,是教育部主管并委托吉林大学和南开大学主办的我国化学及其相关学科领域的综合性学术刊物,其前身为《高等学校自然科学学报》(化学化工版),1966 年停刊,1980 年复刊并更名为《高等学校化学学报》,1985 年改为月刊,是中国载文量最大的科技期刊之一,ISSN 0251-0790,CN 22-1131/O6。《高等学校化学学报》通过研究论文、研究快报、研究简报和综合评述等栏目集中报道广大化学工作者在无机化学、分析化学、有机化学、物理化学、高分子化学,及其相关的生物化学、材料化学和医药化学等学科领域开展的基础研究、应用研究和开发研究所取得的创新性的科研成果。该杂志被国内外多种著名检索刊物和文献数据库摘引和收录。2020年的IF为0.650。

### 4.2.3 化学化工分科性期刊

#### 4.2.3.1 无机化学

**1. Inorganic Chemistry**

*Inorganic Chemistry*(《无机化学》)于1962年创刊,全年26期,ISSN 0020-1669。它由ACS主办,刊载无机化学所有领域的理论、基础和实验研究论文与简讯,包括新化合物的合成方法和性能、结构和热力学的定量研究、无机反应的动力和机理、生物无机化学、某些金属有机化学、固态现象和化学键理论等。2020年的IF为5.165。

**2. Dalton Transactions**

*Dalton Transactions*(《道尔顿汇刊》)于1971年创刊,全年24期,ISSN 1477-9226。它由RSC主办,是世界上享有盛誉的无机化学刊物之一,刊载无机化学和有机金属化合物方面的研究论文。它包括生物无机化学和固态无机化学、物理化学技术在其结构、性质、反应、动力学以及机制研究中的应用,新的或改进的实验技术和合成方法等。2020年的IF为4.390。

**3. European Journal of Inorganic Chemistry**

*European Journal of Inorganic Chemistry*(《欧洲无机化学杂志》)创刊于1868年,是John Wiley出版的英文半月刊,ISSN 1434-1948,该刊主要发表有关无机化学和有机金属化学研究方面的论文。自1998年起,《欧洲无机化学杂志》由比利时、法国、德国、意大利和荷兰等五国的国家化学会联合编辑。2020年的IF为2.524。

**4. Polyhedron**

*Polyhedron*(《多面体》)于1982年在英国创刊,全年28期,由Elsevier Science出版,ISSN 0277-5387,主要刊载无机化学和金属有机化学领域的研究论文和札记。2020年的IF为3.052。

**5.《无机化学学报》**

《无机化学学报》(*Chinese Journal of Inorganic Chemistry*)于1985年由化学家戴安邦教授(发起)创刊,是中国化学会主办的学术性刊物,ISSN 1001-4861,CN 32-1185/O6。它的办刊宗旨是报道我国无机化学领域的研究成果,促进国内外学术交流,繁荣无机化学学科,推广成果应用。它主要刊登学术论文、研究简报、快报、综述及国内外学术会议动态、新书介绍等。2020年的IF为0.834。

#### 4.2.3.2 有机化学

**1. Journal of Organic Chemistry**

*Journal of Organic Chemistry*(《有机化学杂志》)创刊于1972年,由ACS主办,双周刊,ISSN 0022-3263。它报道有机化学和生物有机化学方面的论文。2020年的IF为4.354。

**2. Advanced Synthesis & Catalysis**

*Advanced Synthesis & Catalysis*(《高级合成与催化》)创刊于1828年,是John Wiley出版

的英文刊,ISSN 1615-4150,主要刊载以有机化学为重点的实用化学领域的研究论文,包括理论与物理有机化学、合成法及其应用范围、工程有机化学、聚合物、金属有机化学和催化作用、分析学、有机化合物生态学和工艺规程。2020 年的 IF 为 5.837。

### 3. *Organic Chemistry Frontiers*

*Organic Chemistry Frontiers*(《有机化学前沿》)创刊于 2015 年,由 RSC 出版,ISSN 2052-4129,刊载有机化学领域高质量的研究成果。2020 年的 IF 为 5.281。

### 4. *Organic Letters*

*Organic Letters*(《有机化学快报》)创刊于 1999 年,由 ACS 发行,ISSN 1523-7060,主要报道有机化学方面的最新研究进展,文章类型多为快报、通讯等。2020 年的 IF 为 6.005。

### 5. *Organometallics*

*Organometallics*(《有机金属化合物》)创刊于 1981 年,全年 26 期,由 ACS 主办,ISSN 0276-7333,论述有机金属与有机金属化合物的合成、结构、结合与化学反应性、反应机理,及其在材料科学和固态化学合成中的应用,刊载论文、简讯和技术札记。2020 年的 IF 为 3.876。

### 6. *European Journal of Organic Chemistry*

*European Journal of Organic Chemistry*(《欧洲有机化学杂志》)创刊于 1832 年,是 John Wiley 出版的英文半月刊,ISSN 1434-193X,该刊主要发表有机化学和生物有机化学方面的论文。自 1998 年起,《欧洲有机化学杂志》由比利时、法国、德国、意大利和荷兰等五国的国家化学会联合编辑。2020 年的 IF 为 3.021。

### 7. *Tetrahedron*

*Tetrahedron*(《四面体》)创刊于 1957 年,由 Elsevier Science 出版,初期不定期出版,1968 年改为半月刊,ISSN 0040-4020,它是快速发表有机化学方面权威评论与原始研究通讯的国际性杂志,主要刊登有机化学各方面的最新实验与研究论文,多数以英文发表,也有部分文章以德文或法文刊发。2020 年的 IF 为 2.457。

### 8. *Tetrahedron Letters*

*Tetrahedron Letters*(《四面体快报》)创刊于 1959 年,由 Elsevier Science 出版,是快速发表有机化学领域研究通讯的国际性刊物,初期不定期出版,1964 年改为周刊,ISSN 0040-4039,主要刊登有机化学家感兴趣的通讯报道,包括新概念、新技术、新结构、新试剂和新方法。2020 年的 IF 为 2.415。

### 9.《有机化学》

《有机化学》(*Chinese Journal of Organic Chemistry*)创刊于 1980 年,由中国化学会主办、中国科学院上海有机化学研究所承办,该刊主要反映有机化学界的最新科研成果、研究动态和发展趋势,ISSN 0253-2786,CN 31-1321/O6。该刊设有综述与进展、研究论文、研究通讯、研究简报、学术动态、研究专题等栏目。2020 年的 IF 为 1.652。

## 4.2.3.3 分析化学

### 1. *Analytical Chemistry*

*Analytical Chemistry*(《分析化学》)创刊于 1929 年,ISSN 0003-2700,由 ACS 出版,主要刊载分析化学理论与应用方面的研究论文、札记与简讯,涉及化学分析、物理与机械试验、有色金属等,另有新仪表、新器械与其他实验设备,以及新化学品、新产品等新闻报道,还刊载分析化学原理与应用方面的优秀论文。它侧重探讨现代环境、药物、生物技术和材料科学等实际问题,每

年6月有一期为《年评》,8月有一期为《实验室指南》。2020年的IF为6.986。

### 2. Journal of Analytical Atomic Spectrometry

*Journal of Analytical Atomic Spectrometry*(《分析原子光谱学杂志》)创刊于1986年2月,由RSC与信息委员会编辑出版,ISSN 0267-9477,重点报道有关分析原子光谱学方面的基础研究论文、新型分析仪器的研制及其在分析实践中的应用,有关原子吸收光谱、原子衍射光谱、原子荧光光谱、原子质量光谱、X射线荧光衍射光谱等方面的研究论文,同时报道样品制备、试料溶解处理、样品预浓缩方法、统计资料、光谱数据的应用、研究简讯、书评等。2020年的IF为4.023。

### 3. Talanta

*Talanta*(《塔兰塔》)又称 *An International Journal of Pure and Applied Analytical Chemistry*(《国际理论与应用分析化学杂志》),创刊于1958年,全年18期,ISSN 0039-9140,由Elsevier Science出版,主要刊载分析化学领域的研究论文和简报。2020年的IF为6.057。

### 4. 《分析化学》

《分析化学》(*Chinese Journal of Analytical Chemistry*)创刊于1972年,ISSN 0253-3820,CN 22-1125/O6,由中国化学会和中国科学院长春应用化学研究所共同主办,主要报道我国分析化学领域的创新性研究成果,反映国内外分析化学学科前沿和进展,成为工、农、医、国防、环境等学科中应用最广泛的刊物,设有研究报告、研究简报、评述与进展、仪器装置与实验技术、来稿摘登等栏目,为广大读者提供最新的分析化学的理论、方法和研究进展,为分析化学工作者提供国内外最新分析仪器信息。2020年的IF为1.134。

### 5. 《分析科学学报》

《分析科学学报》(*Journal of Analytical Science*)的前身是《痕量分析》(1985年创刊),1993年1月经国家科委和国家教委批准后,改名为《分析科学学报》,ISSN 1006-6144,CN 42-1338/O。它由武汉大学、北京大学、南京大学共同主办。该刊着重报道我国在分析科学领域的新理论、新方法、新仪器和新技术,研究成果具有鲜明特色和创新性,介绍分析科学前沿领域的最新进展和动向,主要栏目为研究报告、研究简报、仪器研制与实验技术、综述与评论、动态与信息等。

### 6. 《分析试验室》

《分析试验室》(*Chinese Journal of Analysis Laboratory*)创刊于1982年,由北京有色金属研究总院和中国分析测试协会主办,ISSN 1000-0720,CN 11-2017/TF。该刊是我国著名的分析化学专业刊物,影响遍及冶金、地质、石油化工、环保、药物、食品、农业、商品检验和海关等行业及学科领域。《分析试验室》设有研究报告、研究简报、定期评述、仪器装置与设备、特邀专家评论、管理论坛和国际会议等栏目。

### 7. 《分析测试学报》

《分析测试学报》(*Journal of Instrumental Analysis*)创刊于1982年,原名《分析测试通报》,1992年升级为《分析测试学报》,是中国分析测试协会、中国广州分析测试中心共同主办的专业性学术类核心期刊,ISSN 1004-4957,CN 44-1318/TH。《分析测试学报》设有研究报告、研究简报、综述、仪器装置及实验技术等栏目,读者遍及全国各科研院所、大专院校、分析测试中心,以及医疗、卫生、商检、公安、防疫、环保、制药、化工、药检、食品等部门。

## 4.2.3.4 物理化学

**1. The Journal of Physical Chemistry**

*The Journal of Physical Chemistry* A(《物理化学杂志 A 辑》)创刊于 1896 年,全年 51 期,ISSN 1089-5639,由 ACS 出版,刊载物理化学与化学物理学基础与实验研究论文、评论、快讯以及部分专题会议录。其学科覆盖范围广阔,有光谱、结构、分子力学、激光化学、化学动力学、表面科学、界面、统计力学和热力学等。2020 年的 IF 为 2.781。

*The Journal of Physical Chemistry* B(《物理化学杂志 B 辑》)创刊于 1896 年,全年 51 期,ISSN 1520-6106,由 ACS 出版,刊载物理化学与化学物理学基础与实验研究论文、评论、快讯以及部分专题会议录。其学科范围广阔,有材料、表面、界面和生物物理等。2020 年的 IF 为 2.991。

*The Journal of Physical Chemistry* C(《物理化学杂志 C 辑》)由 ACS 出版。学科范围包括纳米材料与界面,ISSN 1932-7447,2020 年的 IF 为 4.126。

**2. Journal of Catalysis**

*Journal of Catalysis*(《催化杂志》)创刊于 1962 年,是 Elsevier Science 出版的英文刊,ISSN 0021-9517,侧重报道多相和均相催化,表面化学加工的催化特性,与催化相关的表面化学和工程学,发表论文、札记和书评。2020 年的 IF 为 7.920。

**3. ChemPhysChem**

*ChemPhysChem*(《物理化学》)于 2000 年在德国创刊,全年 4 期,由 John Wiley 出版,ISSN 1439-4235,主要刊载固体软物质、电化学、光化学等化学物理和物理化学领域的研究成果。2020 年的 IF 为 3.102。

**4. Physical Chemistry Chemical Physics**

*Physical Chemistry Chemical Physics*(《物理化学化学物理》)于 1903 年在英国创刊,由 RSC 出版,原名 *Transactions of the Faraday Society*,自 1972 年(68 卷)起,改称 *Journal of the Chemical Society*, *Faraday Transactions*,Ⅰ. *Physical Chemistry* Ⅱ. *Chemical Physics*,月刊,分两册出版,ISSN 1463-9076。第Ⅰ册为反应动力学方面内容;第Ⅱ册刊载量子理论、统计力学、核磁共振、光谱等方面的研究论文。2020 年的 IF 为 3.676。

**5. The Journal of Chemical Physics**

*The Journal of Chemical Physics*(《化学物理杂志》)于 1933 年在美国创刊,原系月刊,1962 年(36 卷)改为半月刊,现每年 48 期,由美国物理化学联合会出版,ISSN 0021-9606,专门刊载化学物理方面的研究论文与实验报告,其内容涉及物理与化学领域的边缘问题。2020 年的 IF 为 3.488。

**6. Journal of Colloid and Interface Science**

*Journal of Colloid and Interface Science*(《胶体与界面科学杂志》)创刊于 1946 年,是 Elsevier Science 出版的英文半月刊,ISSN 0021-9797,主要刊载胶体与界面科学基础原理和应用方面的论文和书评。2020 年的 IF 为 8.128。

**7. Journal of the Electrochemical Society**

*Journal of the Electrochemical Society*(《电化学会志》)于 1902 年在美国创刊,月刊,ISSN 0013-4651,由 ACS 出版,主要刊载电化学科学与技术,包括电池、腐蚀、介电与绝缘、电极淀积、工业电解等基础和技术方面的研究论文。2020 年的 IF 为 4.316。

**8.《物理化学学报》**

《物理化学学报》(Acta Physico-Chimica Sinica)创刊于1985年,由中国科学技术协会主管,中国化学会主办,北京大学化学学院物理化学学报编辑部编辑出版,月刊,ISSN 1000-6818,CN 11-1892/O6,主要刊载化学学科物理化学领域具有原创性的实验和基础理论研究类文章。该刊设有通讯、研究论文和综述等栏目。2020年的IF为2.268。

**9.《化学物理学报》**

《化学物理学报》(Chinese Journal of Chemical Physics)创刊于1988年,由中国科学技术协会主管,中国物理学会主办,并由中国科学技术大学、中国科学院大连化学物理研究所、中国科学院兰州化学物理研究所、清华大学和中国科学院化学研究所联合承办的学术性期刊,报道化学与物理交叉学科领域的研究论文、科研成果,ISSN 1674-0068,CN 34-1050/O6。2020年的IF为1.114。

**10.《结构化学》**

《结构化学》(Chinese Journal of Structural Chemistry)创刊于1982年,是中国科学院福建物质结构研究所主办的学术性期刊,ISSN 0254-5861,CN 35-1112/TQ,设有综述、评论、研究论文、研究通讯和研究简报等栏目,报道结构化学及其相关领域的最新成果,如晶体学,量子化学,药物、材料和催化剂等性能与结构关系的论文。2020年的IF为0.893。

### 4.2.3.5 化学工程与技术

**1. Chemical Engineering Science**

Chemical Engineering Science(《化学工程科学》)创刊于1951年,是英国Elsevier Science出版的英文半月刊,ISSN 0009-2509。该刊主要刊载化学、物理和数学在化学工程领域中的应用,包括气体、液体和固体物质的加工、过程设计与车间设计,化学加工新技术的开发以及化学热力学、分离过程、过程控制、传质等方面的研究论文和评论。2020年的IF为4.311。

**2. Industrial & Engineering Chemistry Research**

Industrial & Engineering Chemistry Research(《工业化学与工程化学研究》)创刊于1962年,全年12期,ISSN 0888-5885,由ACS出版,主要刊载基础研究、生产工艺和产品设计及研制方面的论文和评论,其内容包括动力与催化、材料与界面、加工工程与设计、分离技术等。2020年的IF为3.720。

**3. Chemical Engineering and Processing**

Chemical Engineering and Processing(《化学工程和加工技术》)于1967年在瑞士创刊,全年9期,由Elsevie Science出版,ISSN 0255-2701,主要刊载化工理论与实践经验、化学分析、化工工艺与设备设计等方面的论文,侧重热传导、质量转移和化学反应。2020年的IF为4.237。

**4. Chemical Engineering Research & Design**

Chemical Engineering Research & Design(《化学工程研究与设计》)是英国Taylor & Francis出版的英文月刊,ISSN 0263-8762,主要刊载有关化工理论与研究、设计与试验等方面的论文。2020年的IF为3.739。

**5.《化工学报》**

《化工学报》(Journal of Chemical Industry and Engineering)创刊于1952年,是中国化工学会主办,化学工业出版社出版的双月刊,ISSN 0438-1157,CN 11-1946。该刊反映我国化工领域中具有创新性的基础研究与应用研究成果,其内容涉及化学工艺、化学工程、化工设备、过程开发，以及与化工学科有关的化工冶金、环境工程、生化工程等方面，主要栏目有研究论文、化工数据、研究简报、综述、学术交流等。

**6.《化学反应工程与工艺》**

《化学反应工程与工艺》(*Chemical Reaction Engineering and Technology*)创刊于1985年，是联合化学反应工程研究所、上海石油化工研究院主办，浙江大学出版的季刊，ISSN 1001-7631，CN 33-1087。该刊主要反映我国化学反应工程和有关工艺方面的科技成果，栏目有科学研究论文、应用性论文、专论、实验技术、技术论坛、研究简报、专题讲座等，内容涉及化学反应动力学、反应工程技术及其分析、反应装置中的传递过程、催化剂及催化反应工程、流态化及多相流反应工程、聚合反应工程、生化反应工程、反应过程和反应器的教学模型及仿真、工业反应装置结构特性的研究、反应器放大和过程开发等方面。

**7.《化学工程》**

《化学工程》(*Chemical Engineering*)创刊于1972年，是全国化工化学工程设计技术中心站主办、中国华陆工程公司出版的双月刊，ISSN 1005-9954，CN 61-1136。该刊主要报道化学工程技术领域的科研技术成果在生产实践中的应用，内容包括生物化学工程、环境工程、粉体工程、化学工程设计技术、化学工程技术应用、化工测试技术、化工计算机应用、化工系统工程、国内外化学工程技术进展等方面。

**8.《化学世界》**

《化学世界》(*Chemical World*)创刊于1946年，是上海市化学化工学会主办、上海市化学化工学会出版的月刊，ISSN 0367-6358，CN 31-1274。该刊主要报道化学化工领域的科研技术与应用成果，栏目有综述专论、有机工业化学、无机工业化学、工业分析、化学工程、新技术、新成果、新信息、化学天地和学会活动。

### 4.2.3.6 高分子化学

**1. *Macromolecules***

*Macromolecules*(《大分子》)创刊于1968年，是ACS出版的英文刊，ISSN 0024-9297，主要刊载聚合物化学基础研究论文，内容涉及合成、聚合机理与动力学、化学反应、溶液特性、有机和无机聚合物以及生物聚合物的整体特性等。2020年的IF为5.985。

**2. *Polymer Chemistry***

*Polymer Chemistry*(《高分子化学》)创刊于2010年，全年48期，是RSC出版的英文刊，ISSN 1759-9954，内容涵盖高分子科学的各个领域。2020年的IF为5.582。

**3. *ACS Macro Letters***

*ACS Macro Letters*(《美国化学会大分子快报》)创刊于2012年，月刊，由ACS出版，ISSN 2161-1653，主要刊载高分子科学研究各个领域中早期的初步成果。2020年的IF为6.903。

**4. *Macromolecular Rapid Communications***

*Macromolecular Rapid Communications*(《大分子快报》)于1979年在德国创刊，是高分子类期刊 *Die Makromolekulare Chemie*(《大分子化学》，1947年由诺贝尔奖获得者Hermann Staudinger创立)的分刊，ISSN 1022-1366，由John Wiley出版，全年18期。该刊主要发表简短的大分子化学和物理学(含生物聚合物和新型大分子材料)的基础研究论文和报告。2020年的IF为5.734。

### 5. Polymer

*Polymer*(《聚合物》)创刊于 1960 年,是 Elsevier Science 出版的英文刊,ISSN 0032-3861,该刊主要刊载聚合物的合成、结构、性能,聚合物工程,聚合物加工和聚合物应用等方面的论文和评论。2020 年的 IF 为 4.430。

### 6. European Polymer Journal

*European Polymer Journal*(《欧洲聚合物杂志》)创刊于 1965 年,是 Elsevier Science 出版的英文月刊,ISSN 0014-3057,该刊主要刊载合成与天然高分子物质的理论和实验方面的研究论文和简报。2020 年的 IF 为 4.598。

### 7.《高分子学报》

《高分子学报》(*Acta Polymerica Sinica*)创刊于 1987 年,是中国化学会主办、科学出版社出版的双月刊,ISSN 1000-3304,CN 11-2718。该刊主要反映国内外高分子科学领域的科研成果,刊登研究论文和研究简报,内容涉及高分子合成、高分子化学、高分子物理学和物理化学、高分子应用等方面。2020 年的 IF 为 2.000。

### 8.《高分子材料科学与工程》

《高分子材料科学与工程》(*Polymer Materials Science & Engineering*)创刊于 1985 年,由中国石油化工集团公司技术开发中心、国家自然科学基金委员会化学科学部、高分子材料工程国家重点实验室和四川大学高分子研究所主办,ISSN 1000-7555,CN 51-1293。该刊主要报道高分子材料领域的科技成果,涉及高分子化学、高分子物理和物化、反应工程、结构与性能、成型加工理论与技术、材料应用与技术开发、研究方法及测试技术等方面。

### 9.《合成纤维》

《合成纤维》(*Synthetic Fiber in China*)创刊于 1978 年,由全国合成纤维工业科技信息站、上海合成纤维研究所主办,ISSN 1001-7054,CN 31-1361。该刊主要发表合成纤维工业技术与工艺方面的科技成果和研究论文。它的栏目有论文、专题、经验交流、引进技术、调研报告、讨论与建议、国内外信息及其他消息等。

## 4.2.3.7 环境化学

### 1. Environmental Science and Technology

*Environmental Science and Technology*(《环境科学与技术》)创刊于 1967 年,全年 24 期,ISSN 0013-936X,由 ACS 出版,主要刊载环境化学与技术方面的研究报告和环境管理科学方面的评论,以及其他相关技术信息。2020 年的 IF 为 9.028。

### 2. Environment International

*Environment International*(《国际环境》)于 1978 年在英国创刊,全年 8 期,ISSN 0160-4120,由 Elsevier Science 出版,主要刊载环境科学、技术、卫生、监测和政策等方面的研究论文。2020 年的 IF 为 9.621。

### 3. Environmental Research

*Environmental Research*(《环境研究》)于 1967 年在美国创刊,全年 9 期,ISSN 0013-9351,由 Elsevier Science 出版,主要报道环境因素的毒理作用,包括其导致疾病的病因和作用过程,涉及生化学、分子和细胞生物学、病理学、毒理学等。2020 年的 IF 为 6.498。

### 4. Environmental Pollution

*Environmental Pollution*(《环境污染》)于 1970 年在英国创刊,全年 15 期,ISSN 0269-

7491，由 Elsevier Science 出版，主要刊载环境污染的生态影响和环境污染的测量与控制等方面的研究论文。2020 年的 IF 为 8.071。

**5.《环境化学》**

《环境化学》(*Environmental Chemistry*)创刊于 1982 年，是中国科学院生态环境研究中心和中国环境化学专业委员会主办的学术性刊物，ISSN 0254-6108，CN 11-1844/X，主要刊登国内外环境化学领域具有创造性的科研论文和技术成果，介绍国内外科研发展的新动向、新技术和基础科学的新知识，涉及大气环境化学、环境水化学、污染土壤化学、环境分析化学、污染生态化学、污染控制和绿色化学。

**6.《环境科学》**

《环境科学》(*Chinese Journal of Environmental Science*)创刊于 1976 年，由中国科学院主管，中国科学院生态环境研究中心主办，ISSN 0250-3301，CN 11-1895/X。该刊是我国环境科学领域创刊最早的学术性期刊。

#### 4.2.3.8 生物化学

**1. ChemBioChem**

*ChemBioChem*(《生物化学》)于 2000 年在德国创刊，全年 12 期，ISSN 1439-4227，由 John Wiley 出版，主要刊载生物化学领域的研究成果。2020 年的 IF 为 3.164。

**2. Biochimie**

*Biochimie*(《生物化学》)于 1914 年在法国创刊，全年 12 期，ISSN 0300-9084，由 Elsevier Science 出版，主要刊载有关酶学、遗传学、免疫学、微生物学和高分子结构等方面的研究论文及评论。2020 年的 IF 为 4.079。

**3. Biochemistry**

*Biochemistry*(《生物化学》)创刊于 1962 年，全年 52 期，ISSN 0006-2960，由 ACS 出版，主要发表生物化学领域及与之关联的化学、分子和细胞生物学方面的研究论文、实验报告。2020 年的 IF 为 3.162。

**4. Biochemical Pharmacology**

*Biochemical Pharmacology*(《生化药理学》)于 1958 年在美国创刊，全年 24 期，ISSN 0006-2952，由 Elsevier Science 出版，主要刊载生物活性物质及其在生化和亚细胞水平的活动模式方面的研究论文、简报和评论，包括对细胞植物、微生物体和动物的研究，偏重于生化药理学。2020 年的 IF 为 5.858。

**5.《生物化学与生物物理学报》**

《生物化学与生物物理学报》(*Acta Biochimica et Biophysica Sinica*)原名《生物化学学报》，创刊于 1958 年，1961 年改为现名，由中国科学院上海生命科学研究院生物化学与细胞生物学研究所主办、中国科学院主管，ISSN 1672-9145，CN 31-1940/Q。该刊刊登生物化学、分子生物学、生物物理学及其相关领域的研究论文、研究简报、综述文章及其相关信息。2020 年的 IF 为 3.848。

#### 4.2.3.9 材料化学

**1. Advanced Materials**

*Advanced Materials*(《先进材料》)由 John Wiley 出版，1990 年创刊于德国，ISSN 0935-

9648，是材料领域的国际顶级期刊之一，刊载材料科学方面的最新进展和功能材料的化学与物理学前沿的精选文章、高质量的评论、进度报告、通讯、研究新闻。2020 年的 IF 为 30.849。

**2. Advanced Functional Materials**

*Advanced Functional Materials*（《先进功能材料》）由 John Wiley 出版，1992 年创刊，ISSN 1616-301X，主要将信息技术新材料的原理和技术结合起来加以探讨，涉及无机材料、有机材料、聚合材料和生物材料的合成、制备、结构、特性、应用与发展。2020 年的 IF 为 18.808。

**3. Nature Materials**

*Nature Materials*（《自然-材料》）是 Nature 出版集团于 2002 年 9 月创立的全球著名的期刊，ISSN 1476-1122，主要刊载材料的合成、加工、结构、性能、应用及基本理论的原创性论文，是 Nature 子刊中在材料领域具有高影响力的杂志之一。2020 年的 IF 为 43.841。

**4. Journal of Materials Chemistry**

*Journal of Materials Chemistry*（《材料化学杂志》），由 RSC 于 1991 年创刊，ISSN 1364-5501，刊载材料化学所有领域的高质量研究论文。从 2013 年第 1 期起，它被三本杂志取代：

*Journal of Materials Chemistry A*（《材料化学杂志 A》），主要刊载能源和可持续性应用方面的成果，ISSN 2050-7488。2020 年的 IF 为 12.732。

*Journal of Materials Chemistry B*（《材料化学杂志 B》），主要刊载生物学和医学领域中的应用成果，ISSN 2050-750X）。2020 年的 IF 为 6.331。

*Journal of Materials Chemistry C*（《材料化学杂志 C》），主要刊载磁性和电子器件等方面的研究成果，ISSN 2050-7526。2020 年的 IF 为 7.393。

**5. Chemistry of Materials**

*Chemistry of Materials*（《材料化学》），由 ACS 于 1989 年创刊，ISSN 0897-4756。该刊主要致力于在化学、化学工程和材料科学等领域发表原创的研究论文，涉及无机和有机固态化学以及聚合物化学，尤其是新型材料或者具有光学、电、磁、催化和机械性能的材料。此外，还涉及与电子、磁性或光学材料和设备的制造和加工有关的基本问题，包括通过化学气相沉积和溶液沉积生成薄膜等研究成果。2020 年的 IF 为 9.811。

**6. Biomaterials**

*Biomaterials*（《生物材料》）于 1980 年在英国创刊，全年 24 期，ISSN 0142-9612，由 Elsevier Science 出版，主要刊载研究论文、评论文章和实验报告，内容包括各种合成和天然生物材料的结构、性质、功能及其临床应用等。2020 年的 IF 为 12.479。

**7. Progress in Materials Science**

*Progress in Materials Science*（《材料科学进展》），由 Elsevier Science 于 1976 年创刊，ISSN 0079-6425，刊载有关材料科学当前研究进展的评论，侧重于基础研究方面的进展。2020 年的 IF 为 39.580。

**8. Journal of Materials Science**

*Journal of Materials Science*（《材料科学杂志》），由 Kluwer Acdemic 于 1966 年创刊出版，ISSN 0022-2461，是刊载研究工程材料结构和性质的重要刊物。2020 年的 IF 为 4.220。

**9. Materials Letters**

*Materials Letters*（《材料快报》），由 Elsevier Science 于 1982 年创刊出版，ISSN 0167-577X，主要刊载有关各种材料的物理与化学基础研究、加工工艺、应用等方面成果的快报。2020 年的 IF 为 3.423。

**10.《中国科学:材料(英文版)》**

《中国科学:材料(英文版)》(*SCIENCE CHINA Materials*),于2014年12月正式创刊,由中国科学院和国家自然科学基金委员会联合主办、清华大学李亚栋院士担任主编,《中国科学》杂志社出版,是《中国科学》系列期刊之一,与Springer出版集团合作面向海外发行,ISSN 2095-8226,CN 10-1236。其办刊宗旨为:刊载材料科学及相关领域原创学术论文及评述性文章,反映国内外材料科学重要进展、科研动态和最新研究成果,加强国际学术交流,促进材料科学发展,提升我国在该领域的国际学术影响力。2020年的IF为8.273。

### 4.2.3.10 化学教育

**1. Journal of Chemical Education**

*Journal of Chemical Education*(《化学教育杂志》),创刊于1924年,月刊,是ACS主办的核心学术刊物之一,ISSN 0021-9584。2020年的IF为2.979。

**2. Chemistry Education Research and Practice**

*Chemistry Education Research and Practice*(《化学教育研究与实践》),其前身是*University Chemistry Education*(1997～2004),于2005年改为现名,是RSC主办的关于化学教育方面的学术刊物,季刊,ISSN 1109-4028。2020年的IF为2.959。

**3.《化学教育》**

《化学教育》(*Chinese Journal of Chemical Education*)创刊于1980年,是中国化学会主办的化学教学刊物,ISSN 1003-3807,CN 11-1923/O6,主要围绕化学基础学科,交流教育、教学经验和研究成果,开展关于课程、教材教法、实验技术的讨论,介绍化学和化学教学理论的新成就,报道国内外化学教育改革的进展和动向。

**4.《化学教学》**

《化学教学》(*Education in Chemistry*)创刊于1979年,由华东师范大学主办,ISSN 1005-6629,CN 31-1006/G4。该刊的出版宗旨是为广大的中学化学教育工作者提供最新的教育教学理论、各地化学教学实践经验总结和化学科学前沿知识,为探讨中学化学的教育改革、提高教师的师德和教学水平服务。

**5.《中学化学教学参考》**

《中学化学教学参考》(*Teaching and Learning Reference for Middle School Chemistry*)创刊于1972年10月,由陕西师范大学主办,ISSN 1002-2201,CN 61-1034/G4。该刊主要包括教育理论与教学研究、课程改革与教学实践、课程资源与教材研究、实验苑地、复习应考、试题研究和动态资讯七大模块。

## 4.2.4 化学化工检索性工具刊

**1. Chemical Abstracts**

*Chemical Abstracts*(CA,《化学文摘》)创刊于1907年,由ACS下属的化学文摘社(CAS)编辑出版。CA是一种享有世界声誉的化学化工专业性文摘型检索性工具刊,周刊。CA收录的文献以化学化工为主,收录文献类型有期刊论文、专利文献、学位论文、会议文献、科技报告、存档资料和图书(包括视听资料等)。CA收录的各种资料,就文种而言,已达60种之多;就收录量来说,占世界化学化工文献总量的98%,其中70%的资料来自美国以外的国家和地区。详见

第 9 章。

**2. Engineering Index**

*Engneering Index*（EI，《工程索引》）创刊于 1884 年，是美国工程信息公司出版的著名的工程技术类综合性检索工具。EI 收录文献几乎涉及工程技术的各个领域，包括动力、电子、自动控制、矿冶、金属工艺、机械制造、土建、水利等。它具有综合性强、资料来源广、地理覆盖面广、报道量大、报道质量高、权威性强等特点。详见第 11 章。

**3. Science Citation Index**

*Science Citation Index*（SCI，《科学引文索引》）创刊于 1963 年，是美国科学信息研究所出版的世界著名的引文检索工具。SCI 收录全世界出版的数、理、化、农、林、医、生命科学、天文、地理、环境、材料、工程技术等领域的核心期刊。详见第 10 章。

**4. Abstracts Journal**

*Abstracts Journal*（AJ，《文摘杂志》）创刊于 1953 年，由全俄科学技术信息研究所编辑出版。AJ 内容涉及自然科学、应用科学及工业经济等。详见第 8 章。

**5. Chemical Industry Notes**

*Chemical Industry Notes*（CIN，《化学工业札记》）创刊于 1974 年，由美国化学文摘社编辑出版，主要报道全球市场信息和化工新闻，摘录各国期刊发表的化工生产、产品价格、销售、设备、政论活动及化工界社团、人物介绍等方面的新闻资料，以弥补 CA 纯技术文献报道的不足。详见第 8 章。

**6.《全国报刊索引》**

《全国报刊索引》于 1951 年创刊，由上海图书馆编辑出版，月刊，1980 年分为哲学社会科学版与自然科学技术版两种。《全国报刊索引》是报道国内报纸、期刊的大型综合性检索刊物。详见第 6 章。

**7.《中国化学化工文摘》**

《中国化学化工文摘》创刊于 1983 年，由中国化工信息中心编辑，月刊，有印刷版和光盘版两种，目前可在中国石油和化工文献资源网检索其内容。印刷版《中国化学化工文摘》于 2008 年停刊，但光盘版仍在发行。详见第 6 章。

## 4.2.5 化学化工综述评论性期刊

**1. Chemical Reviews**

*Chemical Reviews*（《化学评论》）创刊于 1924 年，全年 8 期，ISSN 0009-2665，由 ACS 出版，刊载化学研究关键领域进展的评论与分析文章，旨在节约读者查找过多文献的时间。该刊内容包括有机化学、无机化学、物理化学、分析化学、理论化学和生物化学。*Chemical Reviews* 通常采用约稿制，文章的作者大多是比较著名的科学家。2020 年的 IF 为 60.622。

**2. Chemical Society Reviews**

*Chemical Society Reviews*（《化学会评论》）创刊于 1972 年，是 RSC 出版的英文月刊，ISSN 0306-0012。该刊由著名化学家撰写短评，介绍现代化学研究各领域的重要进展。2020 年的 IF 为 54.564。

**3. Accounts of Chemical Research**

*Accounts of Chemical Research*（《化学研究述评》）创刊于 1968 年，月刊，ISSN 0001-4842，

由 ACS 出版。它主要刊载反映化学各领域基础研究与应用最新进展的分析和评述文章,针对当前的化学研究进展重要课题,作出扼要、深刻的评述,并讨论新的发现与假说。2020 年的 IF 为 22.384。

**4. Progress in Polymer Science**

*Progress in Polymer Science*(《聚合物科学进展》)创刊于 1967 年,是 Elsevier Science 出版的英文月刊,ISSN 0079-6700,该刊主要刊载聚合物科学的研究进展。2020 年的 IF 为 29.190。

**5. Critical Reviews in Analytical Chemistry**

*Critical Reviews in Analytical Chemistry*(《分析化学评论》)创刊于 1971 年,由 Taylor & Francis 出版,ISSN 1040-8347,该刊的主要内容是评论分析化学领域的研究成果和进展。2020 年的 IF 为 6.535。

**6. Advances in Colloid and Interface Science**

*Advances in Colloid and Interface Science*(《胶体与界面科学进展》)创刊于 1967 年,全年 21 期,由 Elsevier Science 出版,ISSN 0001-8686,刊载界面与胶体现象以及相关的化学、物理、工艺和生物学等方面的实验与理论研究论文。2020 年的 IF 为 12.984。

**7. International Reviews in Physical Chemistry**

*International Reviews in Physical Chemistry*(《国际物理化学评论》)创刊于 1981 年,由英国 Taylor & Francis 出版,ISSN 0144-235X,该刊主要刊载评论文章,述评物理化学、化学物理学、理论化学研究的新进展。2020 年的 IF 为 4.762。

**8.《化学进展》**

《化学进展》(*Progress in Chemistry*)创刊于 1989 年,月刊,由中国科学院基础科学局、化学部、文献信息中心和国家自然科学基金委员会化学科学部共同主办,是国内唯一一个以刊登化学领域综述与评论性文章为主的学术评论性期刊,ISSN 1005-281X,CN 11-3383/O6,主要栏目有综述与评论、专题论坛、科学基金、动态与信息等,涵盖了化学、生物与医药、材料、能源以及环境化学等学科和行业。2020 年的 IF 为 1.172。

**9.《化工进展》**

《化工进展》(*Chemical Industry and Engineering Progress*)创刊于 1982 年,双月刊,由中国化工学会主办、化学工业出版社出版,ISSN 1000-6613,CN 11-1954。该刊主要报道国内外化工领域的研究现状及发展动态,设有综述与进展、开发与应用、国内外新技术、知识窗、讨论与建议、化工信息等栏目。

# 4.3 化学化工期刊全文数据库

## 4.3.1 期刊全文数据库概述

随着计算机技术、高密度存储技术、网络技术与现代通信技术的有机结合,电子期刊得到了迅速发展。

电子期刊始现于 20 世纪 70 年代,为一种以数字形式呈现的连续出版物。在这种定义下,电子期刊包括存储在 Dialog、BRS 等联机或网络数据库中和存储在磁带、磁盘、CD-ROM 数据库中的已有纸张载体的杂志电子版本,以及仅在网络上出版发行的电子学术刊物和电子论坛、邮件列表、时事通讯等。众所周知,电子期刊具有存储量大、传播快捷、交流灵活、存取方便等优点,同时还具有体积小、易保存、易检索等优势。目前,期刊印刷版、光盘版、网络版已形成三足鼎立的格局,较好地满足了社会不同层次了解最新信息和全面检索的需求。

网络电子期刊伴随着计算机网络的普及而产生,以联机操作并输入与输出信息为基本方式,以计算机中心文献库为杂志的存在形式,是一种在国际互联网上广泛传播的数字化的连续出版物。网络电子期刊可使作者、编者、评论者、读者之间通过计算机系统与网络直接进行交流,将传统的单向信息流通方式转变成一种带有显著的交互性特征的双向或多向的信息流通方式。网络电子期刊的编辑、存储、传递、检索与服务等多项工作融合在一起,都在计算机系统和网络上进行,其最直接、最形象、最逼真、最快捷的特色使期刊出版流程成为极具开放性的人际传播方式。

### 4.3.1.1 电子期刊的特点

网络电子期刊是期刊演变至高级阶段的产物。它的发展,扩大了文献信息服务的范围,为知识的传播与交流创造了有利条件。与纸质期刊相比,电子期刊是期刊载体形态的一次飞跃,而网络电子期刊全文数据库除了具备普通电子期刊的特点外,还增添了许多无法比拟的优点:

**1. 体积小,信息存储量大,用户获取期刊全文方便**

许多外文期刊全文数据库都实现了信息检索、原文获取一体化,提供原始文献链接,特别是跨数据库之间的引文链接。随着网络全文电子期刊数据库的增加,文摘题录型数据库同全文型数据库的链接成为近年来数据库服务的又一亮点。

**2. 出版周期短、信息传播速度快**

网络电子期刊的出现大大缩短了从出版到读者获得文献的周期,许多杂志在出版前或出版当天,读者就可以从网上获得电子版的文章,而通过邮寄途径获得期刊往往要推迟几周到几个月,再经过登录、打号等工作环节到图书馆上架,又会耽搁一段时间。即使是光盘版的电子期刊,也需经过数据库更新,并通过邮寄途径获得光盘,同样会产生时滞。在网络环境下,作者可通过电子邮件或网络平台投稿,在转化为统一格式的文件后存入稿件库,编辑可直接在计算机上进行编校,并上传到网络,省去了排版、印刷、发行等环节,整个过程一周即可完成。因此,可以由原来的季刊、双月刊、月刊转变为半月刊、周刊甚至周三刊,如 *Nture*、*Science* 等许多学术期刊在出版印刷版的当天即出版网络版,用户可在互联网上浏览其刊载的论文全文。美国化学会提供的电子版期刊比印刷版提前 11 周。

**3. 检索速度快、查全率高**

在传统方式下,人们检索期刊往往先通过书本式目录或光盘数据库查到题录,再根据题录信息查找原文,而网络电子期刊则可以方便快捷地找到全文,且查全率高。

**4. 内容表现形式更加丰富多彩**

由于网络电子版期刊采用了多媒体技术,可将文字、图形、影像、动画、声音等组合于一体,大大丰富了期刊内容,也增强了使用效果。

**5. 实现资源共享**

用户一般不是整本阅读期刊,而是单篇阅读,电子版学术期刊可通过网络被众多用户利用,从而实现资源共享。

**6. 多向互动性**

作者、编者、评论者、读者之间可以通过互联网实现直接对话。在审稿过程中,编辑一方面可与作者随时进行网上交谈,对稿件中有疑问的地方提出修改意见,与作者商榷;另一方面,为了保证稿件内容的科学性、思想性、先进性,编辑可利用网上巨大的信息资源库,对文稿中的资料数据等关键性内容进行查询和确认。读者阅读文章后,还可通过电子公告板或电子邮件发表自己的见解和评论,乃至直接与作者进行交流,提出疑义或表示赞同。

当然,网络电子期刊的推广使用也受到条件因素的制约,比如必须要先联网,费用也比较高,用数字化方式存储的信息极易受到病毒、磁场等因素的干扰等。

### 4.3.1.2 电子期刊全文数据库

目前,许多的化学化工期刊已经可以通过网络阅览或下载全文(有偿服务),大多是高校图书馆、科研图书馆或公共图书馆购买全文数据库使用权后再供相应的用户使用。国内常见的期刊全文数据库有:中国知网的学术期刊库(详见第 7 章)、万方数据的中国学术期刊数据库(详见 6.2.3 小节)、维普资讯的中文科技期刊数据库(详见 6.2.4 小节)、中国化学会期刊集群(CCS Publishing,详见 4.3.7 小节)等。国外著名的期刊全文数据库有:ScienceDirect(详见4.3.2小节)、SpringerLink(详见 4.3.3 小节)、Wiley Online Library(详见 4.3.4 小节)、ACS(详见 4.3.5 小节)、RSC(详见 4.3.6 小节)、Taylor & Francis、SAGE Journals、Science Online、Nature、Thieme、Kluwer Online 等,以下简单介绍几种著名的外文全文数据库。

**1. Science Online**

Science Online 是 *Science* 杂志的网络全文数据库,其网址为 https://www.sciencemag.org,涉及生命科学及医学、各基础自然科学、工程学,以及部分人文社会科学。数据库主要期刊包括:*Science*(《科学》)、*Science Advances*(《科学进展》)、*Science Immunlology*(《科学免疫学》)、*Science Signaling*(《科学信号》)和 *Science Translational Medicine*(《科学转化医学》)等。

**2. Nature 全文数据库**

Nature 出版集团的网络全文数据库,其网址为 http://www.nature.com,出版期刊包括:*Nature* 周刊、*Nature* 系列子刊(如 *Nature communications*、*Nature Chemistry* 和 *Nature Materials* 等),以及 *Nature* 合作出版期刊,数据库提供浏览检索、一般检索和高级检索方法,可以非常方便进行相关检索。

**3. Taylor & Francis**

Taylor & Francis Group(泰勒-弗朗西斯出版集团),成立于 1798 年,是一家理论和科学图书出版商,每年出版 540 多种期刊和 1500 多种新书,全文数据库网址为 https://taylorandfrancis.com/journals。创办人 Richard Taylor 最初出版的杂志只有《哲学杂志》;1834 年,著名化学家 William Francis 加入公司,故取名 Taylor & Francis。Taylor & Francis Group 拥有近 200 年的出版经验,在科技出版界享有盛誉。Taylor & Francis 期刊数据库包括 2700 多种期刊,涉及工程、数学与统计、物理、化学、生命科学、生物医学、药学、食品科学、环境科学、信息技术、商业及法学等诸多领域。

**4. SAGE Journals**

SAGE Journals(SAGE 期刊全文数据库)是著名学术出版公司 SAGE 旗下关于科技期刊的电子资源库,SAGE 期刊全文数据库的网址为 https://journals.sagepub.com。SAGE 期刊全文数据库包括约 1000 种期刊,涉及教育学、心理学、社会学、传播学、临床医学、公共卫生与护理学、法学与刑罚学、政治与国际关系、经济管理、语言、文学与文化研究、历史、地理与环境科学、材料科学、工程学、药理学与毒理学、哲学、音乐、生命科学、城市规划与研究、信息科学等领域。

**5. Kluwer Online**

Kluwer Academic Publisher 是具有国际性声誉的学术出版商，它出版的图书、期刊一向品质较高，备受专家和学者的信赖和赞誉。Kluwer Online 是 Kluwer 出版的 800 余种期刊的网络版，专门基于互联网提供 Kluwer 电子期刊的查询、阅览服务。Kluwer 收录的印刷版期刊覆盖 24 个学科，其中涉及生物学、医学的期刊种数最多，分别占总刊数的 12%、11%，心理学、法学、化学和数学等方面的期刊种数也较多。据统计，在生物学、化学、法学、数学、社会科学、计算机和信息科学、地球科学、材料科学、环境科学等分类中，被 SCIE 收录的期刊占比较大；在工程、教育、经济学等分类中，被 SSCI 收录的期刊占比较大。

**6. Thieme 期刊全文数据库**

Thieme 期刊全文数据库是德国 Thieme 出版的期刊群，Thieme 出版社是一家拥有百年历史的医学和药学出版社，致力于为临床医师、教师、学生和科研人员提供高品质的出版物。Thieme 期刊数据库网址为 http://www.thieme-connect.com/ejournals。Thieme 出版物的内容专注于医学和有机合成化学领域，主要包括：*ThiemeE-Journals*、*Thieme Clinical Collections*、*Thiemee-Book Library*、*Pharmaceutical Substances* 和 *Science of Synthesis* 等。

## 4.3.2 ScienceDirect

ScienceDirect 数据库是荷兰 Elsevier Science 公司推出的电子期刊全文数据库，每年出版大量的农业和生物科学、化学和化工、临床医学、生命科学、计算机科学、地球科学、工程、能源和技术、环境科学、材料科学、航空航天、天文学、物理、数学、经济、商业、管理、社会科学、艺术和人文科学类的学术图书和期刊，目前电子期刊总数已超过 4400 种，其中大部分期刊都是 SCI、EI 等国际公认的权威大型检索数据库收录的各个学科的核心学术期刊。它的网址为 http://www.sciencedirect.com（见图 4.1）。

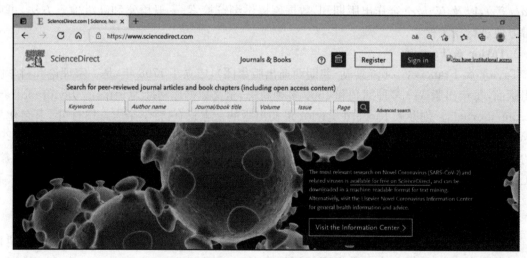

图 4.1　ScienceDirect 数据库检索页面

### 4.3.2.1 检索方法

ScienceDirect 期刊全文数据库有浏览检索、一般检索和高级检索三种检索方法。

**1. 浏览检索**

ScienceDirect 数据库有两种快速方法浏览期刊：一是按照字母顺序浏览（见图 4.2），点击按顺序排列的字母，即可按照字顺浏览自己所需的刊名。二是按照学科类别进行浏览（见图 4.3），如点击"Chemistry"，勾选"Journals"后继续点开"Chemistry"下面的"Organic Chemistry"，就可以浏览有机化学学科相关的期刊了。

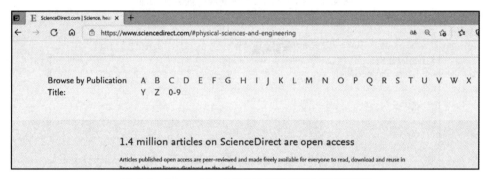

**图 4.2 ScienceDirect 数据库按字母顺序浏览期刊**

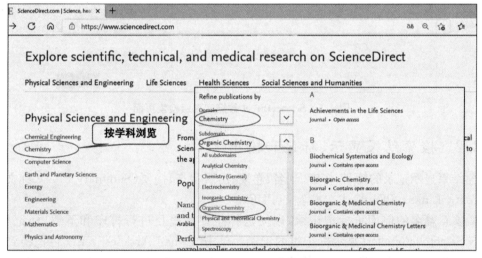

**图 4.3 ScienceDirect 数据库按学科类别浏览期刊**

**2. 一般检索**

在检索页面的上方可以看到一般检索窗口（见图 4.4）。在检索空栏中可以根据需要输入 Keywords（关键词）、Author name（著者名）、Journal/book title（期刊/书籍名称）、Volume（卷）、Issue（期）和 Page（页），进行快速的一般检索。

**3. 高级检索**

点击检索页面上的"Advanced Search"按钮，进入高级检索页面（见图 4.5）。有多个检索栏可供选择：Authors（作者）、Title（标题）、Keywords（关键词）、Abstract（摘要）、References（参考文献）、ISSN 号和 Affiliation（机构）等。输入检索词，选择出版时间后，点击"Search"按钮，开始检索。

图 4.4　ScienceDirect 数据库一般检索页面

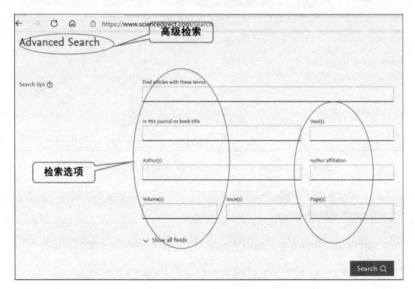

图 4.5　ScienceDirect 数据库高级检索页面

### 4.3.2.2　检索结果显示、标记和输出

检索结果显示记录的篇名、作者、刊名、卷期、出版状态、摘要(Summary Plus)、纯文本全文(Full Text+Links)、PDF 格式文本全文(PDF)。

每篇文章篇名的前面可标记记录,以便选择想要的篇目进行打印和下载,标记后,单击"Display Selected Articles"显示标记过的记录。单击"E-mail Articles",系统将把检到的文章的全文链接地址发送到你所填写的信箱里。单击"Cites By"和"Save as Citation Alerts",查看引用情况,建立引用提示。单击"Export Citations",系统将把检到的结果的目录或文摘保存成文本文件。原文的存盘和打印,利用 Acrobat Reader 的存盘与打印功能进行。

### 4.3.3　SpringerLink

SpringerLink 是世界著名的科技出版集团——德国 Springer(斯普林格)出版公司提供的学术期刊及电子图书在线服务。Springer 电子期刊目前包含 3700 种学术期刊,学科范围包括:生命科学、医学、数学、化学、计算机科学、经济、法律、工程学、环境科学、地球科学、物理学与天文学等,是科研人员的重要信息源。它的网址为 http://link.springer.com。

**1. 浏览检索**

在主页面上，Springer 提供了按文献类型(期刊、图书、丛书等)浏览和按学科浏览两种途径(见图 4.6)，进入任一分类后可以进行浏览检索。

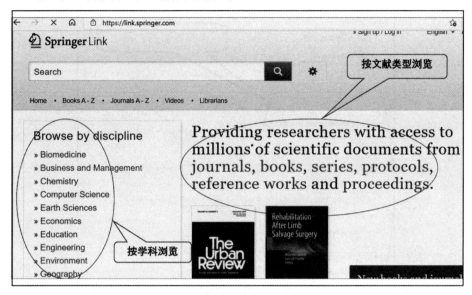

图 4.6　SpringerLink 数据库浏览检索页面

**2. 一般检索**

在一般检索中，可以进行文章检索、出版物检索和出版者检索(见图 4.7)。

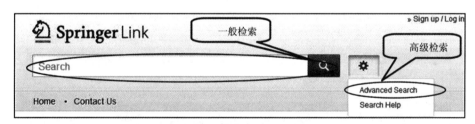

图 4.7　SpringerLink 数据库一般检索页面

**3. 高级检索**

单击图 4.7 中的"Advanced Search"，进入高级检索页面(见图 4.8)，可供选择的有 Full Text、Title & Abstract、Title、Author、Editor 等，同时可以限定年限。单击检索结果中的题名，可以看到文章摘要，单击 PDF 图标可以下载全文。

## 4.3.4　Wiley Online Library

Wiley InterScience 是 John Wiely & Sons 公司创建的动态在线内容服务，于 1997 年在网上开通。通过 InterScience，John Wiley & Sons 公司以许可协议形式向用户提供在线访问全文内容的服务。Wiley InterScience 收录了科学、工程技术、医疗领域及相关专业的期刊近 2700 种。目前 John Wiely & Sons 公司将 Wiley InterScience 数据库整合为 Wiley 在线图书馆，其网址为 http://onlinelibrary.wiley.com。

Wiley Online Library 是 John Wiely & Sons 公司在 Wiley InterScience 数据库的基础上发

展起来的。很多高校都购买了此数据库。单击学校图书馆主页资源导航中的"外文数据库"栏,链接"John Wiley"即可进入 Wiley Online Library,其检索页面如图 4.9 所示。

图 4.8 SpringerLink 数据库高级检索页面

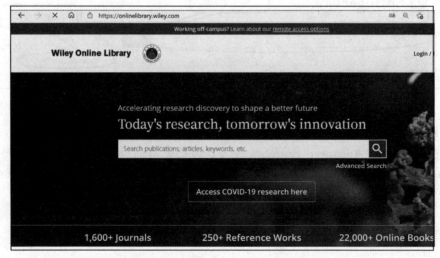

图 4.9 Wiley Online Library 检索页面

Wiley Online Library 提供了三种检索方法。

**1. 浏览检索**

如果已知出版物名或希望通过期刊来查找论文,那么可选择"按出版物名浏览"或"按学科浏览",进入期刊访问页面。"Alphanumeric"(按刊名首字母浏览)是按出版物刊名列表选择所需期刊(见图 4.10),"Subjects"(按学科浏览)则是按照学科途径浏览出版物,可在学科列表中选择学科名称,进入相应页面。每个学科下又列出多个子学科可供选择(见图4.11)。

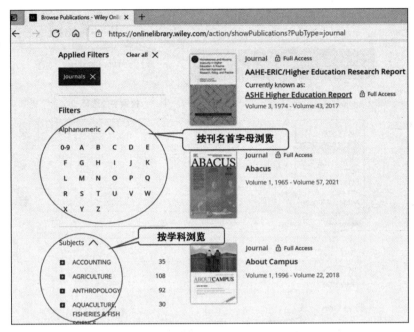

图 4.10　Wiley Online Library 浏览检索页面

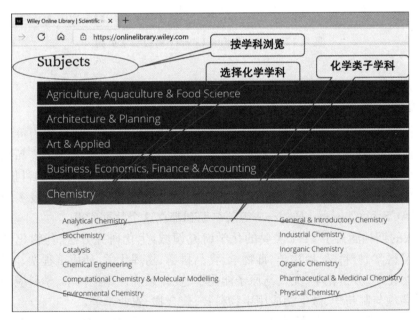

图 4.11　Wiley Online Library 按学科浏览检索页面

**2. 一般检索**

Wiley Online Library 主页有一般检索输入框(见图4.9),输入出版物名称、文章名和关键词等检索词,可以快速地进行一般检索。

**3. 高级检索**

单击一般检索页面上的"Advanced Search",进入高级检索页面(见图4.12)。高级检索可进行快速组合查询。可检索的字段有:出版物名称、论文题名、作者、全文/文摘、关键词等,还可以对出版物类型、文献出版时间、主题等进行限定检索。

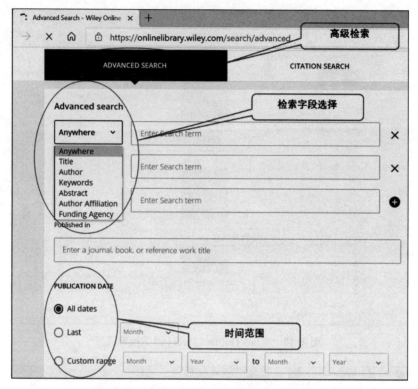

图 4.12 Wiley Online Library 高级检索页面

## 4.3.5 ACS

美国化学会(American Chemical Society, ACS)成立于 1876 年,现已成为世界上最大的科技学会。多年以来,ACS 一直致力于为全球化学研究机构、企业及个人提供高品质的文献资讯及服务,在科学、教育、政策等领域提供了多方位的专业支持,成为享誉全球的科技出版机构,其期刊被 ISI 的 Journal Citation Report (JCR) 评为"化学领域中被引用次数最多的化学期刊"。国人熟知的 JACS 和 *Chemical Reviews* 等著名期刊都在这个数据库里。

ACS 出版的期刊涵盖了 24 个主要的化学研究领域:生化研究方法、药物化学、有机化学、普通化学、环境科学、材料学、植物学、毒物学、食品科学、物理化学、环境工程学、工程化学、应用化学、分子生物化学、分析化学、无机与原子能化学、资料系统计算机科学、学科应用、科学训练、燃料与能源、药理与制药学、微生物应用生物科技、聚合物、农业学等。

ACS 期刊全文数据库的网址为 http://pubs.acs.org(见图 4.13)。其检索的主要特色除具有一般检索、浏览检索等功能外,还可在第一时间内查阅到被作者授权发布、尚未正式出版的最新文章(Articles ASAP);用户可定制 E-mail 通知服务,以了解最新的文章收录情况;ACS 的 Article References 可直接链接 Chemical Abstracts Services(CAS)的资料记录,也可与 PubMed、Medline、GenBank、Protein Data Bank 等数据库相链接;具有增强图形功能,含 3D 彩色分子结构图、动画、图表等;全文有 HTML 和 PDF 两种格式可供选择。

**1. 浏览检索**

ACS 数据库浏览可按照期刊名称首字母浏览,在 ACS 出版物的主页面,单击下方的"Journals A-Z"标签,就能看到 ACS 的所有期刊和杂志的名称(见图 4.14)。单击需要查看的杂志名称,可看到该杂志最新一期的目录;单击所需文章条目下的"Abstract",能看到该文章的摘要;单击"HTML"或"PDF",能以 html 或 PDF 形式查看全文。

图 4.13　ACS 数据库主页

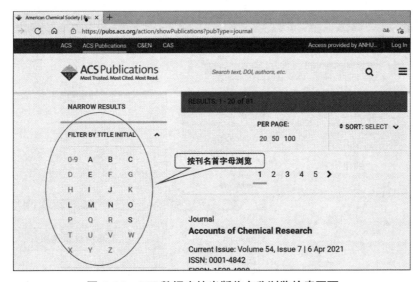

图 4.14　ACS 数据库按出版物名称浏览检索页面

此外还可以按照 CAS 的 6 个 Subjects 进行快速浏览检索(见图 4.15)。

**2. 一般检索**

在 ACS 数据库主页上的"Search"栏中输入刊物名、文章名、作者名、关键词或 DOI 号等,可以进行论文的快速检索(见图 4.13)。

**3. 高级检索**

在 ACS 数据库主页的一般检索框中填入检索词(如"carbon"),点击"查找"按钮,即可进入高级检索页面,实现进一步精细化检索(见图 4.16)。在此页面可以实现把检索词"carbon"限定在"Anywhere""Title""Author""Abstract""Figure / Table Caption"等高级检索选项;也可以增加检索词并限定其范围;还可以实现保存检索和查找检索历史记录。

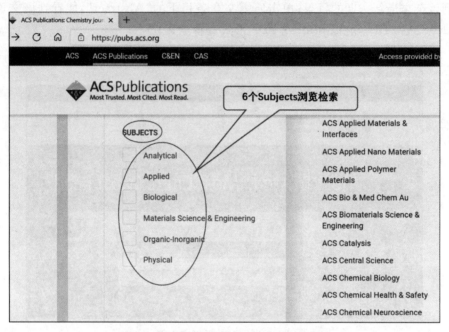

图 4.15　ACS 数据库的 Subjects 检索页面

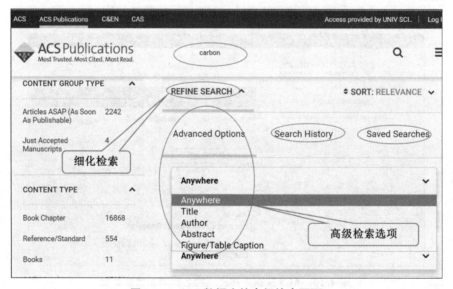

图 4.16　ACS 数据库的高级检索页面

## 4.3.6　RSC

RSC 数据库的网址为 http://pubs.rsc.org。英国皇家化学会(Royal Society of Chemistry,RSC)是一个国际权威的学术机构,也是化学信息的一个主要传播机构和出版商。其出版的期刊及数据库一向是化学领域的核心期刊和权威数据库。RSC 目前出版期刊 44 种,且被引用频率非常高。RSC 期刊全文数据库检索页面如图 4.17 所示。

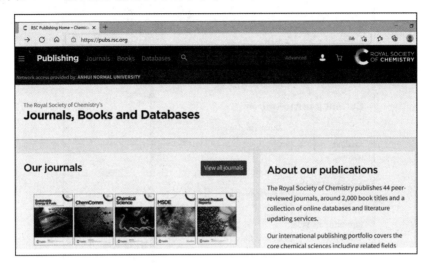

图 4.17　RSC 数据库主页

RSC 数据库提供三种检索方式。

**1. 浏览检索**

如果已知刊名或希望通过期刊来查找论文,那么可选择"按刊名浏览"进入期刊访问页面。其中,执行"All journals A-Z"(按刊名浏览)可以在刊名列表中选择所需期刊(见图 4.18)。

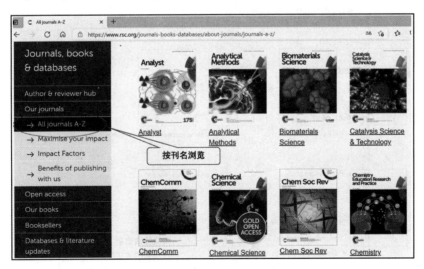

图 4.18　RSC 数据库浏览检索页面

**2. 一般检索**

RSC 数据库主页上方有一般检索输入框(见图 4.17)。一般检索选项包括期刊名、主题和出版年等(见图 4.19)。

**3. 高级检索**

在 RSC 数据库主页上方点击"Advanced Search",进入高级检索页面(见图4.20)。高级检索可进行快速组合查询。可检索的字段有论文题名、作者、全文/文摘、时间等,在高级检索页面上方还可以对出版物类型进行限定检索。

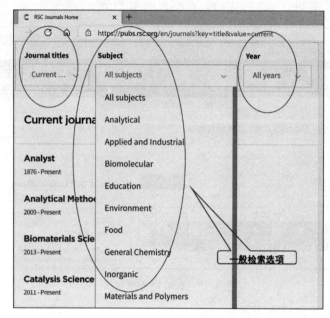

图 4.19　RSC 数据库一般检索页面

图 4.20　RSC 数据库高级检索页面

## 4.3.7　CCS

中国化学会(Chinese Chemical Society,CCS)是从事化学或与化学相关的专业的科技、教育工作者自愿组成并依法注册登记的学术性、公益性法人社会团体,是中国科学技术协会的组成部分,是中国发展化学科学技术的重要社会力量。中国化学会于 1932 年在南京成立。中国化学会是国际纯粹与应用化学联合会(IUPAC)、亚洲化学学会联合会(FACS)等7个国际组织的成员。中国化学会的宗旨是团结组织全国化学工作者,促进化学学科和技术的普及、推广、繁荣和发展,提高社会成员的科学素养,促进人才的成长,发挥化学在促进国民经济可持续发展和高新技术创新中的作用。

中国化学会共主办学术期刊25种,其中SCI收录期刊14种。中国化学会期刊集群(CCS Publishing)整合了现有期刊,实现平台统一、信息共享、数据积累和跟踪分析等多项功能。中国化学会期刊集群网址为http://www.ccspublishing.org.cn。CCS Publishing数据库有浏览检索、一般检索和高级检索三种方法。

**1. 浏览检索**

在CCS Publishing检索主页面可以根据期刊目录进行浏览,或者按照中文期刊、英文期刊和SCI收录期刊进行选择浏览检索(见图4.21)。

图4.21 CCS期刊数据库浏览检索页面

**2. 一般检索**

在CCS Publishing检索主页面的一般检索栏中,可以通过标题、作者和关键词等选项进行快速检索(见图4.22)。

图4.22 CCS期刊数据库一般检索页面

**3. 高级检索**

在CCS Publishing检索主页面上点击"高级搜索"按钮,进入高级检索页面(见图4.23),高级检索可以选择元数据检索、全文检索、图检索和表检索等选项。

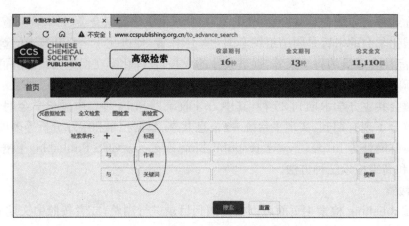

图 4.23　CCS 期刊数据库高级检索页面

## 4.3.8　Open Access

Open Access(OA,开放存取)于 20 世纪 90 年代末在国际学术界、出版界、信息传播界和图书情报界大规模地兴起。其初衷是解决当前的"学术期刊出版危机",推动科研成果利用互联网自由传播,促进学术信息的交流与出版,提升科学研究的公共利用程度,保障科学信息的长期保存。2001 年 12 月,开放协会研究所在匈牙利的布达佩斯召开了一次有关开放访问的国际研讨会,并起草和发表了《布达佩斯开放存取倡议》(BOAI)。BOAI 对开放存取的定义为:开放存取文献是指在互联网上公开出版,允许任何用户对其全文进行阅读、下载、复制、传播、打印、检索或链接,允许爬行器对其编制索引,将其用作软件数据或用于其他任何合法目的,除网络自身的访问限制外不存在任何经济、法律或技术方面障碍的全文文献。开放访问包括两层含义:一是指学术信息免费向公众开放,它打破了价格障碍;二是指学术信息的可获得性,它打破了使用权限障碍。

布达佩斯开放存取先导计划提出:

(1) 开放存取期刊(也称"金色开放存取")。价格是存取的一个障碍,因此这些新一代的期刊将不再收取订阅或者存取费用,将采用其他的方式保障开支。例如,为科研提供资金的基金会和政府组织资助,由学科或者协会设立的捐赠,研究人员自己负担。

(2) 数据库开放存取(也称"绿色开放存取")。学者通过一些辅助工具将已经发表的期刊论文保存在开放的电子文库中,这种行为通常被称为自行存档。能够和其他资源库共通,数据库便能够满足这一要求,并采取措施确保能够永久保存。这样的话,任何地方(包括那些没有高等教育机构的地方)、任何领域的学者,都能享有在 OA 知识库存取的权利。

目前,很多期刊数据库都列有专栏,提供 OA 期刊论文浏览和下载。Open Access Library 公司制作的 Open Access Library (OALib)平台收集了绝大多数 OA 期刊论文。OALib 是基于一个开放存取的元数据库的搜索引擎,提供 OALib 期刊、OALib Preprints 以及外来预印本和后印本的存储。OALib 提供的开源论文超过 556 万篇,涵盖所有学科。所有文章均可免费下载。

*OALib Journal* 是一个同行评审的学术期刊,覆盖科学、科技、医学以及人文社科的所有领域。所有发表在 *OALib Journal* 上的文章都存放在 OALib 上。OALib 与 *OALib Journal* 均由

Open Access Library 公司管理,其网址为 https://www.oalib.com。在其主页上,可以点击"期刊",按字母顺序进行浏览检索;也可以用关键词、作者等检索字段进行一般检索(见图4.24);还可以点击主页上的"高级搜索",进入高级检索页面,通过标题、关键词、摘要、作者、ISSN 和期刊标题等检索字段进行组合检索(见图 4.25)。

图 4.24　OALib 数据库主页

图 4.25　OALib 数据库高级检索页面

**思考与练习**

1. 简述期刊的定义、类型。
2. 列举有关化学学科的国内外著名期刊。
3. 如何看待期刊在化学文献中的地位?
4. 列举并学习使用中、外文期刊全文数据库检索相关文献。
5. 查找 2020 年安徽师范大学发表在自然指数期刊上的论文题录。

# 第5章 化学化工特种文献及其数据库

特种文献是指出版发行和获取途径都比较特殊的科技文献。特种文献一般包括专利文献、会议文献、学位论文、科技报告、标准文献、产品样本、技术档案、政府出版物。特种文献特色鲜明、内容广泛、数量庞大、参考价值高,是非常重要的文献信息源。

## 5.1 专利文献

茅以升说:"专利文献是科学与生产之间的桥梁。"世界上90%以上的新技术、新发明记载在专利文献中,专利文献涉及所有技术领域的最新、最活跃的创新信息,是重要的技术信息、经济信息和法律信息,其在科学研究、技术创新、产品开发、技术贸易及规范市场秩序等诸多领域具有十分重要的作用,对于科技创新和战略决策具有宝贵的参考价值。

在开发新产品、解决技术问题的研究中,经常查阅专利文献,可以大大缩短研究时间和节省研究费用。一项新发明在申请之前,申请人或其代理人需要进行专利检索,以便了解该发明是否具有新颖性和创造性。企业向国外出口新产品时,也需要进行专利文献检索,以避免造成侵权。同时我们在技术引进工作中,对拟引进的技术和设备,需要通过专利文献了解有关技术的先进程度。因此专利文献是非常重要的文献源之一。

### 5.1.1 专利概述

#### 5.1.1.1 专利基础知识

**1. 专利**

专利(Patent)是知识产权的一种,即专利权的简称,是国家依法在一定时期内授予发明创造者或其专利继承者独占使用其发明创造的权利。它既可以是一项产品,也可以是一种生产方法,还可以是解决某个问题的技术方案。专利权既是工业产权的一部分,同时也是知识产权的一部分。

**2. 专利制度**

专利制度是国家用法律形式保护发明创造的一种制度,或受到法律保护的技术专有权利。在建立了专利制度的国家,某一发明创造由发明人或设计人向专利主管部门提出申请,经科学审查和批准,授予其在一定期间内享有独占该发明创造的权利,并在法律上受到保护。专利文件要及时、定期公开,进行国内国际交流。

**3. 专利的类型**

由于各国的专利法不同,专利种类的划分也不尽相同。美国的专利分为发明专利、外观设计专利和植物专利。中国、日本、德国等国分为发明专利、实用新型和外观设计专利。

(1) 发明专利。发明专利是国际上公认的应具备新颖性、先进性和实用性的新产品或新方法的发明。从广义角度讲,发明就是利用自然法则在技术上的创造,就是创造新事物、新的制作方法。它与发现有着本质的不同,发现是指人类对自然界早已存在的规律或现象的认识。《中华人民共和国专利法》(以下简称《专利法》,2020 年 10 月第四次修订)规定的发明是指对产品、方法及其改进所提出的新的技术方案,保护期为 20 年。

(2) 实用新型专利。实用新型专利是针对机器、设备、装置、器具等产品的形状构造或其结合所提出的实用技术方案。其审查手续简单、保护期较短。《专利法》规定的实用新型专利是指对产品的形状、构造或者其结合所提出的适于实用的新的技术方案。相对于发明专利,其创造性水平较低,保护期为 10 年。

(3) 外观设计专利。外观设计专利主要是针对产品形状的外观美感、不涉及技术效果而进行的设计。《专利法》规定的外观设计专利指的是对产品的整体或者局部的形状、图案或者其结合以及色彩与形状、图案的结合所作出的富有美感并适于工业应用的新设计,保护期为 15 年。

实用新型专利和外观设计专利都涉及产品的形状,两者的区别是:实用新型专利主要涉及产品的功能,外观设计专利只涉及产品的外表,如果一件产品与新形状、功能和外表均有关系,那么申请人既可以申请其中一个,也可分别申请。

**4. 常见的关于专利的其他几个知识概念**

(1) 几种"人"。对于专利的理解,通常所说的"某人申请专利"即指申请专利权;"某人有一项专利"即指取得专利权的发明创造;"查专利"即指检索专利文献。在学习专利文献的时候,需要注意弄清楚涉及的几种"人":

申请人:对专利权提出申请的单位或个人。

发明人(设计人):实际开展工作的人。

专利权人:对专利具有独占、使用、处置权的人。

代理人:代为办理专利权申请的人。

(2) 几种"日"。

申请日:专利机关收到申请说明书之日。

公开日:专利申请公开之日。

公告日:专利授权公告之日。

优先权日:专利申请人就同一项发明在一个缔约国提出申请之后,在规定的期限内(一般为 12 个月)又向其他缔约国提出申请,申请人有权要求以第一次申请日期作为后来提出申请的日期,这一申请日就是优先权日。

(3) 几种"号"。

申请号:专利申请号,如 200410044947.9。

公开号:专利公布编号,如 1251835。

公告号:专利授权公告号,如 CN1305864C。

专利号:被授予专利权的三种专利原申请号,如 ZL200410044947.9。

国际专利分类号:国际上公认的按专利文献的技术内容或主题进行分类的代码,如 C07D307/02、C07D207/24、F15B13/043。

(4) 相关的专利概念。

基本专利:申请人就同一发明在最先的一个国家申请的专利。

同等专利:发明人或申请人就同一个发明在第一个国家以外的其他国家申请的专利。

同族专利:某一发明的基本专利和一系列同等专利的内容几乎完全一样,它们构成一个专利族系,属于同一个族系的专利称为同族专利。

非法定相同专利:第一个专利获得批准后,就同一个专利向别国提出相同专利的申请,必须在 12 个月内完成,超过 12 个月的则成为非法定专利。

(5) 专利授予的条件。授予专利权的发明创造应当具备的条件包括:形式条件和实质性条件。

形式条件是指要求授予专利权的发明创造,应当以《专利法》及其实施细则规定的格式,书面记载在专利申请文件上,并依照法定程序履行各种必要的手续。

实质性条件也称专利性条件,它是对发明创造授权的本质依据。《专利法》规定,授予专利权的发明和实用新型应当具备新颖性(Novelty)、创造性(Inventiveness)和实用性(Practical Applicability),三者缺一不可。① 新颖性,是指该发明或者实用新型不属于现有技术;也没有任何单位或者个人就同样的发明或者实用新型在申请日以前向国务院专利行政部门提出过申请,并记载在申请日以后公布的专利申请文件或者公告的专利文件中。② 创造性,是指与现有技术相比,该发明具有突出的实质性特点和显著的进步,该实用新型具有实质性特点和进步。③ 实用性,是指该发明或者实用新型能够制造或者使用,并且能够产生积极效果。

《专利法》所称现有技术,是指申请日以前在国内外为公众所知的技术。

(6) 不授予专利权的几种情形。《专利法》规定,以下情形不授予专利权:① 科学发现;② 智力活动的规则和方法;③ 疾病的诊断和治疗方法;④ 动物和植物的品种;⑤ 原子核变换方法以及用原子核变换方法获得的物质。⑥ 对平面印刷的图案、色彩或者两者结合作出的主要起标识作用的设计。针对以上第③项情形,虽不能保护,但可以保护各种诊断和治疗的仪器、设备的发明。第④项所列品种的生产方法,及生产和研究中使用的仪器、设备和工具等,可以依照《专利法》授予专利权。此外,《专利法》还规定:"对违反国家法律、社会公德或者妨害公共利益的发明创造不授予专利权。"如"赌博机""制造毒品的方法"等。

(7) 不丧失新颖性的三种情形。申请专利的发明创造在申请日以前 6 个月内,有下列情形之一的,不视为丧失新颖性:① 在中国政府主办或者承认的国际展览会上首次展出的;② 在规定的学术会议或者技术会议上首次发表的;③ 他人未经申请人同意而泄露其内容的。

(8) 世界知识产权组织。1967 年 7 月 14 日,国际保护工业产权联盟(巴黎联盟)和国际保护文学艺术作品联盟(伯尔尼联盟)的 51 个成员在瑞典首都斯德哥尔摩共同建立了世界知识产权组织(World Intellectual Property Organization,WIPO),以便进一步促进全世界对知识产权的保护,加强各国和各知识产权组织间的合作。1970 年 4 月 26 日,《建立世界知识产权组织公约》生效。1974 年 12 月,该组织成为联合国 16 个专门机构之一。世界知识产权组织的总部设在瑞士日内瓦,在美国纽约联合国大厦设有联络处。

### 5.1.1.2 专利文献

**1. 专利文献的概念**

专利文献是一种重要的信息源,它是专利申请人向政府递交的说明新发明创造的书面文件。此文件经政府审查、试验、批准后,成为具有法律效力的文件,由政府印刷发行。专利文献不仅具有实用性,而且反映了全球技术与发展动向。例如,可从申请新专利的数量、内容和批准情况的数据进行分析、预测最活跃的技术领域的发展趋势,还可根据专利文献所报道的优先权日期、发明人及专利所有者的名称、研究单位的地址,将技术发展与工业结构联系起来,了解国外工业生产的水平。

从广义上讲,专利文献包括:专利说明书、专利公报、专利检索工具、专利分类法、与专利有关的法律文件及诉讼资料等。从狭义上讲,专利文献就是专利说明书。它是专利申请人向专利局递交的说明发明创造内容和指明专利权利要求的书面文件,它既是技术性文献,又是法律性文件。

**2. 专利文献的特点**

(1) 内容广泛,在应用技术方面,专利文献涉及领域之广是其他科技文献所无法比拟的。
(2) 内容详尽。
(3) 报道速度快,专利文献对发明成果的报道往往早于其他文献。
(4) 集技术信息、法律信息、经济信息于一体。

**3. 专利文献的作用**

(1) 及时了解最新技术研究进展,启发思路,提高科研起点。
(2) 洞察技术发展趋势,预测技术发展动向。
(3) 洞悉竞争对手、同行的研究进展。
(4) 避免重复研究和开发。
(5) 避免专利侵权。

**4. 专利文献的检索途径**

专利文献的检索可以通过各种文摘检索,如《化学文摘》、各国专利局本身出版的专利公报、分类索引以及专利权所有者索引等。也可以通过其他有关专利的出版物查找,比较快捷的是利用网上专利信息检索工具。专利文献的检索途径主要包括:① 主题检索(分类检索和关键词检索);② 名字(发明人、专利申请人、专利权人、专利受让人)检索;③ 号码检索(申请号、优先权检索,专利号检索)等。

一般情况下,查找专利可以从三个方面考虑:① 从商品的专利号入手;② 从产品样本上的专利号入手;③ 留意选载新专利的报刊。

### 5.1.1.3 专利说明书

专利说明书通常由标头、正文、权利要求三部分组成。

(1) 标头部分:① 有表示法律信息的特征,如专利申请人(或专利权人)、申请日期、申请公开日期、审查公告日期、批准专利的授权日期等;② 有表示专利技术信息的特征,如发明创造的名称、发明技术内容的摘要以及具有代表性的附图或化学公式等;③ 享有优先权的申请,还有优先权的申请日、申请号及申请国等内容。

(2) 正文部分:① 前言(发明背景介绍或专利权人介绍);② 同类专利存在的问题;③ 本专利要解决的问题及其优点;④ 专利内容的解释(原料、制造条件、附图的简述及最佳方案的叙述等);⑤ 实例(包括使用设备、原料制备、配方、生产条件、结果等)。

(3) 专利权限部分,列述申请人要求保护的范围,它用词严谨,是专利局审查时确定授予专利权的主要依据,也是重要的法律性信息,即判定是否具有专利性的法律依据。

此外,有的还附简图和检索报告(附相关文献目录)。

### 5.1.1.4 国际专利分类法

专利文献的检索首先需要了解《国际专利分类法》(*International Patent Classification*, IPC)及其使用方法。

IPC 于 1968 年 9 月 1 日公布第 1 版,每 5 年修订一次,如 2005 年 1 月 1 日至 2009 年 12 月 31 日使用第 8 版 IPC 表,在专利文献上表示为 Int. CL.[8]。它采用功能和应用相结合的分类原则,按发明的技术主题设置类目。IPC 统一专利的技术内容为专利信息的分类、检索和利用提供了极大的方便,已成为世界各国分类和检索专利信息的重要工具,是国际公认的专利分类系统。

IPC 只用于发明专利和实用新型专利的分类与检索。外观设计专利的分类与检索必须使用《国际外观设计专利分类法》(*International Industrial Design Classification*)。

IPC 采用的是按功能分类和按应用分类相结合的分类原则,以功能分类为主。所谓功能性分类法是按物或方法固有的性质和功能(而不限定于一个特定使用领域)进行分类的方法。

IPC 的一个完整分类号由以下 5 级构成,以分类号 C07C47/00 和 A21B1/02 为例:

| 一级 | 二级 | 三级 | 四级 | 五级 |
|---|---|---|---|---|
| 部 | 大类 | 小类 | 大组 | 小组 |
| section | class | sub-class | group | sub-group |
| C | 07 | C | 47 | /00 |
| A | 21 | B | 1 | /02 |

部用大写字母表示(共有 A~H 8 个部),大类用数字表示,小类用字母(大小写均可)表示,大组、小组均用数字表示(两者之间用斜线"/"隔开)。

(1) 第一级:部。

IPC 设有 8 个部、20 个分部。部的类号用大写字母 A~H 表示,分部无类号。部和分部的类目包括了申请专利的全部领域。

A 部:人类生活必需(农、轻、医)。分部:① 农业;② 食品、烟草;③ 个人和家用物品;④ 卫生与娱乐。

B 部:作业、运输。分部:① 分离与混合;② 成型;③ 印刷;④ 运输。

C 部:化学、冶金。分部:① 化学;② 冶金。

D 部:纺织、造纸。分部:① 纺织;② 造纸。

E 部:固定建筑物。分部:① 建筑;② 采掘。

F 部:机械工程、照明、采暖、武器、爆破。分部:① 发动机和泵;② 一般工程;③ 照明、加热;④ 武器、爆破。

G 部:物理。分部:① 仪器;② 核子学。

H 部:电学。

(2) 第二级:大类。

大类由两位数字组成,是部和分部下的细分类目。它由有关部号加上数字组成。例如,A21 焙烤、食用面团。

(3) 第三级:小类。

小类用字母表示(大小写均可),是大类下的细分类目。它由大类类号后加大写的英文字母组成。例如,A21B 食品烤炉、焙烤用机械或设备。

(4) 第四级:大组。

大组用数字表示,每个小类下又细分为若干大组。大组类号由小类类号加上数字组成。例如,A21B1 食品烤炉。

(5) 第五级:小组。

小组用数字表示,大组下的细分类目。小组类号由大组类号后跟一个"/"再加上数字组成。

例如,A21B1/02 以加热装置为特征的食品烤炉。

IPC 号表面上为 5 级,但实际上不止 5 级,具体确定一个 IPC 号的级别要根据其后的小圆点个数来确定。小组下再细分为更小的组:1 点组。从 1 点组直到 7 点组,IPC 总共 12(5+7)级,其中和化学专业相关的"C 部:化学,冶金",在使用时候要注意:C 部并非概括了所有涉及化学化工的内容(谨防漏查)。

国际专利分类有 8 个部,详细分类号把每个部作为一个分册。检索者直接通过 8 个分册查找有时很费时,一般可采用以下两种方法:

(1)《关键词索引》(*Official catchword index*):它单独出版,并与分类表版次相对应,包括 6000 多个关键词。按英文字母顺序排列,每一个关键词下有副关键词(Sub-catchword),它们后面都有相应的 IPC 分类号(主组号),能从主题入手查到相关的专利类目和类号,并结合 IPC 确定准确的 IPC 分类号。

(2)《IPC 使用指南》(*Guide to the IPC*):是世界产权组织为配合 IPC 使用而出版的 IPC 的指导性刊物。它对 IPC 的编排、分类原则、方法、规则等作了解释和说明,集中了 A~H 8 个分册、6000 多个大组的类目,即用户可通过它查到专利的部和大组类目(如 A61B17/00),再利用相应类目对应的 A~H 分册找到合适的分组号。

## 5.1.2 专利文献检索工具

### 5.1.2.1 德温特专利索引

**1. 概况**

德温特专利信息有限公司(Derwent Information Ltd.)是英国一家专门用英文报道和检索世界各主要国家专利情报的出版公司,1951 年成立并创立《英国专利文摘》,随后出版 12 种专利文摘。1970 年开始出版《中心专利索引》,1974 年创刊《世界专利索引》。德温特《世界专利索引》出版物分为索引周报类和文摘周报类(见表 5.1)。

**表 5.1 德温特《世界专利索引》出版物**

| | 名 称 | 分册名称 | 分册数 |
| --- | --- | --- | --- |
| 索引周报类 | 世界专利索引周报 | P:综合,R:电气,Q:机械,Ch:化学 | 4 |
| | 累积索引 | 多年累积索引、季度索引 | |
| 文摘周报类 | 化学专利索引文摘周报(CPI) | A~M | 13 |
| | 综合和机械专利索引文摘周报(GMPI) | P1~3,P4~8,Q1~4,Q5~7 | 4 |
| | 电气专利索引文摘周报(EPI) | ST,UV,WX | 3 |
| | 其他专利文摘周报 | 包括欧洲、比利时、英国、法国、德国、日本、荷兰、世界专利组织、俄罗斯、美国等出版的 12 种专利文摘 | |

**2. 德温特专利《索引周报》**

德温特专利《索引周报》不刊登文摘,比《文摘周报》早 1 周发表,比专利说明书公布晚约 5

周。它附有4种索引：专利人索引、国际专利分类号索引、登记号索引和专利号索引。另外单独出版有优先权索引。

德温特专利《索引周报》包括4个分册：

(1) 综合分册(Section P：General)。它包括农业、轻工、医药、一般的工业加工工艺和设备，以及光学、摄影等。

(2) 机械分册(Section Q：Mechanical)。它包括运输、建筑、机械工程与元件、动力机械、照明、加热装置等。

(3) 电气分册(Section R：Electrical)。它包括仪器仪表、计算机和自动控制、测试技术、电工和电子元件、电力工程和通信等。

(4) 化工分册(Section Ch：Chemical)。它包括一般化学与化学工程、聚合物、药品、农业、食品、化妆品、洗涤剂、纺织、印染、涂层、照相、石油、燃料、原子能、爆炸物、耐火材料、硅酸盐及冶金等。

**3. 德温特专利《文摘周报》**

德温特专利《文摘周报》与《索引周报》配套，检索时一般先使用《索引周报》，找到专利线索，然后在《文摘周报》中查找文摘，以便筛选。

德温特专利《文摘周报》附有索引，起到辅助检索的功能。包括4大类：

(1) CPI(*Chemical Patent Index*,《化学专利索引文摘周报》)。CPI创刊于1970年，以前称 *Central Patent Index*(《中心专利索引》)，是德温特较早的出版物，是查找全球化学化工专利信息的重要检索工具。它分为：① *Alerting Abstracts Bulletins*(CPI《快报型文摘周报》)。它出版周期短，在说明书公布后5～8周内发布。文摘内容简单明了，主要包括发明的特点、用途和优点，有时也有实施例。② *Documentation Abstracts Journal*(CPI《文献型专利文摘》)。它在说明书出版后7周发布。文摘详细，可以更具体地了解专利的主要内容。

(2) GMPI(*General & Mechanical Patent Index*,《综合和机械专利索引文摘周报》)。GMPI创刊于1975年，分为4个分册：① GMPI P1～P3：生活必需品(Human Necessities)；② GMPI P4～P98：成型加工(Performing Operation)；③ GMPI Q1～Q4：运输建筑(Transport, Construction)；④ GMPI Q5～Q7：机械工程(Mechanical Engineering)。

(3) EPI(*Electrical Patent Index*,《电气专利索引文摘周报》)。EPI创刊于1980年，有3个分册：① EPI ST：仪器仪表与计算技术(Instrumentation, Computing)；② EPI UV：电子元件与电路(Electronic Components, Circuits)；③ EPI WX：通信与电力(Communication, Electric Power)。

(4)《分国专利文摘周报》。《分国专利文摘周报》是德温特出版公司按国家(包括比利时、英国、法国、德国、日本、荷兰、俄罗斯、美国等)收集出版的12种专利文摘。欧洲20世纪70年代以前它只收集化学化工类(Ch)，以后才陆续增加综合类(P)、机械类(Q)和电气类(R)的内容。以上12种文摘均为英文版，只懂英文的读者或者只单查某一个国家的专利情报的读者，用这类文摘检索会比较方便。

**4. 检索步骤**

德温特专利文献的检索步骤如下：

(1) 分析课题内容，选择切题的关键词。

(2) 利用《国际专利分类表的关键词索引》选择合适的IPC号。

(3) 利用《索引周报》最后一页上的"IPC号和德温特分类号一览表"可以确定要查找的《索引周报》分册。例如，IPC号对应的德温特分类号为P11，则表明要查P分册。

(4) 查阅《索引周报》中的"IPC 索引"可以查得相关专利条目。

(5) 根据在"IPC 索引"中得到的文摘所在分册号、期号以及专利号等查阅相关的《文摘周报》，得到文摘。若为化学化工类，则须用《文摘周报》后的"Patent Number Index"查得德温特分类号，方可查得文摘。

(6) 根据需要向专利收藏单位索取专利说明书。

另外，通过专利权人、德温特登录号或专利号也可查阅专利。

### 5.1.2.2 中国专利检索

1980 年 1 月 14 日国务院正式批准在我国建立专利制度，并成立了中国专利局。1985 年 4 月 1 日我国开始实施《专利法》。1994 年 1 月我国成为"专利合作条约"(Patent Corporation Treaty, PCT)成员国，国家知识产权局（专利局）成为国际专利的受理局、国际检索单位和国际初步审查单位，中文也成为 PCT 的工作语言。现在中国已成为专利申请最多的国家之一。

自 2000 年《专利法》修订版通过后，我国专利检索工具体系已基本定型，即每周发行发明专利、实用新型专利和外观设计专利三种公报。每年出版《分类年度索引》《申请人、专利权人年度索引》，以及发明和实用新型两种专利文摘；从 1989 年起，根据同一件专利的申请号、公开（告）号不相同的特点，出版《申请号公开（告）号对照表》，该表从 1991 年起每年出一册。此外还发行中国专利数据库光盘(CD-ROM)版。

**1. 中国专利的编号**

为了满足专利申请量急剧增长的需要，国家知识产权局从 2004 年 7 月 1 日起启用新标准的专利文献号。对此阶段的编号说明如下：

3 种专利的申请号均由 12 位数字、1 个圆点(.)和 1 个校验位组成，按年编排，如 200310102344.5。其前 4 位数字表示申请年代，第 5 位数字表示要求保护的专利申请类型：1 为发明，2 为实用新型，3 为外观设计，8 为指定中国的发明专利的 PCT 国际申请，9 为指定中国的实用新型专利的 PCT 国际申请，第 6～12 位数字（共 7 位数字）表示当年申请的顺序号，然后用一个圆点(.)分隔专利申请号和校验位，最后一位是校验位。三种专利的文献种类标识代码如表 5.2 所示。

**2. 中国的专利文献**

(1) 说明书类。说明书类分为三种：发明专利申请公开说明书、发明专利申请审定说明书和实用新型专利申请说明书。说明书包括标题、正文、专利权限三个部分。

(2) 公报类。中国专利公报是查找专利说明书的文摘形式的检索工具书，分三种形式出版：《发明专利公报》《实用新型专利公报》和《外观设计专利公报》。三种公报均为周刊，每个星期三出版一期。①《发明专利公报》：以文摘形式报道与发明专利申请、审查、授权有关的事项和决定。每期后附有发明专利的申请公开索引、审定公告索引和授权公告索引，且每种索引都由 IPC、申请号、申请人（专利权人）索引和公开号/申请号对照表（审定号/申请号对照表）组成。②《实用新型专利公报》：以文摘形式报道与实用新型专利申请、授权有关的事项和决定。每期分为上、中、下三册出版，在下册附有使用新型专利的申请公告索引和授权公告索引。每期索引由 IPC、申请号、申请人（专利权人）索引和公开号/申请号对照表组成。③《外观设计专利公报》：以题录形式报道与外观设计专利申请，授权有关的事项和决定。每期后附有外观设计专利申请的申请公告索引和授权公告索引，每种索引均由 IPC、申请号、申请人或专利权人索引和公开号/申请号对照表组成。

注意,因为我国的专利编号自申请到授权均采用一个号码,所以在公报上为了区分各个不同审查阶段,在专利号码前冠有相应的汉语拼音字头,例如,GK 表示公开号,SD 表示审定号,ZL 表示专利号。

表 5.2 专利文献种类及标识代码

| 专利类型 | 专利文献种类 | 标识代码 |
| --- | --- | --- |
| 发明专利 | 发明专利申请公布说明书 | A |
| | 发明专利申请公布说明书(扉页再版) | A8 |
| | 发明专利申请公布说明书(全文再版) | A9 |
| | 发明专利说明书 | B |
| | 发明专利说明书(扉页再版) | B8 |
| | 发明专利说明书(全文再版) | B9 |
| | 发明专利权部分无效宣告的公告 | C1~C7 |
| 实用新型专利 | 实用新型专利说明书 | U |
| | 实用新型专利说明书(扉页再版) | U8 |
| | 实用新型专利说明书(全文再版) | U9 |
| | 实用新型专利权部分无效宣告的公告 | Y1~Y7 |
| 外观设计专利 | 外观设计专利授权公告 | S |
| | 外观设计专利授权公告(全文再版) | S9 |
| | 外观设计专利权部分无效宣告的公告 | S1~S7 |
| | 预留给外观设计专利授权公告单行本的扉页再版 | S8 |

**3.《中国专利索引》**

中国专利局出版的《中国专利索引》是一部按年度累积的题录型索引,是三种公报的辅助索引,它将中国专利分成《分类年度索引》和《申请人、专利权人年度索引》。

(1)《分类年度索引》。《分类年度索引》将发明、实用新型和外观设计按年度、根据 IPC 号或国际外观设计分类顺序编排,其内容依次为 IPC 号/外观设计分类号、公开号 GK/审定号 SD/专利名 ZL/公告号 GG、申请号、申请人/专利权人、专利名称、刊登该专利公报的卷号和期号。

(2)《申请人、专利权人年度索引》。《申请人、专利权人年度索引》按照申请人或专利权人的姓名或译名的汉语拼音字母顺序,以及按年进行编排,按发明专利、实用新型专利和外观设计专利编成三个部分。

无论是查阅《分类年度索引》,还是查阅《申请人、专利权人年度索引》,都可以获得分类号、发明名称、文献号或专利号、申请人或专利权人以及卷期号这五项数据。

《中国专利索引》是检索中国专利文献的一种十分有效的工具,其不足之处为出版速度较慢,仅有年度索引,不能满足查阅近期专利的需要,又无文摘,不便于判断取舍。

中国专利的检索方法,利用《中国专利索引》和各类专利公报可以方便地查阅专利文摘。

检索途径:分类检索、申请人/专利权人检索、申请号/专利号检索。查阅时应注意,如果查最新专利,则应使用每期公报;如果是回溯检索,则使用年度或半年度索引。

检索步骤:① 确定 IPC 号(利用 IPC 号索引);② 查《中国专利索引》,找到所需文献后再根据其专利的卷期号查找相应的专利公报,无论用哪个分册查找,都能获得分类号、专利号、申请人(或专利权人)、申请号以及卷期号等信息;③ 追踪查找专利公报、专利说明书。检索途径及检索步骤如图5.1所示。

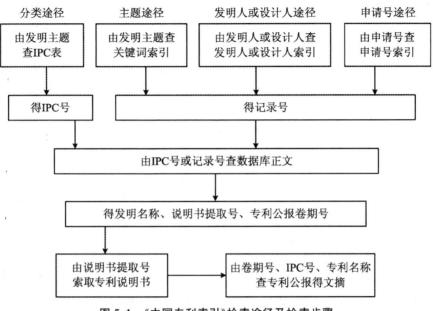

**图5.1 《中国专利索引》检索途径及检索步骤**

**4. 中国专利文献的网络数据库**

(1) 中国国家知识产权局专利全文数据库。网址为 http://www.cpquery.cnipa.gov.cn。该数据库由中华人民共和国国家知识产权局提供,收录自1985年以来我国所有的专利文献(包括发明专利和实用新型专利),记录内容包括专利的完整题录信息、文摘和全文,供用户网上免费查询。该数据库包括申请(专利)号、名称、摘要、申请日、公开(告)日、公开(告)号、分类号、主分类号、申请(专利权)人、发明(设计)人、地址、国际公布、颁证日、专利代理机构、代理人、优先权共16个检索点。

(2) 中国专利信息中心。网址为 http://www.cnpat.com.cn。

(3) 中国专利信息网。网址为 http://www.patent.com.cn。

(4) 万方数据——中国专利文摘数据库。网址为 http://s.wanfangdata.com.cn/advanced-search Patent。

(5) 中国专利数据库(知网版)。网址为 http://kns.cnki.net/kns8?=SCOD。

### 5.1.2.3 美国专利检索

美国是世界上拥有专利数量最多的国家之一,美国专利局每年公布的专利有七八万项,在一定程度上反映了全球技术发展的水平和趋势。

美国的专利形式主要有发明专利(Invention Patent)、再版专利(Reissued Patent,独立编号,并在号码前加"Re")、植物专利(Plant Patent,单独编号,号前有"Plant"字样)、设计专利(Design Patent,即外观设计,专利号前冠有"Des",单独编号)、防卫性公告(Defensive Publication,专利号前加"T")和再审查专利(Reexamination Certificate,沿用原来的专利号,前冠以"BI")等。

美国专利局除出版以上几种专利的说明书外,还出版以下几种:

**1.《美国专利公报》**

《美国专利公报》(Offcial Gazette of the United States Patent and Trade Mark Office,《美国专利商标局官方公报》创刊于 1872 年,原名《专利局报告》(Patent Office Report)。其报道内容为:① 专利商标局向公众发布的各种有关专利、商标的法令,通告,分类表的变更,规章条例的公布,对专利申请案件的裁决、撤销等有关事项。② 各种专利内容:防卫性公告、再公告专利、植物专利、发明专利。这些原来都以摘要形式在公报上公布,现改为公布专利说明书的主权利要求。③ 各种索引,如专利权人索引、分类索引和发明人住地索引等。

**2.《专利索引》**

《专利索引》(Patents Index)是美国专利局出版的年度引,是普查美国专利的主要工具书。1965 年以前每年出一本,包括专利权人和分类两部分索引,后因专利数量日益增多,《专利索引》分为两册出版:第一分册(Part Ⅰ)为专利权人索引(List of Patentees),按发明人和专利权人名字母顺序混合排列。第二分册(Part Ⅱ)是发明主题索引(Index to Subject of Inventions)。1953 年以前该索引按发明主题字母顺序编排,从 1953 年起改为分类索引,但仍沿用原名,该索引只依大小类号顺序列出专利号,只有掌握了确切的分类号方可使用。

**3.《美国专利分类表》**

《美国专利分类表》(Manual of Classification)是广大的专利文献使用者从分类途径查找美国专利必用的检索工具书。该表始创于 1837 年,几乎每年都有修改调整,是目前世界上最详细的一部技术资料分类表。因为《美国专利分类表》类目太多、篇幅太长,且基本上只有美国使用,所以本书没有给出附件,读者如果需要,那么可在美国专利商标局网站直接下载。该网站地址为 http://www.uspto.gov。

《美国专利分类表索引》(Index to Classification)是为了便于较快地查到分类号而编制的一本分类类目字顺索引。《美国专利分类号与国际专利分类号对照表》(Concordance U. S. Patent Classification to International Patent Classification)是为了加强国际间的合作与交流而编制的。美国虽然自 1969 年 1 月 7 日起在出版的专利说明书及专利公报上标注适当的 IPC 号,但仍以本国专利分类号为主。该索引是为了帮助审查员及公众迅速查找到 IPC 号。

**4.《美国化学专利单元词索引》**

《美国化学专利单元词索引》(Uniferm Index to Chemical Patents)由美国 IFI(Information for Industry)/Plenum Data Company 出版,创刊于 1950 年,活页装订,共两个分册:① 专利文摘索引。该索引报道的内容和美国专利公报完全一样,不同的是把美国一年内有关化学方面的专利挑出来重新给予一个索引号。美国专利号已达七位数,此索引号最多编至四位数,便于计算机输入。每季度出版一次。② 单元词索引表。该表每季度出版一次,但后一季度包括前一季度的内容。最后一个季度将全年内容全部汇总,因此用户每收到一次出版物,就要将前次收到的淘汰。

美国专利分类体系虽然较完整、类目详细,但却十分复杂,详细了解美国专利分类可以浏览 http://www.uspto.gov/web/patents/classification。

**5. 美国专利文献网络数据库**

① US Patent and Trademark Office(美国专利和商标局)数据库。美国专利和商标局是美国政府参与的一个非商业性联邦机构,主要的服务内容是办理专利和商标,传递专利和商标信

息。其专利数据库收集了美国从 1976 年至今的专利,有全文和图像资料。其网址为 http://patft.uspto.gov。② Delphion 数据库。Delphion 是由 IBM 和 Internet Capital Group 合并成的一个公司。该公司接收了 IBM 已有的专利检索网站。该数据库可执行简单而强大的检索,查找美国和国际专利信息,包括美国专利首页权利要求书、欧洲专利申请、欧洲专利公告、日本专利文摘、世界知识产权组织出版的国际专利申请、IBM 技术公告等。没有注册的用户只能进行 Quick/Number 检索,不能进行 Boolean 和 Advanced 检索。其网址为 http://www.delphion.com。③ QPAT-US。法国 Questel-Orbit 公司推出的美国专利全文检索系统,拥有 1974 年以来美国专利全文数据库。该检索系统目前向付费用户提供全部专利的全文数据库服务,可检索、浏览、下载所需的专利文献。用户可以检索全部专利的文摘库,免费获得专利文摘。其网址为 http://www.qpat.com/index.htm。④ MicroPatent。MicroPatent 公司提供的专利数据库,1997 年底由美国 Information Vertures 公司购买。该系统拥有 1994 年以来的美国专利、1992 年以来的欧洲专利和 1988 年以来的世界专利;1998 年又增加了 1964~1974 年的美国专利以及日本专利文献的首页数据信息。系统还提供最近两周的最新专利的免费首页查询。其网址为 http://www.micropat.com/static/index.htm。

### 5.1.2.4 日本专利检索

日本专利说明书称作"公报",它是日本各类专利说明书的全文集,包括四种形式:①《特许公报》(1885 年开始),发表较重要的创造发明,俗称大专利;②《实用新案公报》(1905 年开始),发表小的创造以及结构、形式等的新设计,相当于实用新型,俗称小专利;③《公开特许公报》(1888 年开始);④《商标公报》(1884 年开始)分别公布外观设计和商标设计。

**1.《日本专利分类表》**

《日本专利分类表》于 1893 年制定,至今已修改多次,日本各出版机构也出版了多个版本。一般在分类表的前面有特许和实用新案的公开和公告说明书,出版分册用的产业部门区分表,还有分类表的大类目录。

《日本专利分类表》采用按应用技术概念分类。为方便日本专利分类号与 IPC 号之间进行对照,日本专利信息中心出版了日本专利分类与国际专利分类对照表(即《日本特许分类国际特许分类对照表》)。

**2. 日本专利文献的检索**

日本专利的检索工具有索引和文摘两大类。索引既可以单独使用,即从索引查到专利公告号,然后直接查阅公报,取得专利说明书,也可以与文摘配合使用,即从索引查到专利公告号,再查阅文摘,筛选后再查阅公报,以取得专利说明书全文。

(1) 专利索引。查找特许和实用新案专利公报的索引,有期刊、年刊和累积年刊三种。

《国际特许·实用新标准索引》(速报版)采用日本专利分类号时(1979 年以前),称《日本特许·实用新案标准索引》(速报版),半月刊,在年度索引出版以前,主要用此索引检索。它的内容分为"特许出愿公告编"(正式批准的专利)和"特许出愿公开编"(未经审批提早公布的专利申请案)两部分,每个部分又分别包括分类索引和申请人索引。

《日本特许综合索引年鉴》和《公开特许实用新案索引年鉴》分别为公告编和公开编的年度累积本,《特许分类总目录·实用新案分类总目录》是多年累积索引。

(2) 专利文摘。日本专利局报道专利摘要的文摘刊物有两种:一种是《特许·实用新案集报》,专门报道经过正式审批的专利,包括特许公报和实用新案公报;另一种是《公开特许出愿抄录》,专门报道未经审批、提早公开的特许公报和实用新案公报。

《特许·实用新案集报》为旬刊,每年36期,每期报道10天内公布的《特许公报》和《实用新案公报》说明书的标头部分、发明名称、权项部分和主要的附图。在《特许·实用新案集报》的最前面有一个基本上按大类顺序编排的页码表,然后便是按公告号顺序排列的特许公告目录和实用新案公告目录,包括公告号、分类号、申请号、发明名称和申请人国别名称等五栏。

《公开特许出愿抄录》是《公开特许公报》说明书的摘要,出版的方法与《公开特许公报》相对应,也是按产业部门区分进行分册,每册有100件公开发明的摘要。在每册摘要的前面有本册包含的发明,按公开号顺序,也是按照分类号顺序排列的目录索引;摘要部分则是每天有三件公开特许文摘,包括各著录项目、文摘和主要附图。

(3) 一般检索方法。利用日本专利索引和文摘查找专利信息有三种途径:分类途径、专利权人途径和专利号途径。检索步骤为:① 分析课题,从IPC表中查得IPC号;② 用《标题索引》或《索引年鉴》中的"分类别索引"查找在该号下的专利公告番号或公开番号;③ 根据此公告番号,查本册前面的"特许出愿公告编分类别索引"首页表,得知其文摘和专利说明书的分册;④ 根据公告番号和公告日期找出发表此专利文摘的《特许·实用新案集报》;⑤ 翻到该期《特许·实用新案集报》的"特许公告目次",查出分类号,即可找出文摘和专利说明书。

**3. 日本专利文献网络检索**

日本专利局的网址为http://www.jpo.go.jp。其特点是,可以一次完成对世界50多个国家专利信息的查询;可以提供世界上多数国家、国际与地区性专利组织的专利信息全文图像;提供统一的英语检索,使用户至少可得到英文专利题名或者文摘。其检索方式有快捷检索、高级检索、专利号(申请号)检索和分类检索。

## 5.1.3 德温特专利数据库(DII)

德温特专利数据库(Derwent Innovations Index,DII),由 Thomson Derwent 与 Thomson ISI公司共同推出。该数据库基于 ISI Web of Science 平台,将 Derwent World Patents Index (德温特世界专利索引,WPI)与 Derwent Patents Citation Index(德温特专利引文索引)加以整合,提供全球专利信息,每周更新。

DII数据库收集资料信息可回溯至1966年。该数据库每条记录除了包含相关的同族专利信息外,还包括由各个行业的技术专家进行重新编写的专利信息,如描述性的标题和摘要、新颖性、技术关键、优点等。

DII提供德温特专业的专利信息加工技术,协助研究人员简捷有效地检索和利用专利信息,鸟瞰全球市场,全面掌握工程技术领域创新科技的动向与发展。在收集专利信息时,具有以下特点:重新编写及标引的描述性专利信息;可查找专利引用情况;建立专利与相关文献之间的链接;检索结果的管理方便等。

DII提供了直接到电子版专利全文的链接,用户只需单击记录中"Original Document"就可以获取专利说明书的电子版全文,可浏览说明书全文的有美国专利(US)、世界专利(WO)、欧洲专利(EP)和德国专利(DE)。

DII检索方法主要有基本检索(Search)、被引专利检索(Cited Patent Search)、高级检索(Advanced Search 和 Compound Search)和化合物检索。检索之前可以根据需要选择时间范围和检索方法(见图5.2)。

在图 5.2 所示的 DII 基本检索方式页面上,可以看到基本检索字段的选择下拉菜单,包括主题、标题、发明人、专利号、国际专利分类、德温特分类代码、德温特手工代码、德温特主入藏号、专利权人(仅限名称)、专利权人、环系索引号、德温特化合物号、德温特注册号和 DCR 号等选项。

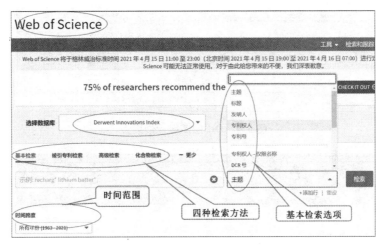

**图 5.2　DII 的基本检索页面**

在图 5.2 中点击"被引专利检索",进入 DII 的被引专利检索页面(见图 5.3),被引专利检索可以查找被引用的一个或多个专利,可以选择被引专利号、被引专利权人和被引发明人等字段,各个字段可以用布尔逻辑运算符 AND 进行组配(见图 5.3)。

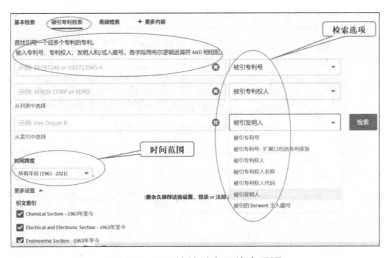

**图 5.3　DII 的被引专利检索页面**

在图 5.2 中点击"高级检索",进入 DII 的高级检索页面,高级检索可以使用字段标识、布尔逻辑运算符、括号和检索结果集来创建检索式。在这个检索页面左端专门列出了布尔逻辑运算符和字段标识的说明,以方便用户使用(见图 5.4)。

在图 5.2 中点击"化合物检索",进入 DII 的化合物检索页面,这里提供化学结构的详细信息以进行检索,可以选择普通结构、子结构和超级结构等不同类型,并提供了化学结构绘图框(见图 5.5)。DII 的化合物检索也可以通过组配化学结构和文本进行,其检索页面如图 5.6 所示。这里可以输入化合物名称、物质说明、结构说明、标准分子式、分子式、分子量和德温特化学资源号等具体信息。

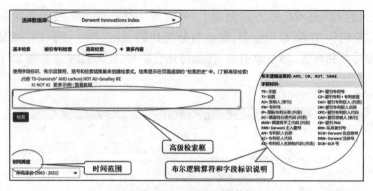

图 5.4　DII 的高级检索页面

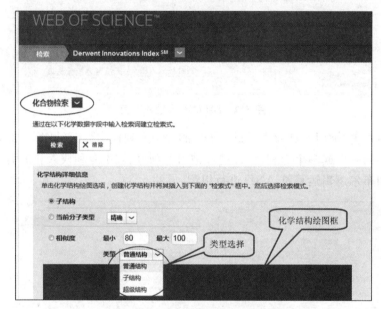

图 5.5　DII 的化合物检索页面

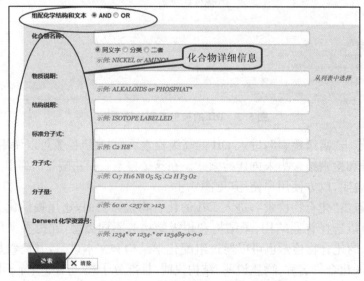

图 5.6　DII 化合物检索组配文本

## 5.2 会议文献

### 5.2.1 会议文献概述

学术会议是指各种学会、协会、研究机构、学术组织等组织举办的各种研讨会、学术讨论会等与学术相关的会议。学术会议数量众多、形式多样、名称各异，有 Conference、Congresses、Convention、Symposium、Workshop、Seminars、Colloquia 等。据美国科学信息所统计，全世界每年召开的学术会议约 1 万个，正式发行的各种专业会议文献有 5000 多种。因此，学术会议不仅是交流学术研究的极好场所，还是传递和获取科技信息的重要渠道。

会议文献是指在各类学术会议上形成的资料和出版物的总称，包括会议论文、会议文件、会议报告、讨论稿等。其中，会议论文是最主要的会议文献，许多学科中的新发现、新进展、新成就，以及提出的新研究课题和新设想，都是以会议论文的形式向公众首次发布的。

总的来说，会议文献具有的特点是：专业性和针对性强、内容新颖、学术水平高、信息量大、涉及的专业内容集中、可靠性高、及时性强、出版发行方式灵活等。因此，在目前的十大科技信息源中，会议文献利用率仅次于科技期刊。

会议文献按出版时间的先后可分为会前、会间和会后三种类型。

(1) 会前文献(Preconference Literature)一般是指在会议进行之前，预先印发给与会代表的会议论文预印本(Preprints)、会议论文摘要(Advance Abstracts)或论文目录。

(2) 会间文献(Literature Generated during the Conference)。有些论文预印本和论文摘要在开会期间发给参会者，这样就使得会前文献成了会间文献。此外，还有会议的开幕词、讲演词、闭幕词、讨论记录、会议决议、行政事务和情况的报道性文献，均属会间文献。

(3) 会后文献(Post Conference Literature)主要是指会后正式出版的会议论文集。它是会议文献中的主要组成部分。会后文献经过会议讨论和作者修改、补充，其内容会比会前文献更准确、更成熟。会后文献的名称形形色色，常见的名称包括：会议录(Proceeding)、会议论文集(Symposium)、学术讲座论文集(Colloquium Papers)、会议论文汇编(Transactions)、会议记录(Records)、会议报告集(Reports)、会议文集(Papers)、会议出版物(Publications)、会议辑要(Digest)等。

### 5.2.2 会议文献检索工具

根据会议文献的自身特点，用户在使用会议检索类工具时，主要通过两种途径进行检索：① 直接根据会议文献的特征检索某篇会议论文，常用的检索途径包括论文题名、关键词、摘要、作者、分类号、会议名称、主办单位、会议时间、会议地点、出版单位等；② 通过某届会议的举办特征检索这届会议的相关信息和文献，常用的检索途径包括分类号、会议名称、主办单位、会议时间、会议地点、出版单位等。

会议名称、主办单位、会议时间、会议地点、出版单位等检索入口，要求用户对会议的举办及会议文献的出版事项比较了解。一般来说，如果关注某些学术会议，那么就会了解一些关于会议的举办及出版事项,使用这些字段也会得心应手。需要注意的是:主办单位和出版单位不一定是同一个单位。若用户对这些事项不了解,却又想检索关于某学科方向的会议论文时,则建议使用论文题名、关键词、摘要、作者、分类号等检索入口。

会议文献的检索工具主要有《科技会议论文引文索引》(CPCI-S)、《会议论文索引》(CPI)和《世界会议》(WM)等,它们现在都可以通过网络数据库的方式来进行检索。

(1)《世界会议》(*World Meetings*,WM)由美国 World Meetings Information Center Inc. 编辑,MacMilan Publishing Company 出版,专门报道未来两年内将要召开的国际学术会议信息。它总共有四个分册。

① *World Meetings:United States & Canada*,1963 年创刊,只预报美、加两国当年和次年将要召开的各种世界性会议。

② *World Meetings:Outside United States & Canada*,1968 年创刊,专门预报美、加两国以外当年和次年将要召开的各种世界性会议。

③ *World Meetings:Medicine*,1978 年创刊,专门报道医学方面的国际会议。

④ *World Meetings:Social & Behavioral Science,Education & Management*,1971 年创刊,专门报道社会和行为科学、教育和管理方面的国际会议。

(2)中国学术会议文献数据库(China Conference Proceedings Database)是万方数据资源系统(http://www.wanfangdata.com.cn)提供的会议论文数据库。它包括中文会议和外文会议,中文会议收录始于 1982 年,年收集 3000 多个重要的学术会议,年增 20 万篇论文;外文会议主要来源于 NSTL 外文文献数据库,收录了 1985 年以来世界各主要学会、协会、出版机构出版的学术会议论文共计 766 万篇全文(部分文献有少量回溯)。

(3)《中国重要会议论文全文数据库》是中国知网(CNKI,http://www.edu.cnki.net)的会议论文数据库,重点收录我国 1999 年以来国家二级以上学会、协会、高等院校、科研院所、学术机构等单位的论文集,年更新约 20 万篇文章。截至 2021 年 4 月,它已收录出版国内外学术会议论文集近 2 万本,累积文献总量 330 多万篇,部分论文可回溯至 1953 年。其产品分为十大专辑,专辑下分为 168 个专题文献数据库。

此外,中国知网还推出《国际会议论文全文数据库》,该库收录由国内外会议主办单位或论文汇编单位书面授权并推荐出版的重要国际会议论文,是《中国学术期刊(光盘版)》电子杂志社编辑出版的国家级连续电子出版物专辑。它重点收录 1999 年以来,中国科学技术协会系统及其他重要会议主办单位举办的、在国内召开的国际会议上发表的文献,部分重点会议文献可回溯至 1981 年。截至 2021 年 4 月,它已收录出版国内外学术会议论文集 8980 多本,累积文献总量 80 多万篇。

## 5.2.3 科技会议论文引文索引(CPCI-S)

美国科学情报研究所的网络数据库(Web of Science Proceedings,WOSP)汇集了全球最新出版的会议录资料,包括专著、丛书、预印本以及来源于期刊的会议论文,提供了综合全面、多学科的会议论文资料。WOSP 基于 Web of Science 平台,包括两个数据库:科技会议论文引文索引(Conference Proceedings Citation Index-Science,CPCI-S)和社会与人文科学会议论文引文索引(Conference Proceedings Citation Index-Social Science & Humanities,CPCI-SSH)。它们的前身分别是印刷版的会议录检索刊物《科技会议录引文索引》(*Index to Scientific and Techni-*

cal Proceedings,ISTP)和《社会科学及人文科学会议录索引》(*Index to Social Science & Humanities Proceedings*,ISSHP)。

ISTP 是一种综合性的科技会议文献检索刊物,由美国科学情报研究所(ISI)于 1987 年编辑出版。该检索刊物报道的学科范围广,收录会议文献齐全,且检索途径多、速度快,已超过其他同类检索工具而成为检索正式出版的会议文献的主要工具。正文部分报道以图书或期刊形式出版的会议录,按会议录登记号顺序排列;索引部分共有七种索引,每期按照刊载的前后顺序依次为:类目索引、会议录目录(正文)、著者/编者索引、会议主持者索引、会议地点索引、轮排主题索引、团体著者索引。在 ISTP 基础上建立了 CPCI-S 电子数据库。

目前 CPCI-S 提供 1990 年以来以专著、丛书、预印本、期刊、报告等形式出版的国际会议论文文摘及参考文献索引信息,涉及自然科学和工程技术的所有领域。数据库每周更新。

CPCI-S 的网络检索位于 Web of Science 核心合集,检索时选取 CPCI-S(见图 5.7),其检索方法有基本检索、作者检索、被引参考文献检索、高级检索和化学结构检索等五种。

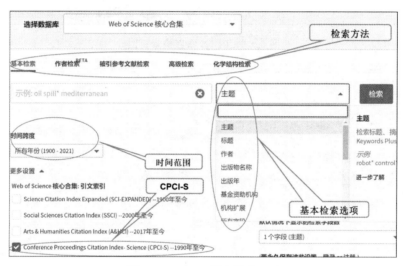

图 5.7　CPCI-S 基本检索页面

在图 5.7 中,可以看到"Web of Science 核心合集"中的 CPCI-S 选项和限定的时间范围。基本检索字段的选择下拉框,包括主题、标题、作者、作者识别号、团体作者、编者、出版物名称、DOI 号、出版年、地址、机构扩展、会议和语种等选项。

CPCI-S 的作者检索方式如图 5.8 所示,可以选择作者姓名、研究领域和组织机构等进行检索。CPCI-S 的被引参考文献检索方式如图 5.9 所示,可以查找引用个人著作的文献,检索字段的组配可以选择被引作者、被引著作、被引年份、被引卷、被引期、被引页、被引标题等,每个检索字段通过布尔逻辑算符 AND 相组配。

CPCI-S 的高级检索方式如图 5.10 所示,可以使用字段标识、布尔逻辑运算符、括号和检索结果集来创建检索式,输入化学结构绘图和/或任何所需的数据,然后单击"检索"按钮进行检索。在 CPCI-S 的高级检索方式中,还可以选择语种和文献类型。

CPCI-S 的化学结构检索方式如图 5.11 所示,可以通过输入化学结构绘图和/或任何所需的数据,然后单击"检索"按钮进行检索。选择的化合物数据可以是化合物名称、化合物生物活性、化合物分子量等数据,同时可以选择化合物的用途,如作为反应物、作为产物、作为催化剂和作为溶剂等进行检索。在 CPCI-S 的化学结构检索方式中,还可以输入要检索的任意化学反应条件以及所需的反应关键词或备注等化学反应数据进行检索。

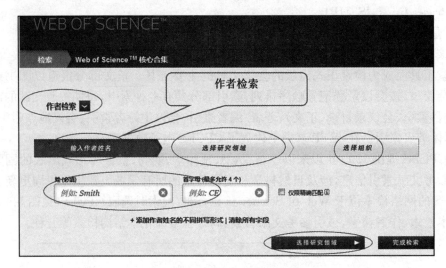

图 5.8　CPCI-S 作者检索页面

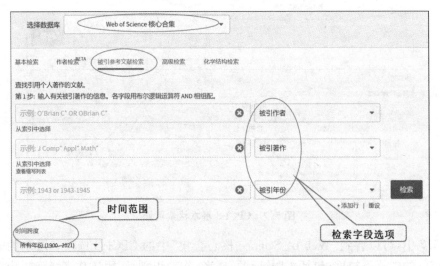

图 5.9　CPCI-S 被引参考文献检索页面

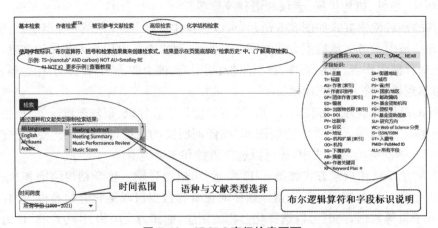

图 5.10　CPCI-S 高级检索页面

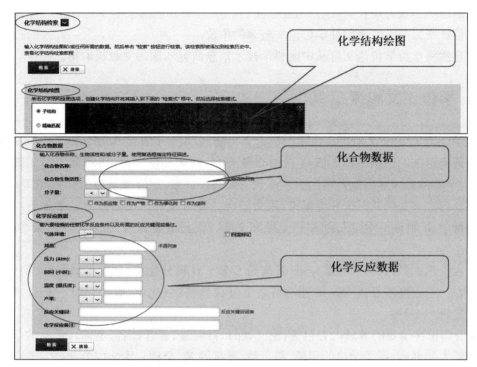

图 5.11 CPCI-S 化学结构检索页面

## 5.3 学位论文

### 5.3.1 学位论文概述

学位论文是高等学校的学生在结束学业时,为取得学位资格向校方提交的学术性研究论文。学位论文在英国称 Thesis,在美国称 Dissertation。从内容来看,学位论文可分为两种类型:一种是作者参考了大量资料,进行了系统的分析、综合,依据充实的数据资料,提出本人的独特见解,称为综论;另一种是作者根据前人的论点或结论,经过实验和研究,提出进一步的新论点。按照研究方法不同,学位论文也可分为理论型、实验型、描述型三类,理论型论文运用的研究方法是理论证明、理论分析、数学推理,通过这些研究方法获得科研成果;实验型论文运用实验方法,通过实验研究获得科研成果;描述型论文运用描述、比较、说明方法,对新发现的事物或现象进行研究,从而获得科研成果。按照研究领域不同,学位论文又可分人文科学学位论文、自然科学学位论文与工程技术学位论文三大类。

学位论文一般分为学士论文、硕士论文、博士论文三个级别。其中博士论文质量最高,是具有一定独创性的科学研究著作,是收集和利用的重点,是重要的文献情报源之一。

目前美国年发表约 3 万篇博士论文,其中科技类约占一半。因各国学位论文一般不公开出版,故取得全文比较困难。有些国家将学位论文集中保存,统一报道与提供,如美国学位论文由大学缩微品国际出版公司收集,该公司还收集、报道、提供其他国家的学位论文。在我国,中国科学技术信息研究所是收藏国外学位论文较多的单位。

国内自然科学类学位论文可从中国科学技术信息研究所国内文献馆取得。

## 5.3.2 学位论文检索工具

(1)《国际学位论文文摘》。《国际学位论文文摘》(*Dissertation Abstracts International*)是查找国外博士论文的检索工具。该刊于 1938 年创刊,刊名几度变更,1969 年 7 月第 30 卷改用现名,由大学缩微品国际出版公司出版。该刊的文摘较详细,平均每条约 350 字,它基本反映了论文的主要内容。文摘款目按分类编排,正文前有分类目次表。该刊分为三个分册:A 辑是人文与社会科学;B 辑是科学与工程;C 辑是欧洲文摘。该刊报道美国、加拿大等国家著名大学的博士论文。

对工程技术人员而言,B 辑最有用,其次是 C 辑。B 辑分生物科学、地球科学、卫生与环境科学、物理科学、心理学五大类。物理学科之下分自然科学(化学、数学、物理……)、应用科学(工程、计算机……)等。

B 辑各篇论文摘要的著录内容包括:论文题目、订购号、著者姓名(全称)、颁发的学位名称、授予学位的大学名称、授予学位的年份、总页数、导师姓名(全称)、论文内容摘要。

B 辑正文后有两种索引:关键词题目索引与著者人名索引。

大学缩微品国际出版公司还出版《硕士学位论文摘要》,用于查找美国硕士论文。

(2) 中国学位论文数据库——万方数据。万方数据(http://www.wanfangdata.com.cn)中的中国学位论文数据库是由国家法定学位论文收藏机构——中国科技信息研究所提供数据源,并委托万方数据加工建库的。它收录了自 1980 年以来我国自然科学领域的研究生论文,并以每年 30 万篇全文的速度增加。该库提供全文镜像站点服务(详见第 6 章)。

(3) 中国博士/优秀硕士论文全文数据库——中国知网。中国知网(http://www.cnki.net)中的中国博士/优秀硕士论文全文数据库,是国内内容最全、质量最高、出版周期最短、数据最规范和最实用的博士/优秀硕士学位论文全文数据库。其内容覆盖基础科学、工程技术、农业、哲学、医学、人文、社会科学等各个领域(详见第 6 章)。

(4) CALIS 学位论文库。CALIS 学位论文中心服务系统面向全国高校师生提供中、外文学位论文检索服务,其网址为 http://etd.calis.edu.cn。该系统采用 e 读搜索引擎,检索功能便捷灵活,既可进行多字段组配检索,也可从资源类型、检索范围、时间、语种、论文来源等多角度进行限定检索。系统能够根据用户登录身份显示适合用户的检索结果,检索结果通过多种途径的分面和排序方式进行过滤、聚合与导引,并与其他类型资源关联,方便读者快速定位所需信息。

可以在 e 读搜索引擎框中选择全部字段、题目、作者、导师、摘要和关键词等选项进行一般检索。在该页的右下方,提供了常用学位论文数据库的链接,极大地方便了读者。

(5) 国家科技图书文献中心(NSTL)中、外文学位论文。国家科技图书文献中心(National Science and Technology Library,NSTL)提供中、外学位论文,网址为 http://www.nstl.gov.cn。其学科范围涉及自然科学各专业领域,并兼顾社会科学和人文科学,其中中文学位论文数据库主要收录了自 1984 年以来我国高等院校及科研院所发布的硕士、博士和博士后论文。其外文学位论文数据库收录了美国 ProQuest 公司博硕士论文资料库中 2001 年以来的优秀博士论文。

(6) 中国国家图书馆博士论文库。中国国家图书馆网址为 http://www.nlc.gov.cn，选择上面的"资源"，即可进入国家图书馆学位论文收藏中心的博士论文库。它是教育部指定的全国博士论文、博士后研究报告收藏机构，并收藏我国海外留学生的部分博士论文，提供论文阅览、复制等服务。为了便于永久保存，国家图书馆着手开始学位论文全文影像数据建设。博士论文全文影像资源库以书目数据、篇名数据、数字对象为内容，提供简单检索、高级检索、二次检索、关联检索和条件限定检索。

## 5.3.3 PQDT 学位论文数据库

PQDT 学位论文全文库的网址为 http://www.pqdtcn.com。ProQuest 公司是世界上较早及较大的博硕士论文（ProQuest Dissertations & Theses，PQDT）收藏和供应商，该公司从 2001 年开始，在文摘库的基础上，开发了电子版的论文全文服务方式，由国内高校、科研机构等单位联合组成的 ProQuest 博士论文中国集团自 2002 年起开始订购 ProQuest 中的全文，由北京中科进出口公司独家代理，凡参加联合订购的集团成员馆均可共享整个集团订购的全部 ProQuest 学位论文全文（PDF 格式）资源。PQDT 学位论文全文库是目前国内唯一提供国外高质量学位论文全文的数据库，主要收录了自 1743 年以来全球 3000 余所知名大学的优秀博硕士论文。目前中国集团可以共享的论文涉及文、理、工、农、医等多个领域。该库是学术研究中十分重要的信息资源，对于研究和掌握最新科学前沿有着不可替代的作用。

截至 2021 年 4 月，该库总上线论文超过 448 万篇。

PQDT 学位论文中国集团全文检索平台的检索方法有三种：基本检索、高级检索、分类导航（见图 5.12）。基本检索相对比较简单。对于高级检索，只要点击"高级检索"按钮即可进入高级检索页面（见图 5.13）。高级检索的字段选项有标题、摘要、全文、作者、学校、导师、来源、ISBN、出版号等。此外还可以选择出版年，选择博士论文或硕士学位论文等。PQDT 学位论文中国集团全文检索平台上的"分类导航"中包含按主题分类和按学校分类两种浏览检索方法（见图 5.14）。

**图 5.12　PQDT 学位论文中国集团全文检索平台**

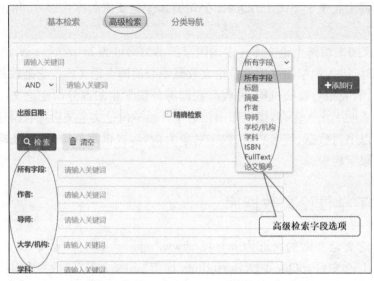

图 5.13　PQDT 学位论文高级检索页面

图 5.14　PQDT 学位论文分类导航

## 5.4　科 技 报 告

### 5.4.1　科技报告概述

科技报告是记录某一种科研项目调查、实验、研究的成果或进展情况的报告。科技报告一般叙述详尽、真实性强,具有较为重要的参考价值。

科技报告中有相当一部分涉及军事和国防工业的尖端技术,归属前沿学科的最新研究领域,是各国政府重点部署和支持的研究课题。因此,大部分报告有不同程度的保密要求,一般不容易获得。只有经过一定年限,经审查解密之后,才准予发表,成为公开文献资料。

科技报告的种类和名目繁多,常见的有年度报告(Annual Report)、现状报告(Status Report)、总结科学报告(Final Scientific Report)、技术札记(Technical Note)、技术报告(Technical

Report)、试验成果报告(Test Results Report)、技术研究备忘录(Technical Research Memo)、进展报告(Progress Report)、专题报告(Topical Report)、研究报告(Research Report)、技术操作报告(Technical Operation Report)、特种出版物(Special Publication)等。

目前,美国、英国和日本等国家每年都会发表大量的科技报告。英国比较系统整理、报道科技报告的是英国原子能局(U. K. Atomic Energy Authority,UKAEA)。凡解密的科技报告都发表在《英国原子能公开出版物目录》(*U. K. Atomic Energy Authority List of Publication*)上。日本较著名的科技报告是科学技术航空宇宙技术研究所发行的《航空宇宙技术研究所资料》(*Technical Memoradum of National Aerospace Lab.*),编号NAL-TM。另外,还有《加拿大原子能公司报告》(AECL)和《法国原子能委员会报告》(CEA)等。

上述国家的科技报告基本上没有完整的检索工具,而著名的美国四大科技报告,即PB、AD、DOE和NASA,则提供了几套文摘可供检索。

## 5.4.2 美国四大科技报告

### 5.4.2.1 PB报告

PB报告是美国政府研究报告中发行最早的一种。第二次世界大战后,美国政府为了系统整理和利用从战败国获得的战利品,于1946年成立了商业部出版局(Office of the Publication Board, U. S. Department of Commerce),由该局负责搜集、整理和报道从德、日、意等国得到的大量保密性科技文献。出版局对每份报告都依次编上它自己的序号,并在序号前冠上该局缩写字头"PB",因此这类报告就被称为PB报告。从20世纪50年代以来,该出版局虽然转向出版美国本国政府的研究报告,但仍沿用此名。

PB报告内容涉及面很广,包括绝大部分自然科学的基础理论、生产技术、工艺材料、尖端科学技术的科研领域。就文献类型而言,PB报告包含专题研究报告、学术论文、会议文献、专利说明书、标准资料、手册、专题文献题录等。PB报告中的化学和化工类文献的数量始终占领先地位。

PB报告在国际上是公开发行的。虽然早期的技术报告内容已经过时,但很多都是军事方面的,对民用有一定的持久性参考价值。我国有关信息所和较大图书馆均有收藏。

### 5.4.2.2 AD报告

AD最初是"ASTIA Document"的缩写,后来为"Accessioned Documents"的缩写。ASTIA是美国武装部队技术信息局(Armed Services Technical Information Agency)的简称。该局于1951年由美国国会图书馆科技信息组和文献服务中心合并而成,隶属于美国国防部。1963年3月,该局改组为美国国防科学技术信息文献中心(Defense Documentation Center for Scientificand Technical Information,DDC)。它隶属于空军部,受国防研究与开发委员会的政策指导。凡国防系统研究所及其合同研制单位的技术报告,均由该文献中心统一整理、分类,编入AD报告。AD报告分两部分:一部分是不保密的报告,交给商业部技术服务局(OTS)公开发行。最初服务局在这种AD报告上加编一个PB号再公布。后来直接用AD号公布,不再加编PB号。另一部分是保密的报告,这类报告要到解密后方可公开发表。凡AD解密报告的缩微胶片,我国均已引进,由中国科学院图书馆、兵器部信息研究所等单位收藏。

AD报告的密级分为机密(Secret)、秘密(Confidential)、内部控制发行(Restricted or Limited)和公开发行(Unclassified)。各种密级一开始是混合编号,后来是分别编号。

AD报告涉及的范围很广,几乎包括自然科学和工程技术的各个领域。1965年以前,AD报告按学科分成33大类。1965年7月至今,AD报告一直使用美国科学技术信息委员会(COSATI)的分类法。

### 5.4.2.3 DOE报告

DOE是美国能源部(Department of Energy)的简称,凡该部所属系统提供的报告均称DOE报告。DOE报告的前身是AEC报告和ERDA报告。AEC是美国原子能委员会的简称,它于1974年10月撤销,在此以前由该委员会所属机构或合同单位提供的科技报告均称AEC报告。该委员会撤销后,1975年1月成立了能源研究与发展署(ERDA)和核管理委员会(NRC)。该署寿命很短,于1977年10月又改组为美国能源部(DOE)。从1978年7月起,此类报告统称为DOE报告,并按DOE报告编码。

### 5.4.2.4 NASA报告

NASA是美国国家航空及宇宙航行局的简称。该局收集的科技资料统称为NASA报告。该局的前身是美国国家航空咨询委员会(NACA),NASA报告前身是NACA报告。

NASA报告的报告号采用"NASA-报告出版类型-顺序号"的表示方法,如"NASA-CR-167298"表示一份合同用户报告。NASA编号系统包含以下几种常见类型:

(1) CR-×××××(Contractor Reports,合同报告);
(2) Memo-×××××(Memorandums,备忘录);
(3) SP-×××××(Special Publicated,特种出版物);
(4) TN-×××××(Technical Notes,技术札记);
(5) TM-×××××(Technical Memorandums,技术备忘录);
(6) TR-×××××(Technical Reports,技术报告);
(7) TT-×××××(Technical Translations,技术译文);
(8) RM-×××××(Research Memorandums,研究备忘录)。

NASA的技术报告是非保密的文献,技术内容比较完整。技术札记是技术报告的补充,但内容与技术报告并不重复。技术备忘录主要是保密文献,考虑技术有持久性的参考价值,因此在解除保密后,以技术报告或技术札记形式公开出版。

## 5.4.3 科技报告检索工具

### 5.4.3.1 美国四大科技报告的检索工具

美国四大科技报告的主要检索工具是《政府报告通报及索引》,其中DOE报告和NASA报告还有各自的专门检索工具。例如,《能源研究文摘》(*Energy Research Abstracts*,ERA)和《国际核信息体系——核能文献题录》(*INIS-atom Index*)收录DOE报告;美国《宇宙航行科技报告》(*Scientific and Technical Aerospace Reports*, STAR)收录 NASA 报告。若查找这两种报告,则使用 ERA 和 STAR 效果更好。后几种文摘也收录一部分与其学科有关的 PB 报告和 AD 报告,因此这几种文摘有许多重复。

**1. 美国《政府报告通报及索引》**

《政府报告通报及索引》(*Governments Reports Announcements & Index*)于 1946 年创刊,由美国国家技术信息服务处(NTIS)编辑出版。"通报"和"索引"实际上是指每期的文摘和索引两个部分。因为它出版有年度累积索引,我国各收藏部门在装订时大多把后一部分"索引"剔除,只留《政府报告通报》部分,所以简称 GRA。

GRA 主要以摘要形式报道美国政府机构及其合同户提供的研究报告,同时也报道各部门出版的科技译文和少量其他国家的科技文献。具体地说,它报道全部 PB 报告,所有非密级的、解密的 AD 报告,部分 NASA 报告、DOE 报告和其他类型的报告,以及部分美国专利申请说明书的摘要。

(1) 主要类目。GRA 报道范围较广,几乎涉及现代科学的所有学科,使用美国科技信息委员会分类法,共分 22 大类(Category)、178 个小类(Subcategories)。其大类包括:① 航空学;② 农业;③ 天文学与天文物理;④ 大气科学;⑤ 行为与社会科学;⑥ 生物与医学科学;⑦ 化学;⑧ 地球科学与海洋学;⑨ 电子学与电工;⑩ 能量转换;⑪ 材料;⑫ 数学;⑬ 机械工程、工业工程、土木工程及造船工程;⑭ 方法与设备;⑮ 军事科学;⑯ 导弹技术;⑰ 导航、通信、探测及反雷达;⑱ 核子科学与技术;⑲ 军械;⑳ 物理学;㉑ 推进与燃料;㉒ 空间技术。

(2) 文摘著录内容。文摘著录内容包括:① 报告号(1983 年以前相当于文摘序号,1984 年起,每条文摘编有序号),按各类报告的代号顺序编排,即先排 AD 报告,再接排 DE 报告(即 DOE 报告)代号,等等;② 文献价目,PC(Paper Copy)为印刷品,A 为单价代码(以前用 $ 表示),MF(Microfiche)为缩微胶片;③ 团体著者及其地址(即提供原始报告的单位);④ 报告题目(黑体);⑤ 报告阶段类型和课题研究起止时间;⑥ 个人著者姓名及报告写完时间;⑦ 报告页数;⑧ 报告代号(指原编写单位编制的代号);⑨ 合同号;⑩ 文摘正文;⑪ 文摘来源。

(3) 索引。GRA 包含 5 种期索引和年度累积索引:① 关键词索引(Keyword Index),按关键词字母顺序排列,关键词下列有题目、报告号和文摘所在页码,供用户从主题途径进行检索;② 个人著者索引(Personal Author Index),按著者姓名字顺排列,著录事项有著者姓名、题目、报告号和文摘所在页码,供用户从已知著者途径进行检索;③ 团体著者索引(Corporate Author Index),按提供报告的单位名称的字顺排序,著录事项与个人著者索引基本相同,但题目前多一项原文献报告号;④ 合同号/资助号索引(Contract/Grant Number Index),按报告的合同号和资助号顺序排序,著录事项与以上索引不同的地方是,题目一项代换为参加合同单位或资助单位的名称;⑤ NTIS 订购号/报告号索引(NTIS Order/Report Number Index),按 NTIS 订购号(索取号)和原文献报告号的顺序编排,其著录事项中列有印刷品和缩微胶卷的价目。

以上各索引的年度累积索引的著录事项中还给出了当年的卷号和期号。

**2.《能源研究文摘》**

《能源研究文摘》(*Energy Research Abstracts*, ERA)由美国能源部技术信息中心编辑出版,半月刊。该刊物的前身是《核科学文摘》,该文摘于 1976 年 7 月停刊,被《国际核信息体系——核能文献题录》和 ERA 分别取代。

ERA 收录的内容包括美国能源部所属各图书馆、各能源中心和合同机构(包括国外合同机构)提供的全部科技报告、期刊文章、会议论文、图书、专利、学术论文及专著。

ERA 所列类目大部分涉及近代化学。

ERA 每期后附有 4 种索引：团体作者索引、个人作者索引、主题索引和报告号索引。卷末附有这 4 种索引的累积索引。上述索引检索步骤与 GRA 基本相同，检索也很简便。

**3.《国际核信息体系——核能文献题录》**

《国际核信息体系——核能文献题录》(*INIS-Atom Index*)于 1970 年创刊。该题录实际上是文摘刊物。除题录外，很多文章均有简单文摘。该题录由国际核信息系统编辑出版。国际核信息系统是国际原子能机构(IAEA)及其成员国组成的合作和中心信息系统。各成员国和参加该机构的组织可以享用和处理信息系统出版的各种信息资料，如 INIS 磁带版、印刷版、非普通文献的缩微胶片。

(1) 本题录报道的内容包括：① 物理科学；② 化学、材料和地球科学；③ 生命科学；④ 同位素、同位素和辐射的应用；⑤ 工程和技术；⑥ 其他。

(2) 该题录的著录内容包括：① 文摘号；② 作者；③ 作者地址；④ 团体名称；⑤ 英文题目；⑥ 文别；⑦ 原文题目；⑧ 报告号或专利号；⑨ 期刊名称；⑩ 卷期年月；⑪ 期限；⑫ 文摘正文；⑬ 叙词(凡无文摘摘要的题录，均加注叙词以补充说明文献的内容，叙词按字顺排列)；⑭ 主题词(用此主题词可以在主题索引中查出该文献)。

(3) 该题录配有 5 种单期和年度索引：① 个人作者索引。个人作者索引的著录内容为作者姓名、文献题目、文摘号，一篇文献有两个以上作者时，在次要作者处注明"参见第一个作者"，该索引按作者姓名字顺排列。② 团体名称索引。团体名称索引按团体名称字顺排列，其著录内容包含团体名称、文献题目及文摘号。③ 报告号索引(包含标准和专利号)。④ 主题索引(按主题词字顺排列)。⑤ 会议索引。该索引按会议召开年月日顺序编排，很容易查找。

以上索引使用方法与 GRA 大体相同。

**4.《科学技术航天报告》**

《科学技术航天报告》(*Scientific and Technical Aerospace Reports*, STAR)由美国国家航空与宇宙航行局(NASA)编辑出版，创刊于 1963 年。

STAR 前身为 1958 年创刊的《技术出版物公报》(TPA)。TPA 为非定期刊物，侧重报道 NASA 及有关单位的航宇技术报告，它的姊妹刊是《国际航天文摘》(*International Aerospace Abstracts*, IAA)。

IAA 由美国航空与宇宙航行学会技术信息处编辑出版。它创刊于 1961 年，半月刊。它与美国 NASA 编辑出版的《科学技术航天报告文摘》是姊妹篇，两者的编排体例和检索方法都相同，仅在选材范围上有所不同。IAA 只摘录报道国际上公开出版的期刊论文、图书、会议论文、学会论文等文献，而 STAR 主要负责报道 NASA 系统及其合同户的报告，以及美国政府机构、公司和研究机构的科学技术报告和相关的论文、译文。因此，这两种刊物既各有分工，又互为补充。

该刊报道内容共分 34 类，与化学有关的有：

(1) 06. 化学。包括化学分析与鉴定、光谱学。

(2) 17. 金属材料。包括金属陶瓷、腐蚀、材料的物理和机械性能、冶金学、结构材料的应用。

(3) 18. 非金属材料。包括腐蚀、材料的物理和机械性能、塑料、橡胶和液压油等。

(4) 27. 推进剂。包括燃料、点火剂、氧化剂。

(5) 33. 热动力学与燃烧。包括消融、冷却、加热、热传导、热平衡,以及其他热效应、燃烧原理。

以上介绍的是美国四大报告常用检索工具的印刷版,其网络检索常用的有 NTIS 信息网(http://www.ntis.gov)、DOE 信息网(http://www.osti.gov)、NASA 技术报告信息网(http://ntrs.nasa.gov)等。

图 5.15 所示为 NTIS 技术报告检索页面,可以选择一般检索或高级检索。图 5.16 所示为 DOE 检索页面,可以选择一般检索或高级检索。图 5.17 所示为 NASA 技术报告一般检索检索页面,在检索框中输入关键词等即可检索。图 5.18 所示为 NASA 技术报告的高级检索页面,检索字段可以选择题名、作者名、摘要、文件号、报告/专利号、NASA 报告系列、主题词、组织机构、仅引文/摘要、仅全文等。

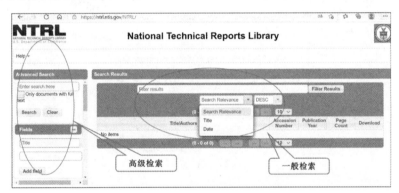

图 5.15　NTIS 技术报告检索页面

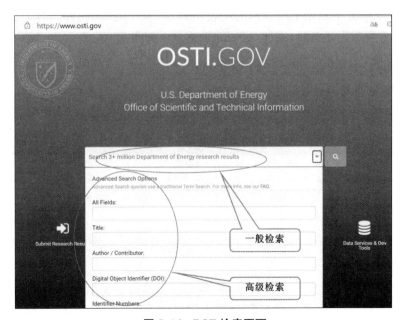

图 5.16　DOE 检索页面

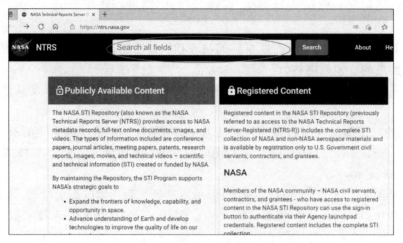

图 5.17　NASA 技术报告一般检索页面

图 5.18　NASA 技术报告高级检索页面

万方数据知识服务平台和中国知网的科技报告,收录了美国政府四大科技报告(AD、DE、NASA、PB),收录数据不断更新、增加,它们的检索页面如图 5.19、图 5.20 所示。

图 5.19　万方数据外文科技报告检索页面

图 5.20　中国知网外文科技报告检索页面

### 5.4.3.2　中国科技报告检索工具

我国正积极探索建立完整统一的科技报告体系,其中《中国科学技术发展报告》是一部由国家科学技术部编写的年度系列出版物。该报告主要描述我国科技事业的重要进展和重大成果,可让公众更加全面地了解我国科技发展的现状。

我国的科技报告(科技成果)检索途径主要包括万方数据和中国知网。

**1. 万方数据**

在万方数据资源库中选择"科技报告"就可以进入科技报告的检索页面。万方数据的中文科技报告,收录始于1966年,源于中华人民共和国科学技术部,目前超过117万份。图5.21所示为万方数据科技报告检索页面,在检索框中可以选择输入题名、关键词、作者、作者单位、计划名称、项目名称等检索字段。在检索页面的左侧,是收录的国家级成果库,包括常见的国家科技重大专项、国家重点基础研究发展计划、国家高技术研究发展计划、国家科技支撑计划、国家国际科技合作专项、国家重大科学仪器设备开发专项、国家科学技术奖励项目和国家重大科学研究计划等。

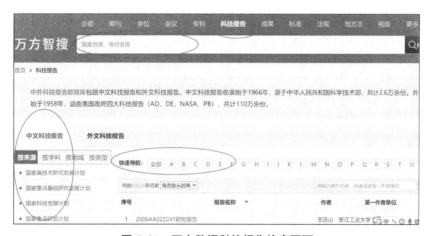

图 5.21　万方数据科技报告检索页面

**2. 中国知网**

在中国知网资源库中选择"成果"就可以进入中国科技项目创新成果鉴定意见数据库(知网版)检索页面(见图5.22)。中国知网收录的科技报告的数据来源是中国化工信息中心,主要收录正式登记的中国科技成果,按行业、成果级别、学科领域分类。每条成果信息包含成果概况、立项、评价、知识产权状况及成果应用,成果完成单位、完成人等基本信息。核心数据为登记成果数据,具备正规的政府采集渠道,权威、准确。其收录了1978年至今的科技成果,部分成果可回溯至 1920 年。目前,中国科技项目创新成果鉴定意见数据库(知网版)共计收录科技成果 90 多万项。中国科技项目创新成果鉴定意见数据库(知网版)的检索方式包括一般检索、高级检索和专业检索。

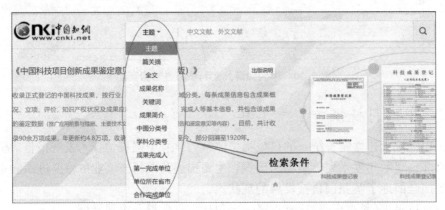

图 5.22　中国科技项目创新成果鉴定意见数据库(知网版)的一般检索页面

在一般检索页面中(见图 5.22),可以选择成果名称、关键词、成果简介、中图分类号、学科分类号、成果完成人、第一完成单位、单位所在省市名称和合作完成单位等检索条件。在高级检索页面中(见图 5.23),除了可以选择一般检索方式的检索条件外,在检索页面中还有时间范围、成果应用行业和成果课题来源等检索条件的组合。在专业检索页面中(见图 5.24),可以输入专业检索语法表达式进行检索。可检索字段包括:TI=成果名称,KY=关键词,AB=成果简介,CLC=中图分类号 1+中图分类号 2,CLZ=学科分类 1+学科分类 2,WCR=成果完成人,FDR=第一完成单位,SZS=单位所在省市名称,SDF=合作完成单位等。

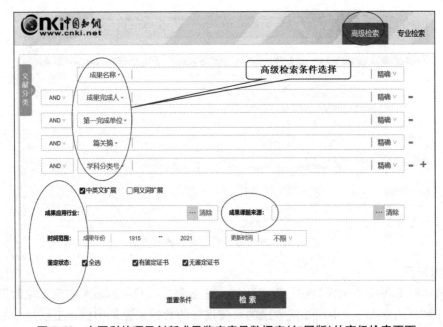

图 5.23　中国科技项目创新成果鉴定意见数据库(知网版)的高级检索页面

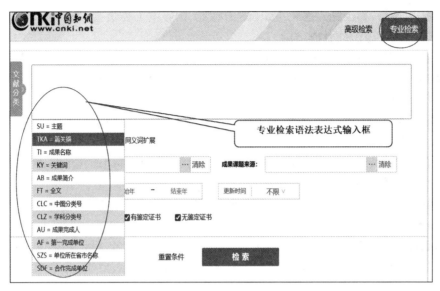

图 5.24 中国科技项目创新成果鉴定意见数据库(知网版)的专业检索页面

## 5.5 标准文献

标准文献是人们从事科研、生产、设计、检验和贸易时重要的法律性技术依据,作为科技工作人员,一定要十分重视标准文献。化工方面的标准主要包括:产品标准、原料标准、中间产品标准、分析标准和设备标准等。

### 5.5.1 标准文献概述

标准是针对工农业产品和工程建设的质量、规格、检验方法、包装方法及储运方法等方面制定的技术规定,是从事生产、建设工作的共同技术依据。技术标准在生产和国民经济中的作用是很大的,推行生产标准化,有利于合理利用资源、节约原材料、提高技术和劳动生产率、保证产品质量。因此也可以说,标准是发展生产的一种手段。我们掌握标准资料,还可以通过它了解和研究国内外工农业产品和工程建设的特点和技术水平,以作为制定和修订某项标准的参考,对于发展新产品、改进老产品有一定的参考价值。此外,标准也是国际贸易和技术合作的技术依据。

标准文献(Standard Literature)是指按照规定程序编制并经过一个公认的权威机构(主管部门)批准的,供一定范围内广泛使用的,包括一整套在特定活动领域内必须执行的规格、定额、规则、要求的技术文件。它要与现代化科学和技术发展水平相适应,并且根据国民经济的需要,随着标准化对象的变化或新的更高级标准的出现而不断补充、修订和更新换代。

#### 5.5.1.1 标准的种类

**1. 按使用范围分为五大类**

(1) 国际标准。国际标准是指经国际标准组织通过的标准,或经过从事标准化活动的国际组织通过的技术规格,如国际标准化组织(ISO)标准、国际电工委员会(IEC)推荐的标准。这类标准适用于参加国际组织的各成员国。

(2) 区域性标准。区域性标准是指经区域性标准化组织通过的标准,或从事标准化活动的区域性组织通过的技术标准,如欧洲计算机制造商协会(ECMA)标准。这类标准适用于世界某一地区的某些行业。

(3) 国家标准。国家标准是指经全国性标准组织通过的,适用于全国的标准,如我国的标准(GB)、美国标准(ANSI)。

(4) 专业标准。专业标准是指经某一专业统一组织或专业部门通过的标准,如我国各部颁标准、美国材料与试验协会(ASTM)标准。

(5) 企业标准。企业标准是指经一个企业或部门批准的,只适用于本企业或部门的标准。

**2. 按内容分为三大类**

(1) 基础标准,如有关术语、词汇、符号、编写、绘图、定义、命名、标识和单位等方面的标准。

(2) 制品标准,如有关制品的形状、尺寸、材料、质量、性能、要求、分类和公差等方面的标准。

(3) 方法标准,如有关产品试验、检验、分析和测定等方面以及技术条件之类的标准。

#### 5.5.1.2 各国标准的代号

目前,世界上有很多国家设立了全国性的标准化管理机构。各国的标准都有各自的代号。一些主要国家或组织的标准代号如表5.3所示。

表5.3 一些主要国家或组织的标准代号释义

| 国家或组织 | 标准代号 | 国家或组织 | 标准代号 |
| --- | --- | --- | --- |
| 中国国家标准 | GB | 国际标准化组织标准 | ISO |
| 美国国家标准 | ANSI | 澳大利亚国家标准 | AS |
| 印度国家标准 | IS | 英国国家标准 | BS |
| 日本工业标准 | JIS | 韩国国家标准 | KS |
| 加拿大国家标准 | CSA | 法国国家标准 | NF |
| 德国工业标准 | DIN | 国际电工委员会标准 | IEC |
| 意大利国家标准 | UNI | 比利时国家标准 | NBN |
| 荷兰国家标准 | NEN | 巴西国家标准 | NB |

#### 5.5.1.3 标准的分类

各国标准大多按类目分类,但很不统一,归纳起来,包括三种形式:① 字母分类法,即用字母代表类目;② 数字分类法,即用数字表示类目;③ 字母和数字混合分类法,即用字母和数字组合的代号表示类目。

检索某一国家的标准时,首先必须了解它的分类系统,一般分类系统在各种检索工具的使用说明中都有介绍。

各国的标准目录是查找标准的主要检索工具。各国出版的标准化杂志也是查找标准的一条重要途径。例如,我国出版的《国外标准资料报道》(月刊),其内容包括国外标准资料、标准化期刊论文索引和标准化专著等。

此外,在查阅国外标准资料时,必须注意一点,即国外技术标准文献经常以各种不同的名称出现,常见的有标准(Standard、Normen、Стандарт)、规格(Specification)、公报(Bulletin、Boletin)、建议(Recommedation、Рекомендация、Empfehlungen)、出版物(Publication)、报告(Report)、手册(Handbook)、规程(Code)、规则(Rules、Instruction、Правила)、年鉴(Year Book)、技术条件(Технические Условия、Technische Beding-ungen)、指示(Указания、Richtlinien)、指导性技术文件(Руководящее Технические Матери-алы)等。

《国际标准分类法》(*International Classification for Standards*, ICS)全部由数字组成。ISO 标准组织从 1994 年开始采用 ICS 分类法(见表 5.4)。

表 5.4  ICS 分类号

| 代码 | 名　称 | 代码 | 名　称 |
| --- | --- | --- | --- |
| 01 | 综合、术语学、标准化、文献 | 49 | 航空器和航天器工程 |
| 03 | 社会学、服务、公司(企业)的组织和管理、行政、运输 | 53 | 材料储运设备 |
| 07 | 数学、自然科学 | 55 | 货物的包装和调运 |
| 11 | 医药卫生技术 | 59 | 纺织和皮革技术 |
| 13 | 环保、保健和安全 | 61 | 服装工业 |
| 17 | 计量学和测量、物理现象 | 65 | 农业 |
| 19 | 试验 | 67 | 食品技术 |
| 21 | 机械系统和通用件 | 71 | 化工技术 |
| 23 | 流体系统和通用件 | 73 | 采矿和矿产品 |
| 25 | 机械制造 | 75 | 石油及相关技术 |
| 27 | 能源和热传导工程 | 77 | 冶金 |
| 29 | 电气工程 | 79 | 木材技术 |
| 31 | 电子学 | 81 | 玻璃和陶瓷工业 |
| 33 | 电信、音频和视频工程 | 83 | 橡胶和塑料工业 |
| 35 | 信息技术、办公机械 | 85 | 造纸技术 |
| 37 | 成像技术 | 87 | 涂料和颜料工业 |
| 39 | 精密机械、珠宝 | 91 | 建筑材料和建筑物 |
| 43 | 道路车辆工程 | 93 | 土木工程 |
| 45 | 铁路工程 | 95 | 军事工程 |
| 47 | 造船和海上构筑物 | 97 | 家用和商用设备、文娱、体育 |

## 5.5.2 标准文献检索工具

### 5.5.2.1 ISO标准检索工具

国际标准化组织(International Organization for Standardization,ISO)成立于1947年,是世界上最大的非政府性标准化机构,是标准化方面专门的国际机构。其主要职能是制定ISO国际标准,协调世界范围内的标准化工作。其制定标准的范围是除电气和电子领域外的其他学科。ISO下设206个技术委员会(Technical Commottee,TC),在每个技术委员会下设置了一些分委员会(Sub-Committee,SC)和工作小组(Working Group,WG)。

ISO国际标准均由TC、SC和WG负责制定,其标准制定审批程序十分严密。ISO标准每隔五年就要重新修订、审定一次。

ISO标准分类法采用ISO技术委员会(TC)和国际十进分类法(UDC)两种标识,如TC43为声学。1971年以前,其标准以推荐标准(ISO/R)形式公布,编号结构形式为"ISO/R+顺序号+年份";1992年以后,其标准以正式标准公布,编号结构形式为"标准代号+标准序号+颁发年份"。

检索ISO标准的工具主要是 *ISO Catalogue*(《国际标准目录》)。该刊由ISO编辑出版,报道ISO各技术委员会制定的标准。*ISO Catalogue* 为年刊,用英文和法文对照本形式出版,部分还加俄文对照。每年2月出版发行,报道上一年12月底之前的全部现行标准。每年还出版4期补充目录。该目录主要内容包括:① 技术委员会序号目录(Technical Committee Order);② 废弃目录(Withdrawals);③ 标准号序表(List in Numerical Order);④ 国际十进位分类号技术委员会序号索引(UDC/TC Index);⑤ 主题索引(Subject Index)。

除了上述部分主要内容外,该刊还附有ISO指南索引、标准手册索引和参考文献索引。

此外,ISO还建立了网络检索途径ISO门户网站。ISO门户网站是ISO自己建立的网站,可以检索国际标准。检索字段有国际标准分类法(ICS)、标准名称关键词、文献号、技术委员会(TC)代码等。其网址为 http://www.iso.org/iso。

图5.25所示为ISO门户网站提供的两种标准目录检索方式:按ICS浏览检索、按TC代码浏览检索。在图5.25所示页面上点击"BROWSE BY ICS",进入按ICS浏览检索页面,这里的分类号和表5.4所示的是一致的。在图5.25所示页面上点击"BROWSE BY TC",进入按TC代码浏览检索页面(见图5.26),TC代码的"Title"列在相应的代码右侧。

图5.25 ISO标准的浏览检索方法

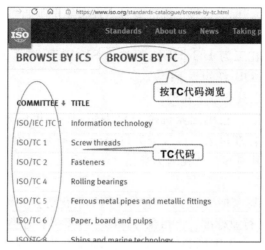

图 5.26 ISO 标准的按 TC 代码浏览检索页面

## 5.5.2.2 中国标准检索工具

我国于 1956 年开始建立统一的标准管理机构——国家科委标准局。1978 年 5 月国家标准总局成立。1979 年 7 月《中华人民共和国标准管理条例》颁布,标志着我国标准化工作进入了一个新的发展时期。

我国国家标准体制为三级制:国家标准、部颁标准和企业标准。同一级标准又分为暂行标准和正式标准两种。

《中国标准分类法》是 1984 年国家标准总局编制的用于分类除军工标准外的各级标准和有关标准文献的分类法。本分类法采用二级分类,一级主类的设置主要以专业划分为主,二级类目设置采取非严格等级制的列类方法;一级分类由 24 个大类组成(见表 5.5),每个大类有 100 个二级类目;一级分类由单个字母组成,二级分类由双数字组成。

表 5.5 中国标准一级类目表

| 代码 | 名 称 | 代码 | 名 称 |
| --- | --- | --- | --- |
| A | 综合 | B | 农业、林业 |
| C | 医药、卫生、劳动保护 | D | 矿业 |
| E | 石油 | F | 能源、核技术 |
| G | 化工 | H | 冶金 |
| J | 机械 | K | 电工 |
| L | 电子元器件和信息技术 | M | 通信、广播 |
| N | 仪器、仪表 | P | 工程建设 |
| Q | 建材 | R | 公路、水路运输 |
| S | 铁路 | T | 车辆 |
| U | 船舶 | V | 航空、航天 |
| W | 纺织 | X | 食品 |
| Y | 轻工、文化与生活用品 | Z | 环境保护 |

我国标准号结构形式为"标准代号＋标准编号＋发布年份",如 GB 13668—92。国家标准的代号为 GB(汉语拼音字头)。部颁标准绝大部分采用颁布标准的有关部门的简称(汉语拼音字头)。例如,冶金为 YB;化工为 HG、HGB;石油为 SY、SYB;煤炭为 MT;建筑工程、材料为 JC、JG;林业为 LY;轻工为 QB;纺织为 FJ 等。

我国各类标准的检索工具有以下几种:

(1)《中国标准化年鉴》。它由国家标准总局编辑,1985 年创刊,收集了我国 1956 年至 1984 年底颁发的所有固定标准目录。目录按类目编排,附有号码索引。但该年鉴没有主题索引。以后每年出版一本。其内容包括我国标准化事业的现状、国家标准分类目录和标准序号索引三部分。

(2)《中华人民共和国国家标准目录》。它由中国标准化协会编辑,不定期出版。其内容除现行国家标准外,还列出了行业标准。该目录按标准序号索引和分类目录两部分编排。

(3)《标准化通讯》。它由中国标准化协会编辑出版,月刊。它报道国内最新标准及标准化工作动态。

(4)《台湾标准目录》。它由厦门市标准化质量管理协会翻印,1983 年出版。该目录收录我国台湾地区 1983 年以前批准的 10136 个标准。

(5)《世界标准信息》。它由中国标准信息中心编辑出版,月刊。该刊以题录形式介绍最新国家标准、行业标准、中国台湾标准、国际和国外先进标准以及国内外标准化动态。

除上述印刷型检索工具外,中国标准信息中心还建立了中西文混合检索标准数据库。该库除国家标准(GB)、中国台湾标准外,还包含 ISO,IEC,日本、美国等国的标准。该库提供以 30 天为周期的标准的发布、修改、作废信息。数据库数据可以以软盘或光盘形式向广大用户提供。

若需查找我国标准,则可利用上述刊物进行检索;若需了解我国标准化动态和掌握某学科范围内新制定和修改的标准,则可借助《世界标准信息》等刊物浏览查找;若需系统查找某特定内容方面的标准,则可通过《中国标准年鉴》和《中华人民共和国国标目录》等刊物中提供的分类途径查找。

此外,化工方面还出版了专业性标准汇编,如《国家标准化学试剂汇编》(1971)、《橡胶工业橡胶制品标准汇编》(1970)、《水泥制品标准汇编》等。以上均由技术标准出版社(该社于 1983 年更名为中国标准出版社)出版。

中国标准文献网络检索工具主要有:

(1) 万方数据——中外标准数据库(China Standards Database,CSD)。CSD 收录内容超过 239 万条,全文数据来源于国家指定标准出版单位,专有出版,文摘数据来自中国标准化研究院国家标准馆,数据权威。

在万方数据资源库中点击"标准",即可进入 CSD 的检索页面(见图 5.27)。CSD 提供浏览检索、一般检索、高级检索和专业检索等四种检索方法。

在图 5.27 所示页面中,我们可以看到浏览检索和一般检索两种方式,其中浏览检索可以按照综合、农业、林业、医疗、卫生、劳动保护、矿业、石油、能源、核技术、化工、冶金、机械、电工、电子元器件与信息技术、通信、广播、仪器、仪表、工程建设、环境保护等学科或门类进行浏览。在图 5.27 所示页面上方可以看到一般检索输入框,一般检索字段可以选择题名、关键词、标准编号、起草单位和发布单位等。

点击图 5.27 所示页面右上端的"高级检索"按钮,即可进入高级检索页面(见图 5.28)。

在这个页面的左端有万方资源库中文献类型的选项。高级检索字段的选项有全部、主题、题名或关键词、题名、作者单位、关键词、日期、标准编号、标准发布单位等,同时还可以选择时间范围。

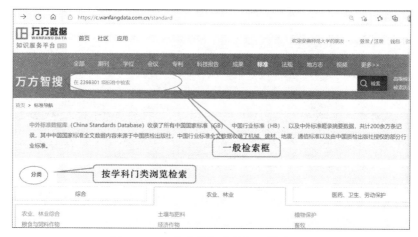

图 5.27　万方中外标准数据库检索页面

点击图 5.28 所示页面上端的"专业检索"按钮,即可进入专业检索页面(见图 5.29)。在这个页面中点击左上方的"可检索字段"提示按钮,就会出现检索字段、标准编号、发布单位和逻辑关系的对话框,利用这个对话框,可以在专业检索框中输入检索语言表达式。当然,这里的专业检索也可以选择时间范围。

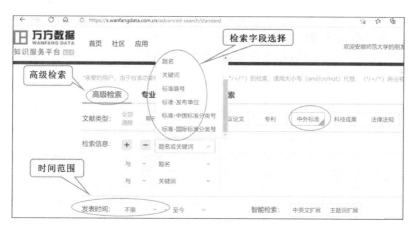

图 5.28　万方中外标准数据库高级检索页面

(2) 中国知网——标准数据总库。标准数据总库是国内数据量最大、收录最完整的标准数据库,分为《中国标准题录数据库》(SCSD)、《国外标准题录数据库》(SOSD)、《国家标准全文数据库》和《中国行业标准全文数据库》。《中国标准题录数据库》(SCSD)收录了所有的中国国家标准(GB)、国家建设标准(GBJ)、中国行业标准的题录摘要数据,共计标准约 13 万条;《国外标准题录数据库》(SOSD)收录了世界范围内的重要标准,如国际标准(ISO)、国际电工标准(IEC)、欧洲标准(EN)、德国标准(DIN)、英国标准(BS)、法国标准(NF)、日本工业标准(JIS)、美国标准(ANSI)、美国部分学协会标准(如 ASTM、IEEE、UL、ASME)等标准的题录摘要数据,共计标准约 60 万条。《国家标准全文数据库》收录了由中国标准出版社出版的,国家标准化管理委员会发布的所有国家标准,占国家标准总量的 90% 以上。《中国行业标准全文数据库》收录了现行、废止、被代替和即将实施的行业标准,全部标准均获得权利人的合法授权。标准的内容来源于中国标准化研究院国家标准馆。可以通过标准号、中文标题、英文标题、中文关键词、英文关键词、发布单位、摘要、被代替标准、采用关系等检索项进行检索。

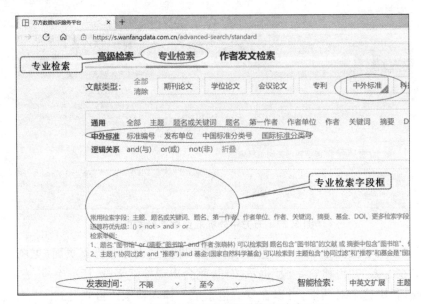

图 5.29　万方中外标准数据库专业检索页面

中国知网标准数据总库的检索方式包括浏览检索、一般检索、高级检索、专业检索。

中国知网标准数据总库的一般检索页面如图 5.30 所示。一般检索字段包括:标准名称、标准号、关键词、摘要、全文、发布单位、出版单位、起草单位、中国标准分类号、国际标准分类号、起草人等。同时也可以选择发布日期和实施日期。

图 5.30　中国知网标准数据总库一般检索页面

在这个页面上点击"高级检索"按钮,就可进入高级检索页面(见图 5.31)。高级检索的字段选择和一般检索大致相同,也可以对时间范围进行选择。和一般检索不一样的是多了对标准状态的选择和文献分类。这里的标准状态主要列举了 5 种:① 现行;② 作废;③ 被代替;④ 废止转行标;⑤ 即将实施。

中国知网标准数据总库的专业检索页面如图 5.32 所示,可以使用逻辑运算符和关键词构造检索式进行检索。专业检索可选字段有:TI=标准名称(中文标准名称|英文标准名称),

KY=(中文主题词|英文主题词),BZH=标准号,DF=发布单位名称,PD=发布日期,BBZ=被代替标准,AB=摘要。

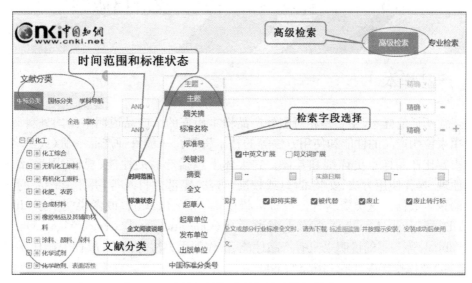

图 5.31　中国知网标准数据总库高级检索页面

（3）读秀——标准资源库。读秀是由海量全文数据及资料基本信息组成的超大型数据库,为用户提供深入内容的章节和全文检索,部分文献的原文试读,以及高效查找、获取各种类型学术文献资料的一站式检索服务平台。读秀标准资源库的检索方法也包括一般检索、高级检索和专业检索,这里就不一一介绍了。

图 5.32　中国知网标准数据总库专业检索页面

## 5.6 产品样本、技术档案、政府出版物

### 5.6.1 产品样本

我们通常所说的样本,主要是相对国外产品样本而言的。产品说明书是国外科研、设计部门或厂商用来说明产品的性能和使用方法等的技术资料。一般每种产品一册(或一套)。产品说明书的内容比产品样本更详细和具体。它大体上包括产品的性能、规格、用途、结构(或电路)、工作原理、操作使用方法、安装维修(或校准)方法、零部件目录等,并附有产品的图形照片以及必要的技术数据。这类资料外国统称为说明书(Specification)或者说明手册(Instruction Manual 或 Description Manual)、操作与维修手册(Operation and Service Manual)、用户手册(User's Manual)等。有的说明书只有产品性能、操作使用方法等内容,故称为操作手册(Operating Manual)或操作指南(Operating Guide)。

因为产品样本是厂商已生产产品的说明,在技术上比较成熟,对产品的演变、系统化情况,以及具体结构、使用方法、操作规程和产品规格都有较具体介绍和说明,有时还附有较多的结构图片,所以对编制新产品试制规划、产品设计、试制、造型等都有较大的实际参考价值。因此产品样本在我国日益受到生产、设计等部门的重视。

为了便于查找或掌握产品的发展动向,各国都有出版检索工具。样本或产品说明书内容比较简单,若要进一步查找详细资料,则有两种途径可以尝试:一种是有的产品样本和说明书上注有其产品的专利号,可以通过专利号查阅专利说明书;另一种是根据生产公司名称查找专利权所有者索引。

### 5.6.2 技术档案

技术档案是生产建设和科学技术部门在科技活动中形成的,有具体对象的科技文件、图样、图表、照片、原始记录的原本以及代替原本的复制本等。它包括任务书、协议书、技术指标和审批文件,研究计划、方案、大纲和技术措施,有关技术调查材料(原始记录、分析报告等)、设计计算、试验项目、方案、记录、数据和报告等;还有设计图纸、工艺记录以及应当归档的其他材料等。因为技术档案以后可能会重复实践,所以它是生产建设与科学技术研究工作中用以积累经验、吸取教训和提高质量的重要文献,具有重大利用价值,且具有保密和内部使用的特点。

### 5.6.3 政府出版物

政府出版物是指由政府所属各部门出版的,政府设立或指定的专门机构印刷发行的文件。其内容涉及两大方面:一是行政性文献,如国会记录、政府法令、方针政策、规章制度、决议指示、调查统计等;二是科技性文献,如科研报告、科普资料、技术政策等。科技性文献占30%~40%。其出版形式为图书、期刊等印刷品,也可为视听资料。

作为一种文献类型,政府出版物内容涉及社会政治、经济、法律、文化、教育、科技等各方面,

出版发行正式,观点意见权威,对了解一个国家或地区的科学技术、经济建设、社会发展等状况具有较高的参考价值。

## 思考与练习

1. 特种文献有哪些?
2. 什么是专利?中国专利有哪几种类型?
3. 专利文献有哪些特点?
4. 专利说明书由哪些部分组成?
5. 查找安徽师范大学近3年的授权专利。
6. 查找安徽师范大学有机化学学科近3年的博士论文。

# 第6章 中文著名检索工具系统

目前中文检索工具种类众多,按出版形式主要可分为印刷版、光盘版、网络版;按收录范围可划分为综合性检索工具、专业性检索工具。本章将全面介绍中文综合性和专业性检索工具,并重点介绍著名的中文检索数据库。

## 6.1 中文检索工具系统概述

随着中文检索工具的不断发展,人们检索文献也越来越方便。不同的检索工具具有不同的应用范围和特点,合理选择检索工具非常重要,如果检索图书,那么推荐大家使用《全国新书目》和《全国总书目》;如果检索报刊文献,那么推荐大家使用《全国报刊索引》;如果检索电子文献,那么推荐大家使用中国知网、万方数据、维普资讯;如果检索化学化工专业文献,推荐大家使用《中国化学化工文摘》。另外,随着网络信息技术的进步,不断地涌现出新的功能强大的检索工具,如超星发现系统。

(1)《全国新书目》。

《全国新书目》是中国新闻出版署主管、新闻出版署信息中心主办的一份书目检索类期刊,创刊于 1951 年 8 月,月刊,全面介绍当月的新书出版信息。

《全国新书目》每月出版一期,每期分为两部分。上半月为新书导读,设有新书推荐、专题报道、品读书摘、论文等栏目。下半月主要为图书在版编目(CIP)数据以供检索新书。其中"新书书目"使用了《中国法》,读者可以简便、快捷地检索到所需内容。另外还有"可供书目"给出国家图书馆出版社图书目录,包括书名、作者、出版日期、书号、定价等内容。

《全国新书目》无书目索引,只能采用分类法,利用目次,逐条检索所需书目。

《全国新书目》有光盘版,只要将光盘插入计算机中,就会自动运行安装程序,将程序安装到要安装的目录下即可。其功能有全文检索、字段检索、复合检索、上下翻页功能、查看窗口状态标识、切换书目、切换出版社和图书馆分类等。

(2)《全国总书目》。

《全国总书目》创刊于 1949 年,是图书年鉴性质的综合性、系列性图书目录。它按年度收录报道我国各正式出版单位出版并公开发行的各种文字的初版和修订版的图书,是检索我国出版图书的主要检索工具。

中文检索工具的主体结构大致相同,一般都包括编辑说明、目次、正文、索引、附录五个部分。《全国总书目》也是如此。

《全国总书目》的目次由"分类目录"和"专门目录"组成。"分类目录"依据《中图法》的分类体系编排,可供读者从分类途径查找每年公开出版图书的情况。"专门目录"包括少数民族文字图书目录、盲文目录、外国文字目录和丛书目录。

《全国总书目》的正文按分类目录编排,每个分类类目均列出类目标题,并标识每本图书的类号,同一类目所收图书按书名款目的汉语拼音音序排列。正文书目的著录格式如图6.1所示。

```
书名＝并列书名：副书名及说明文字/第一责任者；其他责任者. —版次及其他版本形式/
与版本有关的责任者.—出版地：出版者,出版年.月.—页数或卷（册）数：图；开本＋附件.
—（丛书名；丛书编号/编者）
  附注
  国际标准书号（装订）：价格
  提要及版本说明
```

**图 6.1 《全国总书目》书目著录格式图示**

《全国总书目》的索引有书目索引,书目索引按书名款目的汉语拼音音序排列,但是为了索引的简捷方便,专门目录中的书名及挂历、画页未收录。

《全国总书目》的附录包括报纸、杂志目录,全国出版社名录。出版社名录按出版社社名的第一个汉语拼音顺序排列,介绍了社名、出版社前缀、社址、邮政编码、电话号码等五项内容。

因为《全国总书目》正文按分类目录编排,而且附录中有书名索引,所以《全国总书目》的检索途径可以是分类途径,也可以是书名途径。

2004年,印刷版《全国总书目》停止出版,改为光盘出版。光盘版索引有中图法分类索引和全国各出版社索引。光盘中每条书目数据包含书名、著者、出版者、关键词、主题词、分类号、ISBN号、内容提要等内容。

(3)《全国报刊索引》。

按收录范围划分,《全国报刊索引》属于综合性检索工具。按文献揭示方式划分,它属于题录型检索工具。本书将在6.2.1小节对其进行详细介绍。

(4)《中国化学化工文摘》。

《中国化学化工文摘》是化学专业检索工具,其出版形式有印刷版、光盘版。本书将在6.2.2小节对其进行详细介绍。

(5)中国知网。

中国知网是中文著名网络资源数据库。它涵盖了我国自然科学、工程技术、人文与社会科学等领域的公共知识信息资源,文献类型包括期刊,硕士、博士论文,报纸,图书,会议论文等。本书将在第7章对其进行详细介绍。

(6)万方数据。

万方数据是中文著名网络资源数据库。其数据资源非常丰富,包括期刊论文资源、学位论文资源、会议论文资源、外文文献、科技报告、专利资源、标准资源、地方志、成果、法规、机构、图书、专家、学者。本书将在6.2.3小节对其进行详细介绍。

(7)维普资讯。

维普资讯是中文著名网络资源数据库。重庆维普资讯有限公司的前身为中国科技情报研究所重庆分所数据库研究中心,是中国第一家进行中文期刊数据库研究的机构。本书将在6.2.4小节对其进行详细介绍。

(8)超星发现。

超星发现是超星公司于2013年推出的网络级资源发现系统,它不仅具有强大的检索功能,还可对检索结果进行全方位的分析,以便于发现新的知识。本书将在6.2.5小节对其进行详细介绍。

## 6.2 中文著名检索工具举要

中文检索工具种类众多,本节重点介绍著名检索工具,包括《全国报刊索引》《中国化学化工文摘》、万方数据、维普资讯、超星发现。

### 6.2.1 《全国报刊索引》

《全国报刊索引》属于题录型检索工具,它是将图书和报刊中论文的篇目按照一定的排检方法编排,并提供查找篇目出处的工具。目前《全国报刊索引》不仅有印刷版,还有相应的数据库版。

#### 6.2.1.1 印刷版《全国报刊索引》

**1. 概况**

《全国报刊索引》创刊于 1955 年,月刊,由上海图书馆和上海科学技术情报研究所编辑出版。它收录的学科范围包括社会科学、自然科学以及工程技术的各个领域,收录的文献类型为中央和各省、市、自治区出版的报纸、期刊,以题录形式作报道。《全国报刊索引》在国内外公开发行,是我国连续出版时间最长、收录报刊最多、最全面的大型综合性的题录型检索工具。

《全国报刊索引》从 1980 年分为"哲学社会科学版"和"自然科学技术版"两部分,所有内容按《中图法》分类。1996 年以前只能用分类途径从目次表着手检索,1997 年起具有分类途径(目次表)和著者途径(著者索引)两种方式检索。

**2. 结构与编排体例**

《全国报刊索引》的主体结构包括编辑说明、目次、正文、索引、附录五个部分。

(1) 编辑说明。这部分内容包括《全国报刊索引》简介、标引方法、著录格式、索引的介绍、责任编辑等。使用检索工具前仔细阅读编辑说明有助于更好地使用该工具。

(2) 目次。采用《中图法》进行分类编排和排序,格式为"大类类号+类名+页码"。

(3) 正文。正文按分类类目顺序排列,著录格式根据国家标准 GB 3793—83《检索期刊条目著录规则》,结合报刊文献的特点进行著录。自 2000 年第一期起,增加了第一作者的所属单位。其格式如图 6.2 所示。

①080700502②氯化硝基四氮唑蓝显色检测超氧阴离子自由基的研究/③刘瑞恒④(华南理工大学制浆造纸工程国家重点实验室,510640);付时雨;詹怀宇//⑤分析测试学报(广州).⑥—2008, 27 (4).⑦—355-359

图 6.2 《全国报刊索引》著录格式

注:① 顺序号;② 文献题名;③ 责任者;④ 第一作者所属单位、邮编;⑤ 报刊名及其编辑部所在地;⑥年,卷(期);⑦ 起止页码。

(4) 索引及附录。每期均附有作者索引(个人与团体)、人名索引和引用报刊一览表。2009

年新增学术会议预告信息,读者可以提前掌握国内学术动态。预告信息包括:会议名称、日期、地点、主办单位、会议主题、会议网址、联系人等。

**3. 检索途径**

(1) 分类途径。根据需检索内容所属的类别,去查目次表,获得页码后翻到相应的页面,逐条检索所需内容。

(2) 作者途径。已知作者时,按作者姓名字母顺序检索每期后附的作者索引,获得顺序号后,在正文中找到相应的顺序号,即找到所需文献的题录。

### 6.2.1.2 《全国报刊索引》数据库

**1. 概述**

《全国报刊索引》数据库是国家文化部立项、上海图书馆承建的重大科技项目。它收录文献的学科范围和文献类型与印刷版《全国报刊索引》相同。自 2000 年起,《全国报刊索引》分为哲社版和科技版两个单列库发行。

《全国报刊索引》数据库的产品形式包含镜像版和网络版两种。这两种形式在检索方法及其检索结果处理方法方面极为相似,仅检索页面略有不同。因此,本书只介绍网络版《全国报刊索引》的检索方法和检索结果处理方法。

网络版《全国报刊索引》的网址为 http://www.cnbksy.cn(见图 6.3)。

**图 6.3　网络版《全国报刊索引》首页**

**2. 检索方法**

网络版《全国报刊索引》的检索方法包括:一般检索、高级检索、专业检索和浏览检索。

(1) 一般检索。一般检索又称快速检索或一框式检索。数据库默认的页面即为一般检索页面(见图 6.3)。在检索页面,读者可勾选检索文献类型,系统默认为所有资源,可选资源包括近代图书、近代期刊、现代期刊、中文报纸、外文报纸、行名录。另外,读者可点选检索对象,如正文、图片或广告,系统默认为全部类型。选择完毕后,在检索框中输入检索词,点击"🔍"即可。

(2) 高级检索。点击《全国报刊索引》首页的"高级检索",即可进入高级检索页面。高级检索支持字段间的布尔逻辑算符组配,可选择多个检索字段,输入相应的检索词,然后选择"并且""或者"或"不包含"进行检索词间的逻辑组配。点击页面中的"＋"或"－",可增加或减少检索字段,最多可同时对五个检索字段进行组配。

(3) 专业检索。点击《全国报刊索引》首页的"专业检索",即可进入专业检索页面。检索页面列出字段代码表,点击页面上的"使用帮助"可了解运算符含义和检索举例。在了解字段代码表和运算符含义的基础上构建检索表达式,并在检索框中输入检索表达式,点击"🔍"即可获得检索结果。

(4) 浏览检索。点击《全国报刊索引》首页的"文献导航",即可进入浏览检索页面。读者可按文献的类型进行浏览,文献类型包括近代期刊、现代期刊、中文报纸、外文报纸、行名录。选定某种类型的文献后,页面下方会出现该类型的所有文献列表,读者既可逐页浏览,也可以按文献名的字母顺序浏览,还可以根据其外部特征进行检索。

如果是期刊,那么其检索项包括刊名、创刊年、主办单位、出版地,另外检索结果列表中也只显示这四项信息,如果期刊是单位已购买的,那么点击其刊名,就可以得到详细信息,如期刊简介。还可在该页面进行刊内检索、整体浏览、篇名浏览。

**3. 检索结果显示及输出**

(1) 检索结果显示。《全国报刊索引》检索结果如图 6.4 所示。检索结果页面右侧是检索结果列表,期刊文献显示字段包括题名、著者、刊名、年、卷期、页码。检索结果页面左侧是结果的聚类信息,即结果可按全文状态、文献类型、数据库、文献来源、作者、学科分类、出版时间分类,读者可通过选择需要的类别来查看检索结果。点击文献篇名可得文献详细信息,除了检索结果列表上的信息外,还包括摘要、中图分类号、作者单位、主题词、价格等信息。

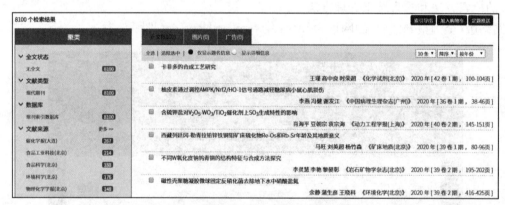

图 6.4　网络版《全国报刊索引》检索结果

(2) 检索结果排序。检索结果可按时间或相关度的升序或降序排序,读者可自由选择排序方式。

(3) 检索结果输出。选中检索结果中需要下载的记录,点击"索引导出",可将记录以文本文档的形式导出,也可将选中的结果加入"购物车",以获取原文。

(4) 定题推送功能。利用该功能可以通过邮箱定期获得某一主题的最新文献。

以上介绍了印刷版和数据库版《全国报刊索引》的检索方法。作为题录型检索工具,印刷版《全国报刊索引》具有检索快捷、方便的特点,但提供信息有限。数据库版《全国报刊索引》不仅提供了题录信息,还提供了摘要信息以及支付界面,方便读者购买所需文献全文。目前两种版本处于共存状态,读者均可使用。

## 6.2.2 《中国化学化工文摘》

《中国化学化工文摘》创刊于 1983 年,原名《中国化工文摘》,1993 年(第 10 卷)改为现名。它由中国化工信息中心编辑,创刊时为双月刊,1986 年改为月刊,每年 12 期为一卷。

### 6.2.2.1 概况

《中国化学化工文摘》是检索全国化学化工科技信息,了解和掌握中国化学化工发展现状的主要工具。其收录的内容涉及化学化工、石油石化、生物、轻工、环境、医药等领域,收录的文献类型包括科技期刊、图书、专利信息,以及国内重要的化工研究院所馆藏的一些行业内部交流信息、会议文献、科技报告、非正式刊物等中文内部资料。

《中国化学化工文摘》的载体形式有印刷版、光盘版和网络版三种。其中印刷版于2008年停刊,光盘版仍继续发行,网络版内容曾经可在中国石油和化工文献资源网(http://www.chemdoc.com.cn)进行检索,但目前该网页已经无效。

### 6.2.2.2 印刷版《中国化学化工文摘》

《中国化学化工文摘》是化学化工专业检索工具,由编辑说明、目次、文摘正文、索引、附录等部分组成。

**1. 目次**

目次即正文分类类目,采用了《中国图书资料分类法》进行分类标引和排序,格式为"大类类别+页码"。大类类别包括无机化学和基本无机化学工业、有机化学和基本有机化学工业、杂环及球状化合物化学、高分子化学和化学工业(高聚物、共混物)、乳液化学、高分子溶液、分析化学等。

**2. 正文**

文摘正文按目次顺序排列,文摘按国家标准 GB 3793—1983《检索期刊条目著录规则》进行著录,每个类目下的每条文摘均有文摘号,它为全卷通排号。《中国化学化工文摘》收录的文献类型有期刊、专利、图书、资料等,不同类型的文献著录格式大体相同,区别在于出处项。

(1) 期刊。期刊文献的著录格式如图6.5所示。

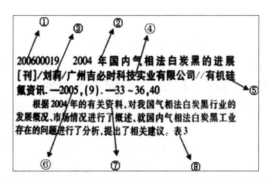

**图6.5 印刷版《中国化学化工文摘》期刊著录格式示例**

注:① 文摘号;② 文献标题,[刊]表示文献类型为期刊;③ 作者;④ 作者单位;⑤ 期刊名称;⑥ 年,(期).—起止页码;⑦ 文摘正文;⑧ 原文中有三个表格。

(2) 资料。资料的著录格式与期刊相比,明显的区别在于资料有文献馆藏单位及文献索取号等著录项,这类文献一般较难获得全文。资料的著录格式如图6.6所示。

(3) 图书。图书的著录格式主要特点在于有出版社、价格等信息。图书的著录格式如图6.7所示。

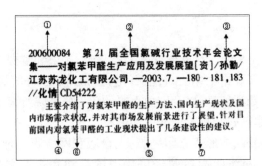

图 6.6　印刷版《中国化学化工文摘》资料著录格式示例

注:① 文摘号;② 资料名称,[资]表示文献类型为会议论文等资料;③ 作者;④ 作者单位;⑤ 出版日期.—起止页码;⑥ 文献馆藏单位及文献索取号;⑦ 文摘正文。

```
文摘号  文献标题〔著〕/作者/版本.—出版社,出版日期.—总页码.—价格//文献索取号
文摘正文。
```

图 6.7　印刷版《中国化学化工文摘》图书著录格式

(4) 学位论文。学位论文的著录格式如图 6.8 所示,其典型的著录项有学位授予单位、学位授予日期等。

```
文摘号  文献标题〔学〕/作者/学位授予单位.—授予学位日期—总页码//文献索取号
文摘正文。图 表 参
```

图 6.8　印刷版《中国化学化工文摘》学位论文著录格式

## 3. 索引

印刷版《中国化学化工文摘》主要有以下两种索引:

(1) 主题索引。《中国化学化工文摘》收录的化学化工文摘根据《化工汉语主题词表》进行主题标引。主题索引按照款目主题词汉字的汉语拼音顺序排列。若汉字汉语拼音相同,则按四声的顺序排列;若汉字汉语拼音和四声均相同,则按汉字笔画多少顺序排列,笔画少者居前,多者居后。

主题索引按周期分类,可分为期主题索引和卷主题索引两种。① 期主题索引的著录格式为"款目主题词+文摘顺序号"。因为正文每条文摘均有文摘顺序号,且这些顺序号按照从小到大的顺序排列,所以根据文摘顺序号,可在正文找到相应文摘。期主题索引的著录格式如图 6.9 所示,图中文摘号前四位"2006"为年份,后五位为顺序号。② 卷主题索引采用三级标引,一级为款目主题词,二级限定一级,三级为该篇文章的文摘顺序号和标题。具体格式如图 6.10 所示。

```
氨合成塔
    200600376    200600322
    200600320
```

图 6.9　印刷版《中国化学化工文摘》期主题索引示例

① 氨基酸；② 反应
③ 200602863 ④ 几种氨基酸双保护的工艺研究
200606755 第一届化学工程与生物化工年会文集——侧链羟基氨基酸
保护工艺优化研究
⑤ —；检测
200607484 第 6 届全国毛细管电泳及微分离分析论文集——生物样品中兴奋性氨基酸的
毛细管电泳-化学发光检测

**图 6.10 印刷版《中国化学化工文摘》卷主题索引**

注：① 款目主题词；② 二级限定词；③ 文摘顺序号，全卷通排；④ 文章的标题；⑤ 用"—"代替重复的款目主题词，此例代替氨基酸。

卷主题索引使用步骤与方法：① 明确检索文献的主题；② 根据《化工汉语主题词表》将文献的主题转换成正式主题词；③ 根据正式主题词的汉语拼音，在本索引中查找该款目主题词；④ 接着在主题词下依次查找二级词及文章标题，在主题索引中通过款目主题词和说明语确定了所需文献主题后，根据说明语后的文摘号在文摘期刊正文中检索到该条文摘及原文出处。

根据卷主题索引获得的文摘号究竟在 12 期中的哪一期呢？其实每一期《中国化学化工文摘》的封面上都标有该期文摘号的范围（如 200600001～200600739），可利用此信息迅速判断该条文摘是否在该期，如果在，则可用文摘号在该期检索到文摘；如果不在，说明该文摘号较大，超过范围，则应在后面各期里检索。

（2）著者索引。著者索引只有卷索引，它是按作者姓名的汉语拼音字母顺序排序，后接文摘顺序号，但 2002 年后该索引取消。

**4. 附录**

因为资料类型的文献原文较难获得，所以每期最后都会附收录文献馆藏代号和馆藏单位地址，以便获取原文。

印刷版《中国化学化工文摘》期刊本正文采用了《中国图书资料分类法》顺序编排，并附有主题索引；年度本由主题索引、著者索引组成。因此，该检索工具有分类、主题、作者三种检索途径。

## 6.2.2.3 光盘版《中国化学化工文摘》

光盘版《中国化学化工文摘》收录文献分为专利和科技期刊、图书两部分。每期的光盘都是全年累积数据。光盘检索的方法主要有简单检索和高级检索两种，并支持二次检索。

《中国化学化工文摘》的光盘为自动运行，若不能自动启动，则可以双击光盘内的"setup"文件进行安装；或者打开文件夹"trshome"里的"bin"文件夹，双击"trscd.exe"文件，也可以浏览检索光盘的全部内容。

**1. 检索方法**

（1）一般检索。一般检索为系统默认的检索方式，打开后如图 6.11 所示。在左侧选择检索文献的类型（专利部分或文摘部分，有的光盘也称为科技期刊、图书部分），然后在主页面窗口上方的检索框内输入关键词（如炸药），单击检索图标" "，就可以检索所需的文献资源。

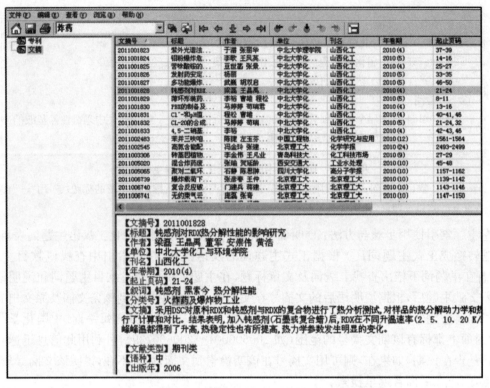

图 6.11　光盘版《中国化学化工文摘》的一般检索页面

（2）高级检索。单机工具栏中高级检索图标"▨"或执行下拉菜单"文件/高级检索"命令，可得字段检索对话框。如果是期刊类型的文献，则其检索字段为：文摘号、标题、作者、单位、刊名、年卷期、起止页码、叙词、分类号、文摘、文献类型、语种、出版年；如果是专利类型的文献，则其检索字段为：分类号、公开日、公开号、申请号、申请日、申请人、地址、文摘、发明人、标题。图 6.12 所示为专利文献的高级检索页面。

图 6.12　光盘版《中国化学化工文摘》专利文献的高级检索页面

同一检索字段可以输入若干检索词,检索词之间的关系可以是等于、大于、小于、不等于、范围、前包含、包含、后包含,这大大地提高了查准率。不同的字段之间可以选择图 6.12 中"满足所有条件"关系,即逻辑"与"的关系,也可以选择图 6.12 中"满足所有条件"下拉菜单中的"满足任一条件",即逻辑"或"的关系,如果不用字段检索方式,则可以在表达式检索框中直接输入表达式。检索结果可以选择"相关排序"或"不排序"。

**2. 检索结果处理**

(1) 检索结果显示。无论采用哪一种检索方式,检索完毕都会显示检索结果信息,如果该文献是期刊类型,则显示的项目有文摘号、标题、作者、单位、刊名、年卷期、起止页码、叙词、分类号、文摘、文献类型、语种、出版年等;如果文献的类型为专利,则显示的信息有分类号、公开日、公开号、申请号、申请日、申请人、地址、文摘、发明人、标题。根据显示信息,选择感兴趣的文献,单击该文献,即可在主窗口的下半部窗口浏览该文摘的相关内容。

(2) 二次检索。在检索结果页面可进行二次检索。

(3) 存盘、打印。对于检索到的文摘相关内容可以选择存盘、复制或打印操作,以便今后浏览。

《中国化学化工文摘》是检索中文化学化工专业文献的重要工具,虽然目前印刷版已经停刊,但光盘版依然发行,仍可以进行化学化工专业文献的检索。

## 6.2.3 万方数据

万方数据是中国科技信息研究所、万方数据集团公司于 1997 年 8 月联合开发的网上数据库联机检索系统。万方数据资源丰富,已经成为重要的中文网络信息资源检索工具之一。

### 6.2.3.1 概述

万方数据收录文献的学科范围广,涉及理、工、农、医、经济、教育、文艺、社科、哲学政法等学科;收录文献类型丰富,包括期刊论文资源、学位论文资源、会议论文资源、科技报告、专利资源、标准资源、地方志、成果、法规等;文献以中文为主,还包括一些外文资源。

万方数据的主要数据库介绍如下:

**1. 中国学术期刊数据库**

中国学术期刊数据库(China Online Journals,COJ),收录始于 1998 年,包含 8000 余种期刊,涵盖北京大学、中国科学技术信息研究所、中国科学院文献情报中心、南京大学、中国社会科学院历年收录的核心期刊 3300 余种,年增论文 300 万篇,周更新 2 次,涉及自然科学、工程技术、医药卫生、农业科学、哲学政法、社会科学、科教文艺等各个学科。截至 2021 年 4 月,期刊文献达 1.36 亿条。

**2. 中国学位论文全文数据库**

中国学位论文全文数据库(China Dissertations Database),收录始于 1980 年,年增学位论文 30 余万篇,涵盖基础科学、理学、工业技术、人文科学、社会科学、医药卫生、农业科学、交通运输、航空航天和环境科学等各学科领域。截至 2021 年 4 月,学位论文总数超过 674 万篇。

**3. 中国学术会议文献数据库**

中国学术会议文献数据库(China Conference Proceedings Database),会议资源包括中文会议和外文会议,中文会议收录始于 1982 年,年收集约 3000 个重要学术会议,年增论文 20 万篇,每月更新。外文会议主要来源于 NSTL 外文文献数据库,收录了 1985 年以来世界各主要学会、协会、出版机构出版的学术会议论文全文共计 766 万篇(部分文献有少量回溯),年增加论文约 20 余万篇,每月更新。截至 2021 年 4 月,学术会议文献总数约为 1427 万篇。

**4. 中外专利数据库**

中外专利数据库(Wanfang Patent Database,WFPD)收录始于 1985 年,目前共收录中国专利约 2200 万条、国外专利约 8000 万条,年增 200 万条,收录范围涉及 11 个国家(中国、美国、澳大利亚、加拿大、瑞士、德国、法国、英国、日本、韩国、俄罗斯)和 2 个组织(世界专利组织、欧洲专利局)。截至 2021 年 4 月,专利总数约为 1.13 亿。

**5. 科技报告**

中外科技报告数据库包括中文科技报告和外文科技报告。中文科技报告收录始于 1966 年,源于中华人民共和国科学技术部,共计约 2.6 万份。外文科技报告收录始于 1958 年,涵盖美国政府四大科技报告(AD、DE、NASA、PB),共计约 110 万份。截至 2021 年 4 月,科技报告总数约为 117.9 万。

**6. 中外标准数据库**

中外标准数据库(China Standards Database)收录了所有中国国家标准(GB)、中国行业标准(HB),以及中外标准题录摘要数据,共计 200 余万条记录。其中,中国国家标准全文数据内容来源于中国质检出版社,中国行业标准全文数据收录了机械、建材、地震、通信标准和由中国质检出版社授权的部分行业标准,中外标准题录摘要数据内容来源于浙江标准化研究院。截至 2021 年 4 月,标准总数达 239.8 万篇。

**7. 中国机构数据库**

中国机构数据库(China Institution Database),包括中国企业、公司及产品数据库,收录国内企业信息;中国科研机构数据库,收录国内科研机构信息;中国科技信息机构数据库,收录我国科技信息、高校图情单位信息;中国中高等教育机构数据库,收录国内高校信息。

**8. 中国科技成果数据库**

中国科技成果数据库(China Scientific & Technological Achievements Database)收录了自 1978 年以来国家和地方主要科技计划、科技奖励成果,以及企业、高等院校和科研院所等单位的科技成果信息,涵盖新技术、新产品、新工艺、新材料、新设计等众多学科领域,共计 90 余万项。数据库每两个月更新一次,年新增数据超过 1 万项。

万方数据的产品形式有网络版和镜像版。因为网络版更新及时,检索结果后处理功能更加全面,所以本书只介绍网络版万方数据的检索方法。

网络版万方数据的网址为 http://www.wanfangdata.com.cn。网络版万方数据的首页如图 6.13 所示,点击图中的"资源导航",可以查看以上各数据库的最新介绍。

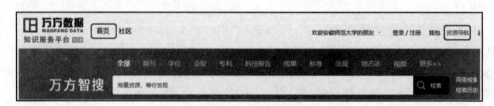

图 6.13 网络版万方数据首页

## 6.2.3.2 检索方法

万方数据的检索方法包括一般检索、高级检索、专业检索、作者发文检索、浏览检索等。

**1. 一般检索**

万方数据一般检索的页面如图 6.14 所示。首先在万方数据首页检索框上方选择文献类型,默认为全部文献类型,可点击选择期刊、学位、会议等单一文献类型。单击检索框,出现检索项,不同的文献类型检索项不同。例如,"全部"即跨库的检索项,包括题名、作者、作者单位、关键词、摘要。选择检索项,输入检索词,点击"检索"按钮即可。

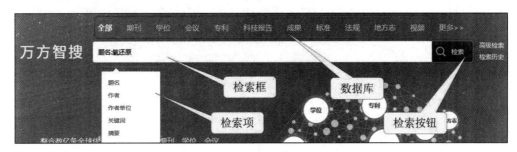

图 6.14 万方数据一般检索页面

**2. 高级检索**

在万方首页,点击"高级检索"即可进入高级检索页面(见图 6.15)。检索步骤与一般检索类似。首先选择文献类型;其次在检索信息区选择检索项,输入检索词;接着限制发表时间;然后选择智能检索方式;最后点击"检索"按钮进行检索。

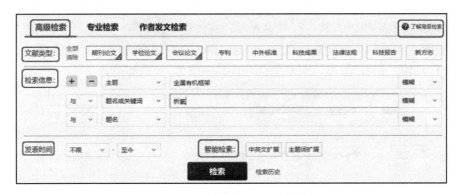

图 6.15 万方数据高级检索页面

与一般检索相比,高级检索的检索项可以增加或减少,检索项之间用逻辑算符与、或、非连接。另外,检索项跟文献的类型相关,不同的文献类型相应的检索项不同。而且文献类型越多,检索项也会越多。

其中智能检索包括中英文扩展、主题词扩展。中英文扩展是指基于中英文主题词典及机器翻译技术,扩展英文关键词检索,以获得更加全面的检索结果。主题词扩展是指基于超级主题词表,扩展同义词、下位词检索,以获得更加全面的检索结果。

**3. 专业检索**

点击万方数据首页的"高级检索",进入高级检索页面。在"高级检索"右侧有"专业检索"按钮,点击即可进入专业检索页面(见图 6.16)。

同样，读者先选择文献类型，再在检索框构建检索式，接着限制发表时间，然后选择智能检索方式进行检索。在检索框底部提供检索示例，右侧提供表达式的编写策略"教你如何正确编写表达式"、可检索字段、推荐检索词、检索历史。值得注意的是，文献类型不同，其可检索字段不同。读者应正确选择检索字段，利用逻辑算符构建检索式，实现专业检索。因检索功能优化，万方平台不再支持运算符的检索，而用大小写"and""or"或"not"代替，如果检索词中含有符号"＊""＋"或"^"，那么在检索时其将会被替换为"and""or"或"not"。

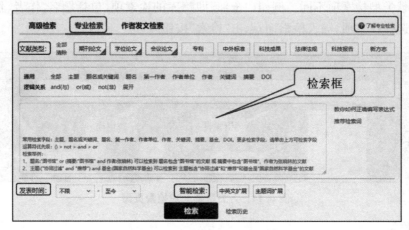

图 6.16　万方数据专业检索页面

### 4. 作者发文检索

作者发文检索是指通过作者姓名和作者单位等字段来精确查找相关作者的学术成果。系统默认模糊匹配，读者可自行选择精确匹配还是模糊匹配。同时，读者可以通过点击输入框前的"＋"号来增加检索字段。若某一行未输入作者或作者单位，则系统默认作者单位为上一行的作者单位，如图 6.17 所示，在检索信息第一行输入第一作者"李茂国"和作者单位"安徽师范大学"，若第二行只输入作者"方宾"，则系统会默认其单位为"安徽师范大学"。

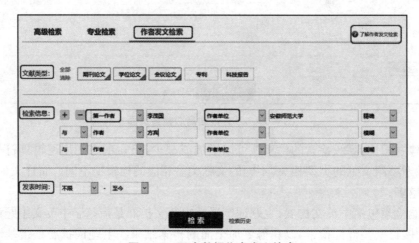

图 6.17　万方数据作者发文检索

### 5. 浏览检索

在万方数据首页，点击"资源导航"，可到达资源导航页面（见图 6.18）。点击某资源的名称，可以了解该数据库的基本信息，并通过不同形式进行资源浏览。

期刊的浏览方式包含:本周更新期刊、学科分类、刊名首字母、收录地区、收录情况、出版周期、优先出版(见图 6.19)。通过任一途径找到满意的期刊时,可以通过"关于本刊"了解期刊的基本信息;可以逐期阅读论文;可以通过"统计分析"了解其影响因子的时间变化曲线;可以通过"征稿启事"了解投稿要求;可以了解该期刊的动态。

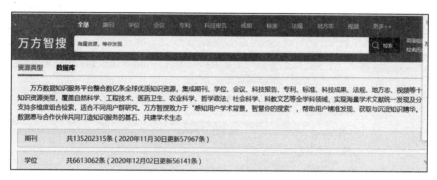

图 6.18　万方数据资源导航页面

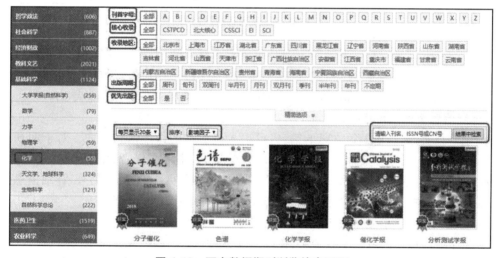

图 6.19　万方数据期刊浏览检索页面

## 6.2.3.3　检索结果及其处理

万方数据的检索结果及其处理方法分为两个方面:一是检索结果的显示及处理,二是单篇文献详细信息的显示及处理。

**1. 检索结果显示及处理**

检索结果是一系列文献的详情列表,每篇文献提供的信息包括文献的类型、文献的题录、部分摘要、关键词等(见图 6.20)。期刊文献单条记录显示的项目包括文献类型、文献篇名、刊名、期刊收录情况、年、期、作者、摘要、关键词、被引及下载次数,其中文献篇名、刊名、作者还提供链接,可进一步扩大信息检索范围。点击页面的"▦"按钮,可切换至简明列表,其不提供摘要。点击页面中的"☰"按钮,可返回至详情列表。

检索结果的处理包括:

(1) 检索结果排序可选,选项有相关度、发表时间、被引量等。

(2) 每页显示结果数可选,选项包括 20、30 和 50 条,默认为 20 条。
(3) 获取文献范围可选,选项包括全部、仅免费全文、仅全文、仅原文传递、仅国外出版物。
(4) 点击"文献篇名""文献、出处作者提供链接",可了解更多信息。
(5) 检索结果可按资源类型、学科、年份、语种、来源数据库、作者、机构等分组浏览。

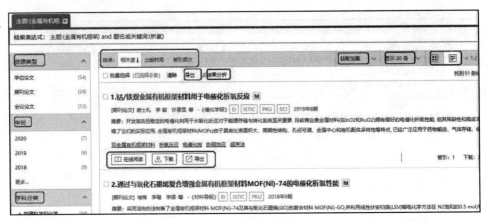

图 6.20　万方数据检索结果

(6) "在线阅读""下载""导出"按钮,可分别实现在线阅读、下载全文、导出题录信息的功能。其中题录信息有多种导出格式,可以是参考文献格式、查新格式、自定义格式,还可通过文献管理软件(如 EndNote、NoteFirst、NoteExpress、RefWorks)将题录信息导出。

**2. 详细信息页面显示及处理**

在检索结果页面,点击某篇文献的篇名,可进入该文献的详细信息页面。对于期刊论文来说,该文献的信息包括中英文篇名、摘要、DOI 号、关键词、中英文作者、作者单位、中英文刊名、年卷(期)、所属期刊栏目、分类号、基金项目、在线出版日期、页数、页码。另外,详细信息页面还提供相关文献、相关机构、相关作者等信息,以扩大读者对该课题的了解。

详细信息页面提供的处理方式包括:
(1) 在详细信息页面可以下载全文、在线阅读、导出题录、收藏及分享该文献。
(2) 作者、作者单位、中英文刊名、关键词等均提供链接,点击可获得更丰富的信息,如点击关键词链接,可以获取相应的知识脉络,了解发文量趋势、学科分布、相关主题词、研究学者及研究机构等信息。

万方数据收录文献类型丰富,检索结果信息全面,并提供了基于检索结果的分析数据,方便读者更好地了解检索结果,是重要的中文检索及全文数据库之一。尤其是万方数据收录的学位论文数量多,是检索学位论文的良好选择。

## 6.2.4　维普资讯

重庆维普资讯有限公司的前身为中国科技情报研究所重庆分所数据库研究中心,是中国第一家进行中文期刊数据库研究的机构。1989 年该机构推出了《中文科技期刊篇名数据库》,后来在其基础上,数据库研究中心又研发了《中文科技期刊数据库》。1995 年,在数据库研究中心的基础上成立了重庆维普资讯有限公司,其成为《中文科技期刊数据库》产品的运营机构。2000年建立了维普资讯网,简称维普网,将《中文科技期刊数据库》搬到了互联网上。2001 年经国家新闻出版总署批准,《中文科技期刊数据库》以正式的连续电子出版物出版发行。

### 6.2.4.1 概述

截至2021年4月,重庆维普资讯有限公司的主要产品《中文科技期刊数据库》收录了中国境内历年出版的中文期刊15000余种,现刊9000余种,文献总量7000余万篇。它收录的所有文献按内容分为8个专辑:社会科学、自然科学、工程技术、农业科学、医药卫生、经济管理、教育科学、图书情报。

维普资讯的网址为http://www.cqvip.com(见图6.21)。

图 6.21 维普资讯主页

维普资讯首页默认的资源为《中文科技期刊数据库》,其检索方法简单介绍如下:

(1) 简单检索。维普网首页提供一个检索框,可以实现文献、期刊、学者、机构等对象的搜索。其中文献搜索是指期刊文献的搜索,期刊搜索的结果为一系列期刊的列表,可了解期刊的信息;学者搜索结果为学者的列表,给出的每一位学者姓名、所属机构、发文量、被引次数、研究方向、简介、照片等信息;机构搜索的结果为机构的列表,给出每一个机构的机构名、被引文章数、被引次数、平均被引率、所在地区、所属学科、简介、照片等信息。

(2) 高级检索及检索式检索。点击首页的"高级检索",可以进入期刊文献的高级检索页面,实现不同检索项之间的逻辑组合检索。在该页面还可切换至检索式检索页面,通过在检索框中输入自己构建的检索式进行检索。

(3) 浏览检索。点击首页的"期刊大全",可以进入期刊浏览及检索页面(见图6.22)。读者可以通过学科、期刊首字母浏览期刊,也可以通过在期刊搜索的检索框中输入刊名或刊名的关键词来搜索具体的期刊。点击刊名,可以了解期刊详情,查看被数据库收录的情况,以及期刊每一年每一期的具体文献。

维普网提供的产品十分丰富,如论文检测系统、论文选题、智立方知识资源系统等。其中智立方知识资源系统可提供期刊、学位论文、会议论文等十种类型文献的检索,还能对检索结果进行了多种分析,可以帮助读者更好地了解检索结果。因此,本书重点介绍维普资讯网智立方知识资源系统的检索方法。

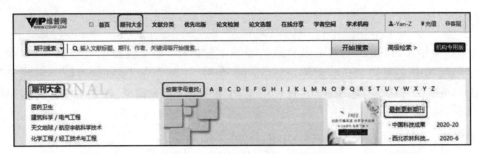

图 6.22　维普资讯期刊大全页面

## 6.2.4.2　检索方法

维普智立方知识资源系统的进入方法有两种：一种是在维普网首页，点击"主要产品与服务"中的"智立方知识资源系统"；另一种是直接输入网址：http://zlf.cqvip.com。维普智立方知识资源系统的首页如图 6.23 所示。该系统的检索方法有简单检索、高级检索、检索式检索、对象检索、浏览检索。

图 6.23　智立方知识资源系统首页

**1. 简单检索**

在智立方知识资源系统的首页可进行简单检索（见图 6.23）。首先在检索框上方选择文献类型，可选文献类型包括全部文献、期刊文章、学位论文、会议论文、专利、标准、专注、科技成果、政策法规、产品样本、科技报告等，默认为全部文献。在检索框中输入检索词，点击" "按钮即可。

**2. 高级检索**

在智立方知识资源系统的首页，点击"高级检索"，即可进入高级检索页面（见图 6.24）。高级检索可以实现不同检索项的逻辑组合，在此基础上可以进行时间限定、文献类型的选择和学科限定。在默认为全部文献类型时，高级检索的检索项包括任意字段、题名或关键词、题名、关键词、文摘、作者、第一作者、机构、传媒、分类号、参考文献、作者简介、基金资助、栏目信息，每个检索项前提供相应字段的代码。

**3. 检索式检索**

在高级检索页面，点击"检索式检索"，可切换至检索式检索，有的数据库也称为专家检索或专业检索（见图 6.25）。读者需要根据检索规则，在检索框中自行构建检索式，在此基础上，可以进一步对文献进行限制，如时间限定、文献类型的选择和学科限定。检索字段的代码可以从高级检索的检索项中获得。

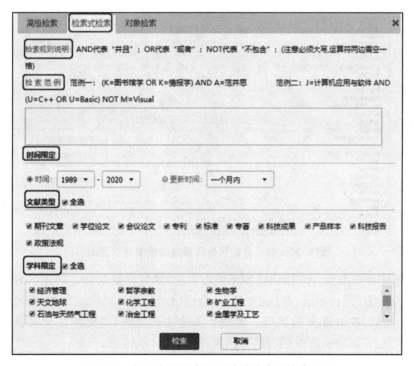

图 6.24 智立方知识资源系统的高级检索页面

图 6.25 智立方知识资源系统的检索式检索页面

**4. 对象检索**

在高级检索页面,点击"对象检索",即可进入对象检索页面(见图 6.26)。检索对象包括人物、机构、主题、传媒、资助、(学科)领域。选定检索对象,输入检索词,点击"检索"即可。检索对象的结果非常全面,各种对象共同显示的信息有作品数、被引量、$h$ 指数、供职/相关机构、发表作品、相关作者、发文期刊、发文主题、所获/相关基金、360°网络图、分析报告等。360°网络图是以作者为中心,将机构、相关作者、发表期刊、发表文献题名等关联后形成的一个网络图。

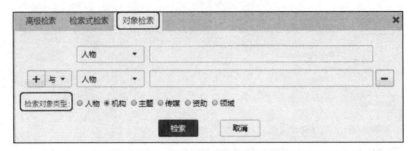

图 6.26　智立方知识资源系统的对象检索页面

**5. 浏览检索**

在智立方知识资源系统的首页,有领域导航和地域导航,让读者可以根据学科领域和地域浏览文献。

(1) 领域导航。点击智立方知识资源系统首页的"领域导航",即可进入领域导航页面(见图 6.27)。页面左侧列出各学科分类,点击其中某学科领域,在右侧会显示该领域下子领域关系图谱。在该图谱下方会给出每一子领域的信息,如作品数、被引量、$h$ 指数等。点击作品数链接,可以浏览该子领域下的所有文献。

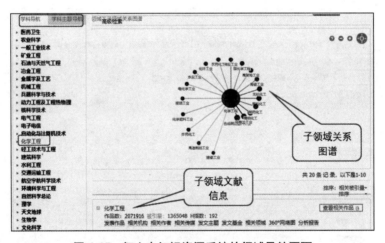

图 6.27　智立方知识资源系统的领域导航页面

(2) 地区导航。点击智立方知识资源系统首页的"地区导航",即进入地区导航页面。将光标移至页面上方的省(或自治区、直辖市)名上,会给出所辖市。点击城市名,即可看到该城市的文献信息,如作品数、被引量、$h$ 指数等。页面下方为中国地图,将光标移至某省(或自治区、直辖市)的红色标记上,即显示该省(或自治区、直辖市)的文献信息。

### 6.2.4.3　检索结果及其处理

不同的检索对象,其检索结果不同,这里仅介绍文献检索的结果及其处理。

**1. 检索结果显示**

文献检索的结果是一条条文献的列表(见图 6.28)。每条文献给出的信息有文献类型、题名、出处(如期刊会给出年、期、起止页码、作者)、资助基金、摘要、关键词。其中题名、刊名、作者、关键词提供链接。点击"题名"可进入详细信息页面,点击"刊名"可浏览该期刊上的相关论文,点击"作者""关键词"则以相应的作者和关键词进行检索。这种文摘型的列表是默认的,可以通过在页面的视图选项中选择"标题列表"来进行切换,使文献中不显示摘要。

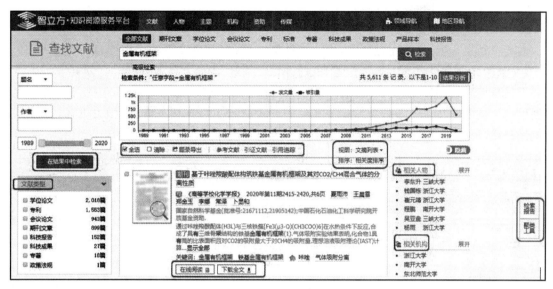

图 6.28　维普资讯检索结果页面

**2. 检索结果的处理**

(1) 若对检索结果不满意,则可通过在结果页面中选择检索项,输入检索词,选择时间范围,点击"在结果中检索",进行二次检索。

(2) 检索结果排序。系统提供相关度排序、被引量排序和时效性排序等多种排序方式,从不同侧重点对检索结果进行梳理。

(3) 题录导出。系统支持文献题录信息的导出功能,支持的导出格式为 TEXT、XML、NoteExpress、Refworks、EndNote。读者可以勾选目标文献,在点击"题录导出"按钮后选择适当的导出格式来实现此功能。

(4) 预览。有的文献提供预览功能,点击该文献前的" "图标,可预览文章首页。

(5) 全文获取。在获得该库的使用权后,可以通过在线阅读、全文下载、原文传递、OA 全文链接等多途径获得原文。目前只有期刊论文可提供全文下载,而学位论文、会议论文只能通过原文传递方式获取全文,专利、标准没有提供全文获取方式。

(6) 分类浏览功能。在检索结果的左侧,系统提供基于检索结果的文献类型、期刊收录、领域、主题、机构、作者、传媒、年份、被引范围等分类功能,读者可以选择合适的分类角度,筛选所需文献。具体操作为:在左侧勾选某一类别后,点击右侧的聚类工具中的"执行"即可。

(7) 查看视图切换。系统支持文摘列表、标题列表两种文献查看方式,读者可以按需进行视图切换。

(8) 发文、被引统计。系统支持对任意检索结果进行发文量、被引量年代分布统计,通过图表的形式给予展示,统计图表放在检索结果列表上方。点击该统计图旁边的"结果分析",可看到更多分析结果,如作者、机构、传媒、主题的分布图及相关数据,其中数据可以导出。

(9) 可查看一篇或多篇文献的参考文献、引证文献和引用分析报告。

(10) 可在检索结果右侧查看相关人物、相关机构、相关主题。

(11) 保存检索报告。在检索结果右侧,点击"检索报告",可获得本次检索的报告,报告包括概述、学术成果产出分析、主要发文人物分析、主要发文机构统计分析、文章涉及主要学科分析、文献类型统计。此报告可保存。

**3. 详细信息页面及其处理**

在检索结果页面,点击文献题名,进入文献细览页,查看该文献的详细信息。如图 6.29 所示,该文献的详细信息包括中英文作者、机构、出处、基金、中英文摘要、关键词、分类号。在详细页面下,也可实现该篇文献的在线阅读或 PDF 格式全文下载。另外,该页面还提供该篇文献的扩展信息。扩展信息包括各种类型相关文献的列表、相关主题、相关作者、相关机构,这些信息均提供链接,可以扩大信息范围,帮助读者进一步了解该课题。

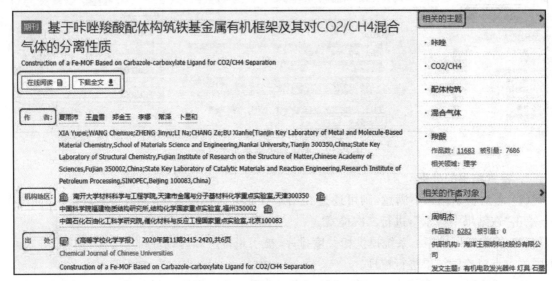

图 6.29　维普资讯检索结果页面

维普资讯这一中文著名检索系统正在不断地发展壮大。本书重点介绍了维普资讯的新产品智立方知识资源系统的检索方法及检索结果处理。与以前的《中文科技期刊数据库》相比,其提供的文献类型和资源更加丰富,强大的分析技术使得检索结果页面的信息更加全面。相信这一新的检索工具将使科研文献的检索变得更加便利。

## 6.2.5　超星发现

2013 年,超星公司推出了"超星发现"资源发现系统。超星发现系统在中文文献检索方面具有强大的优势,迅速引起了人们的关注。

### 6.2.5.1　数据库概况

超星发现的功能可由以下四大特点体现。

**1. 数据量大,资源广**

超星发现支持空检索,可以了解超星发现的资源情况。所谓空检索是指在检索框中不输入任何检索词,直接点击"检索"获得的结果。2021 年 4 月 3 日检索时,信息总量约为 11.46 亿条,其中图书信息为 3577 多万条,期刊信息约为 4.74 亿条,报纸信息约为 2.23 亿条,学位论文约为 2123 万条,另外还包括会议论文、标准、专利、视频、科技成果、法律法规、信息资讯、特色库等信息源。超星发现收录内容广泛,涵盖工程技术、自然科学、生物医药、社会科学、艺术与人文等领域。其资源以中文为主,外文资源多限于馆藏外文资源,不够全面。

**2. 基于元数据索引**

超星发现是基于元数据索引仓储的,因此具有较好的响应速度和检索质量。其元数据来源包括与出版社、期刊社间的合作,图书馆资源的数字化加工,网上信息采集。

**3. 强大专业词表库支持更精准的发现**

超星发现系统内置了主题词表、作者库、机构库、同义词表、学科分类表、刊名表、数据收录来源表、学术专业词库,可以实现更精准的检索。

**4. 集成多种相关技术**

超星中文发现系统利用了数据仓储、知识挖掘、数据分析、文献计量学模型、资源整合等多种相关技术,来解决复杂异构数据库的集成整合,以实现统一高效的资源搜索,进而通过分面聚类、知识关联分析及可视化等方式将"发现"的结果呈现给用户。

由以上特点可知,超星发现不仅具有强大的检索功能,还可通过分面聚类、引文分析、知识关联分析等实现高价值学术文献发现、纵横结合的深度知识挖掘、可视化的全方位知识关联,是新型、高效的中文检索工具。

超星发现的网址为 http://ss.zhizhen.com(见图6.30)。

图6.30 超星发现首页

## 6.2.5.2 检索方法

超星发现的检索方法包括:一般检索、高级检索、专业检索、浏览检索。

**1. 一般检索**

超星发现的首页默认的检索方式就是一般检索,也叫一框式检索或简单检索(见图6.30)。在检索框中直接输入检索词,单击"检索"即可。

超星发现有提示联想词的功能,当你输入"燃料"时,它会提示"燃料电池""燃料乙醇"等词汇。另外超星发现支持部分学名、别名与俗称的智能检索,如检索"土豆",系统会同时检索"马铃薯"。它支持英文单复数的智能检索,如检索"library",系统会同时检索"libraries",还支持简称与全称的智能检索,如检索"北大",系统会同时检索"北京大学"。

**2. 高级检索**

在超星发现的首页,点击搜索框后面的"高级检索"链接,进入高级检索页面,通过高级检索可以更精确地检索所需要的文献。

图6.31所示为高级检索页面。其检索方法为:选择检索字段,输入合适的检索词进行检索;不同的检索字段之间用逻辑算符(与、或、非)连接。不同类型的文献检索字段不同,系统默认全部类型检索,其检索字段包括主题、题名、作者、作者机构、关键词、摘要。

用户可以通过语种、文献类型、年份的选择来限制检索条件,提高查准率;可以通过ISBN检索图书,通过ISSN号检索期刊;可以选择每页显示条数为15条或30条;还可以选择显示馆藏目录中的条目或馆藏电子资源,或者两者都选。

高级检索页面有"返回简单检索"链接,可以实现高级检索和简单检索之间的切换。

**3. 专业检索**

在超星发现的高级检索页面(见图6.31),点击"专业检索",即可进入专业检索页面,用户可以在检索框中直接输入检索式进行检索。

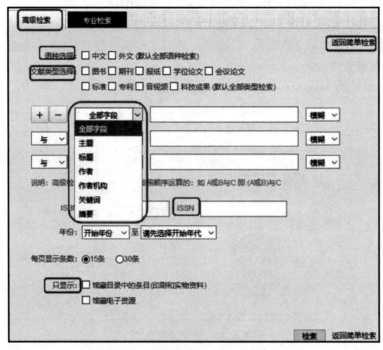

图6.31 超星发现高级检索页面

超星发现专业检索的使用说明如下:

(1) 通用字段。

T=题名(书名、题名),A=作者(责任者),K=关键词,S=文摘(摘要、视频简介),O=作者单位(作者单位、学位授予单位、专利申请人),Su=主题,Z=全部字段,Y=年(出版发行年、学位年度、会议召开年、专利申请年、标准发布年)。

(2) 文献类型。

BK=图书,JN=期刊,DT=学位,CP=会议,PT=专利,ST=标准,VI=视频,NP=报纸,TR=科技成果。

(3) 非通用字段(需要加上文献标识才能检索)。

图书:BKs=丛书名;期刊:JNj=刊名;学位:F=指导老师,DTn=学位,Tf=英文题名,DTa=英文文摘;会议:CPn=会议名称;报纸:NPn=报纸名称;专利:PTt=专利类型;标准:

STd=起草单位。

(4) 检索规则说明。

① 运算符号:"*"代表并且,"|"代表或者,"-"代表不包含,双引号"" ""代表精确匹配,单引号"' '"代表模糊匹配(用于同一字段内运算);

② 逻辑关系符号:AND(与)、OR(或)、NOT(非),用于字段之间的逻辑关系,前后之间要空一个字节;

③ 运算符及逻辑符的优先级相同,若要改变组合的顺序,则使用英文半角括号"()"括起。

例如,检索期刊题名包含图书馆或教育,作者是王伟,出版年范围 2000 至 2013 年(含边界):JN(T=图书馆|教育 AND A=王伟) AND (2000<Y<2013)

主要注意的是,所有符号和英文字母,都必须使用英文半角字符。

**4. 浏览检索**

超星发现的浏览检索包括期刊导航和机构导航。

(1) 期刊导航。通过期刊导航可以浏览感兴趣的期刊及其文献。点击超星发现首页上的"期刊导航",即可进入期刊导航的页面(见图 6.32)。读者可以通过页面左侧的不同分组来浏览期刊,包括本馆馆藏、OA 刊、语种、学科导航、首字母导航、重要期刊导航、JCR 分区、出版周期导航。在期刊导航页面,读者也可以通过在检索框中输入期刊名、ISSN 号、CN 号、主办单位来检索目标期刊。检索到的期刊按以详情、封面、列表三种形式显示,三种形式间可切换。检索结果可按 Impact Factor、Cite Score 排序。

图 6.32 超星发现的期刊导航页面

找到目标期刊后,点击刊名,进入期刊的详细信息页面。该页面除了提供期刊的基本信息(如刊名、语言、ISSN、CN、学科、收录情况、主办单位、周期)外,还提供刊期导览、分类导览、获取与统计功能。期刊导览可方便读者浏览任意一期的文献。分类导览可让读者按类别浏览文献,其中类别有作者、主题词、学科、作者单位、基金。获取与统计功能则给出期刊的年度总文献量、影响因子、年度基金资助文献量、期刊近十年的学科分布、期刊近十年文献的关键词分布等图表。

(2) 机构导航。通过机构导航,读者可以浏览感兴趣的机构信息及其文献。点击超星发现首页上的"机构导航"即可进入机构导航的页面(见图 6.33)。机构导航页面可以通过机构所在地、机构类型来浏览机构信息,也可以通过在检索框中输入机构名来检索感兴趣的机构。机构信息包括机构名称、别名、所在地、属性,点击机构名,即可进入以机构名为检索项的文献检索结果页面。

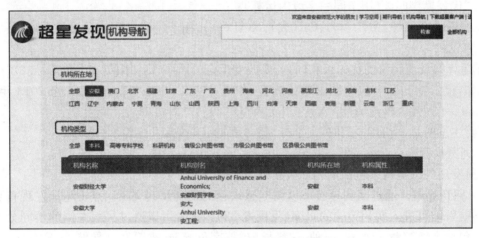

图 6.33　超星发现的机构导航页面

### 6.2.5.3　检索结果及其处理

这里首先介绍全记录检索结果和详细信息的显示及处理方法。因为超星发现的特色之一是具有强大的分析功能,所以随后将单独介绍其数据分析功能。

**1. 全记录检索结果及其处理**

在一般检索页面,输入检索词"金属有机框架",检索结果如图 6.34 所示。检索结果页右侧显示检索结果数、总被引频次、相关论著发文量趋势图等信息。全记录检索结果逐条列于相关论著发文量趋势图下方,按页显示。

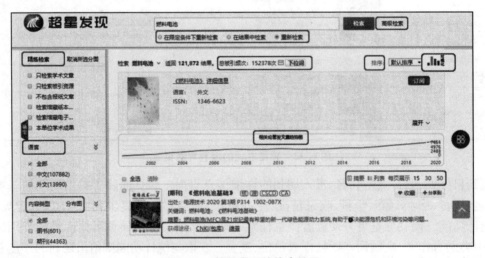

图 6.34　超星发现的检索结果

每条记录显示的信息包括题名、作者、作者单位、出处、关键词、摘要、获得途径电子全文、文献传递、全文数据库链接,如果该文献是期刊论文,那么还会显示该期刊的等级和收录情况(如是否为 SCI 核心期刊和 CA 收录情况)。

全记录检索结果处理方法如下：

(1) 在检索结果页面，可以进行二次检索。在检索框中输入合适的检索词后，可选择在限定条件下重新检索、在结果中检索、重新检索。

(2) 如果检索结果不足，那么也可以通过"下位词"功能扩大检索结果。点击图 6.34 中的"下位词"，会弹出检索词的下位词，勾选合适的下位词，点击"检索"，这些词就会以逻辑或的方式添加到检索式中，从而得到更加全面的检索结果。

(3) 可通过"精炼检索"对检索结果进一步加以限制。精炼项目包括：只检索学术文章、只检索被引资源、不包含报纸文章、只检索馆藏纸本资源、只检索馆藏电子资源、本单位学术成果。

(4) 可通过多维分面聚类功能分组浏览文献。分面聚类的维度包括：语言、内容类型、年份、关键词、学科分类、重要收录、作者、作者机构、刊名、地区、基金。除了语言，其他各分组会提供"分布图"链接，可查看各分组文献的分布图。

(5) 检索结果的排序方式可自由选择，选项包括默认排序、馆藏优先、出版日期降序、出版日期升序、学术性、相关性、引文量。

(6) 检索结果可以通过题录形式输出、收藏或分享，还可以保存检索式，定期得到最新文献。其中题录的输出方法如图 6.35 所示。对于感兴趣的文献，勾选其左侧的方框，该题录即被保存。点击检索结果页面下方的"已保存的题录"。此时会弹出一对话框，要求选择输出字段，如出处、作者、摘要、关键词、链接等。输出字段选择完毕，进一步选择输出方式。超星发现中题录的输出方式很多，既可以通过电子邮件输出，也可以直接打印，还可以通过文本、参考文献、查新(引文格式)、Excel、Endnote、NoteFirst、NoteExpress、RefWorks 等方式输出。

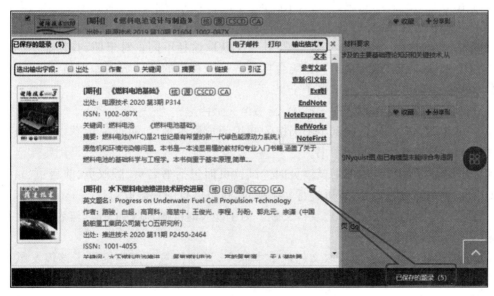

图 6.35 超星发现的题录保存页面

(7) 保存检索式，如果是超星发现的注册读者，那么登录以后，可以在检索结果页面点击保存检索式按钮"．囧"，将检索式保存到学习空间，系统会定期将该检索式检索的最新结果发送到读者注册时用的邮箱中。

**2. 详细信息页面及其处理**

点击全记录页面中某条文献的标题,即可进入该文献的详细信息页面(见图 6.36)详细信息页面提供的信息有获取途径、文献信息、参考文献与引证文献、引证的文献列表、全国馆藏、相关文献等。

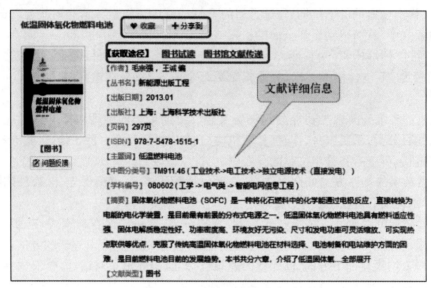

图 6.36 超星发现的详细信息页面

(1) 文献信息。文献信息包括文献出处、主题词、摘要等。图书的信息包括作者、丛书名、出版日期、出版社、出版地、页码、ISBN、主题词、中图分类号、摘要、文献类型。其中作者、主题词、丛书名均提供链接,点击后可直接在本数据库中进行检索。

(2) 原文获取途径。不同类型的文献,其原文获取途径不同。对于期刊,其显示的获取途径是"电子全文"。点击"电子全文",系统会自动链接到相应的全文数据库网站,若单位有该全文数据库的使用权限,则可以获取电子全文。

图书获取途径有本馆馆藏、图书试读、图书馆文献传递。

点击"本馆馆藏",系统链接到本图书馆的知识门户检索平台,页面显示图书信息及馆藏信息,可根据这些信息获得印刷版图书。

点击"图书试读",可进入图书试读页面。试读页面包括书名页、版权页、前言页、目录页及正文 10 页。通过试读页面,读者可进行文字摘录,也可进行图片截取。

还可通过图书馆文献传递方式获得文献。为了能及时准确地收到文献,读者需要在咨询单上正确填写电子邮箱地址。

(3) 全国馆藏。为了方便获取文献的纸本原文,详细信息页面还提供了该篇文献的全国馆藏情况。点击全国馆藏右侧的"更多",可以按地区、单位类型浏览全国馆藏,找到合适的图书馆来索取原文。

(4) 相关文献。在详细信息页面右侧列出了"相关文献",可以扩大检索量,如《燃料电池》一书的相关文献不仅提供了一系列与之同名但不同作者的书,还提供了《燃料电池及其应用》《燃料电池基础》等紧密相关的书。

(5) 收藏与分享。在详细信息页面,可将该文献收藏到学习空间或分享到新浪微博、人人网、QQ 空间。

**3. 数据分析功能**

超星发现以数据挖掘的相关技术为支撑,可对文献资源进行知识关联与数据分析处理,深入发现隐藏在大量数据背后的信息,如前所述,在检索结果页面左侧,对文献进行多维分组,读者可分组浏览文献,正是基于其强大的数据分析功能。分析后的结果可以图形的方式呈现,让读者更加直观地了解文献的分布情况。

点击检索结果页面的可视化按钮" ",可进入学术辅助分析系统,得到一系列以图形显示的数据分析结果。点击页面内的" "图标,可以返回检索结果页面。学术辅助分析系统提供的数据有知识点与知识点、作者、机构的关联图,学术发展趋势曲线,多主题对比曲线及其他统计数据。

(1) 知识点与知识点、作者、机构的关联。超星发现可以通过球形图直观揭示检索主题与相关知识点、作者、机构的关联,从而反映某一领域关联知识的相互交叉及其影响,以及不同学者、不同机构对某一领域的研究强度与贡献,为进一步追踪、拓展和创新该领域的研究提供思路。

图 6.37 显示了知识点与知识点之间的关联,图中不同颜色的球显示了相关性的大小。该图可以发散思维,使检索者对检索主题有更加全面的了解。另外图形右侧列出相关论著,读者可以点击感兴趣的相关知识点,浏览相关论著。

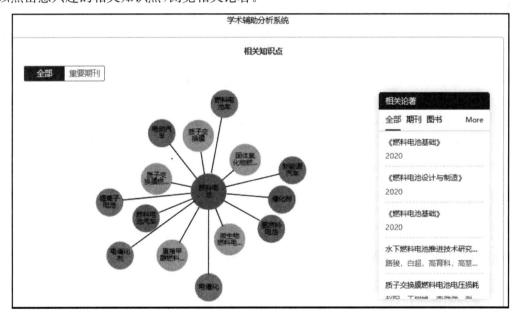

图 6.37 超星发现的知识点与知识点之间的关联

(2) 学术发展趋势曲线。超星发现给出了检索主题与不同文献类型的学术发展趋势曲线,包括图书、期刊、学位论文、专利、报纸、科技成果等。趋势图的横坐标为年份,一般从最早有数据的年份开始显示,纵坐标为文献篇数,趋势图数据可通过 Excel 导出。图 6.38 所示为燃料电池相关的图书学术发展趋势曲线。

(3) 多主题对比。点击学术辅助分析系统中的多主题对比图标" ",可以实现对检索结果的多主题对比,通过对比获取更多信息。在多主题对比页面,最多支持 5 个关键词对比,通过检索框左侧的"＋""－"来增加或减少对比关键词。读者可以选择主题的检索字段,如全部字段、标题、作者、关键词、作者单位,还可以选择数据类型,如图书、期刊、学位论文、会议论文、报纸或全部。图 6.39 所示为燃料电池中氢-氧燃料电池和微生物燃料电池的期刊论文的发展趋势曲线。

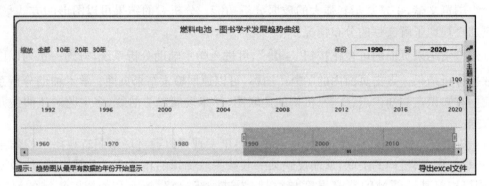

图 6.38　超星发现图书学术发展趋势曲线

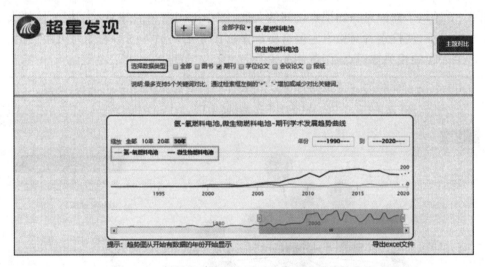

图 6.39　超星发现的多主题对比学术发展趋势曲线

(4) 其他数据分析。超星发现分别给出检索主题按核心期刊、学位论文学科、中文学科、外文学科、刊种、地区、各频道检索量(各种文献类型)、作者、基金、科技成果地区统计分类的直观数据显示。这些数据都可以通过 Excel 文件导出。

超星发现系统不仅有检索功能,还有强大的数据分析功能,可以帮助读者分析学术发展趋势,因而是科研人员高效的检索工具。

思考与练习

1. 中文著名检索工具有哪些?
2. 印刷版《全国报刊索引》的检索方法有哪些?利用该工具检索食品添加剂方面的文献。
3. 试利用万方数据库检索安徽师范大学 2006 年以来应用化学专业的硕士学位论文。
4. 试利用维普数据检索安徽师范大学近 5 年发表的期刊论文。
5. 试利用超星发现检索你感兴趣的课题。

# 第7章 中国知网(CNKI)

中国知网是中国知识基础设施工程(China National Knowledge Infrastructure,CNKI)的网络平台的名称。CNKI是以实现全社会知识资源传播共享与增值利用为目标的信息化建设项目。该项目于1995年正式立项,始建于1999年6月,由清华大学、清华同方发起,在学术界、教育界、出版界、图书情报界等社会各界的配合下建成。目前CNKI已成为世界上全文信息量最大的数字图书馆。

## 7.1 CNKI 概述

CNKI不仅含有内容庞大的资源,而且产品形式多样。

### 7.1.1 数据库简介

CNKI数据库收录学科范围广,其产品分为十大专辑:基础科学、工程科技Ⅰ、工程科技Ⅱ、农业科技、医药卫生科技、哲学与人文科学、社会科学Ⅰ、社会科学Ⅱ、信息科技、经济与管理科学。十大专辑下分为168个专题,文献类型丰富,包括期刊,硕、博士论文,会议论文,专利,标准,成果,科技报告,报纸,图书等,另外还可以检索法律法规、政府文件、企业标准、政府采购信息。从语种看,CNKI不仅有中文文献还有英文文献。

目前CNKI重视国内外资源的整合,整合后的资源按文献类型可分为学术期刊库、学位论文库、会议论文库、专利库、标准数据总库、《中国科技项目创新成果鉴定意见数据库(知网版)》、中国图书全文数据库(心可书馆)、《中国重要报纸全文数据库》《中国年鉴网络出版总库》,其中国外资源只可检索题录部分,但是可提供全文链接。CNKI主要数据库介绍如下:

(1) 学术期刊库。它能实现中、外文期刊整合检索。其中,中文学术期刊8720余种,含北大核心期刊1960余种,网络首发期刊2110余种,最早回溯至1915年,共计5710余万篇全文文献;外文学术期刊包括来自60多个国家及地区650余家出版社的期刊57400余种,覆盖JCR期刊的94%,Scopus期刊的80%,最早回溯至19世纪,共计9530余万篇外文题录,可链接全文。

(2) 学位论文库。它包括《中国博士学位论文全文数据库》和《中国优秀硕士学位论文全文数据库》,是目前国内资源完备、质量上乘、连续动态更新的中国博硕士学位论文全文数据库。本库出版490余家博士培养单位的博士学位论文40余万篇,770余家硕士培养单位的硕士学位论文440余万篇,最早回溯至1984年,覆盖基础科学、工程技术、农业、医学、哲学、人文、社会科学等各个领域。

(3) 会议论文库。重点收录1999年以来,中国科学技术协会系统及国家二级以上的学会、协会,高校、科研院所,政府机关举办的重要会议以及在国内召开的国际会议上发表的文献,部分重点会议文献回溯至1953年,截至2021年4月3日,已收录国内会议、国际会议论文集2万本,累计文献总量 330 余万篇。

(4) 专利库。它包括中国专利和海外专利。中国专利收录了 1985 年以来在国内申请的发明专利、外观设计专利、实用新型专利共 3240 余万条,每年新增专利约 250 万条;海外专利包含美国、日本、英国、德国、法国、瑞士、世界知识产权组织、欧洲专利局、俄罗斯、韩国、加拿大、澳大利亚等十国两组织两地区的专利,共计收录从 1970 年以来的专利 7350 余万条,每年新增专利约 200 万项。

(5) 标准数据总库。它包括国家标准全文、行业标准全文、职业标准全文以及国内外标准题录数据库,共计 60 余万项。其中国家标准全文数据库收录了由中国标准出版社出版的,国家标准化管理委员会发布的所有国家标准;行业标准全文数据库收录了现行、废止、被代替、即将实施的行业标准;职业标准全文数据库收录了由中国劳动社会保障出版社出版的国家职业标准汇编本,包括国家职业技能标准、职业培训计划、职业培训大纲;国内外标准题录数据库的内容来源于山东省标准化研究院。

(6)《中国科技项目创新成果鉴定意见数据库(知网版)》。该库收录正式登记的中国科技成果,按行业、成果级别、学科领域分类。每条成果信息包含成果概况、立项、评价,知识产权状况及成果应用,成果完成单位、完成人等基本信息,并包含该成果的鉴定数据(推广应用前景与措施、主要技术文件目录及来源、测试报告和鉴定意见等内容)。截至 2021 年 4 月 3 日,该库共计收录 90 余万项成果,年更新约 4.8 万项,收录年度集中于 1978 年以后,部分回溯至 1920 年。

(7) 中国图书全文数据库(心可书馆)。该库以中国知网在海内外各行各业的 2 亿专业读者为服务对象,集图书检索、专业化推荐、在线研学、在线订阅功能于一体。通过参考文献、引证文献等关联关系,实现了图书内容与其他各类文献的深度关联融合。截至 2021 年 4 月 3 日,已收录精品专业图书 10702 本,覆盖人文社科、自然科学、工程技术等各领域,并实时更新。

(8)《中国重要报纸全文数据库》。它是以学术性、资料性报纸文献为出版内容的连续动态更新的报纸全文数据库。报纸库年均收录并持续更新各级重要党报、行业报及综合类报纸 650 余种,累积出版 2000 年以来报纸全文文献 1970 余万篇。

(9)《中国年鉴网络出版总库》。它是目前国内较大的连续更新的动态年鉴资源全文数据库。内容覆盖基本国情、地理历史、政治军事外交、法律、经济、科学技术、教育、文化体育事业、医疗卫生、社会生活、人物、统计资料、文件标准与法律法规等各个领域。截至 2021 年 4 月 3 日,年鉴总计 5330 余种、4 万本、3800 余万篇。

## 7.1.2 产品形式

CNKI 数据库产品形式目前有 WEB 版(网上包库)、镜像版、光盘版、流量计费等四种。

CNKI 数据库的网络出版平台为中国知网。CNKI 镜像模式是指将数据库管理系统和用户订购的文献数据安装在机构用户的内部网网站上,在限定 IP 地址范围内,机构用户的读者可以不限次数使用,机构用户按所购数据库产品及其并发用户数支付数据库使用费的使用模式。目前,中国知网中心网站采用日更新的更新方式,而镜像站点,由于数据量的庞大和现行数据传输方式的限制,只能采用月更新的方式。即 CNKI 数据库镜像站点更新速度一般要比其中心网站中国知网滞后 1~2 个月。网上包库和镜像版适合团体或机构使用,个人用户可以采用流量计费的方式使用 CNKI 数据库。

选择网上包库的机构一般同时可以使用镜像版。镜像版的优势在于当停止网上包库时已购买的全文数据依然可以打开使用。在高校,镜像版一般从该校的图书馆进入,如安徽师范大学的读者,可以进入安徽师范大学图书馆主页,点击"电子资源"→"中文数据库"→"中国知网本地镜像",进入 CNKI 设在安徽师范大学图书馆的开放式镜像站点。

网络版的优点在于更新及时,检索结果处理功能更加强大。两者的检索方法比较类似,有时网络版的检索方法更加丰富。综上,本书接下来将介绍网络版 CNKI 数据库的检索方法。CNKI 数据库的网络出版平台为中国知网,其网址为 http://www.cnki.net。

中国知网首页如图 7.1 所示。在中国知网,读者可以实现文献检索、知识元检索、引文检索等不同对象的检索。检索对象不同,检索方法及结果也不同,下面按检索对象分别介绍其检索方法、检索结果及其处理。

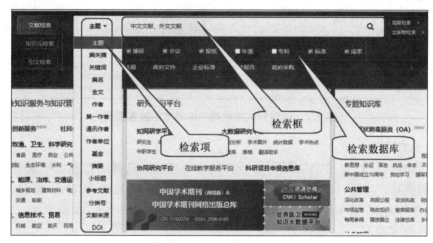

图 7.1 中国知网首页及一框式检索页面

## 7.2 文 献 检 索

文献检索的检索对象为各种类型的文献,本节介绍文献检索方法、检索结果及其处理。

### 7.2.1 检索方法

文献检索的检索方法包括一框式检索、高级检索、专业检索、作者发文检索、句子检索、浏览检索。

#### 7.2.1.1 一框式检索

中国知网首页默认的检索方式为一框式检索(见图 7.1)。在中国知网首页列出数据库名称,检索者只需勾选所需数据库,在下拉框中选择检索项,在检索框中输入检索词,点击"检索"按钮即可实现检索。

**1. 数据库的选择**

关于数据库的选择,系统默认为跨库检索,即可在学术期刊、学位论文、会议、报纸、标准、图书库中进行检索。读者可以根据需要,勾选不同数据库组合,确定检索范围。如果在首页只勾选一个数据库,那么可实现单库检索;如果点击某一数据库的名称,那么可进入单库检索的一框式检索页面。该页面中有所选数据库的简介,也可实现与高级检索方法之间的切换,如点击"学术期刊",即可到达期刊的单库检索页面(见图 7.2)。

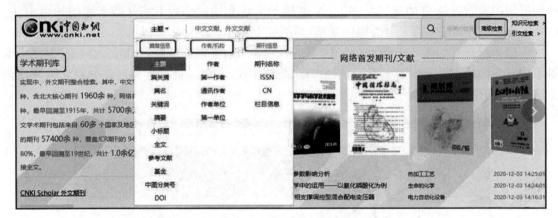

图 7.2　中国知网学术期刊库单库的检索页面

**2. 检索项的选择**

检索项可以通过图 7.1 中"主题"旁的下拉框进行切换。选择的数据库不同,检索项不同,这取决于文献类型。当进行跨库检索时,其检索项包括主题、篇关摘、关键词、篇名、全文、作者、第一作者、通讯作者、作者单位、基金、摘要、小标题、参考文献、分类号、文献来源、DOI。主要检索项的含义及范围如下:

(1) 主题:在中国知网标引出来的主题字段中进行检索,该字段内容包含一篇文章的所有主题特征,同时在检索过程中嵌入专业词典、主题词表、中英对照词典、停用词表等工具,并采用关键词截断算法,将低相关或微相关文献截断。

(2) 篇关摘:指在篇名、关键词、摘要范围内进行检索。

(3) 关键词:包括文献原文给出的中、英文关键词,以及对文献进行分析计算后机器标引出的关键词。机器标引的关键词基于对全文内容的分析,结合专业词典,解决了文献作者给出的关键词不够全面准确的问题。

(4) 篇名:期刊、会议、学位论文、辑刊的篇名为文章的中、英文标题。报纸文献的篇名包括引题、正标题、副标题。年鉴的篇名为条目题名。专利的篇名为专利名称。标准的篇名为中、英文标准名称。成果的篇名为成果名称。古籍的篇名为卷名。

(5) 全文:指在文献的全部文字范围内进行检索,包括文献篇名、关键词、摘要、正文、参考文献等。

(6) 作者:期刊、报纸、会议、学位论文、年鉴、辑刊的作者为文章的中、英文作者。专利的作者为发明人。标准的作者为起草人或主要起草人。成果的作者为成果完成人。古籍的作者为整书著者。

(7) 第一作者:只有一位作者时,该作者即为第一作者。有多位作者时,将排在第一位的作者认定为文献的第一责任人。

(8) 通讯作者:目前期刊文献对原文的通讯作者进行了标引,可以按通讯作者查找期刊文献。通讯作者指课题的总负责人,也是文章和研究材料的联系人。

(9) 作者单位：期刊、报纸、会议、辑刊的作者单位为原文给出的作者所在机构的名称。学位论文的作者单位包括作者的学位授予单位及原文给出的作者任职单位。年鉴的作者单位包括条目作者单位和主编单位。专利的作者单位为专利申请机构。标准的作者单位为标准发布单位。成果的作者单位为成果第一完成单位。

(10) 基金：根据基金名称，可检索受此基金资助的文献。支持基金检索的资源类型包括期刊、会议、学位论文、辑刊。

(11) 摘要：期刊、会议、学位论文、专利、辑刊的摘要为原文的中、英文摘要，原文未明确给出摘要的，提取正文内容的一部分作为摘要。标准的摘要为标准范围。成果的摘要为成果简介。

(12) 小标题：期刊、报纸、会议的小标题为原文的各级标题名称，学位论文的小标题为原文的中、英文目录，中文图书的小标题为原书的目录。

(13) 参考文献：检索参考文献里含检索词的文献。支持参考文献检索的资源类型包括期刊、会议、学位论文、年鉴、辑刊。

(14) 分类号：通过分类号检索，可以查找同一类别的所有文献。期刊、报纸、会议、学位论文、年鉴、标准、成果、辑刊的分类号是指中图分类号，专利的分类号是指专利分类号。

(15) 文献来源：指文献出处。期刊、辑刊、报纸、会议、年鉴的文献来源为文献所在的刊物。学位论文的文献来源为相应的学位授予单位。专利的文献来源为专利权利人/申请人。标准的文献来源为发布单位。成果的文献来源为成果评价单位。

(16) DOI：输入 DOI 号检索期刊、学位论文、会议、报纸、年鉴、图书。国内的期刊、学位论文、会议、报纸、年鉴只支持检索在知网注册 DOI 的文献。

文献类型不同，其检索项不同。只有弄清检索项的含义和范围，才能精确检索到所需文献。因此，下面列出化学化工专业常用文献类型单一库的检索项，希望读者在检索前结合文献的特点，弄清各检索项的含义，输入合适的检索词进行检索。每一类文献特有的检索项加粗表示。

期刊文献的检索项可分为三部分：篇章信息、作者/机构、期刊信息。其中篇章信息包括主题、篇关摘、篇名、关键词、摘要、小标题、全文、参考文献、基金、中图分类号、DOI。作者/机构包括作者、第一作者、通讯作者、作者单位、第一单位。期刊信息包括期刊名称、ISSN、CN、栏目信息。

学位论文的检索项有主题、篇关摘、关键词、题名、全文、作者、作者单位、导师、第一导师、学位授予单位、基金、摘要、目录、参考文献、中图分类号、学科专业名称、DOI。

会议论文的检索项有主题、篇关摘、关键词、篇名、全文、作者、第一作者、单位、会议名称、主办单位、基金、摘要、小标题、论文集名称、参考文献。

专利文献的检索项有主题、篇关摘、关键词、专利名称、全文、申请号、公开号、分类号、主分类号、申请人、发明人、代理人、同组专利项、优先项。

标准文献的检索项包括主题、篇关摘、标准名称、标准号、关键词、摘要、全文、起草人、起草单位、发布单位、出版单位、中国标准分类号、国际标准分类号。

成果的检索项有主题、篇关摘、全文、成果名称、关键词、成果简介、中图分类号、学科分类号、成果完成人、第一完成单位、单位所在省市、合作完成单位。

**3. 智能提示作用**

在输入检索词时，注意利用系统的智能提示作用，如系统可以根据输入的拼音提示相应的汉字；系统根据检索项提示与之相关的词。例如，选择"主题"为检索项，当你输入"金属有机"时，系统会提示一系列检索词，如金属有机框架、金属有机骨架、金属有机配合物等，这样有助于用户找到检索词的近义词、相关词，扩大检索范围。

### 4. 一框式检索示例

一框式检索操作简便,只要勾选所需数据库,选择好检索项,输入合适的检索词,即可实现快速检索(见图7.3)。例如,检索"超级电容器"相关的期刊和会议论文。在中国知网首页,仅勾选"学术期刊"和"会议"数据库,检索项为"主题",检索词为"超级电容器",点击"检索"按钮。检索结果为8156条,其中学术期刊为6896条、会议为1198条,还有62条来自特色期刊。这说明选择"学术期刊"数据库时,在学术期刊库和特色期刊库会同时检索,但结果会分别统计。

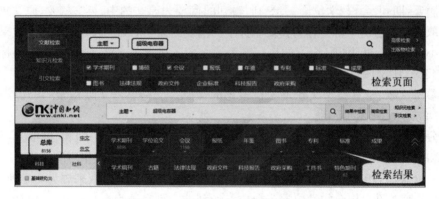

图7.3 文献检索的一框式检索页面

## 7.2.1.2 高级检索

高级检索支持多字段逻辑组合,可通过选择精确或模糊的匹配方式、检索控制等方法完成较复杂的检索,得到符合需求的检索结果。点击中国知网首页右侧的"高级检索",即可进入高级检索页面(见图7.4)。

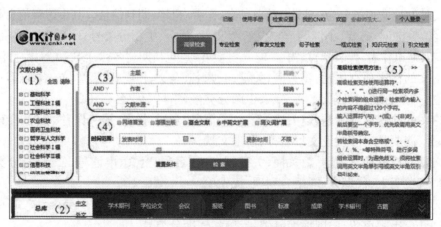

图7.4 文献检索的高级检索页面

在高级检索页面的上方点击"检索设置",可对跨库检索范围和检索结果格式进行设置(见图7.5)。其中检索结果格式限制包括检索结果的每页默认显示条数、默认显示方式、默认排序,如果想要长久保存设置,则需登录个人账号进行设置。未登录个人账号进行的设置,在关闭浏览器或20分钟未在此平台进行任何操作后恢复为系统默认。

高级检索页面可分为文献导航区、数据库选择区、检索条件输入区、检索控制区、引导功能区。

**1. 文献导航区**

文献分类导航默认为收起状态,点击展开后勾选所需类别,可缩小和明确文献检索的类别范围。总库高级检索提供168个专题导航,这是知网基于中图分类所独创的学科分类体系。年鉴、标准、专利等除168个专题导航外,还提供单库检索所需的特色导航。

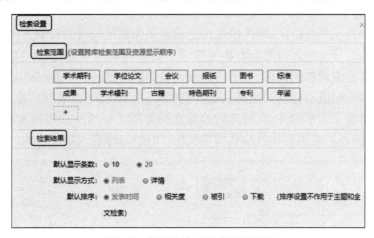

图 7.5　高级检索的检索设置页面

**2. 数据库选择区**

在高级检索页面的下方为数据库选择区,默认数据库为总库,点击库名可切换至单库高级检索模式。总库的范围可以根据自己的喜好,通过高级检索页面上方的"检索设置"进行选择。

**3. 检索条件输入区**

检索条件输入区中默认显示主题、作者、文献来源三个检索框,每个框的检索项可在下拉框中自由选择。不同检索项之间可用逻辑算符组合,同一检索项的不同检索词之间也可用逻辑算符组合。输入运算符"*""+""-"时,前后要空一个字节,优先级需用英文半角括号确定。在检索词本身含空格或"*""+""-""()""/""%""="等特殊符号,并进行多词组合运算时,为避免歧义,须将检索词用英文半角单引号或英文半角双引号引起来。例如,检索篇名包含"hydrogen evolution"和"phosphides"的文献,在篇名检索项后输入:'hydrogen evolution' * phoshides。

检索词的匹配方式可选,除主题只提供相关度匹配外,其他检索项的检索词均提供精确、模糊两种匹配方式。根据检索项的不同,精确匹配是指检索结果与检索词完全一致或者检索词作为一个整体在该检索项进行匹配;模糊匹配是指检索结果包含检索词或者检索词进行分词后在该检索项进行匹配。

全文和摘要检索时,可选择词频,辅助优化检索结果。选择词频数后进行检索,检索结果为在全文或摘要范围内包含检索词,且检索词出现次数大于等于所选词频的文献。

**4. 检索控制区**

检索控制区的主要作用是通过条件筛选、时间选择等,对检索结果进行范围控制。

控制条件包括:出版模式、基金文献、时间范围、检索扩展。其中出版模式包括网络首发和增强出版,两者均为新型出版模式,可以让读者更快、更全面地了解文献内容。网络首发是指将已通过审核、期刊同意发表、即将出版的每期期刊中的若干篇文字作品提交网络平台出版,按出版网址和发布时间确认作品首发权,之后将作品全部或其根文献在期刊印刷出版,其中的根文献是网络出版作品的主体部分。增强出版是指在出版论文的基础上附加或增加各种必要的相关数据的复合数字体系。默认的结果包括各种出版模式的文献,如果勾选,那么只出现该出版模式的文献。

检索扩展包括中英文扩展和同义词扩展,检索时默认进行中英文扩展,若不需要中英文扩展,则可手动取消勾选。两种扩展只能选择一种或者两种均不勾选。

**5. 引导功能区**

高级检索右侧为引导功能区,输入检索词之前默认为高级检索的检索方法介绍。当选定检索项,输入检索词,引导功能区可能会有相关推荐。高级检索的主题、篇名、关键词、摘要、全文等检索项推荐的是检索词的同义词、上下位词或相关词;勾选后的词与检索词为或者(+)关系,检索结果为包含检索词或勾选词的全部文献。例如,当检索项为"主题"时,输入检索词"过氧化氢",引导功能区出现了若干相关词,勾选后的检索词如图 7.6 所示。当检索项为作者、第一作者或通讯作者时,推荐的是同名作者及其所在机构,勾选后,作者为特定机构的作者。

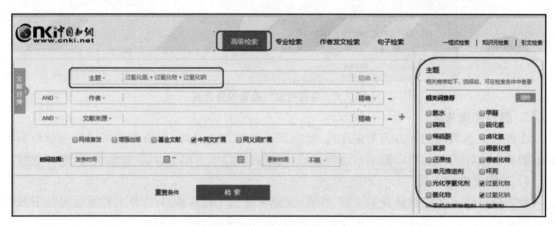

图 7.6　高级检索主题引导功能

与一框式检索相比,高级检索可以更精确地表达检索意愿。例如,检索 2000 年以来有关氧还原电化学催化剂的期刊论文。检索页面如图 7.7 所示。首先文献分类默认为全选,然后在数据库选择区选择"学术期刊"。第一检索框,选择检索项"主题",输入检索词"氧还原 * 电化学",第二检索项为"篇关摘",输入检索词"催化剂",两个检索项之间为逻辑与(AND)的关系。最后设置时间范围"2000～2020",点击"检索"按钮,即可得到检索结果。

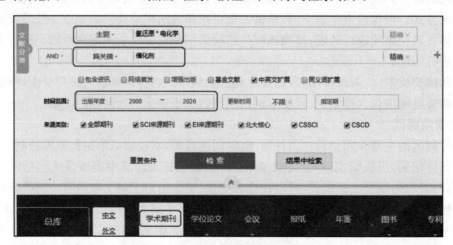

图 7.7　文献检索的高级检索示例

## 7.2.1.3 专业检索

点击图7.4所示的"高级检索"页面右侧的"专业检索",即可进入专业检索页面(见图7.8)。与高级检索页面相似,专业检索页面也分为文献导航区、数据库选择区、检索条件输入区、检索控制区、引导功能区,两者的不同在于检索条件输入区不同。专业检索需要检索者在一个检索框中输入自己构建的检索式进行检索。只有检索式构建正确才能检索到所需结果。建议初次使用专业检索的读者,检索前点击引导功能区的"专业检索使用方法",了解语法后再去构建检索式。

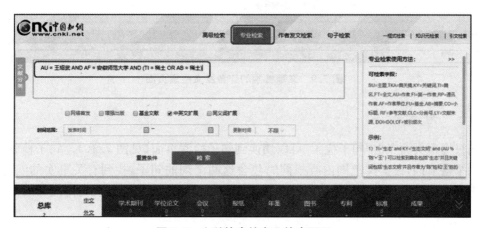

图 7.8　文献检索的专业检索页面

专业检索的一般检索式由三部分组成:检索字段、匹配运算符、检索词。其中中国知网文献总库提供的检索字段有:SU=主题、TI=题名、KY=关键词、AB=摘要、FT=全文、AU=作者、FI=第一责任人、RP=通讯作者、AF=机构、JN=文献来源、RF=参考文献、YE=年、FU=基金、CLC=分类号、SN=ISSN、CN=统一刊号、IB=ISBN、CF=被引频次。匹配运算符包括"="、"%"、"%=",分别表示精确匹配、模糊匹配、相关匹配。例如,"KY = 金属有机框架"为专业检索的一般检索式,表示精确检索关键词包含"金属有机框架"的文献。另外,在一个字段内可以用"*"(与)、"+"(或)、"-"(非)符号组合多个检索词进行检索,符号前后要有空格。例如,检索关键词包含"金属有机框架",但不含"催化剂"的文献,可表示为"KY=金属有机框架-催化剂"。检索词多于2个的组合可以用英文半角圆括号"()"来改变运算顺序。

专业检索的一般检索式借助字段间的逻辑算符可以构建复杂的检索式。不同字段间的逻辑组配符号为 AND(与)、OR(或)、NOT(非)。同样,逻辑运算符前后要有空格,可自由组合逻辑检索式,优先级需用英文半角圆括号"()"确定。例如,检索王绍武在安徽师范大学期间发表的题名或摘要中包含"稀土"的文章,检索式为"AU = 王绍武 AND AF = 安徽师范大学 AND (TI = 稀土 OR AB = 稀土)"。

## 7.2.1.4 作者发文检索

高级检索页面还可以切换到作者发文检索(见图 7.9)。作者发文检索是指通过作者姓名、单位等信息,查找作者发表的文献及其被引和下载情况。其检索项只有作者、第一作者、通讯作者、作者单位四项。其检索方法和高级检索类似,输入作者姓名,可在右侧引导功能区列表中根据机构进行勾选,精确定位,如果不勾选,而选择"作者单位"检索项,那么在输入单位名称时,要注意单位名称的各种写法，检索词匹配是"精确"还是"模糊"，以防止漏检。

图 7.9 文献检索的作者发文检索页面

### 7.2.1.5 句子检索

在高级检索页面点击"句子检索"可以切换到句子检索页面（见图 7.10）。句子检索是通过输入的两个检索词，在全文范围内查找同时包含这两个词的句子，找到有关事实的问题答案。句子检索不支持空检，同句、同段检索时必须输入两个检索词。句子检索支持同句或同段的组合检索。

图 7.10 文献检索的句子检索页面

例如，检索同一句中同时包含"金属有机框架"和"吸附"的文献，检索结果是一系列符合检索条件的句子的列表（见图 7.11），检索词在句子中以红色显示。列表中"句子来自"是指句子来源文献的篇名，点击可链接至该文献的详细页面。另外列表中还给出作者、文献类型、作者单位、来源（出版物名称）、出版日期等信息。其中作者、来源信息为灰色，可分别链接至作者知网节和出版物导航页面。

### 7.2.1.6 浏览检索

浏览检索有两种方式：学科分类导航和出版来源导航。

**1. 学科分类导航**

在中国知网首页，点击"高级检索"，在高级检索页面左侧可看到"文献分类"，点击可展开。

所有文献分为十大专辑,点击某一专辑左侧的"+",可进一步展开,其下有若干二级分类,同样二级分类下有三级分类,三级分类下又分为若干专题,如果点击某一专辑的名称,无法浏览文献,那么勾选并点击二级分类、三级分类、专题的名称,可以直接浏览该分类下的文献,实现从分类的角度浏览文献。例如,逐级点击"工程科技Ⅰ辑"→"化学"→"总论"→"化学实验(实验化学)",可浏览该分类下的文献。

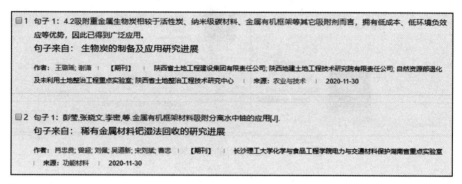

图 7.11　文献检索的句子检索结果

**2. 出版来源导航**

如果读者需要了解某一出版物的信息,如投稿前需要了解期刊的影响因子、主办单位,那么这时可以利用 CNKI 的出版来源导航。其出版物涵盖范围较广,包括期刊、学术辑刊、学位授予单位、会议、报纸、年鉴、工具书。

点击中国知网首页"出版物检索",进入出版来源导航页面(见图 7.12)。出版物检索页面最右侧有"文献检索"链接,可实现"出版物检索"和"文献检索"间的转换。

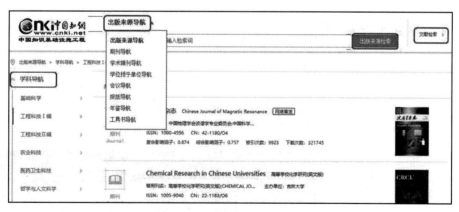

图 7.12　中国知网的出版来源导航页面

利用出版来源导航获得出版物信息有两种方式:学科导航和检索。一方面,读者可以从学科分类的角度浏览出版物,获得所需信息。另一方面,出版物检索也提供检索区,读者可以选择合适的检索项,输入检索词,直接检索该出版物的相关信息。

下面以期刊导航为例介绍出版物的检索结果,如图 7.13 所示,点击"出版来源导航"下的"期刊导航"进入期刊导航页面。选择检索项"刊名",输入检索词"高等学校化学学报",点击"检索"按钮,即可看到"高等学校化学学报"封面。点击封面,显示《高等学校化学学报》的基本信息、出版信息、评价信息。该页面也可以实现刊期浏览、栏目浏览,查看期刊的统计与评价结果,还可以在检索区实现《高等学校化学学报》的刊内检索。

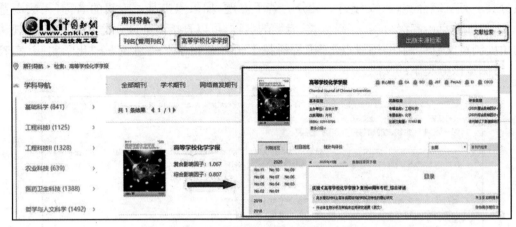

图 7.13　中国知网的期刊导航页面

## 7.2.2　检索结果及其处理

下面利用高级检索方法检索"2000 年以来有关金属有机框架和催化"的文献，并以此检索结果为例介绍检索结果页面信息及其处理方法。在高级检索页面，默认检索范围为总库，文献分类为全选，选择第一个检索项为"主题"，输入检索词"金属有机框架"，第二个检索项为"关键词"，输入检索词"催化"，两个检索项之间的关系为"并且"，取消默认的"中英文扩展"，时间范围为 2000～2020，点击"检索"按钮。

### 7.2.2.1　检索结果显示

检索结果默认以简单列表形式分页显示（见图 7.14）。每条检索记录均包括文献题名、作者、来源（如刊名）、发表时间、数据库、被引频次、下载频次、操作方式（下载、阅读、收藏、引用）等项目。点击页面上的"▦"图标，可切换到详情模式，每条记录会给出摘要和关键词，方便读者对文献作出取舍。点击"≡"图标，检索结果又可以切换到简单列表形式。

图 7.14　中国知网的文献检索结果

## 7.2.2.2 检索结果页面链接

检索结果页面有强大的链接功能。在简单列表下,可提供链接的字段有篇名、作者、来源、被引次数;在详情列表页面,除了以上字段外,还增加了作者单位链接、关键词链接。

(1) 篇名链接。点击篇名,可链接至该篇文献的文献知网节。
(2) 作者。点击作者姓名,可链接至作者知网节,获得作者相关信息。
(3) 来源。链接至出版来源导航页面。
(4) 被引次数。链接至引证文献信息页面。
(5) 作者单位。链接至机构知网节。
(6) 关键词。链接至关键词知网节。

以上各种知网节的具体信息详见 7.2.3 小节。

## 7.2.2.3 检索结果处理

在该检索结果页面,可对检索结果作如下处理:

(1) 选择检索记录的排序方式。可供选择的排序方式包括相关度、发表时间降序、被引频次、下载频次,默认为发表时间降序。
(2) 每页显示记录数的选择。每页显示记录数可以为 10、20 或 50 条,点击相应数字即可。
(3) 翻页功能。检索结果列表下方有翻页功能,选项包括下一页、上一页、首页,也可点击代表具体页码的数字。
(4) 分库浏览。在总库检索时,结果页面会分别给出各单数据库的结果数,可以逐一浏览各个数据库的文献。
(5) 文献语种的选择。中国知网不仅能检索到中文文献还能检索到英文文献,如果只想看中文文献,则可以点击检索结果页面的"中文文献";反之,可以点击"英文文献"。
(6) 批量下载。可以勾选感兴趣的文献,点击"批量下载",文献以".es5"格式导出,需下载安装 CNKI E-Study 软件方能打开。
(7) 导出与分析。在勾选感兴趣的文献后,点击"已选"后面的数字链接,可对选定的文献进行相关处理,包括导出题录、生成检索报告、可视化分析和在线阅读等功能。也可以在检索结果页面点击"导出与分析"进行导出与可视化分析。参考文献的格式可选,既可采用查新引文格式,也可以自定义引文格式,一般默认为 GB/T 7714 — 2015 格式引文。导出的方式包括复制到剪贴板、打印、利用文献管理软件(Refworks、EndNote、NoteExpress、NoteFirst)导出等。可视化分析将在分析功能部分作详细介绍。
(8) 下载" "、阅读" "、收藏" "、引用" "。每条记录后一般都有这四种选择,可以点击相应的按钮进行操作,如果是外文文献,则无下载、阅读功能,但会给出原文链接。
(9) 发表年度趋势图。在检索结果页面有悬浮图标"发表年度趋势图",可给出文献数随发表年度的变化曲线。还可以在该页面输入年限范围,以对出版物的发表时间进行限制。
(10) 检索结果页面左侧对文献进行了不同角度的分析并给出可视化结果。分析角度包括文献类别、主题、文献来源、学科、作者、机构、基金、文献类型等,读者可从不同角度筛选所需文献组进行阅读。关于此分析功能,将在 7.2.4 小节中作详细介绍。
(11) 登录个人账号,点击"主题定制",定制当前的检索表达式至个人书房,可了解所关注领域的最新成果及进展。

(12) 检索历史。点击"检索历史",可查看检索历史,在未登录个人账号的情况下可查看最近的 10 条记录。在检索历史页点击检索条件,直接查看检索结果。

## 7.2.3 知网节

知网节是中国知网的重要特色,通过知网节可以实现对文献及相关信息的拓展。最初只有文献知网节,目前除了文献知网节外,还有作者知网节、机构知网节、学科知网节、基金知网节、关键词知网节、出版物知网节。

### 7.2.3.1 文献知网节

文献知网节是指提供单篇文献的详细信息和扩展信息浏览的页面。在文献检索结果页面,点击某篇文献的题名即进入到文献知网节,该单篇文献又称为"节点文献"。事实上,在 CNKI 中,只要有文献题名的链接,点击文献题名就可进入文献知网节。文献知网节页面由上到下由该篇文献的详细信息、主题网络、引文网络、相关推荐等四部分组成。

**1. 详细信息**

详细信息显示。在文献知网节的上方中部提供文献的详细信息(见图 7.15),包括中文题名、中文作者、机构、摘要、关键词、基金、专辑、专题、分类号、出处信息(如期刊刊名、ISSN 号、年、期、页码)。左侧提供文章目录和文内图片,右侧提供被引频次及引证文献,如果文献没有被引用,那么右侧这一部分空白。左、右两部分均提供一控制按钮"/",点击可实现局部显示或隐藏。

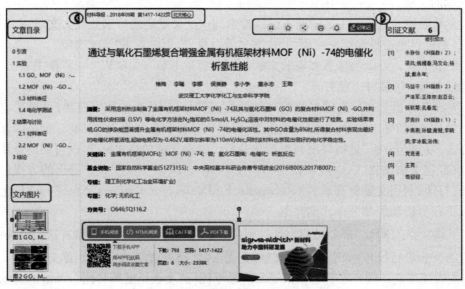

图 7.15 文献知网节的详细信息

详细信息链接。详细信息部分也提供了多种链接,如作者、机构、关键词、出处信息、基金、被引文献等,点击可进入相应的知网节,获得更多信息。

详细信息操作。在详细信息部分,读者可进行的主要操作有:

(1) 引用:点击" "图标,可以直接复制所需格式引文,也可利用文献管理软件将文献导出以作为参考文献。

(2) 分享:点击" "图标,也可以复制链接分享,可以分享到新浪微博,还可以用微信扫一扫分享到朋友圈。

(3) 关注:点击" "图标,如果在中国知网有个人账号,则可以创建引文跟踪,实时掌握该文献的引用情况。

(4) 收藏:点击" "图标,可收藏本页面,仅对具有个人账号的读者适用。

(5) 打印:点击" "图标,可将该详细页面转换成 PDF 格式,以保存或打印。

(6) 记笔记:点击" 记笔记",可以登录知网研学,实现记笔记功能。

(7) 下载全文:可在线阅读 HTML 格式全文" HTML阅读 ",也可以下载 CAJ 格式" CAJ下载 "或 PDF 格式" PDF下载 "的文献全文。该页面提供二维码,还可以下载安装手机 APP,扫码同步阅读本文" 手机阅读 "。若要下载 CAJ 格式全文,则要用 CAJViewer 浏览器打开,其可以在知网首页底部"CNKI 常用软件下载"处下载。

**2. 主题网络**

在详细信息下面是主题网络图(见图 7.16),它以节点文献为中心,图示化节点文献相关主题内容的研究起点、研究来源、研究分支和研究去脉。在主题脉络图的中部显示节点文献的主题词,最多可以显示 9 个。节点文献的左侧分别是显示研究起点和研究来源的主题词,而其右侧则给出显示研究分支和研究去脉的主题词。

研究起点是二级参考文献的主题词,研究来源是参考文献的主题词,研究分支是引证文献的主题词,研究去脉是二级引证文献的主题词,均按主题词出现频次由多到少遴选,最多显示 10 条。将鼠标移至主题词,可以显示出该主题词来源文献的篇名,点击篇名,则链接到该篇文献的知网节页面。在图 7.16 中,将鼠标移至研究来源中的主题词"催化活性",显示出源文献的篇名"电沉积纳米镍合金在模拟海水溶液中的析氢性能",点击该篇名,即到了其文献知网节页面,如果文献较新,还没有引证文献,那么研究分支和研究去脉的主题词空缺。

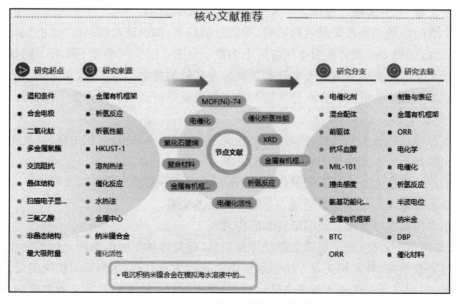

**图 7.16 文献知网节的主题网络**

### 3. 引文网络

主题网络下方是引文网络,图 7.17 所示为节点文献与参考文献、引证文献、同被引文献之间的关系。

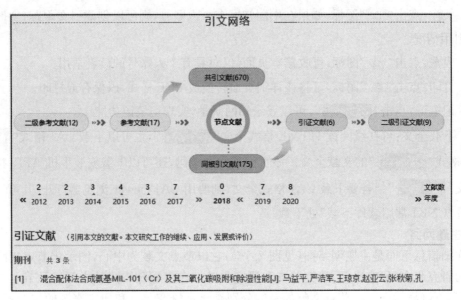

图 7.17　文献知网节的引文网络

图中各种文献的含义如下:

参考文献:反映本文研究工作的背景和依据。

二级参考文献:本文参考文献的参考文献,进一步反映本文研究工作的背景和依据。

引证文献:引用本文的文献,本文研究工作的继续、应用、发展或评价。

二级引证文献:本文引证文献的引证文献,更进一步反映本研究工作的继续、发展或评价。

共引文献:与本文有相同参考文献的文献,与本文有共同的研究背景或依据。

同被引文献:与本文同时被作为参考文献引用的文献。

每种文献的数量显示在文献名称后面,用括号括起来,如引证文献(6)。点击"引文网络"中各种文献名称,该类文献就会在引文网络图下面显示出来。引文网络图下部有不同年度下的文章数。节点文献前的文章数是参考文献和二级参考文献的总数,节点文献后则是引证文献和二级引证文献之和。读者可分别查看每年的两类文献数量并可点击查看详细信息。

### 4. 相关推荐

相关推荐信息包括相似文献、读者推荐、相关基金文献、关联作者、相关视频(见图 7.18)。

相似文献是指与本文内容上较为接近的文献。

读者推荐是指根据相关日志记录数据,推荐其他读者下载的文献。

相关基金文献是指与本文献同属一个基金支持的文献。

关联作者包括参考文献以及引证文献的作者。

"文献知网节"不仅包含了单篇文献的详细信息,还是各种扩展信息的入口汇集点。这些扩展信息通过概念相关、事实相关等方法提示知识之间的关联关系,达到知识扩展的目的,帮助实现知识获取、知识发现。它通过参考文献、二级参考文献可以检索到比本文献更旧的文献,加深对课题的了解;通过引证文献、二级引证文献可以检索到比本文更新的文献,了解该课题的最新动态；通过共引文献和同被引文献可以检索到相关领域的文献，拓宽了读者对该课题的认识。

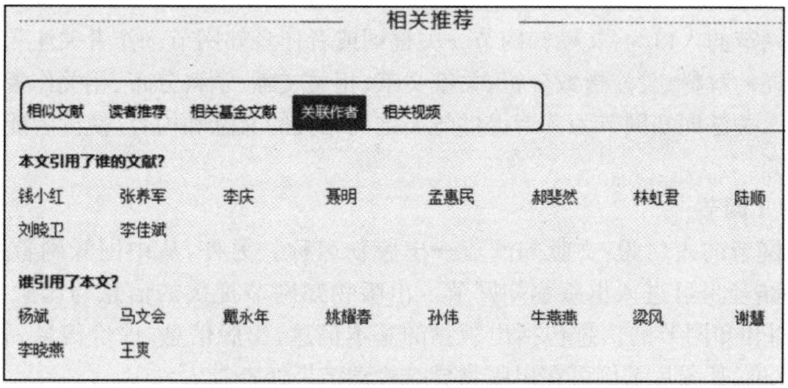

图 7.18 文献知网节的相关推荐

### 7.2.3.2 其他知网节

在文献知网节的基础上，CNKI 推出了其他知网节以拓展信息，主要包括作者知网节、机构知网节、学科知网节、基金知网节、关键词知网节、出版物知网节。

**1. 作者知网节**

知网中凡是出现作者的地方，只要有作者的链接，点击作者姓名就可进入作者知网节。例如，"文献检索结果"页面中有作者链接，"文献知网节"中也有作者、关联作者链接，点击其中的作者姓名均可进入作者知网节。

作者知网节提供的信息有作者基本信息（姓名、单位、研究领域、总发文量、总下载量）、同名作者、作者关注领域、作者文献、作者导师、合作作者、获得支持基金、指导的学生等相关内容，给读者提供更加丰富的资料。

**2. 机构知网节**

点击"检索结果"详情页面下的"机构"或者"文献知网节"页面中的"机构"，均可进入机构知网节页面。机构知网节提供的信息有机构主要作者、主办刊物、重点学科、机构文献（最高被引文献、最高下载文献、发表在期刊上的文献、外文期刊文献、发表在报纸上的文献、发表在会议上的文献、申请的专利等）、下属及相关机构、视频资源等。

**3. 学科知网节**

学科知网节的入口路径为：文献知网节→机构→机构知网节→重点学科→学科知网节。学科知网节提供的信息有关注度指数分析、学科文献、相关作者、相关机构。其中关注度指数分析是指文献主题出现频率随年度的变化趋势图。点击该页面下"查看更多指数分析结果"，可以发现更多指数分析结果，包括学术关注度、媒体关注度、学术传播度、用户关注度。其中学术关注度指篇名包含此关键词的文献发文量趋势统计。媒体关注度指篇名包含此关键词的报纸文献发文量趋势统计。学术传播度指篇名包含此关键词的文献被引量趋势统计。用户关注度是指篇名包含此关键词的文献下载量趋势统计。

**4. 基金知网节**

基金知网节的入口为：文献知网节→基金。基金知网节页面包括基金的介绍、基金文献的总发文量和总下载量、基金文献中最高被引的文献、最高下载的文献和支持的期刊类文献、高成果领域、获得基金主要作者和获得基金主要机构。

**5. 关键词知网节**

关键词知网节的入口为：文献知网节→关键词或者作者知网节→作者关注领域。关键词知网节包括关键词的解释、关注指数分析、关键文献、相关文献、学科分布、相关作者、相关机构、相关视频等内容。关键词知网节为读者提供与关键词相关的文献和内容，使读者能更快地发现所需要的文献资源。

**6. 出版物知网节**

出版物知网节的入口为：文献知网节→出版物名称。另外，从中国知网首页→出版物检索→检索结果路径也可进入出版物知网节。出版物知网节提供的信息与出版物检索的结果相同。例如，期刊知网节的信息包括出版物的基本信息、出版信息、评价信息、刊期浏览、栏目浏览、统计与评价，其图片示例可在出版物导航检索结果处查看。

## 7.2.4 分析功能

中国知网对检索结果有强大的分析功能，可以让读者更全面地了解所检索的文献、精确地查看自己所需文献。

### 7.2.4.1 分组筛选

在检索结果页面（见图 7.14）左侧，CNKI 从科技/社科、主题、文献来源、学科、作者、机构、基金、文献类型等八个角度对检索结果进行分组，可以通过分组筛选文献。

其中，研究层次细化为科技、社科，依据知识服务对象划分，用户可以根据自己的研究领域筛选文献。主题分组细化为主要主题、次要主题，依据某主题词在文献中所占的分量划分。作者、机构分组细化为中国、国外，分别指中文文献的作者/机构和外文文献的作者/机构。文献来源可以是期刊的刊名、学位论文的授予单位、会议论文的论文集名称等。

关于每个分组的排序问题，主题、文献来源、学科、机构、基金分组一般按文献数由高向低排列，这样有利于读者发现最集中的主题，该类研究主要刊登在哪些刊物上以方便投稿，该领域最有影响力的机构等。作者分组按作者 $h$ 指数降序排列，将 $h$ 指数高的作者排在前面，作为筛选权威性文献的参考。期刊分组将中、外文期刊统一按期刊影响力指数（CI 指数）降序排列，实现中、英文学术期刊同台竞技，以便于按照期刊质量筛选好文献。

除了科技/社科分组外，其他分组会给出可视化结果，直观反映检索结果中某个分组类别的文献分布情况。例如，在上述"2000 年以来有关金属有机框架和催化"的文献的检索结果页面，选择主题下的"主要主题"，点击主题右侧的" "，可显示主要主题分布图（见图 7.19），让读者直观地看到"金属有机框架"是主要主题中最集中的主题。

另外，将鼠标放在主题分组下的"主要主题"下，将显示各主要主题下的文献数（见图7.20）。勾选主要主题中的"金属有机框架(25)"，点击左侧的"确定"按钮，文献由 92 条变为 25 条，列表中只显示该主要主题下的 25 条文献，实现通过主题筛选文献，如果想了解这 25 条文献的文献来源，则可以继续将鼠标放在文献来源分组下，根据需要勾选某一文献来源下的文献，即检索结果支持纵向不同分组的组合筛选。

当然检索结果不仅支持不同组的组合筛选，还可以和横向数据库类型区配合使用，快速、有效地找到所需文章。

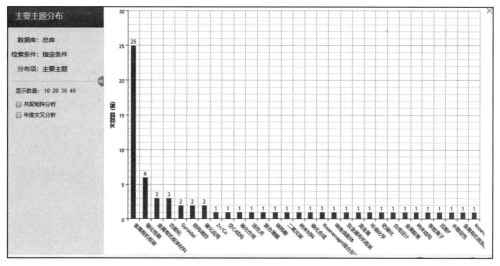

图 7.19　主要主题分布图

图 7.20　主要主题分组

### 7.2.4.2　发表年度趋势图

发表年度趋势图也是 CNKI 的分析功能的体现。点击检索结果页面(见图 7.14)右侧的"发表年度趋势图",可以看到文献的发表年度分布(见图 7.21),根据该图可决定抽查某一时间段的文献。发表年度趋势图下部可输入年度范围,根据时间段筛选文献。

### 7.2.4.3　可视化分析

在检索结果页面,勾选一定文献后,点击"导出与分析"中的"可视化分析",可对选中的文献或全部检索结果进行可视化分析。例如,对上述示例中全部检索结果进行分析,可视化分析页面如图 7.22 所示。页面会显示数据来源,如文献总数、检索条件、检索范围(数据库)。文献的可视化分析包括总体趋势、分布、比较分析。其中总体趋势是指发表年度趋势,即发文量随年度变化曲线。分布包括主要主题、次要主题、文献来源等不同角度数的分布柱状图或饼状图。比较分析是指任意分布下分组的文献随年度的变化趋势的比较,点击任意分布中柱状图中某一柱形或饼状图中某一扇形区,即添加该项分组数据作为比较项。

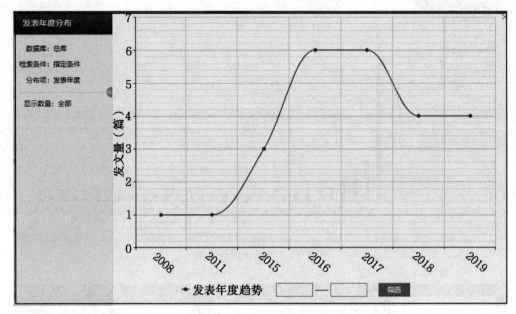

图 7.21　发表年度趋势图

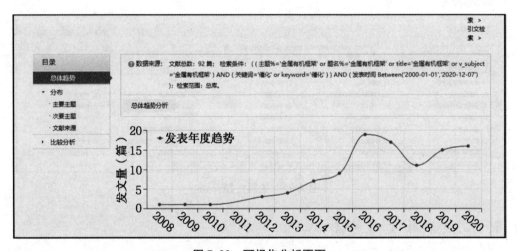

图 7.22　可视化分析页面

## 7.3　知识元检索

知识元是指相对独立的、表征知识点的一个知识单位,能够表达一个完整的事实、原理、方法等,可以是一段文字、一幅图表、一个公式、一段动画、一个程序。知识元检索就是对一个知识元进行检索,把有意义的知识点从资源库中提取出来,从而提高知识的利用效率。

## 7.3.1 检索方法

点击中国知网首页"文献检索"下方的"知识元检索",即可进入知识元检索页面(见图 7.23)。

图 7.23 中国知网知识元检索页面

知识元检索框下方的选项有知识问答、百科、词典、手册、工具书、图片、统计数据、指数、方法、概念,每次只可勾选一个选项。各种选项的检索范围及方法如下。

(1) 知识问答:支持自然语言或关键词提问,输入关键词,系统会自动从总库挖掘答案,将文献中相关内容逐条呈现,并给出文献来源。

(2) 百科:输入检索词,在百科全书库中搜索相关解释。

(3) 词典:输入检索词,可以通过知网词典找到合适的中英文翻译和相关解释。

(4) 手册:输入检索词,在手册库中搜索相关解释。

(5) 工具书:输入检索词,在工具书库中搜索相关解释。

(6) 图片:输入图片相关的关键词,可以搜索学术文献中的图片。

(7) 统计数据:输入检索词,可从中国经济社会大数据研究平台获得相关数据,如输入"石墨烯",可知某一地区、某一时间的石墨烯产量。

(8) 指数:输入检索词,勾选"指数",可进入该检索词的关注度页面,给出学术关注度、媒体关注度、学术传播度、用户关注度等信息。

(9) 方法:输入方法或问题关键词,如"石墨烯制备",勾选"方法",则链接到 CNKI 方法库,结果中会列出石墨烯的各种制备方法,给出文献中相关句子,同时给出知识来源。

(10) 概念:输入检索词,会在概念知识元库搜索结果,给出相关概念的解释及文献来源。

## 7.3.2 检索结果及其处理

知识元检索时勾选不同的数据库选项,其检索结果不同。下面仅介绍知识问答的检索结果及其处理。例如,欲了解"高分子引发剂"的相关知识,首先在知识元检索页面,勾选"知识问答"选项,在检索框中输入"高分子引发剂",点击"检索"按钮,即可获得相应结果。

知识问答的检索结果由一条条知识片段组成,点击"更多",可以看到完整的知识片段(见图 7.24)。在片段中出现的检索词用红色标记。每一片段下方提供知识的来源,如果是来自期刊,那么会给出年、刊名、题名。点击"题名",会链接到该篇文献的文献知网节。结果列表右侧则给出相关文献和相关专利,其题名均提供链接,点击可链接到相应的文献知网节。

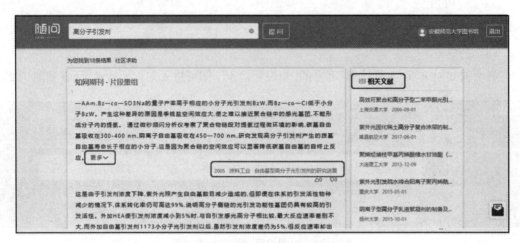

图 7.24 中国知网知识元检索结果

## 7.4 引文检索

引文检索是指对文献的参考文献进行检索,通过引文检索可以了解某一文献的被引用情况。中国知网的引文检索数据库为《中国引文数据库》。《中国引文数据库》,是依据 CNKI 收录数据库及增补部分重要期刊文献的文后参考文献和文献注释为信息对象建立的、具有特殊检索功能的文献数据库。

### 7.4.1 检索方法

引文检索的检索方法也很丰富,包括一框式检索、高级检索、专业检索、被引作者检索、被引机构检索、被引期刊检索、被引基金检索、被引学科检索、被引地域检索、被引出版社检索。

#### 7.4.1.1 一框式检索

点击中国知网首页"知识元检索"下方的"引文检索",即可进入引文检索的一框式检索页面(见图 7.25)。一般检索的检索项包括被引题名、被引关键词、被引作者、被引单位、被引文献来源。选择检索项,输入检索词,点击"检索"按钮即可获得检索结果。

图 7.25 引文检索一框式检索页面

## 7.4.1.2 高级检索和专业检索

在中国知网首页,选择引文检索,点击页面右侧的"高级检索",进入引文检索的高级检索页面(见图7.26)。高级检索的步骤包含学科类别、来源文献范围的选择和检索条件的输入与设置。

图7.26　引文检索的高级检索页面

在高级检索页面可以切换至专业检索,需要读者构建和输入检索表达式进行检索。因被引文献的高级检索和专业检索的方法与文献检索的相应检索类似,故在此不再赘述。

## 7.4.1.3 其他检索

在高级检索页面,还可以切换到其他检索方法,如被引作者检索、被引机构检索、被引期刊检索、被引基金检索、被引学科检索、被引地域检索、被引出版社检索。每一种检索方法即一种检索角度,读者选定检索方法,输入相应的检索词,再设置好出版年及被引年限,点击检索按钮即可。

## 7.4.2　检索结果及其处理

引文检索的结果通过举例来稍作介绍,检索"王银玲发表的关于磁流变弹性体的文献被引用的情况"。选择"高级检索",在"输入检索条件"区域,选择检索项"被引主题",输入检索词"磁流变弹性体",同时选择另一检索项"被引作者",输入检索词"王银玲",两个检索项之间的关系为逻辑与,点击"检索"按钮,得到检索结果(见图7.27)。

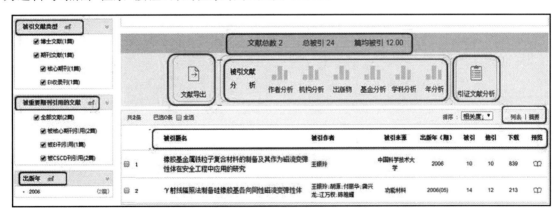

图7.27　引文检索结果

### 7.4.2.1 检索结果显示

引文检索的结果默认以被引文献的简明列表形式给出,列表中的每一条记录给出被引文献的题名、作者、被引来源、出版年(期)、被引次数、他引次数、下载次数及预览按钮。点击"列表"旁的"摘要",可以切换到附有摘要的详细的列表。文献列表上方给出文献总数、总被引次数、篇均被引次数。

### 7.4.2.2 检索结果处理

(1) 排序。选项有相关度、出版年升序或降序、被引次数升序或降序、他引次数升序或降序、下载次数升序或降序。

(2) 可在结果中检索。

(3) 文献导出。可以利用文献管理软件将勾选文献导出。

(4) 链接功能。在检索结果页面,被引文献的题名、作者、被引来源、出版年(期)、被引次数、他引次数、预览按钮均提供链接,可浏览到更多信息。

(5) 分组浏览。检索结果左侧按不同的角度对检索到的文献进行分组,可以分组浏览。分组角度包括被引文献类型、被重要期刊引用的文献、出版年等。

(6) 分析功能。可对被引文献进行作者分析、机构分析、出版物分析、基金分析、学科分析、年分析。针对被引文献的检索结果,可以深层次分析其引证文献的分布情况,包括引证文献的作者、机构、出版物、基金、学科、出版年等详细情况。两种分析均可以导出数据分析结果。

中国知网学科收录范围广、文献类型丰富、检索方法多样、检索结果信息全面,还提供多种类型的知网节,建立了文献与文献、作者与作者等多方面的关联,因此已经成为最有影响力的中文检索工具之一。

**思考与练习**

1. 中国知网文献检索的方法有哪些?试利用中国知网检索相关课题的文献。
2. 叙述中国知网的知网节各个节点的含义及知网节的作用。
3. 什么是知识元检索?它有哪些检索方法?
4. 请利用引文检索的高级检索法检索安徽师范大学方宾教授的论文被引用情况。

# 第8章 外文著名检索工具系统

按照检索工具的收录范围,我们将外文检索工具分为外文综合性检索工具和外文化学化工专业检索工具。本章将首先概述著名的外文综合性检索工具和外文化学化工专业检索工具,再详细地介绍 EBSCOhost、Scopus、ProQues Central、IEEE Xplore 等在世界范围内颇有影响力的外文综合性检索工具系统,其他重要的外文检索工具会在相应的章节介绍。

## 8.1 外文检索工具系统概述

美国《科学引文索引》(SCI)、美国《工程索引》(EI)、英国《科学文摘》(SA)、日本《科学技术文献速报》(CBST)、俄罗斯《文摘杂志》(Рж/AJ)和美国《化学文摘》(CA)是世界著名的检索系统。其中,《化学文摘》(CA)为化学化工专业检索工具,其他五种为综合性检索工具。本节将介绍这六种著名检索工具和其他重要的外文综合性检索工具、外文化学化工专业检索工具、外文特种检索工具。

### 8.1.1 外文著名综合性检索工具

**1. 美国《科学引文索引》(SCI)及 Web of Science**

美国《科学引文索引》(*Science Citation Index*,SCI)由美国科学信息研究所(Institute for Scientific Information,ISI)于 1961 创立并出版。SCI 是一种综合性检索刊物,报道学科范围十分广泛,收录的文献以科技期刊为主,兼收图书、专利文献、科技报告和会议录等。涵盖的学科超过 100 个,主要涉及数、理、化、农、林、医、生命科学、天文、地理、环境、材料、工程技术等多个学科。科学引文索引以引文分析理论为主要基础,通过论文的被引用频次等的统计,对学术期刊和科研成果进行多方位的评价研究,从而反映一个国家或地区、科研单位、个人的科研在国际上的学术水平。因此,SCI 是目前国际公认的最具权威的科技文献检索工具。目前 SCI 数据库被包含在科睿唯安(Clarivate Analytics)公司构建的综合信息检索平台 Web of Science 中(详见第 10 章)。

**2. 美国《工程索引》(EI)及 Engineering Village**

美国《工程索引》(*Engineering Index*,EI)是一种大型的、综合性工程文献检索工具,由美国工程索引公司(The Engineering Index Inc. USA)编辑出版,创刊于 1884 年。EI 概括报道工程技术各个领域的文献,还穿插了一些市场销售、企业管理、行为科学、财会贸易等学科内容的各种类型的文献。1995 年美国工程索引公司上线了(http://www.EngineeringVillage.com),从而可以通过万维网获取 EI 的内容。1998 年,美国工程索引公司被世界上最大的科技出版商 Elsevier 出版集团收购,Engineering Village 成为 Elsevier 旗下一个重要的数据库(详见第 11 章)。

### 3. 英国《科学文摘》(SA)及 Web of Science

《科学文摘》(Science Abstracts, SA), 是原英国的国际电气工程师学会(The Institution of Electrical Engineers, IEE), 现国际工程技术学会(The Institution of Engineering and Technology, IET) 编辑出版的检索性情报期刊。《科学文摘》于 1898 年创刊, 原名为《科学文摘: 物理与电工》, 1903 年起改用现名, 是科学技术方面的综合文摘, 其来源包括世界各国期刊、会议录、图书、科技报告以及学位论文等, 是查找物理、电气、电子学、计算机与自动控制等方面文献的重要检索工具之一。

印刷版英国《科学文摘》由四辑组成。

科学文摘 A 辑: 物理文摘(Science Abstracts A: Physics Abstracts, PA), 半月刊。内容包括: 总论, 基本粒子场物理, 核物理, 原子和分子物理, 现象学的古典领域, 流体、等离子体和放电, 凝聚物质: 结构、热和机械性质, 凝聚物质: 电子结构、电、磁和光学性质, 跨学科物理学和科学技术有关的领域, 地球物理、天文学和天体物理。

科学文摘 B 辑: 电气与电子学文摘(Science Abstracts B: Electrical & Electronics Abstracts, EEA), 月刊。内容包括: 一般论题、工程数学和材料科学, 电路理论和电路, 元件、电子器件和材料, 磁性材料和器件, 超导材料和器件, 光学材料和应用、电子光学和光电子学, 电磁场, 通信, 仪器和特殊应用, 电力系统和应用。

科学文摘 C 辑: 计算机与控制文摘(Science Abstracts C: Computer & Control Abstracts, CCA), 月刊。内容包括: 一般论题和管理论题、系统和控制论、控制技术、数值分析和理论计算论题、计算机硬件、计算机软件、计算机应用。

科学文摘 D 辑: 信息技术(Science Abstracts D: Information Technology, IT), 月刊。

各辑文摘都包括分类目次表、主题指南、文摘正文、辅助索引。此外, SA 会将若干年的期刊汇集整理后出版多年累积索引, 包括累积作者索引和累积主题索引。

Inspec(Information Service in Physics, Electro-Technology, Computer and Control), 即物理、电子电气、计算机与控制及信息科学文摘, 是一个综合文献索引数据库, 其前身为 Science Abstracts。数据库涵盖了物理、电子与电气工程、计算机与控制工程、信息技术、生产和制造工程、材料科学、海洋学、核工程、天文地理、生物医学工程、生物物理学等领域的 700 多万篇科技论文。Inspec 每周进行更新, 数据来自期刊、书籍、报告以及会议录等。目前 Inspec 数据库被包含在科睿唯安公司构建的综合信息检索平台 Web of Science 中, 在 Web of Science 首页的 "所有数据库" 中选择 "Inspec", 即可进入数据库(见图 8.1)。Inspec 包括基本检索和高级检索两种数据检索方法, 默认检索页面为基本检索。在基本检索方法中, 可添加多个检索词, 并限定检索字段。高级检索方法使用字段标识、布尔逻辑运算符、括号和检索结果集来创建检索式并进行检索。Web of Science 平台中不同数据库的检索方法基本一致, 两种检索方法的详细介绍见第 10 章。

### 4. 日本《科学技术文献速报》(CBST)

日本《科学技术文献速报》(日文名《科学技術文獻速報》, Current Bulletin on Science Technology, CBST) 创刊于 1958 年, 由日本科学技术情报中心(The Japan Information Center of Science and Technology, JICST)编辑出版。1996 年日本科学技术情报中心与日本新技术事业团合并, 改名为日本科学技术振兴机构(Japan Science and Technology Corporation, JST), 由 JST 继续负责编辑出版 CBST。CBST 是以文摘形式收录世界各国文献资料的综合性检索性刊物, 具有快速报道的特点。其收录的资料多, 收录的文献种类多, 从 1991 年开始已经出版 12 个分册,均独立发行,分册间以固定颜色封面相区别。各分册中的卷期数不一样,分旬刊、半月刊、月刊三种形式。每个分册皆以书本式、卡片式、胶片式和计算机检索磁带等四种载体出版发行。12个分册的概况如表8.1所示。

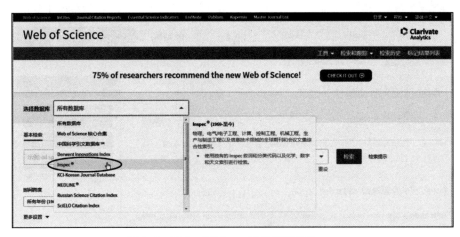

图8.1 Web of Science 平台首页的 Inspec

表8.1 CBST 12个分册概况

| 分册名称 | 简称 | 代号 | 创刊年 | 每年期数 |
| --- | --- | --- | --- | --- |
| 物理与应用物理编 | 物 | P | 1959 | 24 |
| 化学与化学工业编(外国编) | 外化 | C | 1959 | 36 |
| 化学与化学工业编(国内编) | 国化 | J | 1964 | 24 |
| 金属工程、矿山工程与地理科学编 | 金 | G | 1959 | 24 |
| 机械工程编 | 机 | M | 1959 | 24 |
| 电气工程编 | 电 | E | 1959 | 24 |
| 土木与建筑工程编 | 土 | A | 1959 | 24 |
| 原子能工程编 | 原 | N | 1961 | 12 |
| 环境公害编 | 环 | K | 1975 | 12 |
| 管理与系统技术编 | 管 | B | 1963 | 12 |
| 能源编 | エネ | S | 1979 | 12 |
| 生命科学编 | ライフ | L | 1991 | 24 |

CBST 各编的编制体例和查阅方法基本相同,每期均包括分类目次、说明、文摘正文及关键词索引。其中文摘正文按分类编排。每卷均另编有卷索引,以"增刊号"单独出版。CBST 每期正文前的分类目次采用二级类目,并标出各类的页码。其文摘款目在同一小类之下按《国际十进分类法》(UDC)的分类号排列。当一篇文献的内容涉及几个类目时就编上几个 UDC 号,但在最主要的类目下有详细著录。其文摘号由一个拉丁字母的分册代号和8位阿拉伯数字组成,前两位数字表示公元年后两位数,第三、四两位表示期号,最后四位数为顺序号。CBST 的主要索引包括:关键词索引、主题索引、著者索引、分类索引。另外,还有报告号索引、引用资料目录等,在此不再详细介绍。

网络版 CBST 被收录于 JST 旗下的 JDreamⅢ 数据库中，其网址为 http://jdream3.com/service/science(见图 8.2)。

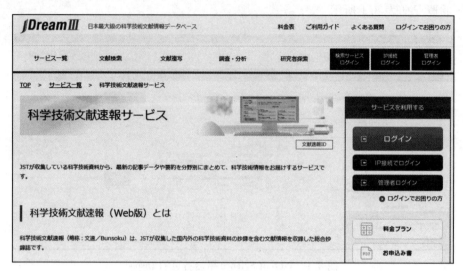

图 8.2　网络版《科学技术文献速报》主页

JDreamⅢ 是 JST 旗下的日本最大的关于科学、技术和医学文献的数据库，目前收录的文献数超过 60 多万条，来源于日本本国和世界各国发表的期刊、会议和技术论文。JDreamⅢ 收录的文献会提供日文摘要，并根据叙词表编写日文索引。JDreamⅢ 主页网址为 http://jdream3.com。JST 是依据日本《独立行政法人科学技术振兴机构法》成立的独立行政法人单位，隶属于日本文部科学省，是实施《日本科学技术基本计划》的核心机构，担负着"科学技术创造立国"的重任，其英文主页网址为 http://www.jst.go.jp/EN。此外，该机构在北京也设有代表处，其北京代表处的网址为 http://www.jst.go.jp/inter/beijing，该网站提供了多种数据库供用户使用。

**5. 俄罗斯《文摘杂志》(PЖ/AJ)**

俄罗斯《文摘杂志》(*Реферативный журнал*，PЖ，或 *Abstracts Journal*，AJ)，创刊于 1953 年，现由俄罗斯科学院下属的全俄科学技术情报研究所(Всероссийский институт научной итехнической информации Российской академии наук，ВИНИТИ РАН，或 Russian Institute for Scientific and Technical Information Russian Academy of Sciences，VINITI RAS)编辑出版。AJ 内容广泛，收录内容遍及自然科学、应用科学和工业经济等领域，年报道量 10 多万条，是世界上引用出版物最多、报道量最大的权威文摘刊物之一。文摘内容一般比较详细，篇幅较长，有的文摘还附有实验数据和图表，综合性文摘还附有期刊主题索引和专利号索引，是一套完整的综合性检索系统。网络版 AJ 的主页网址为 http://www.viniti.ru(见图 8.3)。

AJ 分综合、单卷和分册 3 种类型，其中综合本与分册本内容重复，文摘编号一致。分册本是综合本的抽印本，单独出版发行。单卷本的报道范围窄，与综合本不重复。目前其综合本有 27 种 160 分册，单卷本有 54 分册。其中与化学相关的综合本有《化学》《冶金》《生物化学》《轻工业》；与化学相关的单卷本有《土壤学与农业化学》《毒物学》《药理学、化学疗法》《化工、石油加工和聚合物机械制造》《城市环境保护与改善》《环境保护技术》《腐蚀与防腐蚀》《热与质量交换》等。

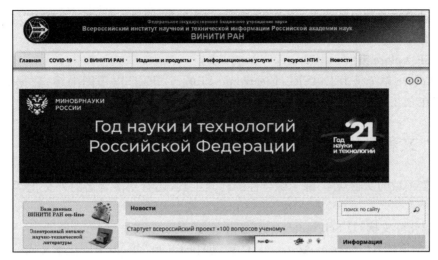

图 8.3　网络版俄罗斯《文摘杂志》主页

**6. 法国《文摘通报》(BS)**

法国《文摘通报》(*Bulletin Signaletique*, BS)，由法国国家科学研究中心(Centre National-de la Reeherehe Seientifique, CNRS)的科技信息中心(Centre de Doeumentationd)负责编辑出版与发行，创刊于 1939 年，是最早出现的一种大型跨学科的检索工具。该刊创刊初期名为《分析通报》(*Bolletin Analyitque*, BA)，1956 年改为现名。初期发行时不分分册，从 1947 年第 8 卷起增加至 3 个分册，1961 年起按专业分为 22 个分册，1965 年改为 24 个分册，前 18 个分册为月刊，其余为季刊，至 1982 年已增至 57 个分册。从 1969 年起 BS 各分册的分册代号统一改由三位阿拉伯字母组成。

BS 收录文献的来源包括 1.3 万多种期刊、会议资料、学位论文、科技报告、专题论文等。年平均报道量超过 50 万条。文摘字数少，属简介性文摘。各分册正文按分类编排，刊有分类表和索引。每条文摘的标题使用原文著录，后注有法文译文，当原文为俄文或日文时，题目只著录法文译文，在译文前注明原文文种。各分册的文摘都由每卷的第 1 期顺序编号。每期都刊有主题和作者索引，有些分册还刊有专用索引，还单独出版年度索引。1971 年该刊建立了自动编辑和检索系统。

**7. EBSCOhost 系统**

EBSCO 出版公司是全球最大的全文期刊数据集成出版商，是世界上最早推出全文数据库在线检索系统的公司之一。EBSCOhost 是其设计的一个资源集成平台，提供 10 多种全文数据库和 50 多种二次文献数据库，内含外文期刊、杂志、图书、产业报告、行业出版物、专著、市场研究报告等多类资源。本章将在 8.2.1 小节对其作详细介绍。

**8. Scopus 系统**

Scopus 是 Elsevier 公司旗下的文献摘要和引文数据库，收录的文献包括科学期刊、图书和会议论文集，提供科学、技术、医药、社会科学、艺术和人文领域的全球科研成果的全面概览，收录了超过 5000 家出版商所出版的期刊文献。本章将在 8.2.2 小节对其作详细介绍。

**9. ProQuest Central 系统**

ProQuest Central 为全球学术期刊数量规模最大的数据库，包含 47 个子库，收录了超过 20000 多种出版物，其中 12000 多种为学术期刊，提供最完整、最全面的学科领域的内容。例如，高科技、计算机科学、职业与技术教育、工程学、环境科学、材料科学、商业、语言与文学、社会学。它还收录了表演与视觉艺术、历史、宗教、心理学等领域的核心刊物。本章将在 8.2.3 小节对其作详细介绍。

**10. IEEE Xplore 系统**

IEEE Xplore 系统是 IEL（IEEE Electronic Library，IEEE 电子图书馆）数据库的访问平台。本章将在 8.2.4 小节对其作详细介绍。

## 8.1.2　外文著名化学化工专业检索工具

化学化工领域的文献众多，除了综合性的检索工具，还有众多著名的外文化学化工专业检索工具。

**1. 美国《化学文摘》及 SciFinder**

美国《化学文摘》(*Chemical Abstracts*，CA)，创刊于 1907 年，由美国化学文摘社(CAS)编辑出版。CA 系统且全面地收录了全球化学化工领域约 98% 的文献，被誉为"打开世界化学化工文献宝库的钥匙"。目前，可通过 CAS 旗下的数据库 SciFinder 对 CA 收录的内容进行网络检索(详见第 9 章)。

**2. 美国《化学工业札记》及 STN**

《化学工业札记》(*Chemical Industry Notes*，CIN)创刊于 1974 年，由美国化学文摘社编辑出版。其先后用过《塑料工业札记》(*Plastics Industry Notes*)和《聚合物与塑料商业文摘》(*Polymer and Plastics Business Abstracts*)两个名称。1979 年改为现名。

CIN 收录关于化工贸易出版物的摘要，主要报道全球的市场信息和化工新闻，摘录各国期刊发表的化工生产、产品价格、销售、设备、政论活动及化工界社团、人物介绍等方面的新闻资料，以弥补 CA 报道纯技术文献的不足，化工经济信息和商品信息多用此检索。该刊对于化工技术经济情报工作者，化工企业管理人员，投资、经销和生产者是极为有用的检索工具。通过 CIN 可获取最新的生产、价格、销售、设备、产品、工艺，以及企业和政府活动等商业信息，目前编制记录已超过 170 万条。收录的信息源自政府出版物、期刊、时事通讯、报纸、特殊报告、贸易杂志，每周更新收录的信息。内容包括文献题录、摘要和索引、CAS 登记号。

纸质版 CIN 的正文按 8 个部分编排，以字母 A～H 为代号，分别表示为：A 生产、B 价格、C 销售、D 建厂与设备、E 产品与加工、F 公司业务活动、G 政府活动、H 人事。F 部分的文摘按团体名称字顺排列，无文摘标题；H 部分的文摘按人名字顺排列，报道各公司经理、董事长等管理人员的任免等人事安排的信息；其他部分按标题字顺排列。A～G 部分中，对重要条目的名称，以关键词词组的形式直接排在文摘号的后面，即文摘正文的前面，并用黑体印刷。CIN 每期文本后附有关键词索引和公司名称索引，另有年度累积索引。所以该刊的检索途径可以是关键词和公司名称。

目前，可通过 CAS 旗下的数据库 STN 对 CIN 收录的内容进行网络检索。

**3. 俄罗斯《化学文摘》**

俄罗斯《化学文摘》(РЖХ)是俄罗斯《文摘杂志》的一个综合卷本。它收录的文献类型丰富，包括：引用期刊和连续出版物、图书和手册、学术报告和会议录、学位论文、寄存手稿、专利文献等。从收录文献的内容和范围看，它和 CA 一样，是综合性的化学化工文摘，收录内容和范围也大体相同。不过，CA 包括生物化学，而俄罗斯《化学文摘》从 1955 年起，生物化学部分就单独出版，但生物化学的索引一直与化学文摘合编在一起，直到 1974 年才分开。俄罗斯《化学文摘》和 CA 相比,它的优点是每条文摘的摘录内容比 CA 的详细,有的文摘读者阅读后可以不必再查原文。对于原始文献不全的地区和单位的读者,使用俄罗斯《化学文摘》是有利的。

俄罗斯《化学文摘》为半月刊,每年 24 期,每期分 3 个部分,每个部分有若干分册,共计 20 个分册。每一分册为一大类,每一类目的文摘分成 3 个部分编排:图书与手册的文摘、引用期刊、连续出版物和各种论文的文摘、专利文献文摘。每条文摘的编号,1960 年以前采用全年排通号,即从 1 号开始排。1961 年以后,除综合本外,还单独发行各类分册。因此文摘号也以类目为单位编号,文摘号上加注期号和类目代号。

在 1964 年以前,俄罗斯《化学文摘》每期后都附有作者索引和专利索引,称为期末索引,从 1965 年起这两种索引取消。1971 年以来单独出版月度索引,包括作者索引和主题索引,与每月最后一期文摘同时发行,不附在期末。此外,还会出版年度索引,包括主题索引、分子式索引、作者索引、专利号索引这四种索引。

俄罗斯《化学文摘》有五种检索途径:分类、著者、主题、分子式、专利。因它是按分册编排的,故便于分类检索。主题途径是其最主要的检索途径,主题词可以从"化学"和"化学工艺"基本关键词目录中选取,主题词和说明语搭配,反映了文献的主要内容,使用方便。分子式途径可查到某种化学物质文献,是主题途径的补充,两者相辅相成,检索方便省时。

因为俄罗斯《文摘杂志》已有相应的数据库,所以俄罗斯《化学文摘》也可以实现网络检索。

**4. 法国《化学文摘》**

法国《化学文摘》于 1969 年创刊,每年报道约 5 万条文献,目前法国《文摘通报》(BS)已出版至第 170 分册。法国《化学文摘》涉及的主要内容如下:

(1) 一般化学和物理化学:化学文献、设备、实验室的一般技术及其理论、摩尔和原子的质量测定、化学结构、平衡、溶液、扩散、液流学、黏度、黏附和黏合、化学动力学、催化和阻化、燃烧及火焰、热化学、活性和不稳定性、辐射和粒子的化学效应、电化学、表面物理化学、胶体和分散体;

(2) 无机化学:反应动力学和反应过程、设备、制备和特性;

(3) 分析化学:设备、试剂、指示剂及标准溶液、无机分析和有机分析的一般方法、无机分析、有机分析;

(4) 有机化学:设备、基本研究、有机电化学、合成的一般方法、有机非金属化合物和有机金属化合物、脂环化合物、芳族化合物、稠环化合物、环烷烃、萜烯、甾族化合物、杂环化合物、单糖和糖苷、多糖和葡萄糖苷。

法国《文摘通报》各分册均附有主题索引和作者索引,所以法国《化学文摘》也有这两种索引,其检索途径有主题和作者两种。

**5. 日本《化学与化学工业编》**

《化学与化学工业编(J. 国内编)》和《化学与化学工业编(C. 外国编)》是日本《科学技术文献速报》的两个分册。

《化学与化学工业编(J. 国内编)》前身是《日本化学总览》,从 1964 年起改名为《科学技术文献速报,国内化学编,日本化学总览》,1974 年以后取消"日本化学总览"这一名称,改为《国内化学与化学工业编》,1975 年 4 月改为现名,正式编入 CBST 体系,即《科学技术文献速报 J. 国内编》。

《化学与化学工业编(C. 外国编)》创刊于 1959 年,开始为半月刊,从 1966 年第 9 卷起改为旬刊。它是国内编的姐妹篇。该刊 1959~1971 年名为《化学与化学工业编》,1972~1974 年名为《外国化学与化学工业编》,1974 年 4 月改为现名。

国内编的文献大多为日文文献,而国外编多为英文和其他语种的文献。若要全面检索最新的化工文献,则必须分别检索同时期的国内编和国外编两个分册。

**6. 美国《生物学文摘》及 Web of Science**

美国《生物学文摘》(Biological Abstracts,BA),创刊于 1926 年,由美国生物科学信息服务社(Bioscience Information Service,BIOSIS)编辑出版,是世界上生命科学领域最大的检索工具。1972 年起为半月刊,每年两卷,每卷 12 期,1999 年以后一年一卷。目前 BA 有多种载体形式:印刷版、光盘版和网络版。另外,1965 年起还出版了 BA 的补充本《生物学文摘/报告、评论、会议》(Biological Abstracts /Reports, Reviews, Meetings,BA/RRM)。它专门报道有关科技报告、评论和会议论文,是一种题录索引型刊物,半月刊,每年分成两卷,1999 年以后一年一卷。这两套检索工具的总体结构、分类、编排以及它们的各种索引完全相同。

BIOSIS Previews 数据库是美国《生物学文摘》的网络版,该数据库包含了 Biological Abstracts 和 Biological Abstracts/RRM 的信息资源,可检索期刊、科学参考文献、专利、书籍、综述文章等收录的内容,提供了当今最新的生命科学和生物医学研究领域的综合资源,是世界上最大的关于生命科学的文摘索引数据库。该数据库覆盖学科范围广,从传统生物学领域(如植物学、动物学、微生物学)到与生物学相关的领域(如生物医学、农业、药理学、生态学等),再到交叉学科领域(如医学、生物化学、生物物理、生物工程、生物技术等),共收录了 1926 年以来的近 2000 万条记录,数据来源于 90 多个国家出版的 5000 多种期刊、1500 多种会议录、图书和专利说明书等出版物。数据库每周更新,每年新增记录约 56 万条。

目前,BIOSIS Previews 数据库被包含在科睿唯安公司构建的综合信息检索平台 Web of Science 中,在 Web of Science 首页的"所有数据库"中选择"BIOSIS Previews",即可进入该数据库。

## 8.1.3 外文著名特种文献检索工具

除了综合性的检索工具,还有众多可用于检索特种文献的外文著名检索工具。

**1. STN**

STN(The Scientific and Technical information Network)创建于 1983 年,目前由美国化学文摘社(Chemical Abstracts Service,CAS)与德国莱布尼茨学会卡尔斯鲁厄专业信息中心(FIZ Karlsruhe)在全球范围内联合运营。美国化学文摘社是美国化学会旗下的分支机构,是全球化学信息的权威机构。德国莱布尼茨学会卡尔斯鲁厄专业信息中心,是德国最大的非大学情报保障信息中心。

STN 是检索全球已公开的科学技术研究信息的首要单一来源。STN 支持全面检索,可对全球最新且最全面的公开专利、非专利以及科学、技术内容合集进行综合访问。通过 STN,可对 100 多个不同数据集合进行即时访问,包括来自 CAS 的内容和科睿唯安的德温特世界专利索引的专利内容。世界主要专利局和研究机构的知识产权专业人员和专利审查员通过 STN 来检索相关资料。

STNext 是用于访问 STN 全面内容的功能强大的现代化新门户,反映了当前专利专家的需求,其访问网址为 https://www.stn.org。

**2. 德温特专利索引及 Web of Science**

德温特专利索引(Derwent Innovations Index,DII)是德温特专利信息有限公司(Derwent Information Ltd.)推出的网络专利信息数据库,这一数据库融合了来自德温特世界专利索引(Derwent World Patents Index,DWPI)的增值专利信息与来自德温特专利引文索引(Derwent

Patents Citation Index)的专利引文信息,每周更新,提供全球专利信息。

德温特专利索引涵盖近 60 个全球专利颁发机构的超过 1430 万项基础发明、2000 多万条专利情报,资料回溯可至 1963 年。所有德温特专利索引收录的专利信息的标题和摘要均以英语纯文本形式提供,避免交叉检索以其他语言发布的专利,方便使用者读懂发明新颖性和权利要求。德温特专利索引同时提供了直接到专利全文电子版的链接。

目前德温特专利索引数据库被包含在科睿唯安公司构建的综合信息检索平台 Web of Science 中,在 Web of Science 首页的"所有数据库"中选择"Derwent Innovations Index",即可进入数据库(详见第 5 章)。

**3. 科技会议论文引文索引及 Web of Science 核心合集**

科技会议论文引文索引(Conference Proceedings Citation Index-Science,CPCI-S),是一种综合性的科技会议文献检索工具,由美国科学信息研究所(Institute for Scientific Information,ISI)编辑,收录的会议文献齐全、学科范围广。自 1990 年以来,已收录了超过 205900 个会议论文集和 7000 万个被引文献。

目前科技会议论文引文索引数据库被包含在科睿唯安公司构建的综合信息检索平台 Web of Science 的 Web of Science 核心合集中,在 Web of Science 首页的"所有数据库"中选择"Web of Science 核心合集",进一步在更多设置中勾选"Conference Proceedings Citation Index-Science(CPCI-S)",即可使用(详见第 5 章)。

**4. PQDT 数据库**

PQDT 是 ProQuest 公司旗下的博硕士论文数据库,全称为 ProQuest Dissertations & Theses。PQDT 数据库包括 PQDT Global(ProQuest Dissertations& Theses Global,PQDT 全球版博硕士论文全文数据库)和 ProQuest Dissertations and Theses A&I(ProQuest 博硕士论文文摘索引数据库),两数据库每周更新,年增论文超 13 万篇。

ProQuest 是美国国会图书馆指定的收藏全美国博硕士论文的机构,PQDT Global 博硕士论文数据库收录了 1743 年至今全球 3000 余所高校、科研机构超 448 万篇博硕士论文信息。其中,博硕士学位论文全文文献超 218 万篇;PQDT Global 内容覆盖科学、工程学、经济与管理科学、健康与医学、历史学、人文及社会科学等各个领域。

ProQuest Dissertations and Theses A&I 收录了 1743 年至今全球超过 3000 余所高校、科研机构逾 448 万篇博硕士论文的题录信息,内容覆盖科学、工程学、经济与管理科学、健康与医学、历史学、人文及社会科学等各个领域。PQDT 包括 2 个专题专辑,PQDT A-Dissertations and Theses A&I: The Humanities and Social Sciences Collection 人文和社会科学专辑,PQDT B-Dissertations and Theses A&I: The Sciences and Engineering Collection 科学和工程学专辑。ProQuest Dissertations and Theses A&I 又包括 2 个专题专辑:PQDT A-Dissertations and Theses A&I: The Humanities and Social Sciences Collection(人文和社会科学专辑),PQDT B-Dissertations and Theses A&I: The Sciences and Engineering Collection(科学和工程学专辑)。

PQDT Global 和 ProQuest Dissertations and Theses A&I 两个数据库的访问网址皆为 https://search.proquest.com(详见第 5 章)。

**5. NTIS 及 ProQuest 和 Engineering Village**

NTIS(National Technical Information Service)是美国国家技术信息服务中心的简称,隶属于美国商务部。其前身是美国在第二次世界大战后成立的专门收集科技情报文献的出版机构,全面收集由政府资助立项的科学、技术、工程及商业信息。NTIS 出版的美国政府报告题录数据库是一个重要的信息文献,收录了1964年以来美国国防部的国防科技报告AD、美国商务部出版局的PB报告、美国国家航空和航天局(National Aeronautics and Space Administration, NASA)的科技报告、美国能源部(Department of Energy, DOE)报告,以及内务部、环境保护局、国家标准局等国家、州及地方政府部门立项研究完成的项目报告。此外,少量收录了世界各国(如加拿大、法国、日本、芬兰、英国、瑞典、澳大利亚、荷兰、意大利)和国际组织的科学研究报告、期刊文献、数据集、计算机程序以及音视频文献,包括项目研究过程中所做的初期报告、中期报告和最终报告等,能够及时反映科技的最新进展。内容涵盖经营与管理、航空学与空气动力学、农学、行为学与社会学、商业、化学、传媒、计算机科学、教育、能源、工程学、环境科学、卫生规划、国际贸易、图书馆与信息科学、材料科学、数学、医学、军事科学、自然文献与地球科学、核科学、物理学、研究管理、技术、电信学、运输等学科领域。

NTIS是获取美国政府发起的最新研究信息,以及世界科学、技术、工程、商业相关信息的重要信息源,可通过ProQuest-NTIS Database(美国政府报告题录数据库)登录,该数据需购买后才能使用,登录网址为http://search.proquest.com/ntis。

NTIS数据也被收录于Elsevier公司旗下的收费检索平台Engineering Village中,可通过https://www.engineeringvillage.com登录该平台进行检索。

### 6. OSTI

OSTI(The Office of Scientific and Technical Information)是美国能源部科技信息办公室的简称,成立于1947年,目前为美国能源部(Department of Energy, DOE)科学局下属的一个机构。OSTI通过公开的网络系统提供对能源、科学和技术信息的访问,并支持信息检索和应用功能。

OSTI提供了1945年以来能源科技活动的250万多条文献记录,1990年以来的能源部科技文献的全文,还有一部分1990年之前的文献的全文。此外,通过OSTI还能检索与能源部科技活动相关的学术文章数据库,能源部的科研数据和非文本信息数据库,反映能源部科研成果的视频资料库,能源部资助项目产生的专利的数据库,能源部重要研发成果库。

OSTI的访问网址为https://www.osti.gov。

### 7. ISO

ISO是国际标准化组织(International Organization for Standardization)的简称。ISO成立于1947年2月23日,是总部设于瑞士日内瓦的非政府组织,参加者包括各会员国的国家标准机构和主要公司,现有164个会员国。ISO是制定全世界工商业国际标准的国际标准建立机构,其宗旨是:在世界范围内促进标准化工作的开展,以利于国际物资交流和互助,并扩大知识、科学、技术和经济方面的合作。其主要任务是:制定国际标准,协调世界范围内的标准化工作,与其他国际性组织合作研究有关标准化问题。

ISO的主要工作是制定并出版国际标准,涉及除电工标准以外的各个技术领域的标准化活动。ISO建立了网络检索途径,用以检索国际标准,其访问网址为https://www.iso.org(详见第5章)。

### 8. ASTM

ASTM是美国材料与试验协会(American Society for Testing and Materials)的简称,成立于1898年,是世界上最早、最大的非营利性标准制定组织之一,其主要任务是制定材料、产品、系统和服务等领域的特性和性能标准、试验方法和程序标准,促进有关知识的发展和推广。

ASTM提供的产品和服务包括:标准及出版物和数字图书馆等,通过其数据库可以检索

ASTM 的 13000 多种标准、1500 多种书籍、50000 多种期刊和技术文章,其数据库访问网址为 https://www.astm.org。

## 8.2 外文著名检索工具举要

本节详细介绍 EBSCOhost、Scopus、ProQuest Central 和 IEEE Xplore 这四种著名的综合检索工具。这四种综合检索工具在收录内容、检索方法和检索结果处理上各具特色,在世界范围内颇具影响力。

### 8.2.1 EBSCOhost

#### 8.2.1.1 概况

EBSCOhost 是 EBSCO 公司(Elton B. Stephens Company)于 1994 年开发的、可以通过互联网直接连接的在线参考信息系统平台。EBSCO 公司是一家从事多元化产业经营的跨国公司,总部位于美国阿拉巴马州伯明翰市,旗下的 EBSCO Information Services 集团是具有 60 多年历史的大型文献服务专业公司,提供期刊、文献订购及出版等服务。EBSCOhost 平台提供多种 EBSCO 自己的全文数据库和其他著名信息提供商提供的数据库,涉及自然科学、社会科学、人文和艺术等多种学术领域。这些数据库向公共图书馆、学术图书馆、医学图书馆、公司图书馆和学校图书馆提供从综合性参考数据库到专门设计的主题型数据库等广泛资料的检索及全文获取。以下列举 8 个 EBSChost 平台包含的数据库:

(1) Academic Search Complete(ASC,综合学术参考类全文数据库),收录涉及数学、物理、化学、生物科学、工程、经济、信息技术、人文科学、社会科学、教育、艺术、语言学、医药学等 50 余个学科,约 8900 种期刊,收录 16700 多种期刊的摘要,提供近 5000 种出版物的全文,其中包含被 SCI & SSCI(科学引文索引 & 社会科学引文索引)收录的期刊约 1000 种,收录年限从 1887 年至今,是全球最大的综合性学科全文数据库之一。其提供了 100 多种顶级学术期刊的回溯文档,可追溯至 1965 年或创刊号。

(2) Business Source Complete(BSC,商管财经类全文数据库),是使用最多的商业研究数据库,收录了 6200 多种期刊的索引及摘要、约 3800 种全文期刊、近千种书籍专著、超过 110 万份的企业背景介绍、1200 多种国家经济报告、8200 多份行业报告、10500 多份对全球知名企业高层管理人员和财经分析家的访谈录、2600 多份市场研究报告、4200 多份 SWOT 分析,以及 Bernstein Financial Data(伯恩斯坦金融数据)、晨星基金股票分析出版品、美国会计师协会出版品、Richard K. Miller & Associates 市场研究报告、非英语系国家的商学文献资源、哈佛大学知名教授研讨会视频等独家财经文献。

(3) ERIC(美国教育部的教育资源信息中心数据库),收录了 980 多种教育及和教育相关的期刊文献的题录、文摘以及引用信息。

(4) Newspaper Source(报纸资源数据库),收录了 180 多种美国地方报纸、国际性报纸、新闻专线、报纸专栏等处的全文,以及美国全国性报纸的索引和摘要。

(5) MEDLINE,由美国国家医学图书馆创建的国际性综合生物医学信息数据库,提供权威医学信息,可检索超过 4600 种生物和医学期刊的文摘。

(6) Professional Development Collection,是专为专业教育者所建的数据库,提供 550 多种高质量教育类专业期刊的全文,是世界上最全面的全文教育期刊数据库。

(7) World Magazine Bank,提供来自澳大利亚、新西兰、南非、美国等 270 多种英文国际出版物的全文信息,以及 410 种杂志的索引和文摘。

(8) EBSCO Animals,提供多种有关自然与常见动物的深度信息,包括描绘动物习性与生活环境的索引、文摘和全文记录。

此外,EBSChost 系统还包括 STM Source(理工科全文数据库)、Art & Architecture Source(艺术与建筑全文数据库)、IT Source(信息科学数据库)、Applied Science & Technology Source(应用科学与技术专题库)、Food Science Source(食品科学全文数据库)、Engineering Source(工程学全集)、Environment Complete(环境科学全文数据库)、Energy & Power Source(国际能源与动力全文库)、Library, Information Science & Technology Abstract with Full Text(图书馆信息学全文数据库)、SPORT Discus™ with Full Text(运动科学与康复医学全文)、Research Starters Business(商业论文写作范例平台)、Medline FT(生物医学全文库)、Dynamed(循证医学数据库)、Dentistry & Oral Sciences Source(牙医与口腔卫生全文库)、Nursing Reference Center(实证护理主题评论数据库)、Library, Information Science and Technology Abstracts(图书馆与信息科学)、GreenFILE(环境保护)、Teacher Reference Center(教师参考中心)等专题数据库。

#### 8.2.1.2 检索方法

EBSCOhost 系统提供的是收费的商业信息检索服务,其检索页面网址为 http://search.ebscohost.com,用户需要购买才能使用。EBSCOhost 系统支持中文显示,包括了 ASC 和 BSC 的 EBSCOhost 页面如图 8.4 所示,有一般检索和高级检索两种检索方法,一般默认检索页面为基本检索。

**图 8.4　EBSCOhost 系统基本检索页面**

在页面的左上方,有科目、出版物、公司信息、图像、词典、索引、电子图书等选项,点击相应的选项,可以对特定的内容进行检索。通过点选检索框上方的选择数据库,还可以决定是进行单一数据库检索还是多数据库检索。点击检索框下方的"检索选项",在基本检索页面展开检索模式和扩展条件、限制结果,以及不同数据库的特殊限定条件供用户选择。

在基本检索页面的检索框下方还提供了高级检索选项。在高级检索页面,可以对多个检索词的检索字段进行限定检索(见图 8.5)。

图 8.5 EBSCOhost 系统高级检索页面

### 8.2.1.3 检索结果处理

图 8.6 所示为 EBSCOhost 系统以"photocatalysis"(光催化)为检索词,在基本检索方法下检索结果的输出页面。该页面提供了对检索结果进行排序、筛选、获取全文等多种处理方式。

图 8.6 EBSCOhost 检索结果

检索结果默认以题录格式列出，检索结果页面的右栏提供了按"相关性""最近日期""最远日期"排列检索结果的选项。页面左侧的选项，可以精确检索结果，以进一步筛选检索结果。例如，在限制选项下，可勾选限定只显示有全文的文献或有参考资料的文献。利用日期的区间，可以显示特定年代范围的文献。勾选完相应的限定条件，检索结果显示页面会即刻更新。左侧页面同时提供了对检索结果的来源类型、标题、主题、出版者、出版物、类别、数据库等内容的统计结果。通过点选相关的统计项，可以筛选特定的数据类型（如学术理论期刊、杂志等）或主题。若要查看所有的内容，或者进行两种以上数据类别或主题的筛选，则可点击"显示更多"进行选定。将鼠标移到每条检索结果标题右侧的"预览"图标处，可预览该篇文献的摘要，如果检索出的文献 EBSCOhost 系统有全文提供，那么在每条检索条目的下方会有全文下载的链接。

点击每条检索结果的标题，将会跳转到该篇文献详细内容的显示页面（见图 8.7）。除了提供文献的详细信息外，在该页面的左侧还提供全文输出链接，以及查找与该篇文献相似的结果。在页面右侧提供了检索结果的处理工具，便于用户打印、保存、导出、共享检索结果。

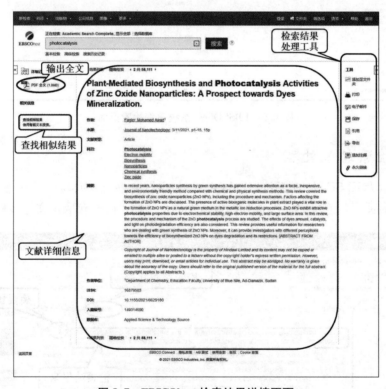

图 8.7　EBSCOhost 检索结果详情页面

## 8.2.2　Scopus

### 8.2.2.1　概况

Scopus 隶属于 Elsevier 集团。2000 年，Elsevier 投资 4000 多万美元，启动过刊数字化项目 Scopus，将其之前近 200 年内出版的 400 多万篇文章全部电子化，2004 年 11 月正式推出。目前，Scopus 已成为全球最大规模的文摘和引文数据库，通过 Scopus，用户可以检索到 1823 年以来的近 5000 万条文献信息,其中 1823~1995 年的文献信息约 2200 万条,1995 年后的信息 3500 万条。Scopus 提供的文献检索范围涵盖自然科学、医学、社会科学和生命科学全领域,在已订购全文数据库的前提下,支持搜索结果跨库一键下载全文。

Scopus 的内容来自 5000 多家国际出版商出版的 21900 种期刊,覆盖了 150 多个国家的 40 多种语言的刊物,包括 500 余种中文期刊,在获取欧洲及亚太地区的文献方面,用户可检索出更多的文献数量;收录 75000 多册图书,超过 500 套丛书系列;超过 17000 种全球会议的 680 万份会议论文;收录五大专利局(美国专利局、欧洲专利局、日本专利局、世界知识产权组织、英国知识产权局)多达 2520 万项专利信息,数据每日更新约 5500 条。

Scopus 还具有机构检索功能,涵盖了高校、政府机构、科研机构、企业研发机构等,每个独立机构在 Scopus 中赋予了一个机构编码 Affiliation ID。Scopus 统计、分析了各个机构的文献总发文量和总被引次数、主要作者、各领域发文比例、期刊源、专利信息等,从而可准确评估科研机构的产出。Scopus 的作者检索涵盖全球 3000 多万学者信息,统计了每位作者的文献总发文量、总被引次数、引文概览、$h$ 指数、作者的个人文献输出分析图表,可全面了解作者的学术成就。

### 8.2.2.2 检索方法

Scopus 数据库的主页网址为 http://www.scopus.com,支持中文简体页面(见图 8.8)。Scopus 提供了文献、作者、归属机构、高级文献检索四种检索方法。

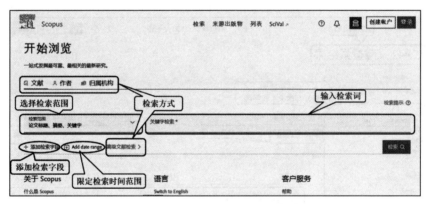

**图 8.8 Scopus 文献检索页面**

(1) 文献检索。Scopus 默认的检索方法是文献检索。该方式提供了所有字段、论文标题、摘要、关键字、作者、第一作者、来源出版物名称、归属机构、归属机构名称、归属机构城市、归属机构国家地区、资金资助信息、资金赞助商、资金资助首字母缩写词、资金资助编号、语言、ISSN、CODEN、DOI、参考文献、会议、化学名称、CAS 编号、ORCID 等检索范围供读者选择。通过添加检索字段,可以对多个词,在不同检索范围内进行检索,所添加的检索字段间可以通过 AND、OR 和 AND NOT 进行逻辑运算。此外,还提供了用以限定检索时间范围的选项。

(2) 作者检索。提供了通过选择作者姓名或 ORCID,并添加作者归属机构,对其科研成果进行检索,如图 8.9 所示。ORCID(Open Researcher and Contributor ID,开放的研究员和贡献者 ID),是一种专有的字母及数字代码,用以唯一性识别科学家和其他学术作者、贡献者。为解决作者在科学文献或出版物上的人名可能不唯一而难以识别的问题,它为每位作者提供一个持久的身份,类似为网络上数字信息创建的数字对象标识符 DOI。ORCID 组织提供一个开放、独立的注册表,2012 年 10 月 16 日,ORCID 启动其注册服务,并开始发布用户标识符,登录

http://orcid.org/signin 可进行注册。

(3) 归属机构检索。归属机构检索可对某一组织机构取得的研究成果进行检索。

(4) 高级文献检索。高级文献检索是指利用运算符和代码,通过编写检索式对一个或多个指定字段进行检索。

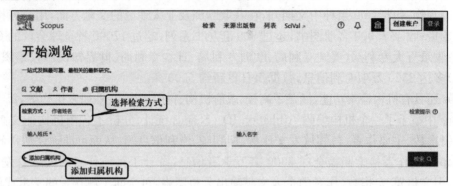

图 8.9　Scopus 作者检索页面

### 8.2.2.3　检索结果处理

图 8.10 所示为在文献检索模式下,以"photocatalyst"(光催化)为检索词,检索范围选择为"关键字"所得检索结果的输出页面。

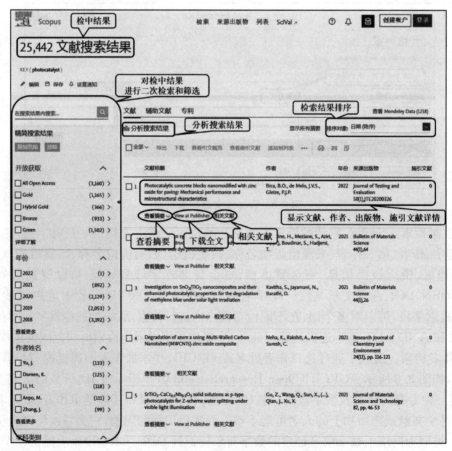

图 8.10　Scopus 文献搜索结果

检索结果默认以题录格式列出,并提供文献搜索结果。通过检索结果页面右侧的检索框,可对检索结果进行二次检索。同时精简栏提供了对检索结果的获取方式、年份、作者姓名、学科类别、文献类型、出版阶段、来源出版物名称、关键字、归属机构、国家/地区、来源出版物类型、语言的统计。通过勾选对应的统计项,可以进一步对检索结果进行筛选和精简。

检索结果题录上方提供了分析搜索结果功能。点击分析搜索结果,会跳转到对检索结果的年份、来源出版物、作者、归属机构、国家/地区、文献类型、学科类别、资金赞助商的分析统计页面,从而有利于了解与检索词相关的课题的发展趋势,在世界范围内的发展布局,以及寻求潜在的合作者和合作机构。检索结果题录上方还提供了排序方式的选项,可以对检索结果按日期、施引文献、相关性、第一作者、来源出版物分别进行排序,从而有助于获得高影响力和高相关性的文献。

通过点击每条检索结果下方的"查看摘要",可在同一页面查看该条检索结果的摘要;点击"View at Publisher",可跳转到收录该篇文献的全文数据库的下载页面;点击"相关文献",会跳转到与该条检索结果相关的文献信息页面。

分别点击每条检索结果的"文献标题""作者""来源出版物""施引文献",可跳转到该篇文献的记录内容、文献作者、文献出版物、文献施引参考文献的详情页面。

图 8.11 所示为作者检索模式下,以作者姓氏为"wang"、作者名字为"shaowu"、归属机构为"anhui normal university",对安徽师范大学王绍武教授进行作者检索的检索结果页面。页面中显示了作者的发表文献数、h-index、归属机构、城市、国家/地区的统计结果,并可以对检索结果进一步进行精简和筛选。h-index($h$ 指数)是加州大学圣地亚哥分校物理学教授乔治·赫希在 2005 年提出的一种定量评价科研人员学术成就的方法(详见第 10 章)。

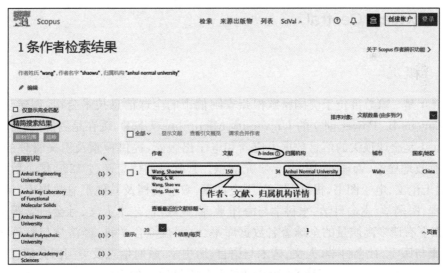

图 8.11 Scopus 作者检索的检索结果

通过点击检索结果列表中对应的作者名、文献篇数、归属机构名称,可进入该作者的个人资料、发表文献和归属机构的详情页面。图 8.12 所示为点击作者名后显示作者研究成果的详情页面,其中提供了该作者研究成果的分析统计情况,包括文献与引文趋势、近 5 年研究成果的最高贡献主题、全部研究成果列表。通过点击"分析作者的产出"可进入作者产出的详细分析结果页面。

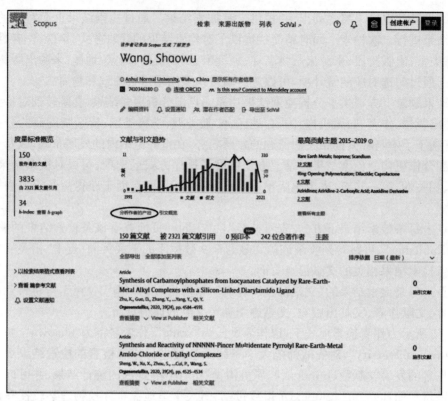

图 8.12 作者研究成果的详情页面

### 8.2.3 ProQuest Central

#### 8.2.3.1 概况

ProQuest 是一家总部位于美国密歇根州安阿伯市的全球信息技术公司,创建于 1938 年,其前身为 Eugene B. Power 创立的 University Microfilms(UMI),现在是剑桥信息集团的一部分。ProQuest 是全球顶尖的信息数据供应商和电子出版商,提供检索及引文管理的工具和平台,使用户有效地检索、管理、使用、共享研究信息。其收录的信息超过 1250 亿个数字页面,来源包括博硕士论文、电子图书、报纸、期刊、历史古籍、政府文档及其他汇总数据库,涵盖自然科学、科技工程、医药学、生命科学、水科学与海洋学、商业经济、艺术人文、社会科学等诸多领域。ProQuest 旗下有诸多高质量的全球著名数据库平台,涵盖综合学科,经济学与管理科学,科学与技术,健康与医学,社会科学,人文,艺术与语言,历史学,政府信息及美国国会信息公司(CIS)出版物与美国国会出版公司(UPA)出版物和新闻与报纸等。如 Research Library(综合学术期刊全文数据库)、ProQuest Dissertations & Theses Global、PQDT Global(全球博硕士论文全文数据库)、Statistical Premium Collection(统计资料专题全文数据库)、International Datasets(国际数据集数据库)、Business Premium Collection(商业学科专题全文数据库)、SciTech Premium Collection(科学与技术专题全文数据库)、Materials Science & Engineering Database(材料学与工程学期刊全文数据库)、Health Research Premium Collection(医学健康研究专题全文数据库)、Social Science Premium Collection(社会科学专题全文数据库)、Art, Design & Architecture Collection(艺术、设计与建筑学专题全文数据库)等。

ProQuest Central 是 ProQuest 旗下的综合性学科文献全文数据库,包含 30 多个子库,收录 1970 年至今逾 25000 种出版物、全文出版物 19000 多种,内容覆盖商业、健康与医学、语言与文学、社会学、教育、科学与技术等 160 多个学科领域,可满足各种研究及教学需求。其中,1900 多种科技领域学科全文刊被 SCI(科学引文索引)收录,1200 多种社科领域全文刊被 SSCI(社会科学引文索引)收录,500 多种人文艺术领域全文刊被 A&HCI(艺术与人文引文索引)收录,300 多种教育学全文刊被 ERIC(教育资源文献数据库)收录,700 多种心理学全文刊被 PsycINFO(心理学文摘数据库)收录,2000 多种生物医学及相关学科全文刊被 PubMed 收录。

### 8.2.3.2 检索方法

ProQuest Central 平台提供的是收费的信息检索服务,需要购买后才能使用。其网址为 http://search.proquest.com/pqcchina(见图 8.13),支持中文显示。

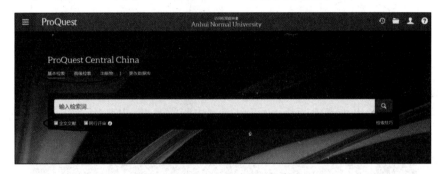

图 8.13 ProQuest Central 平台主页

ProQuest Central 提供基本检索、高级检索和出版物浏览与检索,默认检索页面为基本检索。基本检索所用检索词可包含任何字母或数字;ProQuest 会忽略检索词中的标点符号字符,如句号、逗号和冒号。检索包含下标或上标字符的化学式,应按正确顺序输入所有字符,如输入 CH3CH2OH 能正确检索出乙醇($CH_3CH_2OH$)化学式的匹配项。基本检索只需在检索框中输入字词进行检索而不需指定检索字段,ProQuest Cetral 将检索所有包含检索词(出现在任何字段,如文档标题、作者、主题、全文等)的文档。基本检索支持通配符和截词符,以检索包含拼写变体或相同字符串开头的字词。可以键入多个检索词进行基本检索,多个检索词之间可以加入布尔逻辑算符进行逻辑运算,若不加入逻辑算符,则多个检索词间默认的逻辑运算为 AND。此外,可通过勾选限定对全文文献及同行评审文献进行检索。

图 8.14 所示为 ProQuest Central 的高级检索页面,高级检索通过命令行进行检索。通过添加命令行,可以对多个检索词在选定的限定检索字段内进行检索。ProQuest 同时提供了叙词(ProQuest Thesaurus)词典和字段代码供使用者查询。多个命令行间可通过选择 AND、OR、NOT 来进行逻辑运算。提供的限定检索字段包括:所有字段、所有字段(不含全文)、出版物名称、所有主题和索引、主题词、地点、公司/组织、人名、文档标题、文档全文、摘要、作者、ISSN、参考文献、引用出版日期、引用出版物名称、引用文档标题、引用作者、收录号、题注、章节。此外,可以对检索信息的出版日期进行限定,包括:所有日期、最近 7 天、最近 30 天、最近 3 个月、最近 12 个月、最近 3 年、在此日期、在此日期之后、在此日期之前、特定日期范围,也可对检索的出版物类型、文档类型、语言进行选择。点击"检索结果页面"选项,会出现按相关性、先远后近、先近后远对检索结果进行排序的选项,以及每页显示检索结果条目数的选项。

图 8.14　ProQuest Central 的高级检索页面

ProQuest Central 还提供了出版物检索(见图 8.15)。可将检索词限定在标题中、标题开头为、出版物摘要中、主题中检索出版物,也可以通过出版物类型、出版物主题、语言、出版商、数据库、出版物标题英文字母顺序进行检索。

图 8.15　ProQuest Central 出版物检索页面

## 8.2.3.3 检索结果

图 8.16 所示为以"electrochemical hydrogen generation"(电化学产氢)为检索词,限定"文档全文"为检索范围,ProQuest Central 系统所得检索结果的输出页面。检索结果默认以题录格式列出,检索题录上方提供了检索词和命中数。检索结果的左侧栏提供了对检索结果的全文文献、同行评审、出版物类型、出版日期、出版物名称、文档类型、主题、分类、公司/组织、地点、人名、语言的统计。点选对应的统计项,可以进一步对检索结果进行筛选,以达到精炼结果的目的。右侧栏提供了与检索结果相匹配的书籍和视频供读者参考。

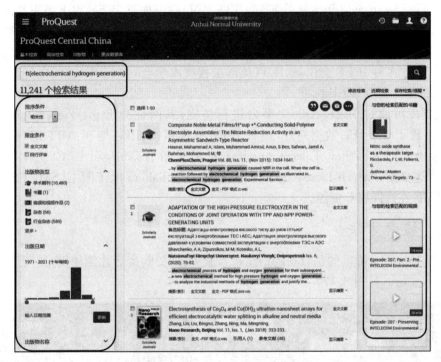

图 8.16　ProQuest Central 检索结果

点击每条检索结果的标题或题录信息下方的"全文文献",可跳转至显示检索结果全文的页面,也可以查看并下载检索结果的 PDF 格式全文。此外,在每条检索结果题录的下方,ProQuest Central 系统提供了该检索结果的摘要预览,既可以跳转至详细的摘要/索引页面,也可以在同一页面显示摘要。

## 8.2.4　IEEE Xplore

### 8.2.4.1　概况

IEEE(Institute of Electrical and Electronics Engineers,电气电子工程师学会)是一个建立于 1963 年 1 月 1 日的国际性电子技术与电子工程师协会,拥有来自 175 个国家的 42 万会员,其总部位于美国纽约。IEEE 前身是成立于 1884 年的美国电气工程师协会(American Institute of Electrical Engineers,AIEE)和成立于 1912 年的无线电工程师协会(Institute of Radio

Engineers，IRE）。1963 年，AIEE 和 IRE 宣布合并，电气电子工程师学会（IEEE）正式成立。

除总部以外，IEEE 在全球共设立了 10 个地理大区、342 个分会、3449 个学生分会，成立了 730 个关联团体，每年在全球 103 个国家举办超过 1900 场会议。

作为全球最大的专业技术组织，IEEE 在电气电子、计算机、半导体、通讯、电力能源、生物医学工程、航天系统工程、消费电子等领域具有技术权威性。IEEE 每年均会发表多种杂志、学报、书籍，为配合各专业技术领域的学术交流活动，IEEE 还提供学报、技术通讯、会议论文集和会刊等出版物。

IEL（IEEE Electronic Library，IEEE 数字图书馆）数据库是 IEEE 旗下最完整的在线数据资源，提供全球电气电子、通信和计算机科学等领域近三分之一的文献。其收录的期刊、杂志、会议录和标准已超过 500 万篇。IEL 数据库提供 200 多种 IEEE 期刊、贝尔实验室技术期刊，每年还提供 1800 多种 IEEE 会议录、IET（英国工程技术学会）和 VDE（德国电气工程师协会）会议录，以及 4400 多份 IEEE 标准。

IEL 数据库可通过 IEEE Xplore 平台进行访问，其网址为 http://ieeexplore.ieee.org。IEEE Xplore 除了收录 IEL 数据库外，还有 IEEE 标准草案、IBM 期刊、MIT 期刊/电子图书、IEEE-Wiley 电子图书、Wiley Telecommunication 电子图书、Morgan & Claypool 综述文集、Now FnT 综述文集、Artech House 电子图书、River Publishers 电子图书、SMPTE 期刊/会议录/标准、IEEE 在线课程等资源。

#### 8.2.4.2 检索方法

IEEE Xplore 平台提供的是收费的信息检索服务，需要购买后才能使用，其网址为 http://ieeexplore.ieee.org（见图 8.17）。

**图 8.17　IEEE Xplore 平台页面**

IEEE Xplore 提供一框式检索、高级检索和出版物浏览与检索，默认检索为一框式检索。在任意页面的顶部，都会保留一框式检索的检索框，因此在任意页面，都可以进行一框式检索。一框式检索提供了 All（全部）、Books（图书）、Conferences（会议）、Courses（课程）、Journals & Magazines（期刊和杂志）、Standards（标准）、Authors（作者）、Citations（引文）等检索范围供读者选择。可以在检索框内键入一个或多个检索词进行检索，多个检索词之间可以加入布尔逻辑算符，也可以构建复杂的布尔逻辑检索式来限定检索范围。在键入检索词时，会提示在题名、刊物名、主题和检索词中有使用价值的关键词和词组。检索中可自动匹配同一词汇的英式拼写与美式拼写，同时具有词根自动关联功能，可自动匹配名词的单复数形式与动词的不同时态。点击

"TOP SEARCHS"选项,检索框下方将以数据可视化图表的形式显示上一个月 IEEE Xplore 下载或浏览次数最多的检索词(见图 8.18),这些热门检索词每天都会更新。每个词语后的数字表示 IEEE Xplore 中包含该词语的文档的数量,点击数字将跳转到文档的详情页面。

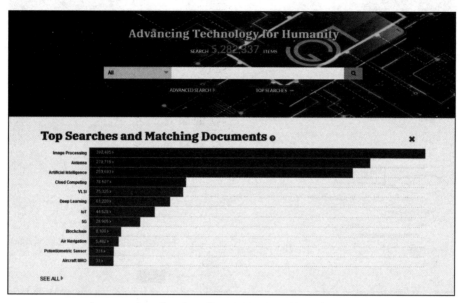

图 8.18　IEEE Xplore 平台的 TOP SEARCHES 显示页面

图 8.19 所示为 IEEE Xplore 的高级检索页面,有高级检索、命令检索、引文检索三种检索方式,默认为高级检索。高级检索通过命令行和限定检索范围来对键入的检索词或词组进行检索。通过添加命令行,可以对多个检索词在不同的限定检索字段内进行检索,命令行间可通过选择 AND、OR、NOT 进行逻辑运算。提供的限定检索字段包括:All Metadata(所有元数据)、Full Text & Metadata(全文和元数据)、Full Text Only(仅全文)、Document Title(文献标题)、Authors(作者)、Publication Title(出版物名)、Abstract(摘要)、Index Terms(索引词)、Accession Number(登记号)、Article Number(文章编号)、Article Page Number(文章页码)、Author Affiliations(作者单位)、Author Keywords(作者关键词)、Author ORCID(作者 ORCID 号)、DOI(DOI 号)、Funding Agency(资助机构)、IEEE Terms(IEEE 术语)、INSPEC Controlled Terms(INSPEC 受控词)、INSPEC Non-Controlled Terms(INSPEC 非受控词)、ISBN(ISBN 号)、ISSN(ISSN 号)、Issue(期)、Mesh Terms(医学主题词)、Publication Number(出版物编号)、Parent Publication Number(总出版物编号)、Standards Dictionary Terms(标准词典术语)、Standards ICS Terms(标准 ICS 术语)、Standard Number(标准号)。此外,可以对检索信息的出版日期进行限定。

IEEE Xplore 的命令检索是在文本框里编写检索式进行检索,或者通过选择文本框上方提供的限定字段和逻辑运算符并输入检索词来进行检索(见图 8.20)。选择好的限定字段或逻辑运算符会自动填入文本框。供选择的限定字段与高级检索提供的可选限定字段一样,提供的逻辑运算符有:AND、OR、NOT、NEAR、ONEAR。

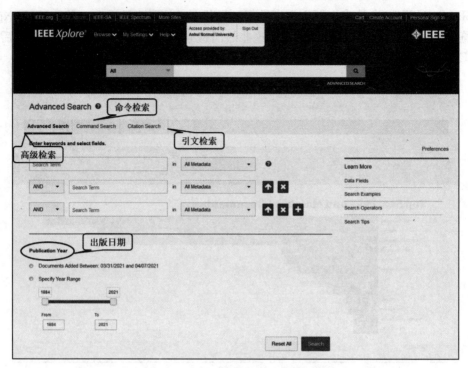

图 8.19　IEEE Xplore 的高级检索页面

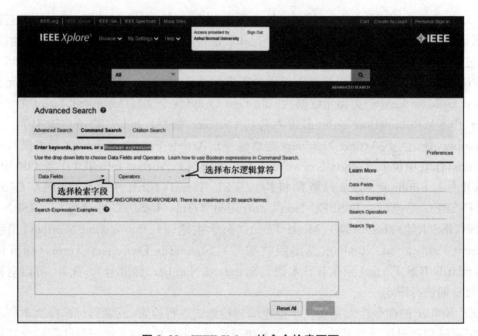

图 8.20　IEEE Xplore 的命令检索页面

IEEE Xplore 的引文检索可通过输入文献的 DOI 号或者输入出版物名(Publication Title)、卷(Volume)、期(Issue)、年(Year)、起始页码(Start Page)、结束页码(End Page)、作者姓名(Author Name)、文献标题(Document title)、文献序列号(Article Sequence Number)来进行检索(见图 8.21)。

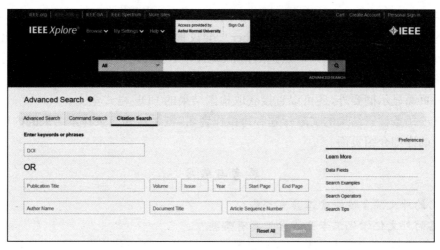

图 8.21　IEEE Xplore 的引文检索页面

### 8.2.4.3　检索结果

图 8.22 所示为 IEEE Xplore 高级检索方式下,以"electrochemical hydrogen generation"(电化学产氢)为检索词,限定"Abstract"为检索范围,所得检索结果的输出页面。检索结果默认以题录格式列出,检索题录上方提供了检索词和命中数。在检索结果页面,IEEE Xplore 提供了二次检索(Search within results),通过输入新的关键词,在已有检索结果的基础上进行再次检索。

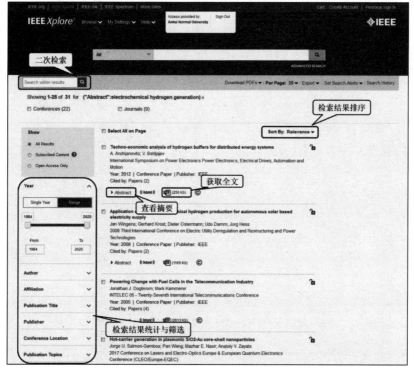

图 8.22　IEEE Xplore 的检索结果

检索结果的左侧栏提供了对检索结果的年份(Year)、作者(Author)、单位(Affiliation)、出版物名(Publication Title)、出版商(Publisher)、会议地点(Conference Location)、出版物主题(Publication Topics)的统计结果。点选对应的统计项,可以进一步对检索结果进行筛选和精炼。在每条检索结果题录的下方,IEEE Xplore 系统除了提供该检索结果的摘要预览、方便使用者在同一页面显示摘要外,还可以直接获取检索结果的 PDF 格式全文。

分别点击每条检索结果的文献标题和每位作者名,则跳转到该条检索结果的内容详情页面和每位作者的详细介绍页面。

## 思考与练习

1. 著名的外文综合性检索工具有哪些?
2. 著名的外文化学化工专业检索工具有哪些?
3. Scopus 的检索方法有几种?试利用 Scopus 检索安徽师范大学化学与材料科学学院近 3 年发表的期刊论文。

# 第9章 《化学文摘》(CA)及SciFinder

世界上先后出现过三大著名化学文摘：德国《化学文摘》(*Chemisches Zentralblatt*)、美国《化学文摘》(*Chemical Abstracts*)和苏联《化学文摘》(Реферативный Журнал Химия)。德国《化学文摘》创刊于1830年，虽然创刊最早，但是在1969年就停刊了。苏联《化学文摘》创刊于1953年，受索引出版速度较慢、不够完善以及文种等因素影响，在中国化学界的影响并不大。唯独被誉为"打开世界化学化工文献宝库的钥匙"的美国《化学文摘》，因其自身的特点，在中国乃至世界化学界享有盛誉。

本章主要介绍美国《化学文摘》的概况及其印刷版、光盘版、网络版等不同载体形式的检索方法。

## 9.1 CA 概 述

美国《化学文摘》(*Chemical Abstracts*，CA)，由美国化学会(American Chemical Society，ACS)创刊于1907年。1956年，CA编辑部改为化学文摘社(Chemical Abstracts Service，CAS)，负责整理并发行CA及其相关产品。目前CAS的总部设在美国的俄亥俄州哥伦布市。

CA具有历史悠久、收录范围广、检索途径多、报道迅速、出版类型多样化等突出优点，已然成为世界性检索工具，为化学及化学相关专业的文献检索提供了极大的便利。

### 9.1.1 CA 的收录范围

在CA每一期的封面上都印有"KEY TO THE WORLD'S CHEMICAL LITERATURE"(打开世界化学化工文献之门的钥匙)，可见其收录范围之广。CA收录的文献占世界化学化工方面文献的98%，其中70%的文献来自美国以外的国家和地区。CA报道的内容几乎覆盖了化学家感兴趣的所有领域，除无机化学、有机化学、分析化学、物理化学、高分子化学外，还包括冶金学、地球化学、药物学、毒物学、环境化学、生物学以及物理学诸多学科领域。

然而，CA并不收录化工经济、化工市场、化工产品目录、化工广告、化工新闻消息等方面的内容，这些内容一般刊登在CAS出版的美国《化学工业札记》上。

CA收录的文献类型也很丰富，目前它收录的文献类型及种类包括：期刊不少于2万种、32个国家和两个国际性专利组织(欧洲专利组织、世界知识产权组织)的专利说明书、评论、技术报告、专题论文、会议录、讨论会文集等，涉及全球160多个国家和地区、60多种文字的文献，近年来每年收集的文摘约50万条。

## 9.1.2 CA 的载体形式

自创刊以来,CA 的出版形式也随着科技的发展逐渐变得多样化,以下简述 CA 载体形式的变化历程。

(1) 印刷版。印刷版 CA 始于 1907 年,于 2010 年 1 月 1 日停刊。印刷版 CA 的索引体系很完备,检索途径多样。这些索引之间各有特点又相互关联,检索者可以根据自己的课题选择合适的索引进行检索。不过,印刷版 CA 和原始文献的报道时差较大,除英文书刊当月可报道外,一般为 3~4 个月。

(2) 缩微版和磁带版。1966 年,CAS 管理和技术人员设计出了自动化生产流程,使用照相排版技术,实现了 CA 的缩微版和磁带版。这些技术的使用对于缩短 CA 的报道时差很有帮助。

(3) 光盘版。1996 年,CA 的光盘版 CA on CD 开始运行,每月更新一次,每年 13 期。内容对应印刷版的"周期刊+卷索引"。CAS 曾经将印刷版 CA 的第 10 次至第 13 次累积索引(1977~1996 年)制作成"CI on CD",包括文摘和索引,因此光盘版 CA on CD 最早可检索 1977 年的文献。光盘产品的出版形式包括年度光盘(CA on CD)、累积索引光盘(CI on CD)、来源索引光盘(CASSI on CD)。光盘版 CA 的出现使得检索更加方便、快捷。

(4) 网络版。1995 年,CAS 推出网络版 CA SciFinder,它以科学家为终端用户,服务于政府以及商业机构,通过个人账号登录。1998 年,SciFinder Scholar 出现,它以学生和老师为用户,仅服务于大学等教育机构,通过客户端形式访问。网络版 CA 不仅收录了 1907 年以来印刷版 CA 的所有信息,超过 1 亿条的化学物质记录和 CAS 登记号,还整合了其他一些数据库,信息量更大,而且每日更新。网络版 CA 不仅具有检索功能,还具有强大的分析功能,越来越受到科研工作者的青睐。

如表 9.1 所示,不同的出版形式具有各自的特点,显然网络版在更新频率、检索途径、检索效率、检索速度等方面具有明显优势。接下来分别介绍印刷版 CA、光盘版 CA on CD 和网络版 CA。

表 9.1 印刷版 CA、CA on CD、SciFinder 比较表

| 载体形式 | 印刷版 CA | CA on CD | SciFinder |
| --- | --- | --- | --- |
| 包含文献起始时间 | 1907 年 | 1977 年 | 1907 年(上万条记录回溯到 1900 年以前) |
| 得到最新信息的延迟 | 几个月 | 一个多月 | 一天 |
| 主题检索 | √ | √ | √ |
| 普通物质名称检索 | √ | × | √ |
| 分子式检索 | √ | √ | √ |
| 结构式检索 | × | × | √ |
| 亚结构式检索 | × | × | √ |
| 相似结构式检索 | × | × | √ |
| 反应式检索 | × | × | √ |

续表

| 载体形式 | 印刷版 CA | CA on CD | SciFinder |
|---|---|---|---|
| 类反应式检索 | × | × | √ |
| 分析与二次检索 | × | × | √ |
| 检索效率 | 低 | 不高 | 高效 |
| 检索速度 | 慢 | 尚可 | 快捷 |

## 9.2 印刷版 CA

印刷版 CA 创刊于 1907 年,最初为半月刊,一年一卷,所有内容分为 30 大类。随着文献量的增加,其出版周期在不断变更,出版内容也在不断丰富。至 2010 年印刷版 CA 停刊时,其已改为周刊,每年两卷,所有内容分为 80 大类。表 9.2 列出了 CA 出版周期及大类类目的变化情况。

表 9.2 CA 出版周期及大类类目变化情况表

| 时间 | 卷号 | 出版周期 | 每年卷数 | 每卷期数 | 分类 |
|---|---|---|---|---|---|
| 1907~1944 | v.1~v.38 | 半月刊 | 1 | 24 | 30 |
| 1945~1960 | v.39~v.54 | 半月刊 | 1 | 24 | 31 |
| 1961 | v.55 | 双周刊 | 1 | 26 | 31 |
| 1962 | v.56~v.57 | 双周刊 | 13 | | 73 |
| 1963~1966 | v.58~v.65 | 双周刊 | 2 | 13 | 74 |
| 1967~1981 | v.66~v.95 | 周刊 | 2 | 26 | 旧 80 |
| 1982 | v.96~ | 周刊 | 2 | 26 | 新 80 |

印刷版 CA 这一检索工具由编辑说明、目次、正文、索引组成,编辑说明一般介绍编辑方法、收录范围、注意事项等信息,本节不再赘述,下面分别介绍 CA 的目次、正文及索引。

### 9.2.1 CA 的目次

1982 年以后,即从第 96 卷起,CA 的内容分为 5 大部分、80 大类。CA 每周出版 1 期,每期分为两个部分:第一部分包括生物化学、有机化学、高分子化学、应用化学和化学工程;第二部分包括物理化学、无机化学与分析化学,即每期涵盖 5 大部分、80 大类的全部内容。下面介绍 5 大部分的大类类目及部分子目,我们给出中英文对照的 5 大部分的名称和 80 大类类目的名称,希望给大家查阅印刷版 CA 带来一定方便。

**生物化学部分(Biochemisty Sections)**
(1) 药理学(Pharmacology);
(2) 哺乳动物激素(Mammalian Hormones);

(3) 生化遗传学(Biochemical Genetics);
(4) 毒物学(Toxicology);
(5) 农业化学的生物调节剂(Agrochemical Bioregulators);
(6) 普通生物化学(General Biochemistry);
(7) 酶(Enzymes);
(8) 辐射生物化学(Radiation Biochemistry);
(9) 生化方法(Biochemical Methods);
(10) 微生物生物化学(Microbial, Algal, and Fungal Biochemistry);
(11) 植物生物化学(Plant Biochemistry);
(12) 非哺乳动物生物化学(Nonmammalian Biochemistry);
(13) 哺乳动物生物化学(Mammalian Biochemistry);
(14) 哺乳动物病理生物化学(Mammalian Pathological Biochemistry);
(15) 免疫化学(Immunochemistry);
(16) 发酵及生物工业化学(Fermentation and Bioindustrial Chemistry);
(17) 食品与饲料化学(Food and Feed Chemistry);
(18) 动物营养(Animal Nutrition);
(19) 肥料、土壤及植物营养(Fertilizers, Soils, and Plant Nutrition);
(20) 化学、历史、教育及文献编纂(History, Education, and Documentation)。

**有机化学部分(Organic Chemistry Sections)**
(21) 普通有机化学(General Organic Chemistry);
(22) 物理有机化学(Physical Organic Chemistry);
(23) 脂肪化合物(Aliphatic Compounds);
(24) 脂环化合物(Alicyclic Compounds);
(25) 苯及其衍生物与稠环化合物(Benzene, Its Derivatives, and Condensed Benzenoid Compounds);
(26) 生物分子及其合成类似物(Biomolecules and Their Synthetic Analogs);
(27) 单杂原子杂环化合物(Heterocyclic Compounds, one Hetero Atom);
(28) 多杂原子杂环化合物(Heterocyclic Compounds, more than one Hetero Atom);
(29) 有机金属与有机准金属化合物(Organometallic and Organometalloidal Compounds);
(30) 萜烯和萜类化合物(Terpenes and Terpenoids);
(31) 生物碱(Alkaloids);
(32) 甾类化合物(Steroids);
(23) 碳水化合物(Carbohydrates);
(34) 氨基酸、肽及蛋白质(Amino Acids, Peptides, and Proteins)。

**高分子化学部分(Macromolecular Chemistry Sectoins)**
(35) 合成高分子化学(Chemistry of Synthetic High Polymers);
(36) 合成高分子物理性能(Physical Properties of Synthetic High Polymers);
(37) 塑料制造与加工(Plastics Manufacture and Processing);
(38) 塑料制品及其应用(Plastics Fabrication and Uses);
(39) 合成弹性体及天然橡胶(Synthetic Elastomers and Natural Rubber);

(40) 织物(Textiles and Fibers);

(41) 染料、有机颜料,荧光增白剂及光敏剂(Dyes, Organic Pigments, Fluorescent Brighteners, and Photographic Sensitizers);

(42) 涂料、油墨及有关产品(Coatings, Inks, and Related Products);

(43) 纤维素、木质素、纸及其他木制品(Cellulose, Lignin, Paper, and other Wood Products);

(44) 工业碳水化合物(Industrial Carbohydrates);

(45) 工业有机化学品、皮革、脂肪及蜡(Industrial Organic Chemicals, Leather, Fats, and Waxes);

(46) 表面活性剂和去垢剂(Surface-Active Agents and Detergents)。

**应用化学与化学工程部分(Applied Chemistry and Chemical Engineering Sections)**

(47) 装置及工业设备(Apparatus and Plant Equipment);

(48) 单元操作及过程(Unit Operations and Prccesses);

(49) 工业无机化学品(Industrial Inorganic Chemistry);

(50) 推进剂及炸药(Propellants and Explosives);

(51) 矿物燃料、衍生物及有关产品(Fossil Fuels, Derivatives, and Related Products);

(52) 电化学、辐射及热能技术(Electrochemical, Radiational, and Thermal Energy Technology);

(53) 矿物及地质化学(Mineralogical and Geological Chemistry);

(54) 提炼冶金学(Extractive Metallurgy);

(55) 黑色金属及合金(Ferrous Metals and Alloys);

(56) 有色金属及合金(Nonferrous Metals and Alloys);

(57) 陶瓷(Ceramics);

(58) 水泥、混凝土及有关建筑材料(Cement, Concrete, and Related Building Materials);

(59) 空气污染和工业卫生(Air Pollution and Industrial Hygiene);

(60) 废物的处理和清除(Waste Treatment and Disposal);

(61) 水(Water);

(62) 香精油及化妆品(Essential Oils and Cosmetics);

(63) 药物(Pharmaceuticals);

(64) 药物分析(Pharmaceutical Analysis)。

**物理化学、无机化学与分析化学部分(Physical, Inorganic, and Analytical Chemistry Sections)**

(65) 普通物理化学(General Physical Chemistry);

(66) 表面化学及胶体(Surface Chemistry and Colloids);

(67) 催化、反应动力学及无机反应机理(Catalysis, Reaction Kinetics, and Inorganic Reaction Mechanisms);

(68) 相平衡、化学平衡及溶液(Phase Equilibriums, Chemical Equilibriums, and Solutions);

(69) 热力学、热化学及热性能(Thermodynamics, Thermochemistry, and Thermal Properties);

(70) 核现象(Nuclear Phenomena);

(71) 核技术(Nuclear Technology);

(72) 电化学(Electrochemistry);

(73) 光谱、电子能谱和质谱及其他有关性能(Optical, Electron, and Mass Spectroscopy and Other Related Properties);

(74) 辐射化学、光化学及摄影和其他复像过程(Radiation Chemistry, Photochemistry, and Photographic and Other Reprographic Processes);

(75) 结晶学及液晶(Crystallography and Liquid Crystals);

(76) 电现象(Electric Phenomena);

(77) 磁现象(Magnetic Phenomena);

(78) 无机化学品及反应(Inorganic Chemicals and Reations);

(79) 无机分析化学(Inorganic Analytical Chemistry);

(80) 有机分析化学(Organic Analytical Chemistry)。

注意,化学、历史、教育及文献编纂在生物化学部分,大类类号为20。另外,了解子目内容,掌握文摘内容的编排层次,对于平时有目的地直接浏览CA,以寻找某一方面的文献是很有好处的。虽然子目并没有在印刷版CA中明确标出,但是子目的层次规律大体上为:综述、方法设备、理论概念、性质与测试、单元操作、制备、工艺流程、处理、其他。

## 9.2.2 CA 的正文

CA的正文由一条条文摘组成,文摘的正文版面排版格式有过几次变更。1~27卷是通栏编排的,即整页不分栏。28卷(1934年)起,每页分成左右两栏,每栏各编一个页码,两栏中间的空隙分成9等分。自上而下用数字1~9标明每条文摘所在的位置。41卷(1947年)~55卷(1962年),中间的数字1~9改用9个英文字母a~i表示。从56卷(1963年)起,又改为a~h的8个等分。从索引中查得文摘号"3745g",即表示该文摘在第3745页g的位置。

自1967年的66卷起,取消栏号,每条文摘都编有一个文摘号,以卷为单位,全卷按顺序通排。每个文摘号后也有一个英文字母,但它不是表示文摘的所在位置,而是电子计算机编号时核对用的符号。

CA文摘的正文以报道性文摘为主、指示性文摘为辅,含少量题录信息。它们按80大类先后顺序排列,在每一类目下,分4个部分,用虚线"………"隔开,顺序依次为:① 期刊论文、会议录、文献汇编、技术报告、档案资料、学位论文;② 新书及视听资料;③ 专利文献;④ 参照文献(See Also)。相互参见的功能是指,有的文献内容涉及两类或更多类目,CA将文摘置于主要内容类目之中,在相关类目中参见一下,以便扩检。

CA中文摘的著录格式大体一致,每一条文摘基本上都由卷号、文摘号、文献标题、论文作者、作者单位和地址、文献出处(原始文献信息)、语种、出版商、文摘等部分组成,不同类型的文献主要区别在于出处项,下面分别举例介绍各类文献的著录格式。

(1) 期刊论文。印刷版CA收录的期刊论文(Journal Article)的著录格式如图9.1所示。

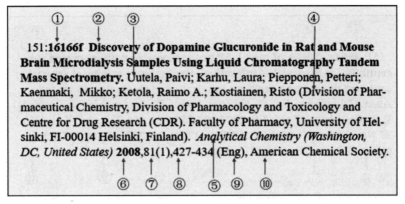

**图 9.1 印刷版 CA 期刊论文著录格式**

注:① 卷号:文摘号,文摘号后的字母是供计算机编号时核对用的符号;② 文献标题:黑体;③ 作者姓名:姓前名后,超过 9 人则印前 9 个,最后用"et al"表示;④ 著者工作单位,地址;⑤ 刊名:斜体;⑥ 出版年;⑦ 卷(期);⑧ 起止页码;⑨ 原文语种;⑩ 出版商。

(2) 新书和视听资料通报。印刷版 CA 收录的新书和视听资料通报(New Book and Audio-Visual Material Announcement)的著录格式如图 9.2 所示。

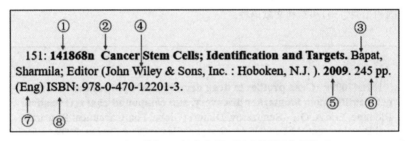

**图 9.2 印刷版 CA 新书和视听资料通报著录格式**

注:① 卷号:文摘号。② 书名,一律用英文,每个首字母都大写。其他文种出版的新书,先著录英文译名,再在后面的括号内以音译的形式著录原名。由于新书的出版形式多种多样,其著录格式也较为复杂。a. 以连续出版物的特辑出版:在书名后的中括号内注明该刊名,如连续出版物不定期出版,则在刊名前以"In"加以标识。b. 会议录以图书形式出版:一般在书名中著录会议名称、时间和地点,若书名中不含以上信息,则在书名后的括号内注明。c. 若以非印刷型出版物形式出版,则在书名后的中括号内注明。③ 本书著者或编者。④ 出版商、城市、国别或州名。⑤ 出版年。⑥ 全书总页数。⑦ 原书文种。⑧ 国际标准书号。

(3) 专利文献。印刷版 CA 收录的专利文献(Patent Document)的著录格式如图 9.3 所示。

(4) 专业会议录和文集。印刷版 CA 收录的专业会议录和文集(Proceeding and Edited-Collections)的著录格式如图 9.4 所示。

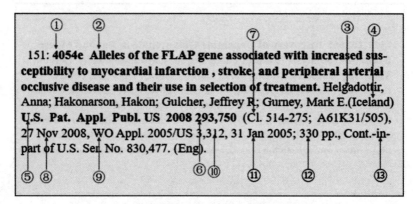

图 9.3 印刷版 CA 专利文献著录格式

注：① 卷号：文摘号；② 专利标题，该标题是根据专利说明书的内容给予的命名，与原专利不一定相同；③ 专利发明者姓名；④ 专利权受让者姓名，在括号内；⑤ 专利所属国家或组织的缩写、专利种类和专利国别代号，缩写名称可以参照专利索引前的《专利国家代码与专利类型代码表》；⑥ 专利号；⑦ 国际专利分类号，美国专利除注明国际专利分类号之外，还注明美国专利分类号，加拿大只注明本国专利局分类号；⑧ 专利公布日期或获准日期；⑨ 专利优先国，若无此项，则优先权属专利所在国，本例优先国为美国；⑩ 专利申请号；⑪ 专利申请日期；⑫ 专利页数；⑬ 相关专利（包括申请国和相关号码）和专利文献语种。

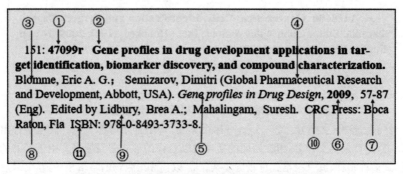

图 9.4 印刷版 CA 专业会议录和文集著录格式

注：① 卷号：文摘号；② 文献标题；③ 作者姓名；④ 著者工作单位，地址；⑤ 出版物名称；⑥ 出版年；⑦ 起止页码；⑧ 原文语种；⑨ 会议录等编者姓名；⑩ 会议录、图书等的出版者和出版地（出版社、城市、国别或州名）；⑪ 国际标准书号。

(5) 学位论文。印刷版 CA 收录的学位论文（Dissertation）的著录格式如图 9.5 所示。

(6) 科技报告。印刷版 CA 收录的科技报告（Technical Report）的著录格式如图 9.6 所示。

(7) 电子文献。印刷版 CA 收录的电子文献（Electronic Document）的著录格式如图 9.7 所示。

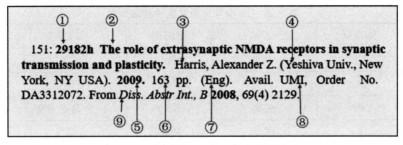

**图 9.5  印刷版 CA 学位论文著录格式**

注:① 卷号:文摘号;② 文献标题;③ 作者姓名;④ 著者工作单位,地址;⑤ 论文完成日期;⑥ 论文总页数;⑦ 原文语种;⑧ 学位论文来源及其编号,本例来源于 UMI (University Microfilm International,大学缩微胶卷国际组织),缩微胶卷顺序号采用 DA+年份+顺序号的方式;⑨《国际学位论文文摘》的摘引出处(From):刊载本学位论文摘要的刊名缩写(本例为国际学位论文摘要 B 辑:科学与工程),出版年卷期及所在页。

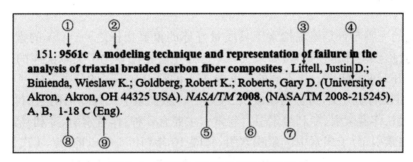

**图 9.6  印刷版 CA 科技报告著录格式**

注:① 卷号:文摘号;② 文献标题;③ 作者姓名;④ 著者工作单位,地址;⑤ 科技报告的报告种类(TM 为技术备忘录);⑥ 出版年;⑦ 科技报告的报告号(编号或报告顺序号);⑧ 报告页码;⑨ 原文语种。

**图 9.7  印刷版 CA 电子文献著录格式**

注:① 卷号:文摘号;② 文献标题;③ 作者姓名;④ 著者工作单位,地址;⑤ 预印本网站的名字;⑥ 预印本在网上发表日期;⑦ 页数;⑧ 预印本编号;⑨ 原文语种;⑩ 预印本网站所有者及电子资源地址 url。

从上述例子可以看出,CA 文摘的著录格式中"原文语种"给出的是"缩略词",为了让大家了解这些缩略词的含义,下面列出常见原文文种缩略词表(见表 9.3)。

表 9.3　CA 中常见原文文种缩略词表

| 缩略词 | 文种 | 缩略词 | 文种 |
| --- | --- | --- | --- |
| Ch | 中文 | Pol | 波兰文 |
| Eng | 英文 | Port | 葡萄牙文 |
| Fr | 法文 | Rom | 罗马尼亚文 |
| Ger | 德文 | Russ | 俄文 |
| Hung | 匈牙利文 | Sol | 斯洛伐克文 |
| Ital | 意大利文 | Span | 西班牙文 |
| Japan | 日文 | Swed | 瑞典文 |
| Neth | 荷兰文 | Ukrain | 乌克兰文 |

### 9.2.3　CA 的索引

索引体系的完善与否是体现检索工具质量好坏的重要指标之一。CA 的索引体系相当完备，能为检索者提供多种途径检索，如果说 CA 是打开世界化学化工文献宝库的钥匙，那么 CA 的索引就是打开 CA 的钥匙。从不同的角度看，CA 的索引有不同的分类方式。

CA 的索引按周期分类，可分为期索引、卷索引、累积索引。每期后的索引称为期索引，它包括关键词索引、作者索引、专利号索引。卷索引主要有 5 种：作者索引、专利号索引、普通主题索引、化学物质索引、分子式索引。累积索引，每隔 10 年（1956 年以前，1~4 次累积索引）或 5 年（1957 年以后，从第 5 次累积索引开始）出版 1 次，截至停版时已经出版了 15 次累积索引（Collective Index，2002~2006 年），其中 CA 的第 11 次累积索引被作为世界最大的索引体系而列入吉尼斯世界纪录大全。

CA 的索引按性质分类，可分为关键词索引、主题索引、化学物质索引、普通主题索引、分子式索引、环系索引、母体化合物手册、作者索引、专利索引等，其中主题索引和作者索引是 CA 的两个最古老的索引。另外，CA 还包括单独出版的指导性索引，如化学物质登记号手册、索引指南、文摘资料来源索引。

目前，CA 索引体系的出版情况如图 9.8 所示。

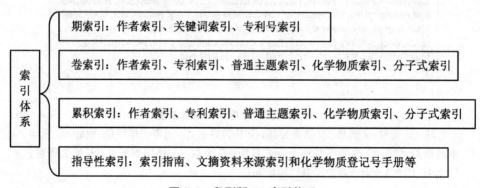

图 9.8　印刷版 CA 索引体系

**1. 关键词索引**

关键词索引(Keyword Index,K)并不是一种独立编排成册的索引,而是从第 58 卷(1963 年)开始附于文摘之后的期索引。因为它附于文摘之后并和文摘一同出版,所以它是读者能够最快见到的 3 种索引之一(其他两种是"作者索引"和"专利索引")。

关键词索引在选词上比较自由。关键词索引往往将文献篇名或文摘中能表示文献实质内容的原文用词作为关键词。也就是说,除了虚词以外有确切意义的词汇,绝大多数可以用作索引主题。由此可见,关键词的选取比较自由,它不需要规范化,查阅"关键词索引"的关键就在于使用的关键词是否贴合拟查课题。例如,检索"聚氯乙烯"的文献,可用"Polyvinyl Chloride" "PVC""Vinyl Chloride Polymn""Polymn Vinyl Chloride""Chloride"及聚氯乙烯的各种商品名作为关键词。

关键词索引在"索引条目结构"上与后面要介绍的两类主题索引不同。通常情况下,CA 编制关键词索引时,由专家选取 3~5 个关键词,选取其中 1 个做主关键词,其余做说明语。说明语和主关键词之间并不考虑语法联系,仅仅是将数个词简单地组合在一起,而主题索引的主、副标题词之间存在一定的等级关系。

关键词索引的著录格式如图 9.9 所示,关键词索引条目的构成非常简单,包括关键词、说明语和文摘号,不过该文摘号只供查阅当期文摘使用。

> ① **Ablated**
> Zone nylon membrane glass substrate
> ② microplate laser ③ P 463772q

**图 9.9　印刷版 CA 关键词索引的著录格式**
注:① 关键词;② 说明语;③ 文摘号。文摘号前的 P、B、R 分别表示该文献为专利、图书、综述。若为一般论文,则不标注英文字母。

关键词索引的编排说明包括:① 关键词按首字母顺序排列在期文摘后;② 元素符号及分子式不能作为关键词(可以作为主题词),但可在关键词短语中出现;③ 化合物定位号、顺反异构体及指示氢均不列入字顺排;④ 化合物全部用单数名词表示;⑤ 复杂化合物名词的排列有时以母体结构作为关键词,其余部分列入关键词短语中,但母体结构在末位时不拆开排;⑥ 复杂化合物常以商品名称或习惯名称作为关键词;⑦ 较为熟悉的联合词汇整个可作关键词;⑧ 选择关键词时可从相关内容的词考虑;⑨ 同义词一般情况下不常采用;⑩ 80 大类的类名尽量不作关键词用,非用不可时在最后一条词汇中予以说明"Also Scan"。

值得强调的是,虽然关键词索引检索起来简单、方便,但是因为关键词没有标准化,所以关键词索引典型的缺点是查全率较低,即读者要检索数个相关的词才能将某一个主题的文献查全。

**2. 化学物质索引**

化学物质索引(Chemical Substance Index,CS)和普通主题索引是原主题索引分编的两种索引。它们创刊于 1972 年第 76 卷,是姊妹篇。CS 分为卷索引、累积索引,适用于原主题索引中组成明确的各类物质,即可以用分子式表示的化合物。凡 CS 中收录的化学物质必须具备三个条件:① 组成物质的原子种类和数量已知;② 价键清楚;③ 立体化学结构明确。

关于所查化合物是否是索引化合物的问题,解决方法比较简单,通常只需查索引指南(Index Guide)就足够了。在索引指南中,那些后面缀有化学物质登记号的(登记号的相关知识见后面登记号手册部分),常常位于"参见"(See)一词之后的化合物名称,一定是 CAS 确定的索引化合物的名称。

CS 按化学物质的 IUPAC 系统名称字顺排列,具体著录格式如图 9.10 所示,它包括主题词、副题词、说明语、文摘号等项目,另外主题词后还标有这种物质的化学物质登记号。

```
① Acetic acid ⑥ [64-19-7],② Preparation
    ③ by-product from, as flotation agents⑤ P 16505,
    ③ by carbonylation of methanol,
        ④ catalysts for, ⑤ 24639k
```

**图 9.10  印刷版 CA 化学物质索引的著录格式**

注:① 主题词;② 副题词,起限定主题范围的作用;③ 一级说明语:限定主题和副题的范围;④ 二级说明语;⑤ 文摘号,文摘号前的 P、B、R 分别表示该文献为专利、图书、综述;⑥ 化学物质登记号。

CS 的主题词是具有化学物质登记号的化学物质的系统英文名称,副题词有两类:一类是普通副题词;另一类是化学名词、取代基团和官能团等。一般先排第一类,后排第二类。

普通副题词,也称概念副题词,这类副题词共有 7 个:Analysis(分析)、Properties(性质)、Biological Studies(生物学研究)、Reactions(反应)、Occurrence(存在)、Use and Miscellaneous(用途及其他)、Preparation(制备)。

官能团衍生物副题词一共有 16 个,每个副题词代表一类物质:Acetals(缩醛)、Anhydrides(酐)、Anhydrosulfides(硫代酐)、Compounds(化合物)、Derivatives(General)(普通衍生物)、Esters(酯)、Ethers(醚)、Hydrazides(酰肼)、Hydrazones(腙)、Lactones(内酯)、Mercaptals(缩硫醛)、Mercaptols(缩硫醇)、Oxides(氧化物)、Oximes(肟)、Polymers(聚合物)、Semicarbazones(缩氨脲)。

合金副题词属于第二类副题词,即在双元或多元合金中,在占比例最大的元素后面标出副标题 Base。

初学读者在查阅 CS 时,可以按以下几个步骤:① 确定所查课题的主题;② 查《汉英科技大词典》或利用电子词典,将主题译成英文;③ 查索引指南,选用 CAS 确定的规范主题词;④ 查 CS,选择内容相关的文摘。

**3. 普通主题索引**

从 1972 年第 76 卷开始,CAS 将由特定的化学物质名称构成的主题从主题索引中抽出来,另编一种索引,叫作化学物质索引,而将其余的主题编成一种索引,叫作普通主题索引(General Subject Index,GS)。凡是不能入 CS 的主题,均可用 GS 进行检索。索引指南(Index Guide)是区别这两种索引主题的最好工具。翻开索引指南,其后有化学物质登记号者,就是特定的化学物质名称,必为化学物质主题,应查 CS;反之,其后无化学物质登记号者,应查 GS。

GS 按照主题词和副主题词的字母顺序排列。其著录格式如图 9.11 所示。GS 由主标题词、副标题词、说明语、文摘号等项目组成,有的说明语又包括一级说明语、二级说明语,标题词和说明语之间要考虑语法关系。

> ① **Amines,** ② **analysis**
>   ③ Planar chromatog, for anal. Of ④ R 47900h
>   ③ Sepn. and detn. of amines by reverse-phase HPLC ④ 19169h

**图 9.11　印刷版 CA 普通主题索引的著录格式**

注:① 主标题;② 副标题;③ 说明语;④ 文摘号。文摘号前的 R 表示该文献为综述。

GS 的检索步骤基本上和 CS 的检索步骤相同。

### 4. 作者索引

作者索引(Author Index,A)的原理在于它把文摘和原始文献的著者关联起来,只要知道著者的姓名,就可以检索到所需要的文摘。作者索引的重要用途体现在:通过作者索引可以了解某些领域的专家的科研活动和成果,甚至研究经历。作者索引还包括工厂、企业和研究机构等团体著者的内容,因此通过作者索引可以了解相关单位和机构的科研状况,了解企业的专利情况。

作者索引按出版周期可分为期作者索引、卷作者索引和累积作者索引。这些索引均按作者姓名字顺排列,姓在前、名在后。不过它们的著录格式略有不同。CA 每期的作者索引只有姓名和文摘号,但每卷的作者索引和累积作者索引均著录有论文题目。

若检索作者非第一作者,则在其名称后用"See"引见到第一作者名称,若是团体作者,则用全称。英美团体企业,凡以个人姓名开头的,按姓在前、名在后编排。例如,John W. Williams Co. 应改为 Williams,John W. Co。

### 5. 专利索引

专利索引(Patent Index,P)在 1980 年第 93 卷以前分成专利号索引(Numerical Patent Index)和专利号对照索引(Patent Concordance Index)。从 1981 年第 94 卷开始,两者合并并改称为 Patent Index。专利索引把同一发明的相同专利和相关专利组排成一个专利族(Patent Family),因此其主要功能是根据已知专利号查找该专利在 CA 上的摘要,并可查找其等同专利或相关专利;可以将与一件发明有关的所有专利文献集中起来,利用相关专利可以了解该项技术的发展过程,利用等同专利则可以选择其中熟悉的语种和调剂馆藏;还可以了解某一发明专利在国际上的专利使用范围,评价它的使用价值。

专利索引按出版周期分类,可分为期专利索引、卷专利索引和累积专利索引,其著录格式基本相同。专利索引的著录格式一般按照专利国别代号字顺编排,同一国家下再按专利号的数字顺序排列各条专利。在专利号的右侧注有相同专利或相关专利的国别代号和专利号,在被 CA 摘录过的专利号后给出卷次和文摘号,其他相同专利则不再重复摘录,而是通过以上专利对照引见到被摘录的文摘条目。专利索引的著录格式如图 9.12 所示。

```
① GE(Germany)
    ② 4139750 A1, see EP 545171 A1
    ③ 4139751 A1, 119:271168j
        ④ CA 2061538 AA ⑤ (Nonpriority)
        EP 549879 A2(A3)
        ⑥ (Designated States:AT, BE, GR, SE)
        ⑦ HU 85445 A2 (Related)
```

**图 9.12　印刷版 CA 专利索引的著录格式**

注：① 国家名称代码(黑体)；② 非原始专利见原始专利(较晚提供给美国化学文摘社的专利文献参见最早提供的该专利的等同专利)；③ 原始专利(美国化学文摘社最早接到的专利文献号)及其所在卷号和文摘顺序号，A 是专利代码，国家名称代码和专利代码可以查专利索引前面的《专利国家代码与专利类型代码表》；④ 等同专利；⑤ 无优先权(优先权：根据《保护工业产权巴黎公约》第 2 条"国民待遇"的规定，给予本联盟任一国家发明申请人的一种优惠权，即发明人就同一发明向联盟或其他成员国再次提出申请时，申请人有权要求享受第一次申请的申请日期)；⑥ EP、WO 的专利权范围；⑦ 相关专利。

### 6. 分子式索引

分子式索引(Formula Index, F)始于 CA 第 14 卷(1920 年)。

分子式索引是从分子式角度检索文献的途径，其对象包括已经注册登记的所有化合物的分子式，也包括尚未正式命名的化合物的分子式，即尚无系统命名的新化合物，不编入 CS 而仅列入此索引。分子式索引中的分子式采用 Hill 系统规则排列(Hill 系统规则的具体内容详见 3.2.1.4 小节)。

分子式索引按分子式符号的英文字母排序，元素符号相同时，再按原子数目次序排序。在每一种分子式下，著录有该分子式的所有同分异构体的化学名称、结构名称、CAS 登记号，最后列出文摘号，可以直接查找文摘内容。不过分子式索引中有部分化合物，由于本卷收录文献较多，为节省篇幅及增加检索的专指性，在分子式后通过"See"引见到 CS 中去，在分子式索引中不直接列出文摘号，这时需要转查 CS。从这一角度可以说分子式索引是 CS 的补充。分子式索引的著录格式如图 9.13 所示。

```
① CH₃Cl₄OTi
    ② Azepinylium, 2,5-bis(1,1-dimethylethyl)-
        ③ Tetrachloromethoxytitanate(1-) ④ [660973-81-3],
        ⑤ 338845g
```

**图 9.13　印刷版 CA 分子式索引的著录格式**

注：① 化合物分子式(按 Hill 系统排列)；② 化合物母体名称；③ 取代基名称；④ CAS 登记号；⑤ 文摘号。

## 7. 环系索引

环系索引(Index of Ring Systems, RS)于 1957 年第 51 卷开始发行,是专门为查找环状有机化合物文献编制的一种索引。该索引先按环数分类,同环数时再以环体上的原子数目和主要元素的成分排列,只列出该环状物质的名称,不著录文摘号,因此,它只是 CS 的一种辅助工具。查找已知环状结构化合物时,如果不知道确切的主题词,最好先使用本索引,查得母体名称,根据此名称再去查 CS 就比较方便了。环系索引的著录格式如图 9.14 所示。

```
① 3-Ring Systems (三环系)
  ② 5, 6, 6
    ③ C4N-C6-C6
      ④ 14-Azadispiro [5.1.5.2]pentadecane
① 5-Ring Systems (五环系)
  ② 3, 5, 6, 6, 7
    ③ C2O-C5-C6-C6-C7
      ④ 2H-Benz[1, 7]indeno[5′, 4′∶3, 4]cyclohep[1, 2-b]oxirene
```

**图 9.14　印刷版 CA 环系索引的著录格式**

注:① 表示化合物中环的数目(三环系),黑体排印;② 表示每个环的大小;③ 表示每个环内所含的元素;④ 表示化合物的名称。

## 8. 母体化合物手册

美国化学文摘社于 1976 年 8 月单独出版了一套《母体化合物手册》(*Parent Compound Handbook*, PCH)。它汇编了半个多世纪以来环系母体、非环系立体母体和笼状化合物等母体化合物的结构图及其有关名目。

PCH 著录内容比环系索引和索引指南更具体,附一篇原始文献的文摘号。该手册最好配合索引指南使用。它派生于索引指南和环系索引,但优于这两种索引。它不仅在著录事项上比它们详细,而且附有一篇原始文献的文摘号,以备查找。该手册是查找母体化合物的便捷指南,通过它可以比较容易地查出难以命名的母体化合物,也可以查核母体结构有没有被人研究过。

## 9. 索引指南

索引指南(Index Guide, IG)是一种指导性的索引,可以指导读者正确地选择主题词。索引指南按主题词的字顺排列。

索引指南的基本功能体现如下:指引读者从商品名、习惯名等非规范主题词查到 CA 选用的规范主题词;当一种化学物质或一个普通主题有意义相近或相关的其他主题词时,IG 通过"see also"使两个主题词之间互为参见,以扩大检索范围;对形同而含义不同的词,后加括号注明区别,分别给出不同的主题词以提高检索准确率。

使用 IG 时应注意的是,检索不同时期的文献,要用不同时期出版的版本。例如,在检索 75 卷以前的文摘时,要用 69 卷、71 卷及 75 卷 IG;若检索 76 卷以后的文摘,则用 76 卷、76~85 卷、85~95 卷、95~105 卷及最近的 IG。

## 10. 化学物质登记号手册

化学物质登记号手册(CAS Registry Handbook: Number Section),原为化学物质登记号索引(Registry Number Index, RNI)。美国化学文摘社于 1965 年开始对各类化学物质建立登记号系统,并在 1969 年第 71 卷中第一次出版化学物质登记号索引,1974 年改为化学物质登记号手册。

化学物质登记号是按各种物质收录先后编号的。每一个号码代表一种物质,每种物质的登记号一旦确定,终身不变。登记号一般分为三段,段与段之间用短横线相连,第一段最多为六位数,第二段两位数,第三段一位数,如 $H_2O$ 的登记号为[7732-18-5]。

化学物质登记号手册是按 CAS 所给的每一种确定化合物的登记号的数字顺序编排,主要用作计算检索化学物质的存取标识。在每一个登记号下给出化合物名称和分子式,而无具体的文摘号,故应配合 CS 或分子式索引使用。所以化学物质登记号手册也是 CS 的重要辅助工具。

使用登记号手册的前提是知道化学物质的登记号,化学物质登记号的获得途径有:从索引指南获得;从化学化工参考工具书获得,如《CRC 化学和物理手册》(*CRC Handbook of Chemistry & Physics*);还可以从网上获得,如 http://www.chemfinder.com。

**11. 文摘资料来源索引**

文摘资料来源索引(Chemical Abstracts Service Source Index, CASSI)原名 ACCESS,是查找 CA 所引用的文献出处的辅助工具。

文摘资料来源索引按照出版物(被 CA 收录的期刊等)的缩写名称的字母顺序排列。该索引分为两部分:前一部分是查阅说明、编制原则、各类缩写的全称(包括国家、城市、货币、语言、机构等)以及 CA 经常摘用的出版物名称 1000 条(CA 千种表);后一部分是摘用出版物名称缩写与全称的对照,按出版物全称的字顺排列,查阅时按 CA 文摘中缩写的出版物名称进行对比查找,介词、冠词、连接词不列入对比范围。

对我国读者来说,文摘资料来源索引的主要用处是查缩写刊名和会议录的全称以及日文、中文、朝鲜文等刊物的意译名称,以便确定这几种文字刊物的正确原文名称,帮助读者最终找到原始文献。

## 9.2.4 CA 索引查阅原则和方法

CA 的索引品种很多,每一种索引都有它自己特定的作用。在查阅化学文献时,用什么索引,从什么地方着手查,必须根据课题的具体情况和检索者对 CA 索引的熟练程度而定。大体归纳起来,不外乎以下几种情况:

(1) 已知所查对象名称,要用 CS 或 GS。
(2) 已知所查对象化学物质学名,查 CS。
(3) 已知所查对象习惯名、俗名、商品名或类属性的集合名称,查关键词索引。
(4) 要查化工过程、性能、分析方法、启用案,查 GS。
(5) 上述两种索引查不到时,查索引指南,确定统一主题词。
(6) 已知化学式,不知英文名称,查分子式索引。
(7) 结构复杂的环化物,先用环系索引,确定正确主题词,再查 CS。
(8) 已知物质登录号,查登记号索引。

# 9.3 CA on CD

1996 年美国化学文摘社推出了印刷版 CA 的光盘版——CA on CD。CA on CD 内容对应印刷版 CA,内部覆盖世界范围内化学和应用化学的各个领域,还涉及生物、医学、轻工、冶金、物理、材料科学等相关领域,是化学化工及相关领域常用的检索工具。与印刷版 CA 相比,光盘版 CA 检索更加便捷、快速,数据更新频率更快,为月更新。

CA on CD 需要安装以后才能运行,安装完毕后,在开始程序组里面选择 CA on CD 运行程序。

## 9.3.1 检索方法

CA on CD 数据库提供四种基本检索途径(见图 9.15),分别为索引浏览式检索(Index Browse,图标简写为 Browse)、词条检索(Word Search,图标简写为 Search)、化学物质等级名称索引(Substance Hierarchy,图标简写为 Subst)、分子式检索(Formular,图标简写为 Form)。

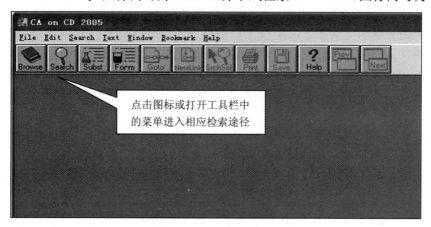

图 9.15　CA on CD 的检索页面

**1. 索引浏览式检索**

索引浏览式检索(Index Browse)是将数据库的各种检索途径列出,供用户选择。确定检索入口后,在屏幕上即显示该字段下相应的词条和命中文献篇数,用户通过浏览这些检索词条来进行选择。具体操作方法如下:

在检索菜单窗口点击"Browse"图标,即可进入索引浏览式检索。窗口中 Index 字段的缺省值为"Word"。用户可点击索引框中的箭头拉出索引菜单,选择所需索引字段。在检索框中输入检索词的前几个字符或用鼠标键滚动屏幕选定检索词条,将光标定位于所选检索词处。用鼠标点击"Search"图标键或按回车键,系统开始进行检索。检索完毕,系统以文献题目形式显示检索结果。

**2. 词条检索**

词条检索(Word Search)类似于高级检索,可以选择不同的检索项,输入检索词,进行检索。不同检索项之间用逻辑运算符进行组配。其检索项包括检索词、词组、数据、CAS 登记号、专利号、分子式等。在输入检索词时,系统也支持截词符"*"和代词符"?",每一个"?"代表一个任意字符,"*"用在检索词的后面表示截断,检索词前方一致,后方为任意字符。

点击"Search"图标,开始检索。检索完毕后,屏幕出现检索结果,显示检中的文献题目。

**3. 化合物等级名称检索**

CA on CD 的化学物质等级名称索引(Substance Hierarchy)与印刷版 CS 基本相同,是按化学物质的母体名称进行检索的,有各种副标题及取代基。具体检索方法如下:

在检索窗口中点击"Subst"图标或从 Search 命令菜单中选择"Substance Hierachy"命令，系统进入化学物质等级名称检索窗口，屏幕显示物质第一层次名即母体化合物名称索引正文。无下层等级名的化合物条目中直接给出相关文献记录数；有下层名称的物质前则出现"+"符号。双击选中索引，将等级索引表一层层打开，再双击该物质条目即可进行检索。检索完毕后，屏幕给出其相关文献检索结果。

**4. 分子式检索**

数据库提供与印刷版 CA 的分子式索引结构相似的分子式及物质名称等级索引。文献量较大的物质名称被细分为一组子标题。不带有"+"的标引词为终极索引词，直接给出相关文献记录数；带有"+"的包括二级或多级扩展索引词，可以双击或按"Expand"进行显示。分子式索引检索过程与化合物等级名称检索相似。分子式索引按 A～Z 顺序排列。检索过程与化合物等级名称检索相似，双击选中的索引，将等级一层层打开。

除了以上四种基本检索方法，CA on CD 数据库系统允许用户从显示的文献记录中，选择感兴趣的词条、CAS 登记号进行进一步检索，如在显示结果后，可用鼠标定位在所有字段中需要的任何词上，然后双击，系统会对所选词在所属的字段中进行重新检索，如果想从记录中选择 CAS 登记号进行检索，则点击该登记号，以显示其物质记录。

## 9.3.2 检索结果处理

通过上述四种方法可检索到相关文献的题目，双击选中的文献题目，可得到全记录内容。与印刷版 CA 相比，CA on CD 的全记录不仅在文摘来源后增加了来源（期刊）代码、国际标准刊号（书号）、文献类型和 CA 小类号，还在摘要下增加了关键词、索引款目、化合物名称（CA 索引名称）、分子式等。

单击"Next"翻看后一篇文章，单击"Prev"翻看前一篇文章。在浏览过程可对感兴趣的文献用"Mark"图标进行标注，或用"Unmark"图标取消标注。需要保存或打印全部检中结果时，在题目浏览状态点击"Mark All"全部标注。

点击"Save"存储当前屏幕显示内容。关闭所有显示窗口，在题目浏览状态下点击"SaveMk"存储所标注的检索结果。当选择好检索结果后，单击"PrintMk"可选打印格式来输出检索结果，单击"Print"打印当前屏幕显示内容。

# 9.4 SciFinder

SciFinder 是 CA 的网络版，于 1995 年由美国化学会旗下的美国化学文摘社推出，为科研工作者提供了全面而可靠的化学及相关学科的文献、化学物质、反应方面的信息。

## 9.4.1 数据库概况

SciFinder 在充分吸收印刷版 CA 精华的基础上，利用现代机检技术，整合了 Medline 医学数据库、60 多家专利机构的全文专利资料以及 CA 自 1907 年至今的所有内容。SciFinder 包括七大数据库：

## 1. CAplus<sup>SM</sup>

CAplus<sup>SM</sup>（化学文摘数据库）覆盖 1907 年至今的所有文献的文摘以及部分 1907 年以前的文献。它包含了来自 180 多个国家的化学、生化、化学工程以及相关学科领域的期刊、专利、会议录、论文、技术报告、图书等 5400 万条以上的记录。它可以用研究主题、著者姓名、机构名称、文献标识号来进行检索。该数据库每日更新。

## 2. MEDLINE®

MEDLINE® 是指 National Library of Medicine 数据库，是美国国家医学图书馆制作的世界上最具权威的生物医学资料库。它包含了 1966 年以来的 5200 多种期刊的 2700 万条记录（有些文献可追溯至 1966 年以前），每周更新 7 次。此数据库检索时可选作者、主题、组织等查询方式。

## 3. CAS REGISTRY®

CAS REGISTRY® 是指 CAS 化学物质登记号数据库，它是结构数据库（Structure Database），属字典型数据库。它涵盖了 1.8 亿种有机和无机化学物质，如合金、配位化合物、矿物、聚合物及其盐等。另外，还包括 6800 万种蛋白质/核酸系列。每种化学物质有唯一对应的 CAS 登记号，物质信息包括实验和预测的属性数据，目前数据库里包含大约 80 亿条物质属性值，数据标签（data tags）和光谱图。数据库每日更新。它提供化学结构图形、化学物质名称、形成聚合物的单体、蛋白质/核酸序列、合金组分及分子式等检索入口，以查出化学物质登记号，然后转入 CAplus<sup>SM</sup> 数据库查该物质的文献和专利信息。

## 4. CASREACT

CASREACT 即反应数据库（Reaction Database）。它包含了 1840 年以来收录的 1.34 亿条以上的有机化学期刊及专利中单步或多步有机化学的反应记录。反应类型包括金属有机化合物的合成、天然产物的全合成和生物转变反应。可以用结构式、CAS 化学物质登记号、化学名称（包括商品名、俗名等同义词）和分子式进行检索。CASREACT 中的反应包括 CAS 编目的反应以及下列来源：ZIC/VINITI 数据库（1974～1991 年，by InfoChem GmbH）、INPI（Institut National de la Propriete Insutrielle，法国）1986 年以前的数据以及由 Klaus Kieslich 博士指导编辑的生物转化数据库。数据库每日更新。

## 5. CHEMCATS

CHEMCATS 即商业来源数据库（Commercial Sources Database），能够帮助用户查询化学品提供商的联系信息、价格情况、运送方式等。用户可以用结构式、CAS 化学物质登记号、化学名称和分子式进行检索。化学品的来源信息，包括化学品目录手册以及图书馆等在内的供应商的地址、价格等信息。

## 6. CHMLIST

CHMLIST 即管制数据库（Regulated Chemicals Listing）。用户可以利用这个数据库了解某化学品是否被管制以及被哪个机构管制。目前该库包含约 49 万种管制物质，包括每种物质的特征、详细目录、来源以及许可信息等。这些数据来自国际上不同国家的多种目录。该数据库每周更新。

## 7. MARPAT

MARPAT 记录超过 130 万以上可检索的马库什结构，它们来自 1988 年至今 CAS 收录的专利及 1987 年至今选择性收录的日本专利。此外，部分收录 1984～1987 年的英语专利和 1986～1987 年的法语、德语专利。其他 1961～1987 年的数据来自 INPI（法国工业产权局）。2000 年 1 月 10 日之后的俄罗斯专利和 2008 年至今的韩国专刊也被收录在内。该数据库每日更新。

以上信息中，MEDLINE® 的数据来源于美国国家医学图书馆（NLM）的网页（https://www.nlm.nih.gov/medline/medline_overview.html），其他数据库的数据来源于 CAS 网页（https://www.cas.org/about/cas-content），引用日期均为 2021 年 4 月 3 日。由于各种数据库不断更新，读者可登录该网址随时了解数据库的最新信息。

## 9.4.2 检索方法

SciFinder 的检索网址为 https://scifinder.cas.org。在已购买 SciFinder 数据库的单位，用户需要先注册个人的 SciFinder 账号。注册地址一般会在购买单位提供的 SciFinder 数据库简介的页面上给出。例如，安徽师范大学的用户进入安徽师范大学图书馆的网页后，按照"电子资源→外文数据库→SciFinder 数据库"的路径即可找到注册地址。应该注意的是，注册邮箱必须是相应单位的邮箱。注册后系统将自动发送一个链接到用户注册用的 E-mail 邮箱中，用户在 48 小时内激活即可完成注册。注册完成后，登录检索网址即可进行检索。

SciFinder 检索页面如图 9.16 所示。根据检索对象的不同，该检索页面下的检索方法包括文献检索（Explore References）、物质检索（Explore substances）、反应检索（Explore Reactions）。通过文献检索，科研工作者可以收集与课题相关的信息，确定课题的可行性；通过物质检索和反应检索，可以获得物质的具体性能、设计合理的合成路线。

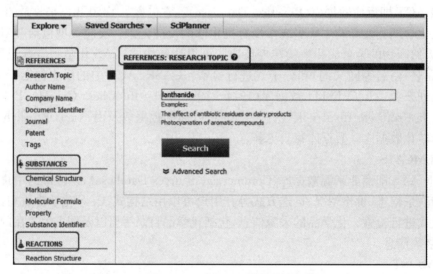

图 9.16　SciFinder 检索页面

### 9.4.2.1 文献检索

文献检索的检索项包括主题（Research Topic）、作者姓名（Author Name）、公司名称（Company Name）、文献标识符（Document Identifier）、期刊（Journal）、专利（Patent）、标签（Tags）。关注某特定领域的文献建议使用主题检索；关注物质有关的文献时，建议先获得物质，再获得文献；关注某科研人员的文献建议使用作者名检索；关注某机构科研进展建议使用机构名检索。

**1. 主题（Research Topic）**

图 9.16 所示的 SciFinder 检索页面中，文献检索默认的检索途径为主题检索。在进行主题检索时，首先在检索框中输入检索词，如"lanthanide"；然后根据需要在"Advanced Search"中限制检索条件，如出版年（Publication Years）、文献类型（Document Types）、语种（Languages）、作者姓名（Author）、机构名称（Company）等；最后点击"Search"。注意，检索词可以是一个关键词，也可以是多个关键词。多个关键词之间用介词 in、with、of 等连接，如图 9.16 中的"the effect of antibiotic residue"和"photocyanation of aromatic compounds"。

检索结果会显示若干"主题候选项"（Research Topic Candidates）（见图 9.17），每一主题候选项后给出参考文献数，用户可以根据自己的需要选择最接近的一个或多个选项，点击"Get References"即可得到所需文献。从图 9.17 可以看出"containing 'lanthanide'"比"containing the concept 'lanthanide'"的检索结果要少，这是因为"concept"表示对主题词作了同义词扩展，所以结果增多。当输入多个关键词时，可能会发现"closely associated with one another"这样的短语，它表示这几个关键词同时出现在一个句子中，而"were present anywhere in the reference"表示这些关键词同时出现在一篇文献中。

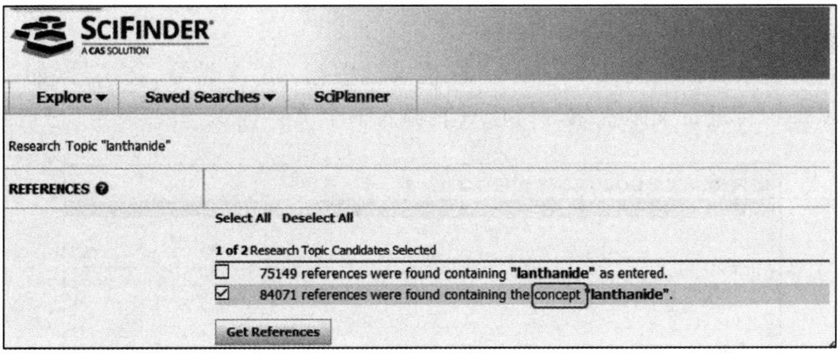

图 9.17　SciFinder 主题检索结果

**2. 作者（Author Name）**

通过作者来检索文献，单击"Author Name"，即可进入相应的检索页面（见图 9.18）。

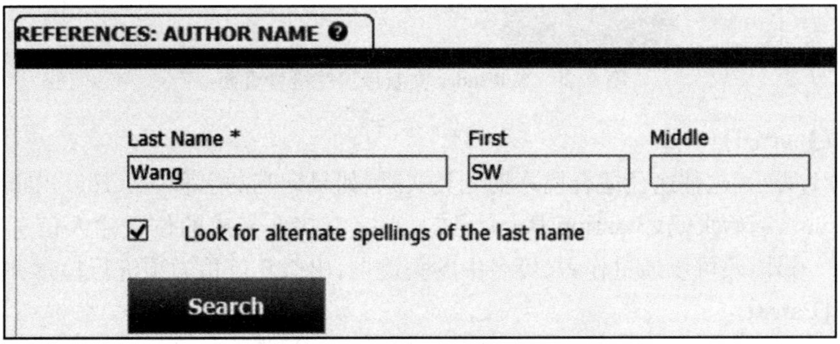

图 9.18　SciFinder 作者检索页面

图中"Last Name"（姓）是必须项，必须输入全称，"First Name"（名）既可以输入全称，也可以输入缩写，如果不能确认，则可选择下面的选项"Look for alternative spellings of the last name"，在给出的"候选姓名"里进行选择，以提高查全率。系统不区分大小写，对于不确定的名字,可以输入首字母。

**3. 公司名称(Company Name)**

通过公司名称检索,获得和该公司相关的文献信息。这里的公司 Company 可以是公司、大学、政府机构或非营利组织。

单击"Company Name"(见图 9.19),在检索框中直接输入公司或机构名称,点击"Search"即可。

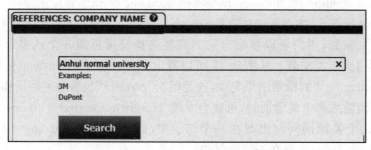

图 9.19　SciFinder 公司名称检索页面

**4. 文献标识符(Document Identifier)**

文献标识符检索页面如图 9.20 所示。在检索框中输入 CA 卷号、文摘号(如 107:12935)、DOI 号等文献标识符进行文献检索。每行只能输入一个文献标识符。

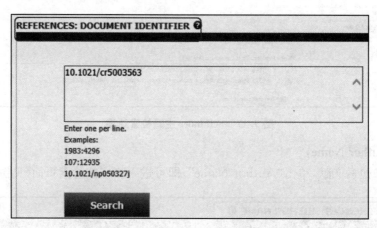

图 9.20　SciFinder 文献标识符检索页面

**5. 期刊(Journal)**

如图 9.21 所示,这种途径适合检索期刊类文献,如果期刊的名称(Journal Name)、卷(Volume)、期(Issue)、起始页码(Starting Page)已知,那么直接在相应的位置输入信息即可精准找到目标文献。另外,还可以通过作者、篇名中的关键词、出版年等检索项进行检索。

**6. 专利(Patent)**

专利检索页面如图 9.22 所示。专利文献的检索字段包括专利号(Patent Number)、专利权人(Assignee Name)、专利发明人(Inventor Name)、出版年(Publication Year)等。

**7. 标签(Tags)**

在检索结果页面,用户可以对感兴趣的文献进行标记(Tag)和评论(Comment)。需要时,可以点击"Tags"显示已标记过的文献,将其输出或打印。用户可以选择标记的标签(如关键词)是否随文献一起输出或打印。

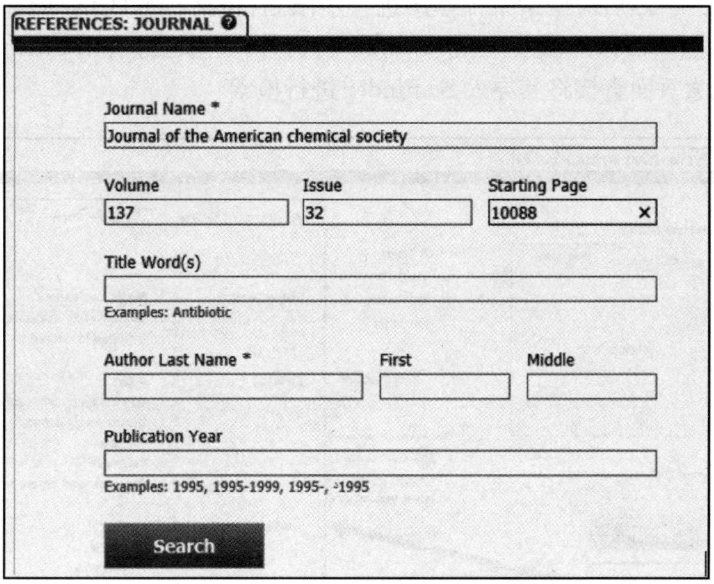

图 9.21  SciFinder 期刊检索页面

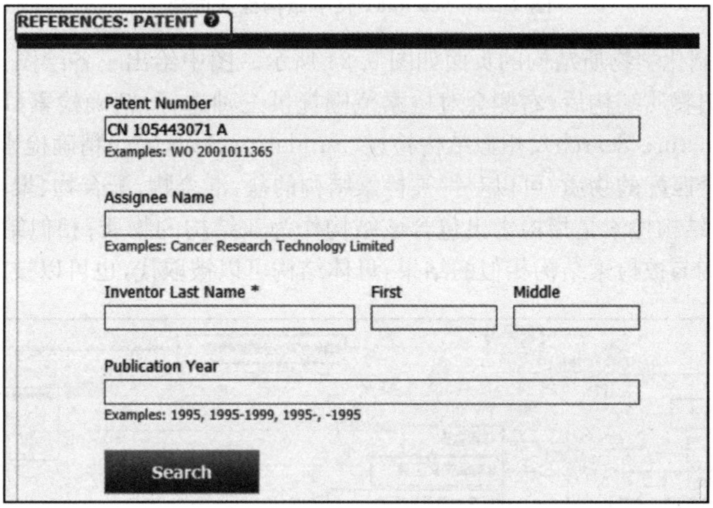

图 9.22  SciFinder 专利检索页面

## 9.4.2.2 物质检索

如果想了解某一化学物质的详细信息,则可以进行物质检索。物质检索的途径有化学结构检索(Chemical Structure)、马库什检索(Markush)、分子式检索(Molecular)、性质检索(Properties)、物质标识符检索(Substances Identifier)五种。一般有机化合物,天然产物推荐用化学结构检索,无机物及合金推荐用分子式检索,而高分子化合物可以用分子式检索或化学结构检索。

**1. 化学结构检索(Chemical Structure)**

化学结构检索是指通过化学结构检索化学物质的相关信息,其检索页面如图 9.23 所示。

检索步骤为：首先点击"Click to Edit"，利用系统提供的结构编辑软件（可能需要安装插件）绘制出待检索物质的结构；然后对检索条件作出进一步限制，包括特征（Characteristics）、物质种类（Classes）、研究重点（Studies）；最后点击"Search"。另外，如果已经有用 Chemdraw 画好的结构式，则可以在该检索页面直接将其导入 SciFinder 进行检索。

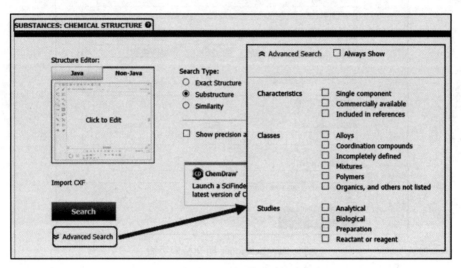

**图 9.23　SciFinder 化学结构检索页面**

SciFinder 绘制化学物质结构的页面如图 9.24 所示。图中给出了各绘图工具的作用，在利用相关工具绘制出物质结构后，右侧会对检索范围提供三种选择：精确检索（Exact Search）、亚结构检索（Substructure Search）、相似结构检索（Similarity Search）。精确检索是指仅检索出和所绘制的结构完全匹配的物质，可以获得被检索结构的盐、混合物、配合物、聚合物等，但被检结构不能被取代；亚结构检索是指检索出包含该结构作为亚结构的物质；相似结构检索是指检索出片段或整体结构与被检索结构相似的结果，母体结构可以被取代，也可以被改变。

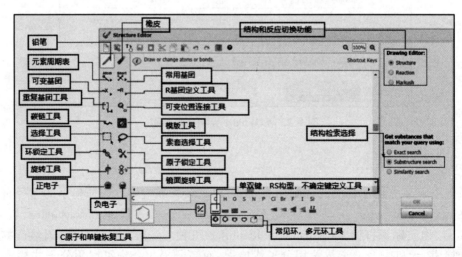

**图 9.24　SciFinder 化学结构检索的结构绘制页面**

## 2. 马库什检索（Markush）

马库什检索可以看作为化学结构检索的一种，不过它绘制的物质结构是由一个母体基团和可变取代基组成的,这种结构称为马库什结构。其检索方法和页面与化学结构检索类似,不过利用这种结构检索,得到的检索结果是含有这一族化学物质的相关文献。另外通过马库什检索,能检索到通过化学结构检索检不到的专利。

**3. 分子式检索(Molecular)**

分子式检索就是利用物质的分子式检索物质的相关信息。在分子式检索框中输入分子式,点击"Search"即可。输入时分子式的顺序可以任意编排,SciFinder 会分析输入的分子式,并重新编排原子,使之成为能被计算机识别的 Hill System Order,搜索 CAS Registry 数据库,并显示匹配结果。不过,在输入分子式时,应区分大小写。

**4. 性质检索(Properties)**

性质检索是根据物质的性质(如沸点、熔点、密度)进行检索。从事化学或与化学相关专业的研发人员需要具有某种性质的物质,可以利用性质检索,非常方便地筛选出所需物质。检索页面如图 9.25 所示。性质包括实验性质和预测性质两种,每一种检索项都有所不同。选择相应的检索项,输入检索词并点击"Search"。

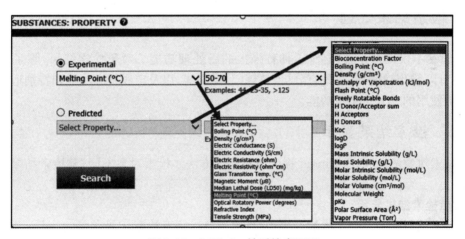

图 9.25　SciFinder 性质检索页面

**5. 物质标识符检索(Substances Identifier)**

物质标识符检索是利用物质的化学名称或 CAS 登记号对物质进行检索。化学名称可以是通用名称、商品名、俗名。点击"Substances Identifier"进入其检索页面,直接在检索框中输入化学名称或 CAS 登记号,点击"Search"即可。注意输入时,每行只能输入一个物质标识符。

### 9.4.2.3　反应检索

反应检索(Explore Reactions)页面如图 9.26 所示。利用结构编辑软件绘制出物质结构,选择该物质在反应中扮演的角色,如反应物(Reactant)、产物(Product)、试剂(Reagent)或者任何作用(Any Role);然后在"Advanced Search"中对检索的反应进行条件限制,如反应所用的溶剂、非参与性反应基团、反应步数、分类、来源、出版年;最后开始检索。检索结果为一系列化学反应。用户可以选择感兴趣的反应式,链接到文摘或检索各种相关信息。

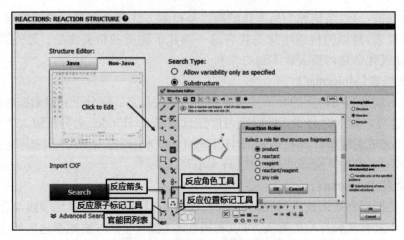

图 9.26 SciFinder 反应检索页面

## 9.4.3 检索结果处理

SciFinder 不仅检索方法齐全,还具有强大的后处理功能。对于检索结果,除了常规的排序、保存、打印、输出功能外,还具有分析、精炼、分类功能,以及定题服务功能和特别适合有机化学合成人员使用的 SciPlanner 功能。

### 9.4.3.1 检索结果显示

根据检索对象的不同,SciFinder 提供三种检索方法。检索对象不同,其检索结果显示的信息不同。

**1. 文献检索结果显示**

文献检索结果是一系列文献的列表(见图 9.27)。每条检索记录包括:文献标题、作者、来源出版物信息(如期刊刊名、年卷期、起止页码)、语种、数据库及部分文摘。点击标题下的快捷键"Quick View",可以快速地浏览文摘信息。点击"Other Sources",可以链接到文献的全文数据库,如果具有该数据库的使用权限,则可以打开全文。

图 9.27 SciFinder 文献检索结果

点击"文献标题",可以看到文献的详细信息(见图 9.28)。详细信息包括文献标题、作者、文摘、索引分类（Indexing）、主题（Concepts）、物质（Substances）、标签和评论（Tags and Comments）的快速链接、出处信息、作者单位、入藏号等。

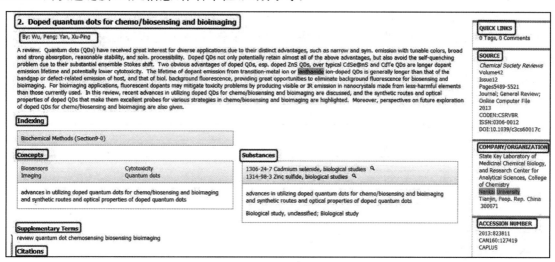

图 9.28　SciFinder 文献检索详细维汉母子信息页面

**2. 物质检索结果显示**

物质检索结果是一系列物质的列表（见图 9.29）。每种物质显示的信息包括化学物质登记号、化学结构、分子式、化学名称，还包括一些链接，如关键物理性质、管制信息、光谱图、实验性质。另外每种物质还有图标链接，如果点击文献图标"🗐"，则可以得到和该物质相关的参考文献；如果点击绿色图标"🧪"，则可以得到与该物质相关的化学反应；如果点击橙色图标"🍾"，则可以了解该物质的商业信息来源。

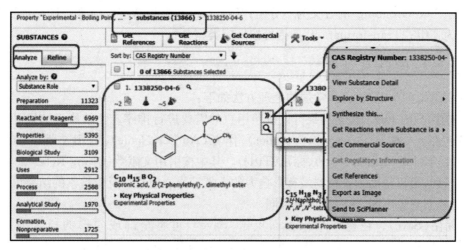

图 9.29　SciFinder 物质检索结果

单击该物质的化学物质登记号，可以得到该物质的详细信息，包括主要物理性质（如熔点、沸点、密度等）、其他名称、实验性质、实验光谱、推测性质、推测光谱、管制信息、生物活性指示剂（Bioactivity Indicators）、CAS 参考作用（CAS Reference Roles）、其他细节等。

在图 9.29 中，鼠标滑过结构式右上方，会出现图标"»"，点击后出现更多的选项。例如，导出图片（Export as image）；以该结构式进行检索（Get Reactions where Substance is a）；还可以发送到工作区,进行反应路线的设计(Send to SciPlanner)。

**3. 反应检索结果显示**

反应检索的结果,是一系列反应的列表(见图9.30)。每条记录会给出反应方程式、反应步骤数、每步反应的条件、注意事项(Notes)、参考文献及其链接、实验过程等信息。点击列表上的相似反应链接(Similar Reactions),可以查阅相似反应,其相似度可选择。点击"View Reaction Detail Link",可得到反应的详细信息,它不仅包括列表上的信息,还有反应的来源文献的信息,如出处、作者及作者单位,在MethodsNow部分可看见实验步骤和相关数据。

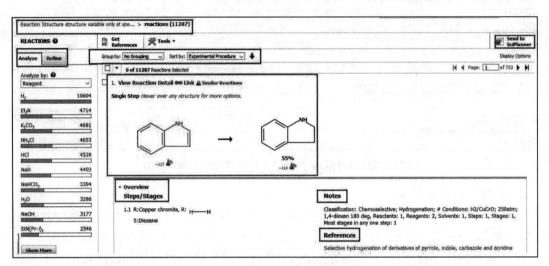

图9.30 SciFinder反应检索结果

在反应检索结果页面,有分组(Group by)选项,分别为No Grouping、Document和Transformation。"No Grouping"的含义为不分组;"Document"是指有些反应来自同一篇文献,可以把它们分为一组;"Transformation"是指可按反应类型分组。

## 9.4.3.2 检索结果处理

在检索结果的全记录页面,常规的处理方法如下:

(1) 排序(Sort by)。检索结果可以按照用户的需要进行排序。文献检索结果可供选择的排序方式包括:入藏号(Accession Number)、作者(Author Name)、引用文献(Citing References)、出版年(Publication Year)、标题(Title)。其中按引用文献数(Citing References)从高到低的顺序排列,可以帮助读者找到最有影响力的文献。物质检索和反应检索的结果也可以选择排序,不过检索对象不同,排序选项也不同。

(2) 保存(Save)。在检索结果页面点击"Save",可将全部或勾选的检索结果保存到SciFinder的服务器中。保存检索结果列表时,要求必须输入检索结果标题(Title),以区别不同的检索结果列表,另外还可以对列表加以描述。若想打开保存的列表,则可以点击首页的"Saved Searches"下拉框,点击"Saved Answer Sets"。

(3) 打印(Print)。在检索结果页面点击"Print",可将全部或勾选的或一定范围的检索结果转换成PDF形式输出。可以给输出文献添加标题,另外输出形式(Summary或Detail)、输出内容(Overview或/和Experimental Procedure)可选。

(4) 输出(Export)。在检索结果页面点击"Export",可将文献以文本或PDF形式离线输出,并将结果保存在本地。系统自动为输出文献命名,输出形式(Summary 或 Detail)、输出内容(Overview 或/和 Experimental Procedure)可选。

(5) 添加标签(Tags)。在检索结果页面,点击工具栏"Tools"下拉框中的"Add Tag",可以给所有检索结果或勾选结果添加标签(见图9.31)。利用检索首页中的标签检索(Tag)可看到添加标签的检索结果。

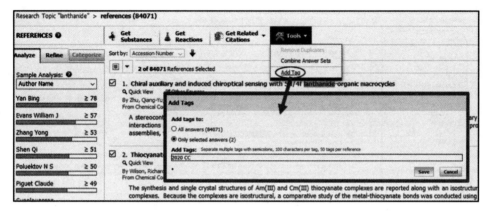

图 9.31　SciFinder 添加标签功能

### 9.4.3.3　分析功能

SciFinder 对检索结果具有强大的分析功能(Analyze),便于用户从总体上了解检索结果的基本情况。分析工具会根据分析结果作出图形,用户可以对检索结果一目了然。

不同的检索方法,其检索结果不同,分析的角度也会不同。物质检索的结果,主要是根据物质作用(Substance Role)进行分析,帮助获得具有特定功能的物质(见图9.29)。化学反应检索的结果主要是按反应中涉及的试剂(Reagent)进行分析的(见图9.30)。

文献检索的结果可以按作者(Author Name)、机构名称(Company Organization)、数据库(Database)、文献类型(Document Type)、期刊名(Journal Name)、语种(Language)、出版年(Publication Year)、CAS 登记号(CAS Registry Number)、CA 类号(CA Section Title)、索引词(Index Term)、CA 概念词(CA Concept Heading)、补充用语(Supplementary Terms)等项目进行分类统计分析,如图9.27所示,文献检索结果页面的左侧显示了按作者分析的结果。其中,按作者分析可以更好地了解本领域的研究人员;按机构分析可以找到合作伙伴或发现竞争对手;按 CA 类号分析可以了解涉及的学科领域;按索引词分析可以帮助读者了解涉及的重要技术术语,并修正检索词。

### 9.4.3.4　精炼功能

SciFinder 对检索结果还具有精炼功能(Refine),可以实现二次检索。物质检索结果的精炼项目主要有化学结构(Chemical Structure)、所含同位素(Isotopecontaining)、所含金属(Metal-containing)、商业可得性(Commercial Availability)、性质可得性(Property Availability)、文献可得性(Reference Availability)、性质相关数值(Property Value)等。反应检索的结果可通过反应步骤、产率、化学结构等进行精炼。

文献检索结果的精炼项目包括研究主题(Research Topic)、机构(Company Name)、作者(Author Name)、出版年(Publication Year)、文献类型(Document Type)等。用户可以根据自

己的目的,选择合适的限制项目,在上一次获得的检索结果中进行二次检索,如图9.32所示,以"lanthanide"为主题词进行检索,得到84071条检索记录,如果想知道这些文献中王绍武教授的文章和专利有多少,则可以进一步通过作者进行限定。点击上方的"Refine",选择"Author"精炼项,输入限定作者的"姓"和"名",点击下面的"Refine"即可。

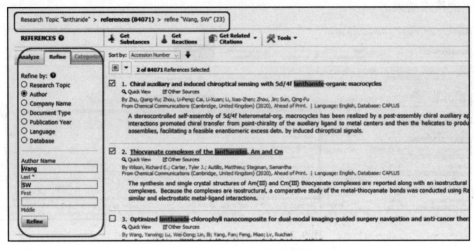

图9.32　SciFinder精炼功能

### 9.4.3.5　分类

在对检索结果进行分析和限定的基础上,还可以对检索结果进行学科分类(Categorize),这样可以快速、准确地定位相应研究主题的文献,如图9.33所示,在对检索结果进行分类时,首先选择学科领域主分类(Category Heading)和学科领域副分类(Category),然后选择感兴趣的索引词(Index Terms),点击"OK"即可看到自己感兴趣的主题的文献。

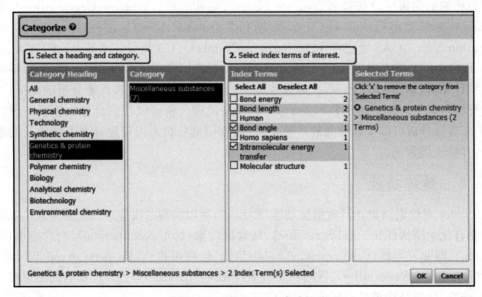

图9.33　SciFinder分类功能

## 9.4.3.6 定题服务

在检索结果页面,点击"Create Keep Me Posted Alert"可以开启定题服务功能。系统会利用用户的检索策略,定期检索,然后将检索结果通知给用户,方便用户及时获得最新的感兴趣的文献。用户在"Create Keep Me Posted Alert"对话框中,可以设置该课题的名称、定题到期日期以及更新频次。在 SciFinder 首页,点击"Saved Searches"下拉框中的"Keep Me Posted",可以看到更新信息。

## 9.4.4 SciPlanner 功能

SciPlanner 是一个工作区域,文献、物质、反应的检索结果都可以传送到这一工作区域。用户可以在此对这些结果进行自由组织,图形化直观呈现期望看到的反应策略,将参考文献、结构、反应以及物质等信息与之归纳整合,创建出能共享的反应路线的报告。

SciPlanner 最突出的功能是有助于设计最佳合成路线。下面以设计"吲哚"最佳合成路线为例,介绍 SciPlanner 的使用方法。

(1) 利用吲哚的化学结构进行反应检索,在反应检索的结果中,对感兴趣的反应进行勾选,然后点击"Send to SciPlanner",将该反应推送到 SciPlanner,如图 9.34 所示,在反应检索结果页面,有三条反应被发送到 SciPlanner。

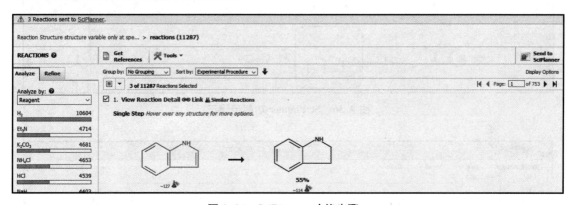

图 9.34 SciPlanner 功能步骤一

(2) 点击检索结果左上方的"SciPlanner",可以看到 SciPlanner 的面板,刚才推送的反应就在这里(见图 9.35)。将 SciPlanner 面板右侧的反应拖入 SciPlanner 的工作区。点击某一反应物,弹出对话框,选择以此反应物为产物(Synthesize this)进行反应检索,即进行逆反应检索。

(3) 将逆反应检索结果中满意的反应推送到 SciPlanner,接着将该反应也拖至 SciPlanner 的工作区。有两条反应被拖入 SciPlanner 工作区(见图 9.36)。

(4) 对这两个反应进行组合整理,将相同的物质拖动到一起进行重叠,于是就形成了一条完整的合成路线,如图 9.37 所示,两条反应经过上述操作已经变成一条完整的合成路线。点击 SciPlanner 面板上的 Workplace,在其下拉框中选择"Export",可得到一份以 PDF 格式输出的报告,报告中包含反应路线、反应条件、物质信息、参考文献等信息。

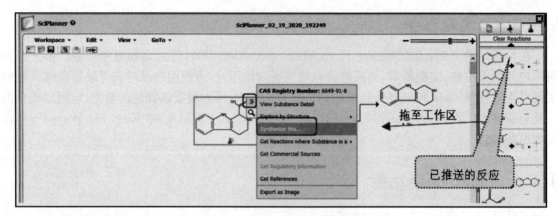

图 9.35　SciPlanner 功能步骤二

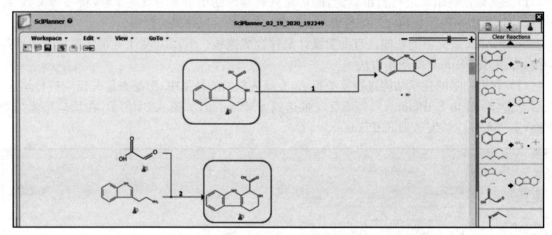

图 9.36　SciPlanner 功能步骤三

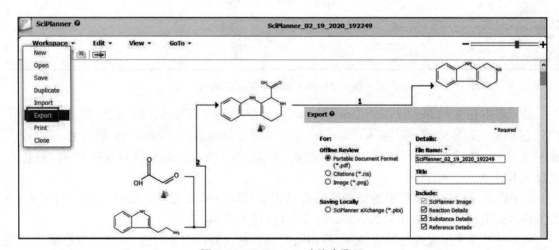

图 9.37　SciPlanner 功能步骤四

SciFinder 不仅可以检索文献、物质、化学反应,还具有强大的分析、限定等后处理功能,为科研工作者开展科学研究提供了强有力的信息支持。随着新功能(如 SciPlanner)的增加,SciFinder 将为科研工作带来越来越多的便利。

## 思考与练习

1. 美国《化学文摘》(CA)为什么被誉为"打开世界化学化工文献的钥匙"?
2. 查出与登记号对应的化合物:[50-84-0]、[4396-94-5]。
3. 化学物质索引和普通主题索引有什么不同?
4. 文摘号前的 B、P、Pc 和 R 分别表示什么意思?
5. 在 SciFinder 中,可通过哪些途径检索到文献?
6. 试通过 SciFinder 检索安徽师范大学近两年发表的期刊论文。

# 第10章 《科学引文索引》(SCI)及 Web of Science

由于文献信息数量庞大、良莠不齐,使得学术水平较高的论文被淹没在大量的一般性论文中。为节省时间,研究者不可能通读所有相关的论文,而必须选择有代表性的、学术水平较高的文献阅读。判断哪些期刊上刊登的哪些论文学术水平较高,需要一个科学的参考依据。在这种需求下,《科学引文索引》(SCI)及 Web of Science 不失为良好的选择。

## 10.1 SCI 及 Web of Science 概述

引文索引的最大特点是揭示了著者之间、文献之间的引用与被引用关系。

### 10.1.1 SCI 及引文思想

《科学引文索引》(*Science Citation Index*, SCI),由美国科学信息研究所(Institute for Scientific Information, ISI)基于加菲尔德的引文思想创立并于1963年出版。

加菲尔德(Eugene Garfield)是美国现代信息学家、ISI 前所长。他于1955年提出了引文思想,并在 Science 杂志上发表学术论文"Citation Index for Science: a new dimension in documentation through association of ideas",提出将引文索引作为一种新的文献检索与分类工具:将一篇文献作为检索字段从而跟踪一个 Idea 的发展过程及学科之间的交叉渗透的关系。

引文索引是一种以科技期刊、专利、专题丛书、技术报告等文献资料发表的论文后所附的参考文献的作者、题目、出处等项目,按照引证与被引证的关系编排而成的索引。与传统的评价不同,引文思想是从论文被引用的角度,即知识的继承性和相关性角度来确定学术成果的重要性。论文或科研成果被同行引用的情况往往代表着该论文或成果的创造性和前沿性,所以加菲尔德提出按照论文被引用的次数来评价成果,还将论文的参考文献收录进来,从而使一篇论文与其他论文联系起来。于是,ISI 抓住这一特点,建立了庞大的资料库。SCI 就在这个基础上产生了。

科学引文索引是对传统检索系统的一种改革。传统的检索系统是从著者、分类、主题等角度来提供检索途径的;而引文索引却从文献之间相互引证的关系角度提供新的检索途径,即从已知的某一作者的一篇论文开始,查到所有引用过这一论文的其他论文,也就是回答这一论文曾经哪年被哪些人的哪些文章所引用,以及这些文章见于哪种期刊的哪卷哪期。再以这些引用论文的作者为新的检索起点,查到更多地被引论文。论文之间这种相互引证或被引证的关系,使论文彼此联系起来构成一个论文网,从而向读者提供一种不同于分类、主题及其他方法的检索途径。读者可以通过它检索某一观点或某一发现的发展过程,可以了解这些观点和发现是否被人应用过、是否被人修改过、是否被人向前推进。进而了解某一学术问题或观点的起源、发展、修正及新的研究进展,在一定程度上揭示了科学和技术的发展进程。

SCI 成为文献检索和引文分析的重要工具,为文献计量学和科学的发展作出了重要贡献。然而,SCI 只是一种强大的文献检索工具,是一个客观的评价工具,所以它只能作为评价工作中的一个方面,不能代表被评价对象的全部。

## 10.1.2 SCI 的载体形式及检索平台

自 1963 年创刊以来,SCI 的载体形式有多种。

(1) 印刷版(SCI)。1963 年创刊,双月刊,有年度累计和多年累计本,收录 3500 多种科技期刊,用于手工检索。

(2) 光盘版(SCI-CD)。1988 年推出,月更新,收录 3500 多种科技期刊,用于光盘检索,与印刷版相比,增加了来源索引中收录文献的摘要。

(3) 网络版(SCI Expanded)。也称 SCIE,扩展版,周更新,收录约 9000 多种科技期刊,用于网络检索。

(4) Web of Science(WOS)核心合集。1997 年 ISI 推出了 Web 版的 Web of Science。可直接访问三大引文数据库(SCIE、SSCI 和 A&HCI)、两大国际会议录引文索引(CPCI-SCI 和 CPCI-SSHCI)和两大化学信息库(IC 和 CCR),其数据库每周更新,可回溯到 1900 年。2015 年增加了 Emerging Source Citation Index(ESCI)数据库。Web of Science 核心合集的一个特色功能就是通过引文将各个网络数据库中的文献链接在一起,当一个单位同时拥有多个数据库使用权时具有一定价值。

(5) Web of Science 平台。2002 年推出的网络版 SCI 的升级平台是包括多种资源的大型知识整合平台,其网址为 http://www.webofscience.com。Web of Science 核心合集是这个整合平台的重要组成部分之一。此外,还包括 DII、MEDLINE、INSPEC 等产品,同样,需要购买使用权限才能使用。2016 年起属于科睿唯安公司。

## 10.1.3 有关概念

使用《科学引文索引》对期刊、论文的统计评价过程中,会用到一些概念或术语,这里列出部分有关概念。

(1) 来源文献(Source Item),也称引用文献,即附有参考文献的原始文献。

(2) 引文(Citation),也称被引文献,即原始文献后所附的参考文献。

(3) 来源出版物(Source Publications),即刊载来源文献的期刊或专著丛书等载体。

(4) 引文著者(Cited Author),也称被引著者,即参考文献的著者。

(5) 引用著者(Citing Author),也称施引著者,即来源文献的著者。

(6) 影响因子(Impact Factor,IF),即某期刊前两年发表的论文在第三年中平均被引次数。其公式为

$$影响因子 = \frac{某刊物过去两年中发表的论文在统计当年被引用的总次数}{过去两年内该刊发文总数}$$

这是一个国际上通行的期刊评价指标,是美国科学信息研究所的期刊引证报告中的一项数据,是一个相对统计量。影响因子是 SCI 收录期刊的一个重要依据,它代表该期刊被同行的认可程度,通常刊物的影响因子与它的学术影响力成正比。一种刊物的影响因子越高,其刊载的文献

被引用率越高。这一方面说明这些文献报道的研究成果影响力大,另一方面也反映该刊物的学术水平高。

影响影响因子的因素有多种。不同学科的期刊,影响因子差别较大,活跃学科期刊的影响因子较大,研究范围比较窄的学科,其期刊影响因子较小。是"正引"还是"负引",是"自引"还是"他引"等;不同的引用方式对影响因子也有影响。因此,用影响因子来评价期刊的质量还是有一定局限性的。

(7) 即时指数(Immediacy Index),即某种刊物当年发文被引用的总数与该刊当年发文总数的比值。它反映了当年某种刊物被引用的程度,此值越高,被引用的程度越高,论文被引用速度越快,其公式为

$$即时指数 = \frac{某刊物当年发文被引用次数}{该刊当年发文总数}$$

(8) $h$ 指数($h$-index),又称 $h$ 因子($h$-factor),是一种评价科研人员学术成就的新指标。它是加州大学圣地亚哥分校物理学家乔治·赫希在 2005 年提出的一种定量评价科研人员学术成就的方法。$h$ 指数的定义是在 SCI 网站中查出某个人发表的所有 SCI 论文,按论文的被引次数从高到低排序,直到某篇论文的序号大于该论文被引次数,此序号减去 1 就是 $h$ 指数。也就是说,一名科研人员的 $h$ 指数是指他至多有 $h$ 篇论文分别被引用了至少 $h$ 次。$h$ 代表"高引用次数"(high citations),$h$ 指数能够比较准确地反映一个人的学术成就。一个人的 $h$ 指数越高,则表明他的论文影响力越大。例如,某位作者的 $h$ 指数为 15,表示该作者所著的所有文献中,有 15 篇被引用了至少 15 次。$h$ 指数不适合用于跨学科的比较。$h$ 指数的高低与从事科研的时间长短有关。对于年轻科学家来说,由于发表论文数量太少,论文的数目成了其 $h$ 指数的上限,计算其 $h$ 指数没有多大的意义。$h$ 指数比较适合衡量已从事科研多年的资深科学家的总体成就。一个人的 $h$ 指数不会随着时间的推移而减少,只会增加或保持不变。

## 10.1.4 相关出版物

(1)《科学引文索引》(*Science Citation Index*, SCI),1963 年出版。

(2)《社会科学引文索引》(*Social Sciences Citation Index*, SSCI),1973 年出版,是综合性社会科学文献检索数据库,涉及经济、法律、管理、心理学、区域研究、社会学、信息科学等。它收录了 50 个语种 3000 多种重要的国际性期刊,累计约 350 万条记录。

(3)《艺术及人文科学引文索引》(*Art & Humanities Citation Index*, A&HCI),1978 年出版,是综合性艺术与人文类文献检索数据库,包括语言、文学、哲学、亚洲研究、历史、艺术等内容。收录 1800 多种国际权威的期刊,累计 200 余万条记录。

(4)《科技会议录索引》(*Index to Scientific & Technical Proceedings*, ISTP),创刊于 1978 年,会议录收录生命科学、物理与化学科学、农业、生物和环境科学、工程技术和应用科学等学科,其中工程技术与应用科学类文献约占 35%。数据库名称现更改为 CPCI-S(详见 5.2.3 小节)。

(5)《科学评论索引》(*Index to Scientific Reviews*, ISR),创刊于 1974 年,收录世界各国 2700 余种科技期刊及 300 余种专著丛刊中有价值的评述论文。ISR 是专门用来查阅评论性或综述性文献的检索工具。它涉及数学、物理、化学、生物学、医药学、农业科学、工程技术及环境科学等各领域。高质量的评述文章能够提供本学科或某个领域的研究发展概况、研究热点、主攻方向等重要信息,是极为珍贵的参考资料。

(6)《期刊引证报告》(*Journal Citation Reports*, JCR)，1975 年创立，是 SCI 的派生出版物，并设有网络数据库。JCR 对收录的期刊引用及被引用数据进行统计、运算，并对每种期刊的影响因子等参数加以报道。因此，JCR 以其大量的期刊统计数据及计算的影响因子等指数，而成为一种期刊评价工具。图书馆可根据 JCR 提供的数据制定期刊引进政策；论文作者可根据期刊的影响因子排名决定投稿方向。对于科研机构，其能反映整个机构，尤其是基础研究的水平；对于个人，其可反映研究能力与学术水平。2021 年的 JCR 将正式引入在线发表内容，以便更准确地反映快速在线发表的动态引用环境。

(7)《基础科学指数数据库》(*Essential Science Indicators*, ESI)。ESI 是 ISI 在 2001 年推出的衡量科学研究绩效、跟踪科学发展趋势的基本分析评价工具，已成为当今世界范围内普遍用以评价高校、学术机构、国家/地区国际学术水平及影响力的重要评价指标工具之一。该指标库的数据采集基于引文索引数据库 SCI 和 SSCI 收录的全球 12000 多种学术期刊的 1200 多万条文献记录而建立的计量分析数据库。ESI 每 2 个月滚动更新一次。ESI 从引文分析的角度，分 22 个学科，分别对国家、研究机构、期刊、论文以及科学家进行统计分析和排序。按被引频次的高低确定衡量研究绩效的阈值，分别排出居世界前 1% 的研究机构、科学家、研究论文，居世界前 50% 的国家/地区和居前 0.1% 的热点论文。其主要指标包括：论文数、论文被引频次、论文篇均被引频次、高被引论文、热点论文和前沿论文。它从各个角度对国家/地区的科研水平、机构学术声誉、科学家学术影响力以及期刊学术水平进行全面衡量。ESI 可以用来分析各个领域学术研究的发展、影响和趋势。读者可以从该数据库了解重要科学家、研究机构、大学、国家或地区以及学术期刊在某一学科领域的发展和影响。从科学研究管理角度看，可以为政府策划者、机构和企业管理人员、决策者、基金提供者和研究基金会等，提供决策、分析的基础数据。

(8) Publons。Publons 致力于帮助科研人员打造定制化的个人学术名片，跟踪个人学术论文、引用信息、同行评议记录以及展示作为学术期刊编辑为学术界所作出的贡献。通过 Publons，读者可以从 Web of Science、Open Researcher and Contributor ID(ORCID)或文献管理工具(EndNote, Mendeley)快速导入学术论文至个人的 Publons 页面；自动获得来自 Web of Science 的官方引文数据；管理同行评议记录及展示学术编辑工作；快速下载个人报告，展示作为作者、编辑及审稿人为学术界所作出的贡献。

(9) InCites。InCites 数据库中集合了 40 余年的 Web of Science 核心合集八大引文索引数据库的客观、权威的数据，拥有多元化的指标和丰富的可视化效果，可以辅助科研管理人员开展深度学科分析。

## 10.2 印刷版 SCI

《科学引文索引》创刊于 1963 年，最初以书本印刷形式发行，初创时为年刊，1965 年改为月刊，1966 年改为季刊，1979 年改为双月刊，并另外出版年度累积本和五年度累积本。

SCI 主要由三个部分组成，即引文索引、来源索引、轮排主题索引，其核心部分是引文索引。

印刷版 SCI 全年六期，每期有六本，分别以 A、B、C、D、E、F 标识，A、B、C 是引文索引；D 是来源索引和机构索引；E、F 是轮排主题索引。SCI 著录内容如图 10.1 所示。

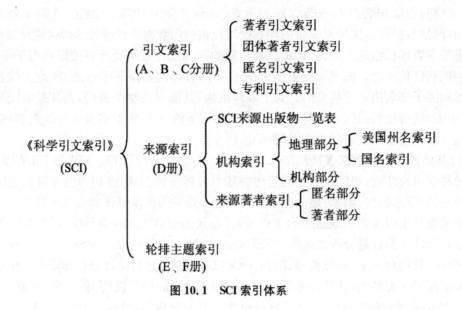

图 10.1 SCI 索引体系

## 10.2.1 引文索引系列

引文索引(Citation Index)是以文献资料所附的参考文献(引文)的作者为索引目标,按作者姓氏字顺排列,揭示文献被引用的情况。引文索引包括四个部分:著者引文索引、团体著者引文索引、匿名引文索引、专利引文索引。每期的 A、B、C 三本为引文索引。

(1) 著者引文索引。著者引文索引(Author Citation Index)的编排规律是按照被引用著者(Cited Author)的姓名字顺编排,著者姓名按姓在前、名缩写在后的方式,同著者的文献按被引文献的年代由远及近排列,同年的按被引文献的刊物名字顺排列,再按卷、页等排列。

(2) 团体著者引文索引。团体著者引文索引(Corporate Author Index)的著录格式与作者索引的相似。团体著者索引与匿名著者索引在著者引文索引之后(C 分册)。该索引按照被引论文所刊载的出版物缩写名称编排。

(3) 匿名引文索引。当被引用论文著者姓名不详时,则将文章单独构成"匿名引文索引"(Citation Index: Anonymous)。

(4) 专利引文索引。专利引文索引(Patent Citation Index)收录被引用过的专利以及某一篇专利被引用的次数。这也可用来衡量某篇专利的价值。当被引用文献是专利说明书时,则可以根据专利号查阅"专利引文索引"。专利引文索引是按照被引用专利的专利号数字从小到大依次排列(C 分册)。

通过以上这些引文索引只能查出引用文献的著者姓名及原文出处,若要查出引用文章的题目,则需要进一步转查来源索引。

## 10.2.2 来源索引系列

来源索引(Source Index)系列不仅包括来源索引,之后还附有来源出版物目录和团体索引两部分内容。来源索引系列在 D 分册。

（1）来源索引。来源索引是按照引用著者的姓名顺序排列的,姓在前、名在后。著录的条目有论文、图书或图书中的某一章等三种类型。不论哪一种类型,都只在第一著者之下提供完整的著录格式,包括刊名(或图书号)、年卷期或参考文献篇数。对多著者合著的文献,在非第一著者名下用(See)引见到第一位作者。

因为来源索引是按引用著者姓名字顺编排的,引用著者与传统的检索工具中的著者索引相同,所以来源索引也可独立地作为一般著者索引使用。

（2）来源出版物目录。来源出版物目录(List of Source Publication)包括"来源出版物缩写与全称对照表"和"新增来源出版物",列出了 SCI 当期收录的所有期刊的全称和缩写的对照,并在该表的最后列出了每期新收录的期刊,利用它可将文献出处的出版物缩写还原为全称,以便索取全文。

（3）团体索引。团体索引(Corporate Index)以来源著者所在机构编制而成,用以查找某机构的作者发表文献被 SCI 收录的情况,位于 D 分册的前面。该索引 1980 年起由地域(Geographic Section)和机构(Organization Section)两个部分组成。

地域部分根据所有来源文献按著者单位所在地理位置,按地域名字顺排序。整个索引先排美国,后排其他国家,再后为城市名、机构、机构所属部门、著者、出版物缩写等。

机构部分按机构名称的字顺排列,在机构下仅列出机构所在的国名、城市名。机构索引的地理部分只提供了著者和原文出处,要了解该文的标题,可根据著者姓名查阅来源索引。

## 10.2.3 轮排主题索引

轮排主题索引(Permute Subject Index)主要用于从主题途径查找文献。它是把从来源索引的文献标题中选出的具有独立检索意义的词按主题词字母顺序进行轮排而编制的一种索引,轮排在首位的主题词称为主要词(Primary Term),其余关键词排在主要词下面,称配合词(Co-Term)。每两个词为一词对。每个选出的主题词都可作为主要词或配合词进行轮流组排。

每一对主要词和配合词之后列出引用著者姓名或出版物名称缩写(对无著者时)。主要词、配合词、作者构成一条索引款目。

轮排主题索引可检索某个领域或课题被 SCI 收录的相关文献。据此可转查"来源索引",以便获得该著者所著文献题名、文献出处等完整信息。因为该索引对题名中的关键词进行轮排,所以可从多个主题角度查找同一篇文献。

## 10.2.4 检索方法

SCI 索引主要由引文索引(包括著者和专利)、轮排主题索引、来源索引(个人和机构)组成,引文索引和轮排主题索引为检索工具,来源索引是检索目标。

因为来源索引是按文献作者姓名字顺编排的,这点相当于其他检索工具中的著者索引,所以它也可以不考虑其他索引,而作为一套综合性科技文献的作者索引使用。

SCI 检索途径主要有关键词、著者、著者机构等途径。

## 10.3 Web of Science 核心合集

Web of Science 核心合集是基于 Web of Science 平台的重要数据库系统之一。

### 10.3.1 Web of Science 平台

Web of Science 平台提供了一个涵盖科研作者、机构、文献、主题和国家信息在内的庞大网络，其提供的数十亿科研文献之间的关联，记录了过去一个世纪以来各科研领域的发展和演变过程。作为获取科研文献信息的最重要来源，Web of Science 平台深受全球超过 7000 个领先研究机构和数以百计的政府机构的信赖。Web of Science 检索平台包含 Web of Science 核心合集、Derwent Innovation Index（详见第 5 章）、MEDLINE、INSPEC（详见第 8 章）、中国科学引文数据库、Data Citation Index 等多种数据库，Web of Science 平台页面如图 10.2 所示。

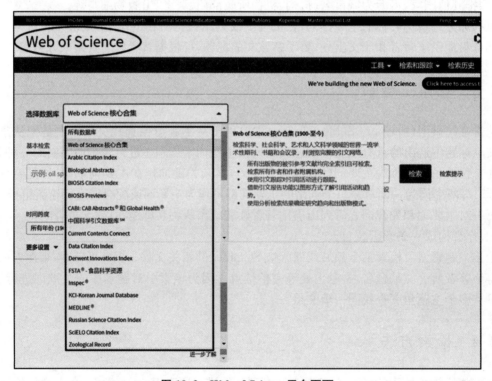

图 10.2 Web of Science 平台页面

### 10.3.2 Web of Science 核心合集概况

Web of Science 核心合集是 web of Science 平台上最重要的数据合集，是全球领先的跨学科引文数据库，收录了 13000 多种世界权威的、具有高影响力的学术期刊及全球 160000 多个国际学术会议录，内容涵盖自然科学、工程技术、生物医学、社会科学、艺术与人文等领域，最早可回溯至 1900 年。

通过 Web of Science 核心合集可以直接访问三大引文数据库、两大国际会议录引文索引、两个图书引文索引和两个化学信息事实型数据库(见表 10.1)。

表 10.1 Web of Science 核心合集包含的数据库

| 种类 | 名称 | 简称 | 收录文献 | 追溯时间 |
|---|---|---|---|---|
| 引文数据库 | Science Citation Index Expanded | SCIE | 约 9000 种期刊 | 1900 |
| | Social Sciences Citation Index | SSCI | 约 3000 种期刊 | 1900 |
| | Arts & Humanities Citation Index | A&HCI | 约 1800 种期刊 | 1975 |
| 国际会议录引文索引 | Conference Proceedings Citation Index: Science | CPCI-S | | 1990 |
| | Conference Proceedings Citation Index: Social Science & Humanities | CPCI-SSH | | 1990 |
| 图书索引 | Book Citation Index-S | BkCI-S | | 2005 |
| | Book Citation Index-SSH | BkCI-SSH | | 2005 |
| 化学信息库 | Current Chemical Reactions | CCR | 100 万条化学反应 | 1840 |
| | Index Chemicus | IC | 420 万种化合物 | 1993 |

Web of Science 核心合集还提供引文与引文分析。论文的相互引证揭示科学研究背后的联系与发展、学科上的相关性。

Web of Science 核心合集检索平台的网址为 http://www.webofscience.com，平台设有简体中文、英语、日本语、葡萄牙语、西班牙语、俄语等检索页面可供选择，但是检索内容及检索结果显示都是英语。进入 Web of Science 平台后选择"Web of Science 核心合集"数据库系统，Web of Science 核心合集检索页面如图 10.3 所示。以下主要介绍 Web of Science 核心合集的检索方法。

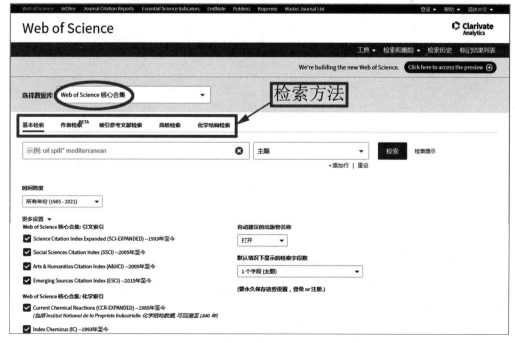

图 10.3 Web of Science 核心合集检索页面

## 10.3.3 检索方法

Web of Science 核心合集的检索方法有基本检索、作者检索、被引参考文献检索、高级检索和化学结构检索。

检索时可以作一些条件限制选择,若要保存这些限制,需要注册登录。检索时间选择有两种,一种是选择所有年份、最近 5 年、本年迄今、最近 4 周、最近 2 周或最近 1 周等,另一种是自定义年份范围。另外,更多设置是 Web of Science 核心合集中数据库的选择,有引文数据库 SCI-EXPANDED、SSCI、A&HCI、CPCI-S、CPCI-SSH 和 ESCI(Emerging Source Citation Index),以及两个化学数据库 CCR-EXPANDED(Current Chemical Reactions) 和 IC(Index Chemicus),可单选也可多选。

### 10.3.3.1 基本检索

Web of Science 核心合集的检索方法默认为基本检索(Basic Search),检索页面如图 10.4 所示。

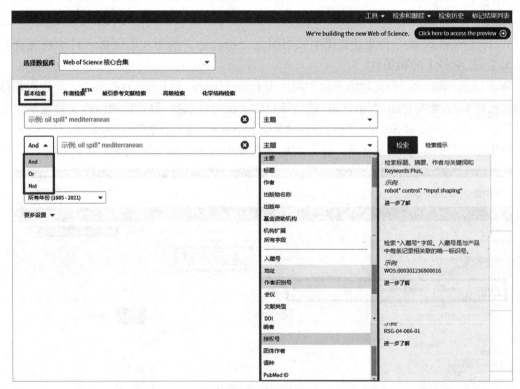

图 10.4　Web of Science 核心合集基本检索页面

基本检索提供主题、标题、作者、出版物名称、出版年、基金资助机构、机构扩展、所有字段、入藏号、地址、作者识别号、会议、文献类型、DOI、编者、授权号、团体作者、语种及 PubMed ID 检索项的选择,默认为主题检索项。此方法既可作单项检索,也可通过添加行作多项布尔逻辑算符(And、Or、Not)组配检索,还可以使用通配符(*、$、?)的组配。多个词之间不分顺序,不区分大小写,默认为 And;使用引号检索精确匹配的短语,例如:"information literacy"。在"主题"和"标题"检索中允许使用通配符(*、$、?),可查找单词的单复数或变体形式。例如,cataly*,检出结果包含catalyst(催化剂)、catalytic(起催化作用的)、catalyze(催化)、catalyzed(催化的)、catalyse(催化)、catalysis(催化作用),能够查全有关催化研究的文献。

(1) 主题(Topic):表示在标题、摘要、作者关键字和Keywords Plus® 中检索。

(2) 标题(Title):标题是指期刊文献、会议录论文、书籍或书籍章节的标题。要检索期刊标题,请选择"出版物名称"字段。

(3) 作者(Author):表示在作者、书籍作者、书籍团体作者、团体作者字段检索。首先输入姓氏,再输入空格和作者名字首字母。当输入了一个名字首字母时,系统将自动添加星号(*)。因此,输入"Johnson M"与输入"Johnson M*"相同。

(4) 出版物名称(Publication Name):可以检索记录中的"来源出版物"字段。产品将检索期刊标题、书籍、书籍名称、丛书标题、书籍副标题、丛书副标题等。

(5) 出版年 Publication Year:输入四位数的年份或年份范围。例如,2015,或 2010—2015,应将"出版年"检索式和其他字段的检索式进行组配,如"主题""作者"或"出版物名称",如果"出版年"检索式检索不出任何结果,那么请检查时间跨度设置。

(6) 基金资助机构(Funding Agency):从基金资助机构检索字段检索基金资助机构名称。该索引包含原始基金资助机构名称、首选基金资助机构名称。可输入完整的机构名称或使用通配符(*、$、?)输入部分机构名称。在检索多个首选名称或名称的多个不同拼写形式时,应用"Or"布尔运算符分隔多个名称。

(7) 机构扩展(Organization-Enhanced):在"首选组织索引"中检索首选组织名称和/或其名称的不同拼写形式。可输入完整的名称或使用通配符(*、$、?)输入部分名称。在检索多个首选名称或名称的多个不同拼写形式时,应用"Or"布尔运算符分隔多个名称。

(8) 入藏号(Accession Number):与产品中各条记录相关的唯一识别号码。它由入藏号(一种产品识别代码)和序号组成。输入唯一的入藏号可以快速查找特定记录。例如,WOS:000301236900016 查找与此入藏号相关的唯一记录。

(9) 地址(Address):通过在作者地址中输入机构和/或地点的完整或部分名称,可以检索"地址"字段。例如,Univ 和 University 可查找记录中的地址字段出现检索词"Univ"的机构。输入全名时,请不要在名称中使用冠词(a、an、the)和介词(of、in、for)。例如,可以输入"UNIV Pennsyvania",但输入"University of Pennsylvania"将导致错误信息。请注意,常见地址检索词可能在产品数据库中采用缩写形式。例如,单词 Department 可能缩写为 Dept 或 Dep。建议将地址检索与作者检索结合起来使用,这样可扩大或缩小检索范围。注意:在 Web of Science 核心合集和 Current Contents Connect 记录中,全记录的作者姓名后可能会带有上标数字。这表示已经在该作者姓名与其地址之间建立了关联。单击数字链接时,系统将转到地址字段,可以从中看到作者的地址。

(10) 作者标识号(Author Identifiers):作者标识号是 Web of Science Researcher ID 号或 ORCID。例如,A-1009-2008 表示查找由 Web of Science Researcher ID 为 A-1009-2008 的研究人员编写的文献记录;0000-0003-3768-1316 表示查找由 ORCID 为 0000-0003-3768-1316 的研究人员编写的文献记录。不要在检索式中使用通配符(*、$、?),否则系统可能会返回不可预料的检索结果。

(11) 会议(Conference):可以检索会议录文献论文记录中的以下字段:会议标题、会议地点、会议日期、会议赞助方。输入用逻辑运算符(AND、OR、NOT、NEAR)连接的一个或多个检索词。输入完整的单词和短语,或者使用通配符(\*、$、?)输入部分单词和短语。使用会议字段可以检索会议录文献的记录。必须订阅一个或两个会议录文献引文索引才能检索和查看会议记录。

(12)文献类型(Document Type):根据文献类型限制检索时,只能检索包含在检索字段中输入的检索词和从列表中选择的文献类型的记录。要限制检索,应从"文献"列表中选择一个或多个文献,默认选择是"所有文献类型"。有 All Document Type、Article、Review、Book、Letter 等 40 多种文献类型选择。文献类型检索应与至少一个其他字段检索相组配,如"主题"或"作者"。

(13)数字对象标识符(DOI):一种用来永久标识和交换数字环境中知识产权的系统。输入唯一的 DOI 代码可快速查找特定记录。输入一个或多个用"OR"检索运算符连接的代码可查找多个记录。输入部分代码并在代码末尾添加星号(\*)通配符,以便查找 DOI 代码是以检索字段中输入代码相同的多个记录。

(14)编者(Editor):输入编者的姓名可检索记录中的编者字段。机构作者也可以是编者。可以输入全名,或使用通配符(\*、$、?)输入部分姓名。可以使用布尔运算符(AND、OR、NOT)连接多个姓名。编者姓名以姓氏后跟名字和/或名字首字母的形式出现在检索结果页面或全记录页面上。

(15)授权号(Grant Number):可检索记录中"基金资助致谢"表内的授权号字段。输入完整或部分授权号,如果输入部分授权号,则以星号(\*)结束,还可以用"OR"布尔运算符连接多个授权号。请注意,一些授权号会找到同一条记录。例如,9871363 OR 05168 将找到同一条记录。授权号来自 Web of Science 核心合集覆盖的期刊中的论文。授权号索引开始于 2008 年。许多网站(如 PubMed)上均公开收录许可信息。执行检索时可通过输入授权号查找到更多信息。例如,在 PubMed 中检索"Swiss National Science Foundation",可查找由该机构资助的组织中的研究人员撰写的文章。

(16)团体作者(Group Author):是被赋予来源出版物(如文献、书籍、会议录文献或其他著作类型)著作权的组织或机构。输入团体作者的姓名以检索全记录中的以下字段:"机构作者"和"书籍团体作者"。可以输入全名或使用通配符(\*、$、?)输入部分姓名。

(17)语种(Language):此产品中的记录包括语种指示符,用于根据撰写文献所使用的语种对文献进行分类。要限制检索,请从列表中选择一种或多种语种。默认选择是所有语种(All Languages)。

(18)PubMed ID:是指定给每条 MEDLINE 记录的一个唯一标识符。例如,检索 14847410 将找到 PubMed ID 为 14847410 的记录。

根据已知条件多少或检索者的某种需要,在以上多个字段中输入检索词,按"检索"按钮,即出现满足检索条件的结果列表。

对于检索结果可以进行精炼,以缩小检索范围,提高查准率。例如,检索安徽师范大学高峰教授有关聚合物点荧光方面的文献。在作者选项中填入"Gao F",在第一个主题选项中填入"polymer dot",在第二个主题选项中填入"fluorescen\*",都用布尔逻辑算符"AND"组配(见图 10.5),然后点击"检索",结果有 17 条文献被检出。

对检索结果再进行二次检索(Refine Results),即精炼检索。在精炼检索结果选项点击"机构扩展",勾选机构名称"ANHUI NORMAL UNIVERSITY(13)",结果只有 17 条记录被检出(见图 10.6),达到了精确检索,提高了查准率。二次精炼检索的方法有两种,一种是在输入框中输入检索词,另一种是勾选精炼选项,选项有 Web of Science 类别、文献类型、作者、团体作者、编者、来源出版物名称、出版年、语种、国家/地区、基金资助机构、研究方向等。

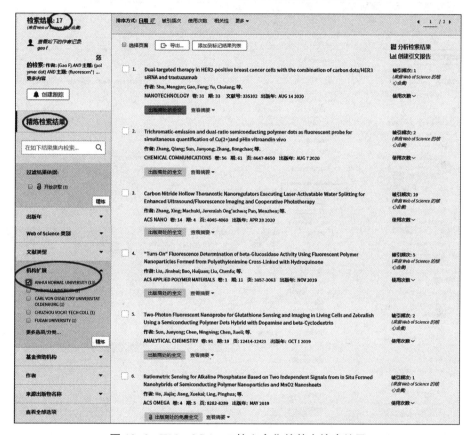

图 10.5　Web of Science 核心合集的基本检索示例

图 10.6　Web of Science 核心合集的基本检索结果

## 10.3.3.2　作者检索

作者检索(Author Search)通过输入来源文献的作者姓名,检索该作者的论文被 Web of Science 数据库收录情况,进而了解该作者在一段时间内的科研动态。作者检索页面如图 10.7 所示。

在"姓氏"(必填)框中输入完整的姓氏字母,在"名字和中间名首字母"输入框中输入名的首字母缩写,必须提供一个,最多允许 4 个。例如,卓淑娟,姓为 Zhuo,名字首字母为 SJ(见图 10.7),如果不知道作者名的全部首字母,那么可在输入的首字母后用星号(*)代替。人名前的头衔、学位、排行不算作姓名。点击"查找",出现 4 条作者记录,检索结果如图 10.8 所示。

图 10.7 Web of Science 核心合集的作者检索页面

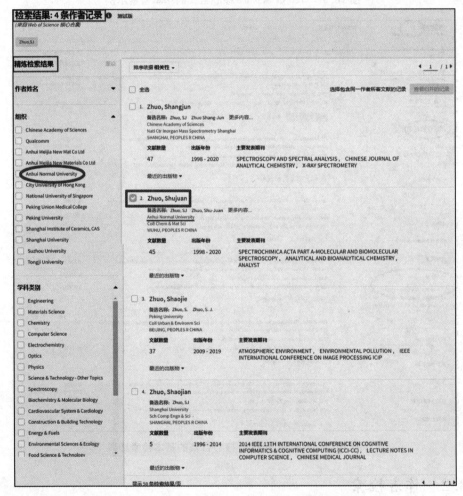

图 10.8 Web of Science 核心合集的作者检索结果

同样,对检索结果可进行二次精炼检索。可以使用组织精炼,或者通过查看作者记录中作者单位来进行精炼。选择第 2 条作者记录,共检索到安徽师范大学 Zhuo SJ 的文献 45 条。为了进一步确定这 45 条记录是否都是该作者的文献,可以逐条查看,如果是此记录的作者,则单击"认领此记录"以验证记录中的文献。当作者在 publons.com 上更新出版物列表时,系统会自动发送请求来更新此作者记录。另外,可得知作者的 $h$ 指数、论文的被引频次总计、施引文献等数据。通过点击"查看完整的引文报告"可看到更详细的引文网络信息(见图 10.9)。

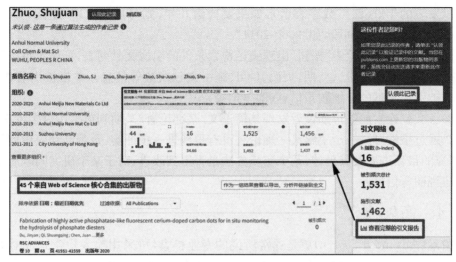

图 10.9　Web of Science 核心合集作者引文报告

## 10.3.3.3　被引参考文献检索

被引参考文献检索(Cited Reference Search)以一篇文章、一个作者、一个期刊、一篇会议文献或者一本书作为检索词,进行被引文献的检索,提供与检索项相关的所有被引参考文献的列表。通过被引作者、被引著作(给出期刊缩写列表)、引用的 DOI、被引年份、被引卷、被引期、被引页、被引标题等途径检索论文被引用情况(见图 10.10)。

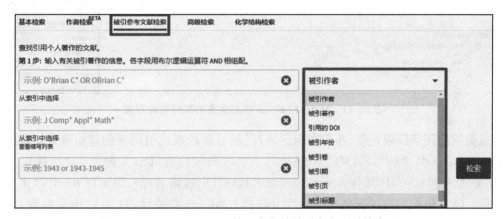

图 10.10　Web of Science 核心合集的被引参考文献检索页面

(1) 被引作者(Cited Author):在该字段中输入某篇论文的第一作者的姓名,如果该论文被 Web of Science 数据库收录成为一条源记录,则可以输入该论文中的任何一位作者姓名。输入检索词时,作者的姓放在最前,空一格,输入名的首字母。注意,因为有时数据库录入错误或作者提供的姓名写法不同,检索不到结果,所以在输入名时应考虑采用星号(*),避免造成漏检。

(2) 被引著作(Cited Work):在该字段中,可输入被引用的刊名、书名和专利号。输入被引论文的刊名时采用缩略式,为了提高查全率,要考虑被引刊名的不同写法,如果不知道准确的缩写,则可以单击该字段输入框下方"查看缩写列表"链接,查看期刊缩略表;输入被引书名时,应考虑词的不同拼法并采用通配符;如果要查专利,则可以直接输入专利号。

(3) 被引年份(Cited Year):要检索某人在某个特定年份发表论文的被引情况,可以在该字段输入文献发表的年份(四位数字表示),如果要检索几年,则可以用"OR"组配,如"1998 OR 1999 OR 2000",或输入时间段,如"2000-2011"。

检索词输入后,单击"检索"按钮,出现满足检索条件的引文文献列表,可显示每条记录的被引作者、被引著作、被引年份、卷、期、页码、DOI、施引文献次数等信息。单击被引著作标题,便可以查看该被引用文献的详细题录信息(即全记录)。

被引参考文献检索能够帮助读者发现某篇论文/某部论著/某期刊被引用过多少次,以揭示其影响力。通过检索可进一步了解某一理论有没有得到进一步证实、是否已经应用到了新的领域,某项研究的最新进展及其延伸,某个实验方法是否得到改进,对于某个研究问题后来有没有勘误和修正说明等信息。

### 10.3.3.4 高级检索

高级检索(Advanced Search)就是通常所说的专业检索,可采用输入检索式或对原有结果进行重新组配检索。熟练掌握检索字段代码和检索技术的读者,可直接在检索输入框中编写检索式;不熟悉的读者也可参照页面右边显示的可采用的字段标识符和布尔逻辑运算符编写检索式。单击"高级检索"按钮,进入高级检索页面(见图10.11)。

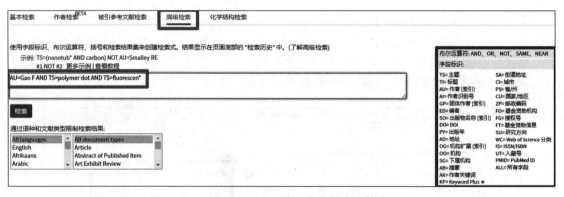

**图 10.11　Web of Science 核心合集的高级检索页面**

高级检索使用字段限定符、布尔逻辑运算符、括号和检索式引用来创建检索式。布尔逻辑运算符有 AND、OR、NOT、SAME、NEAR 等。字段限定符有 TS(主题)、TI(标题)、AU(作者)、AI(作者识别号)、GP(团体作者)、ED(编者)、SO(出版物名称)、DO(DOI)、PY(出版年)、AD(地址)、OG(组织)、SG(下属机构)、AB(摘要)、AK(作者关键词)、SA(街道地址)、CI(城市)、PS(省/州)、CU(国家/地区)、ZP(邮政编码)、FO(基金资助机构)、FG(授权号)、FT(基金资助信息)、SU(研究方向)、WC(Web of Science 分类)、IS(ISSN/ISBN)、UT(入藏号)等。检索结果显示在页面底部的"检索历史"中。单击检索结果数,即显示检索结果列表。该方式可将多个字段或历次检索结果进行组配检索。通过语言、文献类型等任意选项或所有选项限制检索结果,缩小范围,提高查准率。

### 10.3.3.5 化学结构检索

化学结构检索(Structure Search)是专门为满足化学与药学研究人员的需求而设计的数据库。该库可利用化学结构及反应类型进行系统检索,提供绘图工具软件,具有较强的 Web 链接特性,可帮助研究人员设计合成路线、选择最佳反应试剂、研究反应机制等。

在 Web of Science 核心合集数据库中还包含了 CCR（Current Chemical Reactions）和 IC（Index Chemicus）两个子库。CCR 提供 1940 年以来的 100 万条化学反应的信息以及 INPI（法国工业产权局）提供的 19 世纪以来的化学反应信息，包括化学反应式、反应流程、反应条件等，提供每种合成方法的总反应流程，以及每一步骤详细精确的图示。IC 提供 1993 年以来近 420 万个包含主要国际期刊中报道的新有机化合物的结构和评论数据，可利用化学结构、立体化学和生物活性展开检索。结构检索只在 Chemistry 数据库中使用，借助化学结构检索，可用反应物结构式或其亚结构、产物结构式或其亚结构以及反应式进行检索，甚至可以用反应条件和化合物参数进行检索。检索页面如图 10.12 所示。

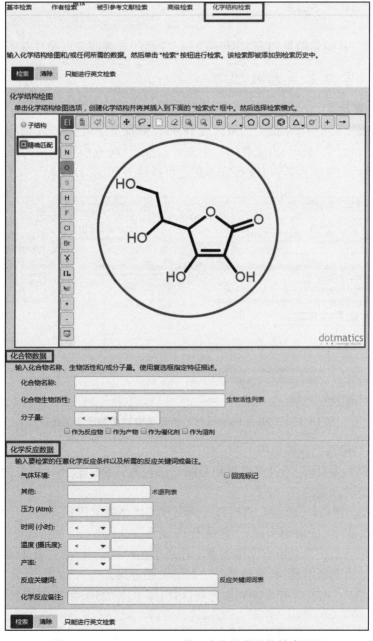

**图 10.12　Web of Science 核心合集化学结构检索页面**

输入化学结构绘图和/或任何所需的数据,然后单击"检索"按钮进行检索,该检索即被添加到检索历史中。

可进行化学结构绘图,单击化学结构绘图选项,创建化学结构并将其插入下面的"检索式"框中,然后选择检索模式。

还可进行化合物数据检索,输入化合物名称、化合物生物活性、分子量,可使用"作为反应物""作为产物""作为催化剂"和"作为溶剂"复选框指定特征描述。

对于化学反应数据检索,输入要检索的任意化学反应条件以及所需的反应关键词或备注。

### 10.3.4 检索结果处理

对于检索结果,其检索结果列表页面和某一篇文献的详细题录页面具有不同的处理方法。

#### 10.3.4.1 检索结果页面处理

**1. 检索结果显示**

检索结果列表按页显示,在检索结果列表中,每条数据显示包括:论文标题、作者、来源出版物信息(包括刊名、卷/期/页码、出版时间)、本文被引频次(可查引用本文的所有文献)、全文链接(查看来自出版商的全文内容)以及查看本文摘要链接等(见图10.13)。

图 10.13　Web of Science核心合集检索结果的显示与处理

**2. 检索结果列表页面相关链接**

进入检索结果列表页面,不仅可以看到当前记录较为详细的包括文摘在内的题录信息,还可以利用它的特色链接功能。

(1) 标题链接。单击论文标题,直接打开该文献的详细题录信息页面。

(2) 被引频次链接(Times Cited)。它是 Web of Science 的一个独特链接之一。单击"数字热链",会显示引用当前记录的所有文献列表。任意单击一条记录,可查看这条引用记录的详细题录信息并允许单击其所有链接,了解某一主题的发展方向。

(3) 期刊链接。点击打开查看期刊信息,包括所属 JCR 类别、出版商信息、ISSN、所属研究领域等。

(4) 全文链接(View Full Text)。单击此链接,可以直接看到当前记录的原文全文,当然,前提是所在的图书馆同时订购了该论文所在的电子版期刊。

(5) 查看摘要。点击查看摘要直接显示该篇论文的摘要内容,再点击就关闭摘要内容。

(6) 使用次数。点击查看最近 180 天和 2013 年至今被引用的次数。

**3. 检索结果列表处理**

(1) 排序。可以对检索结果进行排序,可以按出版日期、被引频次、使用次数、相关性、最近添加、第一作者、来源出版物标题、会议名称等进行升序或降序排列。较常用的是被引频次和出版时间排序。

(2) 标记记录。在浏览了检索结果的简要题录信息或摘要之后,可对所需记录进行勾选标记。

(3) 添加到标记结果列表。针对勾选的记录,单击"添加"按钮,将所选记录添加到标记结果列表中。

(4) 创建引文报告。可针对检索结果创建引文报告。可以查看各种数据分析的图示信息。

(5) 分析检索结果。对检索到的记录结果进行作者、国家/地区、文献类型、语种、机构、出版年、来源出版物等方面的分析(详见 10.3.5 小节)。

(6) 导出。单击"导出"按钮,会出现 EndNote Desktop、EndNote Online、Excel、其他文件格式、在 Publons 中声明作者身份、跟踪引用信息、InCites、打印及电子邮件等选项。在"其他文件格式"中选择"BibTex"格式,可将 bib 格式的文件导入到文献管理软件 NoteFirst 中。

## 10.3.4.2 详细题录页面的处理

详细题录页面是针对某一篇文献而言的。

**1. 详细题录信息显示**

对于检索结果列表页面,单击某条记录的标题,进入该条论文的详细题录信息页面,显示内容包括:论文标题、所有作者、来源出版物信息(刊名、卷/期/页码、DOI、出版时间)、文献类型、查看期刊影响力、被引频次、创建引文跟踪、引用的参考文献、查看相关记录、摘要、关键词、作者信息、基金资助机构、出版商、研究方向、Web of Science 类别、语言、入藏号、PubMed ID、ISSN、IDS 以及引用的参考文献列表等信息(见图 10.14)。

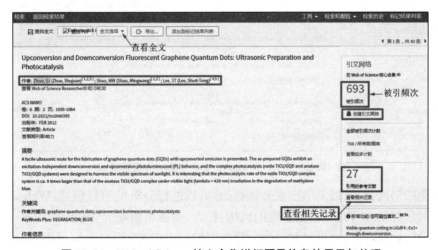

图 10.14　Web of Science 核心合集详细题录信息的显示与处理

**2. 详细题录信息相关链接**

检索结果的详细题录信息页面的链接有出版商处的全文链接、相关记录链接、被引频次链接、作者链接、引用的参考文献链接等。

(1) 作者链接。显示该篇文献的所有作者,并且每一位作者都有链接,单击作者任一链接可检索到数据库中收录的该作者发表的所有论文。注意,它包括同缩写姓名的所有作者论文。

(2) 引用的参考文献。单击引用的参考文献数字链接,可直接打开该篇文献所有的参考文献全记录结果列表,可以看到该条记录的全记录及其所有链接,进一步了解某一研究课题的发展历史。

(3) 查看相关记录(Related Records)。单击查看与该篇文献共引参考文献的其他相似的记录。

**3. 详细题录信息结果处理**

详细题录信息页面的处理与检索结果列表处理类似,有添加到标记结果列表、打印、电子邮件、导入到 EndNote Desktop、导入到 EndNote Online 等管理软件以及以其他文件格式导出,不同之处在于创建引文跟踪服务。

创建引文跟踪(Create Citation Alert)。创建该篇文献的引文跟踪服务,跟踪当前记录未来的被引用情况,当有人引用此记录时接收电子邮件通知。单击创建引文跟踪链接,弹出新的页面,输入邮箱地址,单击"完成",即可完成创建引文跟踪。当该篇文献被引用时,将会通过邮件通知读者。

## 10.3.5 分析功能

Web of Science 具有较强的分析功能。例如,检索某机构的发文情况并且进行学科分类的统计分析,具体操作是:首先,使用基本检索方法,选择机构扩展检索项,输入机构名称,或者在机构扩展字段下的"从索引中选择提供的机构"找到该机构,即可获得该机构的文献检索结果列表(见图 10.15)。

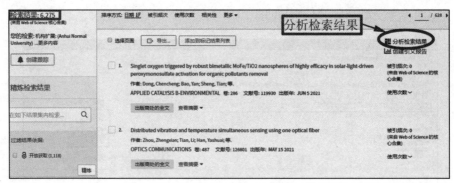

图 10.15　Web of Science 核心合集机构检索结果

点击右侧的"分析检索结果",出现分析页面,可以进行分析的项目包括:Web of Science 类别、出版年、文献类型、机构扩展、基金资助机构、作者、来源出版物、丛书名称、国家/地区、编者、团体作者、语种、研究方向、授权号和机构。选择"研究方向"进行分析,即可得到分析结果。如图 10.16 所示,可以看出该机构在化学研究方向的成果最多,约占总量的 38%,其他依次为物理、材料科学、数学等。

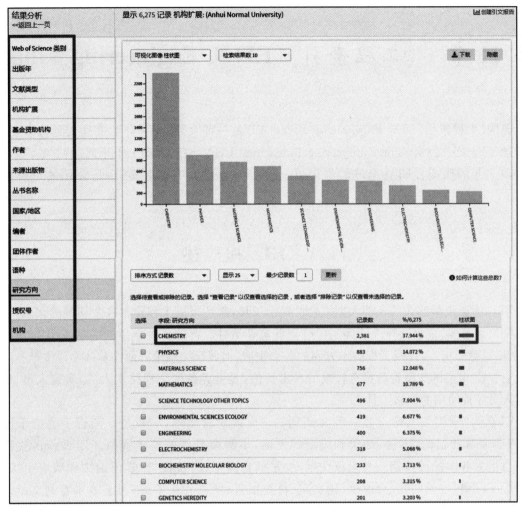

图 10.16 Web of Science 核心合集分析检索结果

通过多层次的限定与精确的检索,可发现某研究领域隐含的发展趋势,把握学科领域的最新动态,了解某特定课题在不同学科中的分布情况,获取某学科领域的核心研究人员的信息,获得隐含的研究模式。

总之,使用 Web of Science 检索,从一篇高质量的文献出发,沿着科学研究的发展道路前行,通过引文(Cited References)检索,会越查越深;通过被引频次(Times Cited)检索,会越查越新;通过相关文献(Related Records)检索,会越查越广。

思考与练习

1. 为什么说科学引文索引是对传统检索系统的一种改革?

2. 科学引文索引(SCI)作为世界上最具权威的国际性期刊文献检索工具,其最大的特点是什么?其检索平台 Web of Science 核心合集的检索方法有哪几种?

3. 学习使用 Web of Science 核心合集检索相关文献。

4. 如何利用 Web of Science 进行检索,从一篇高质量的文献出发,实现文献越查越深(旧)、越查越新以及越查越广。

# 第 11 章 《工程索引》(EI)及 Engineering Village

美国《工程索引》(*The Engineering Index*, EI)是一种大型的、综合性工程文献检索工具，由美国工程索引公司(The Engineering Index Inc. USA)编辑出版，创刊于 1884 年，至今已有 100 多年的历史。EI 在全球的学术界、工程界、信息界中享有盛誉，是公认的重要检索工具。

## 11.1 EI 概述

EI 作为历史最悠久的一部大型综合性检索工具，概括报道工程技术各个领域的文献，还穿插一些市场销售、企业管理、行为科学、财会贸易等学科内容的各种类型的文献。EI 报道的文献，学科覆盖面很广，涉及工程技术方面的各个领域，但属于纯理论方面的基础学科文献一般不予报道。EI 报道的文献资料具有较高的参考价值，是世界各国工程技术人员、研究人员、科技情报人员经常使用的检索工具之一。

EI 名为"索引"，实际上是一种文摘刊物。文摘比较简短，一般是一两百字的指示性文摘，指明文章的目的、方法、结果和应用等方面，不涉及具体的技术资料。EI 收录的文摘主要摘自世界各国的科技期刊和会议文献，少量摘自图书、科技报告、学位论文和政府出版物。印刷版 EI 期刊收录期刊、会议录、论文集、科技报告、图书和年鉴等，但不收录专利文献。从 20 世纪 70 年代初开始，EI 采用了计算机激光照排系统，因而加快了出版速度，缩短了报道时差。

EI 主要的出版载体形式包括：

(1)《工程索引月刊》(*The Engineering Index*, *Monthly*)于 1962 年创刊。1986 年前，该月刊由依据标题词编排的文摘正文和作者索引两部分构成。1987 年后，新增主题索引，方便了使用。该月刊文摘报道日期与原始文献发表日期间的时差为 6～8 周，报道较为迅速，但它不便于追溯检索。

(2)《工程索引年刊》(*The Engineering Index*, *Annual*)于 1906 年用此刊名。它由月刊上的文摘依据标题词重新汇集而成，每年出版一卷。每卷由文摘正文、作者索引、作者单位索引(1988 年后停出)、工程出版物等辅助索引和附表组成。年刊的优点是便于追溯检索，但出版时差大于 1 年。

(3)《工程索引缩微胶卷》(*EI Microfilm*)于 1970 年开始出版，主要为多年累积索引。

(4)《工程索引》的数据库。1988 年起工程信息公司将 Compendex 和 EI Engineering Meeting 两个数据库合并为一个数据库，即《工程索引》的数据库(EI Compendex Plus)。利用该数据库就可检索 EI 的文献信息。

(5)《工程索引》光盘产品。包括 EI Compendex Plus 数据库的光盘版,从 1985 年开始出版,按季度追加更新,每年累积为一张光盘,内容与印刷版 EI 对应,检索结果中显示的记录内容比印刷版要多一些数据项。EI 生物工程与生物技术数据库的光盘版是工程信息公司于 1992 年开发的产品,属专题性的工程信息光盘产品。EI 书目型数据库的光盘版是 1991 年工程信息公司推出的产品,每张光盘存储有两年的期刊论文和会议文献的题录。

(6)《工程索引》网络版。Engineering Village 是最权威的工程、应用科学领域文献检索平台,包括 EI Compendex 等 10 多个数据库,拥有 EI 功能,提供了最专业、内容最丰富的工程科学数据库和相应的科技文献检索,以及全球优秀工程科学期刊的全文在线访问服务,涵盖了工程、应用科学相关的最为广泛的领域,内容来源包括学术文献、商业出版物、发明专利、会议论文和技术报告等。

此外,就出版形式而言,美国工程索引公司曾经出版过《工程索引卡片》(*Card-Alert*)。它于 1928 年创刊,每周出版一次,时差仅 4~6 周,1975 年停刊。不论哪种形式,它们的区别仅仅是载体或刊期不同,内容都是相同的。

## 11.2 印刷版 EI

印刷版 EI 包括《工程索引月刊》和《工程索引年刊》。EI 的月刊和年刊均由正文、索引和附录三部分组成。

月刊和年刊的正文是以主、副二级标题词为标目的文摘。其中主标题词采用黑体大写字母印刷,副标题词采用首字母大写印刷,主、副标题词分别按字顺排列。这些词全部取自工程信息公司自编的《工程标题词表》(*Subject Headings for Engineering*,SHE)。

文摘正文著录格式如图 11.1 所示。

月刊的索引在 1987 年以前仅设作者索引一种,1987 年后新增主题索引。年刊的索引除了由月刊的这两种索引累积而成的年度作者索引、主题索引外,还编有工程出版物索引,1974~1987 年编有作者单位索引,1980~1987 年编有用以对照月刊、年刊文摘号的文摘号码转换索引等。

EI 月刊的作者索引(Author Index)附在主题索引之后,年刊的作者索引在 1980~1987 年附在作者所属机构后,1988~1991 年排在主题索引之后,1991 年后排在主题索引之前。但不论是月刊、年刊,也不论其排列位置如何,EI 作者索引的著录是同样的。它将文摘正文中出现的作者全部收入本索引,并按作者姓名的字顺排列。在 EI 作者索引中,作者的排列顺序为先排作者姓的字母,在姓相同情况下,则先排名字为首字母缩写的作者,最后排名字为全称的作者。值得注意的是,因为 EI 作者索引按原文中作者姓名著录,有时作者在一篇文献中以全称署名,而在另一篇文献中却以首字母缩写署名,所以在 EI 作者索引中就会被分隔在两个地方,这在实际查找中应予以注意。

①  COMPUTER SOFTWARE
　　② Management
　　③ 030395 ④ Managing software products and process. ⑤ The software crisis is not a problem than can be solved by traditional engineering methods. It has introduced an additional level of complexity in product development. This has lead to an environment analogous to a software depression of long duration and with poor prognosis of recovery. One of the first challenges lies in finding an estimating method to insure that everything that needs to be included in the estimate of software development costs are identified. Management must implement a comprehensive metrics program. The pragmatism is to minimize the risk in the software development process. Another first step in establishing a good software management program is to develop a software configuration management plan and a software quality assurance program. The development of training programs for software engineers cannot be over emphasized. Modern management methods must be applied to the software development in order to keep a competitive position in the world. ⑥13 Refs. English
　　⑦ Richards, Thomas C. (Univ of North Texas, Denton, TX, USA). ⑧ Proc Proj Manage Inst Annu Semin Symp Managing for Quality, ⑨ Proceedings of the 1991 PMI Annual Seminar/Symposium, Dallas, TX, USA, Sep 27-Oct 2 1991. ⑩ Publ by Project Management Inst, Drexel Hill, PA, USA, 1991 ⑪ p 180-184.

（引自 1992 年 EI 年刊第 2890 页）

**图 11.1　EI 文摘正文著录格式示意图**

注：① 主标题词；② 副标题词；③ 文摘号；④ 文摘题名；⑤ 文摘；⑥ 参考文献及原文语种；⑦ 作者及其所属单位；⑧ 文摘来源会议名称缩写；⑨ 会议录名称，会议举办地点，举办日期；⑩ 会议录出版者、出版地；⑪ 本篇论文在会议录中的起止页码。

　　1987 年以后，EI 的月刊和年刊均增加了主题索引（Subject Index），同时取消了正文文摘中主、副标题词后的参见项（See Also）。主题索引对每篇文献一般使用 4～5 个标题词或关键词作为检索词，提高了检索到该篇文献的可能性。主题索引既采用正式的主、副标题词作为检索词，又采用非正式标题词——关键词作为检索词，读者可以不选择主标题词，而通过描述所需课题的任何关键词进行试查，降低了使用难度。

　　1974～1987 年，EI 年刊本中设有作者单位索引（Author Affiliation Index）。这个索引将文献的第一作者的所属单位集中，按字顺排列后下列该单位被收录文献的全部文摘号。通过本索引，可以部分掌握某机构的科研进展动态和水平，是一种很有特色的辅助索引。

　　在 EI 年刊中，反映当年摘引的全部出版物名称的辅助索引，称为《工程出版物索引》（*Publications Indexed for Engineering*，PIE）。PIE 从 1977 年开始出版，位置排在各年刊作者索引之前。到 1987 年，PIE 被单独抽出，编成单行本。1988 年后改名为《出版物一览表》（*Publication List*，PL）和《会议一览表》（*Conference List*，CL），列于主题索引之后。《出版物一览表》以连续出版物的缩写题名字母为序给出 EI 收录的全部期刊及其刊名代码，是通过由文摘出处给出的刊名缩写查找期刊全称的主要辅助索引。在利用 EI 查得一批相关文摘后，如果需要进一步获取原文，则应先使用 PL 将刊名缩写还原成全称，再查馆藏目录。《会议一览表》以会议名称字母为序给出当年 EI 收录的全部会议录名称、会议主办单位名称、会议举办地和时间以及该会议的 EI 编号。

EI 的正文文摘是根据标题词组织编排的,其主题索引中标题词下指引的文献比关键词下指引的文献更为准确且数量多,因此要有效地利用 EI 查找文献,就必须了解 EI 的标题词表《工程标题词表》(*Subject Headings for Engineering*,SHE)。目前,常用的 SHE 是由工程情报公司于 1987 年出版的。这个版本的 SHE 除了前面的一些编辑、使用说明外,主要由工程标题词表正文和通用副标题词表组成。工程标题词表正文是一个按字顺排列的词表。该表给出了 EI 中使用的全部标题词、副标题词以及用以引导查找这些规范主题词的非正式词。通用副标题词是指那些无论什么主标题词,只要它需要以这些副标题词细分,就都可以使用的副标题词。因此通用副标题词可以在任何主标题词下出现。而在字顺表中主标题词下列出的副标题词可以看成是该主标题词所专有的副标题词,除非有说明,否则,这些副标题词在其他主标题词下是不能使用的。标题词语言是一种主题检索语言,SHE 给出的正是一种典型的标题词语言。它选用经过规范化处理的通用的事物名词,如某种材料、机构、结构、电路、组件、设备、物性、现象等的名称,或者工程技术领域学科名称或操作、作业过程名称。

根据课题要求和已有线索情况,印刷版 EI 的检索方法大致有以下三种:

(1) 已知作者姓名,检索该作者的有关文献,可利用 EI 年刊的作者索引查找其往年发表的文献,再利用当年 EI 月刊的作者索引查找其近来发表的文献。

(2) 已知某研究单位或公司名称,检索该机构发表的有关文献,可利用 1974~1987 年出版的 EI 年刊中的作者单位索引来查找。

(3) 未知课题任何线索,检索课题相关文献。可以直接以课题涉及的概念,用 EI 年刊或月刊的主题索引试查,取得文摘号后转查题目、摘要和出处。也可以先进行课题分析,以课题的主体面、从属面和通用面概念在 SHE 中核查,确定助、副标题词,然后再在 EI 年刊或月刊的主题索引或正文中直接查找。

以上三种方法所得的结果是文献的篇名、摘要和出处,如果还需转查原文,那么可使用 PL,先将刊名缩写还原成全称,再通过各种馆藏目录索取原文。

## 11.3 Engineering Village

Engineering Village 是工程、应用科学领域最权威的文献检索平台。它为广大工程师和科研工作者提供最专业、内容最丰富的工程科学数据库和相应的科技文献检索,以及全球优秀工程科学期刊的全文在线访问服务。

### 11.3.1 数据库概况

1995 年美国工程索引公司上线了 EngineeringVillage,从而可以通过互联网获取 EI Compendex 的内容。1998 年,美国工程索引公司被全球最大的科技出版商 Elsevier 出版集团收购,Engineering Village 成为 Elsevier 旗下一个重要的数据库;同年,EI 公司在清华大学图书馆设立了 EI 中国镜像站,开始向国内高校及科研院所提供基于 Web 方式的信息服务;2000 年,EI 公司推出 EI 数据库,除了提供网络版 EI 之外,还提供其他数据库产品(如 Inspce)和网络资源的检索；2003年，该公司又建立了EI中国网站，向中国用户提供更为全面的服务。2007年EnCompassLIT、EnCompassPAT、Chimica、CBNB、PaperChem数据库也被加入Engineering Village。目前Engineering Village总共包括EI Compendex、Inspec、NTIS(National Technical Information Service)、PaperChem、Chimica、Chemical Business NewsBase、EnCompassLIT、EnCompassPAT、GEOBASE、GeoRef、US Patents、Ei Patents等数据库，涵盖工程、应用科学的相关领域，内容包括学术文献、商业出版物、电子图书、发明专利、会议论文和技术报告等。其中，EI Compendex就是美国工程索引Engineering Index数据库。

EICompendex收录的文献，涉及190多个专业工程学科，涵盖所有的工程领域，是科学和技术工程研究方面最为全面的文摘数据库。目前该数据年已包含1800多万条记录，每周会对收录的文献进行更新，每年新增加100万条记录。其收录的文献信息主要来自5100种工程期刊、会议文集和技术报告，其中大约22%是会议文献，90%的文献语种为英文。

## 11.3.2 检索方法

输入网址http://www.engineeringvillage.com，进入Engineering Village首页（见图11.2）。

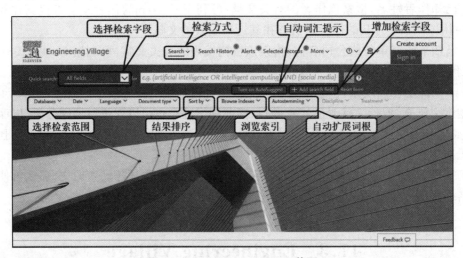

图11.2 Engineering Village首页

Engineering Village提供了六种检索方法：快速检索(Quick)、专家检索(Expert)、叙词检索(Thesaurus)、作者检索(Author)、机构检索(Affiliation)、工程研究概况检索(Engineering Research Profile)。

### 11.3.2.1 快速检索

快速检索(Quick Search)是Engineering Village首页默认的检索方法。快速检索页面的中间是检索框，供读者输入检索词。同时提供了选择检索字段、增加检索字段、选择检索范围、浏览索引和是否自动扩展词根等功能。

**1. 输入检索词**

在输入框中输入需要检索的单词或短语。输入时要注意以下几点：

（1）不支持中文，仅限英文检索，不区分大小写，每个文本框内可以输入一个或多个检索词。多个检索词间可通过AND、NOT、OR连接来进行逻辑运算，输入框内的逻辑运算顺序为自左向右,如不输入逻辑运算符,则多个检索词之间默认逻辑运算符为 AND。

(2) 输入的检索词可包括截词符"*",其表示零或多个字符,可检索与截词符前几个字母相同的所有词。例如,输入"comput*",返回结果为 computer、computerized、computation、computational、computability。也可使用通配符"?",其表示单个字符。例如,输入"wom? n",返回结果为 woman、women。

(3) 填写作者姓名(Author)时,Engineering Village 收录的作者姓名为原文中使用的名字。检索结果提供的是原文作者名书写方式与检索词书写的作者名方式一致的信息,如果检索时将作者名写为名在前、姓在后,那么同一作者发表的,原文中作者姓在前、名在后的文献就检索不出来。

**2. 检索字段**

在检索字段下拉菜单中可供选择的检索字段有 12 种,包括:All fields(所有字段),可对全部记录进行检索;Subject/Title/Abstract(主题/标题/摘要),主要针对文献内容进行检索;Abstract(摘要),在摘要字段中进行检索;Author(作者),通过作者名进行检索;Author affiliation(作者单位),对作者所属机构和地址进行检索;Title(标题),在标题中进行检索;ISSN,通过国际连续出版物号进行检索;Source title(来源期刊名称),检索期刊名、会议录名、专著名;以及 Funding number(基金号)、Funding acronym(基金名缩写)、Funding sponsor(基金资助者)、Funding information(基金信息),检索有关基金资助成果。

通过点击"Add search field",可增加检索字段。增加的多个检索字段间为逻辑运算关系,默认逻辑运算符为 AND,也可以选择 OR 或者 NOT 来改变默认逻辑运算,多个检索字段的逻辑运算顺序按照输入框的排列先后进行运算。

**3. 限定检索范围**

检索的范围可在限定的范围内进行,包括以下四种范围:

(1) Databases(数据库),限定检索文献的来源数据库,可限定为 All(全部数据库)、Compendex 数据库和 Chimica 数据库等。

(2) Date(日期),可对所检索文献信息的发表年代进行限定,起始年代最早可至 1884 年;也可将检索范围限定在最近 1~4 次所更新的内容中。

(3) Language(语言),可对检索的文献信息的原文语种作出限定,包括:All Languages(全部语种)、Chinese(中文)、English(英文)、French(法文)、German(德文)、Italian(意大利文)、Japanese(日文)、Russian(俄文)和 Spanish(西班牙文)。

(4) Document type(文献类型),限定检索文献的来源类型,包括:All Document types(所有文件类型)、Article in Press(被接受的论文)、Book(书籍)、Conference article(会议论文)、Conference proceeding(会议录)、Erratum(勘误表)、Journal article(期刊论文)。

**4. 结果排序**

通过点击"Sort by",可对检索结果进行排序。检索结果排序方式有 Relevance(相关性)和 Date (Newest)(出版时间)两种排序方式,默认的排序方式为 Relevance。

**5. 浏览索引**

Browse Indexes(浏览索引),提供了可供使用的索引浏览,有 Author(作者)、Author Affiliation(作者单位)、Controlled Term(受控词)、Source Title(来源期刊名称)的索引。点击想使用的索引,进入查找页面,可浏览或直接查找索引提供的检索词。当读者选择了索引中的某词后,它将自动被粘贴到第一个可用的检索框中,同时切换到相应的检索字段。

### 6. 自动词汇提示

AutoSuggest(自动词汇提示),是快速检索方式下,读者在输入三个英文字母后,将自动提供索引词典内的相关词汇让读者挑选,让读者能更加快速和准确地进行检索。自动词汇提示功能默认为打开(turn on)状态,读者可以点击"Turn on AutoSuggest",关闭(turn off)该功能。

### 7. 自动扩展词根

AutoStemming(自动扩展词根)功能,可将所有和读者输入的关键词相关的词汇一起进行检索。相关的词汇是指含有与关键词相同的字尾、字根、名词/动词/形容词等形式变化的词汇,如读者输入关键词"controllers",则会得到包含 controllers、control、controlling、controlled 以及 controls 这些关键词的检索结果。AutoStemming 功能提供了更大范围的相关词汇检索结果,让读者不用一个一个检索这些检索词。自动扩展词根功能默认为打开,也可通过点击"AutoStemming"关闭该功能。

## 11.3.2.2 专家检索

与快速检索相比,专家检索(Expert Search)提供了更强大的检索功能(见图 11.3)。

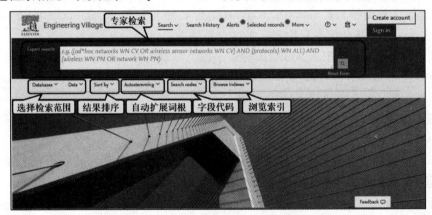

图 11.3 Engineering Village 专家检索页面

在 Expert Search 的检索框内,通过布尔逻辑算符和字段代码编写检索表达式,进行检索。使用布尔逻辑算符以及括号、位置算符、截词符"\*"和词根算符"$"等,可使检索表达式包含更多的检索选项。常见的检索算符使用方法及示例如表 11.1 所示。

专家检索限定的检索范围为 Databases(数据库)和 Date(日期);也可通过 Sort by 对检索结果进行排序;通过 AutoStemming(自动扩展词根)功能,将与所输入关键词相关的词汇一起进行检索。相比快速检索,专家检索的浏览索引(Browse Indexes)功能提供了可供使用的索引更多,包括 Assignee(代理人)、Author(作者)、Author affiliation(作者单位)、Controlled term(受控词)、Document type(文献类型)、Inventor(发明人)、Language(语言)、Publisher(出版商)、Source title(来源期刊名称)、Treatment(处理类型)。

点击字段代码(Search codes),即可列出各种与检索字段相对应的字段代码(见图 11.4),以方便读者编写检索式时使用。

表 11.1 检索算符使用方法及示例

| 检索算符 | 检索式构造方法 | 例子或说明 |
| --- | --- | --- |
| AND(逻辑与) | Car and Industry | 检索结果中必须同时包含 Car、Industry 这两个词 |
| OR(逻辑或) | College or University | 检索结果中出现 College 或 University 其中的一个词就符合检索条件 |
| NOT(逻辑非) | Television not Cable | 检索结果中出现 Television,不能出现 Cable 才符合检索条件 |
| Within(位置算符) | Aalbersberg within AU | 检索结果为 Aalbersberg 写的文章,AU 表示作者 |
| ( )(括号) | Relevance AND ((Aalbersberg within AU) OR (Cool within AU)) | 用括号对检索词进行逻辑分组,然后用逻辑算符进行连接,本检索式得到的结果将是 Aalbersberg 或 Cool 撰写的包含单词"Relevance"的文献 |
| *(截词符) | Optic * | 检索结果中包含以 Optic 开头后面加任意多个字母的词,如 Optic、Optics、Optical 等 |
| $(词根算符) | $ Manager | 检索出与该词根具有同样语意的词,如 $ Manage 将检出 Managers、Managerial 和 Management 等词 |
| NEAR(位置算符) | Bridge NEAR Piling * | 指定字段要同时含有这两个词,这两个词要彼此接近(间距不超过 5 个词),前后顺序不限(在高级检索模板中使用) |

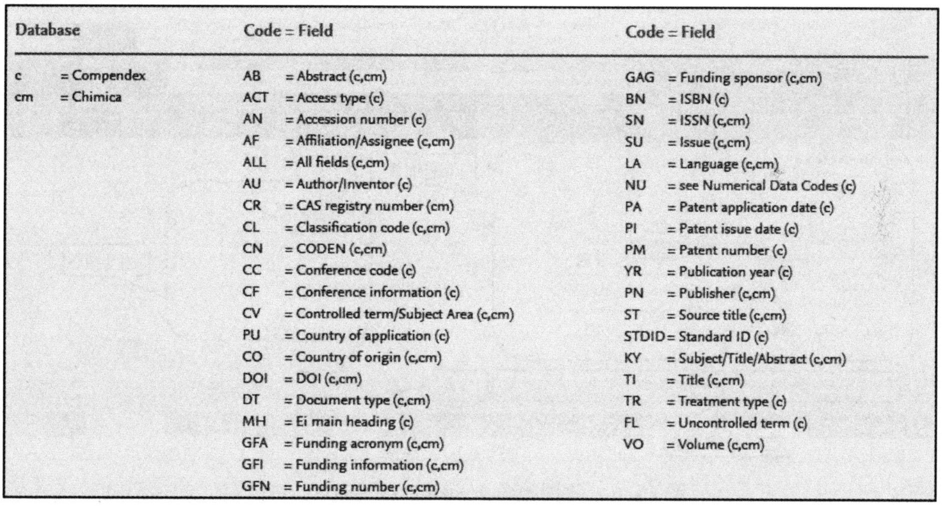

```
Database        Code = Field                              Code = Field
c  = Compendex  AB   = Abstract (c,cm)                    GAG   = Funding sponsor (c,cm)
cm = Chimica    ACT  = Access type (c)                    BN    = ISBN (c)
                AN   = Accession number (c)               SN    = ISSN (c,cm)
                AF   = Affiliation/Assignee (c,cm)        SU    = Issue (c,cm)
                ALL  = All fields (c,cm)                  LA    = Language (c,cm)
                AU   = Author/Inventor (c)                NU    = see Numerical Data Codes (c)
                CR   = CAS registry number (cm)           PA    = Patent application date (c)
                CL   = Classification code (c,cm)         PI    = Patent issue date (c)
                CN   = CODEN (c)                          PM    = Patent number (c)
                CC   = Conference code (c)                YR    = Publication year (c)
                CF   = Conference information (c)         PN    = Publisher (c,cm)
                CV   = Controlled term/Subject Area (c,cm) ST   = Source title (c,cm)
                PU   = Country of application (c)         STDID = Standard ID (c)
                CO   = Country of origin (c,cm)           KY    = Subject/Title/Abstract (c,cm)
                DOI  = DOI (c,cm)                         TI    = Title (c,cm)
                DT   = Document type (c,cm)               TR    = Treatment type (c)
                MH   = Ei main heading (c)                FL    = Uncontrolled term (c)
                GFA  = Funding acronym (c,cm)             VO    = Volume (c,cm)
                GFI  = Funding information (c,cm)
                GFN  = Funding number (c,cm)
```

图 11.4 Engineering Village 专家检索字段代码

### 11.3.2.3 叙词检索

叙词检索(Thesaurus Search)是通过叙词进行检索。叙词是专业的规范词,它将同一主题不同表述的词,按主题内容规范在标准的专业词下,避免了词汇由于书写方式不同或词义概念混淆导致的漏检或误检,从而提高文献的查全率和查准率。叙词检索即用规范化的叙词查找文献,有 Vocabulary search(词汇查询)、Exact term(精确词汇)、Browse(浏览)三种检索方式可供选择(见图 11.5)。

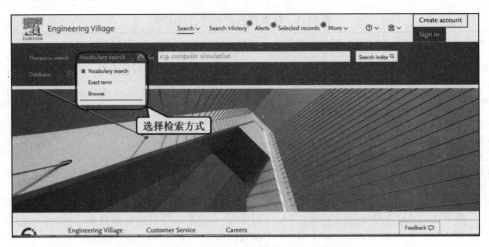

图 11.5 Engineering Village 叙词检索页面

词汇查询方式会显示所有在意义上相似的叙词词汇，供进一步检索，如图 11.6 所示，输入并检索"structural design"（结构设计），会显示有 52 个意义上匹配的词汇可供选择。同时也会出现 Date（日期）、Document type（文献类型）、Language（语言）、Treatment（处理类型）用于选择检索反应，以及 Sort by 用于对检索结果进行排序。

从匹配的词汇中进行勾选，选中的词汇会自动添加进检索框，若有多个词汇被加入检索框，则词汇间可进行 AND 或 OR 逻辑运算。

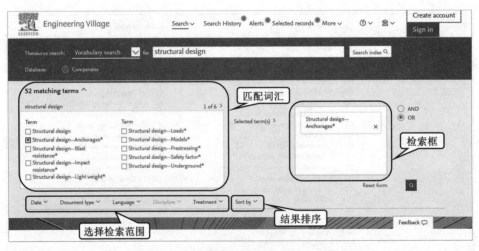

图 11.6 叙词检索 Vocabulary Search 方式

在精确词汇方式下进行检索，会显示读者输入词汇的广义词、狭义词和相关词，如图 11.7 所示，检索结果提供了 structural design 的 Broader Term（广义词）、Related Term（相关词）和 Narrower Term（狭义词），如果勾选所提供的词汇，那么它们会自动添加进检索框。

在浏览方式下进行检索，将根据叙词表的字母排序，显示检索词前后的几个叙词，从而可浏览所输词汇在叙词表中依字母顺序排列时的位置。所显示的叙词仅是按字母排列，与词义无关（见图 11.8）。

以上三种方式，只要勾选相同的叙词进入检索框进行检索，不论选用哪一种方式，检索结果都是一致的。

第 11 章 《工程索引》(EI)及 Engineering Village

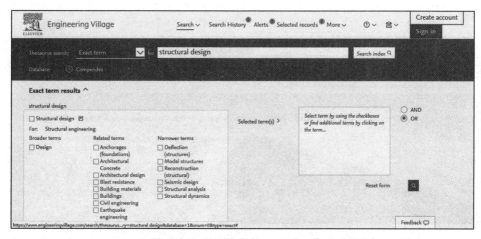

图 11.7　叙词检索 Exact Term 方式

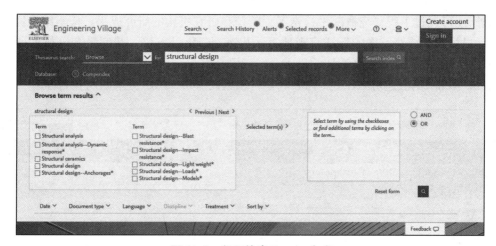

图 11.8　叙词检索 Browse 方式

除快速检索、专家检索和叙词检索外，Engineering Village 还可通过作者姓名（见图 11.9）和单位名称（见图 11.10）进行检索。

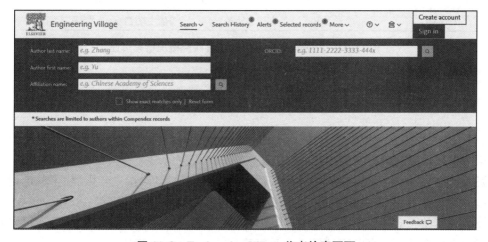

图 11.9　Engineering Village 作者检索页面

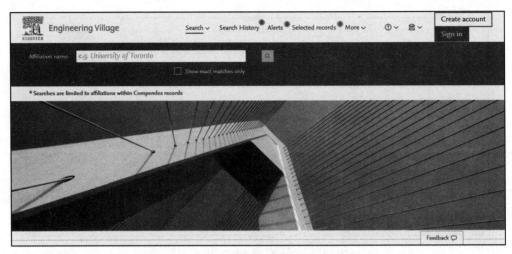

图 11.10 Engineering Village 单位检索页面

另外，还可通过工程研究概况来检索工程院校和研究机构的研究成果。检索结果经过度量和分析后以柱状图或饼状图的形式直观地显示出来（见图 11.11）。其度量和分析的研究成果主要为 Top authors（顶级作者）、Research focus（研究重点）、Funding sponsorship（基金资助）、Publishing trend（出版趋势）、Subject area（学科领域）、Source titles（来源期刊名称）。

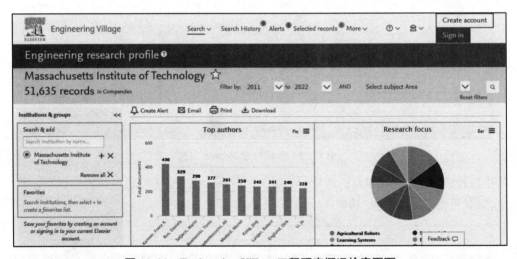

图 11.11 Engineering Village 工程研究概况检索页面

## 11.3.3 检索结果处理

图 11.12 所示为在叙词检索方法下以 Structural design 为检索词所得检索结果的输出页面，检索结果默认以题录格式列出。

检索题录上方的检索结果提供了检索结果总数、检索数据库、检索年限、检索关键词及字段等信息。检索结果可依照相关程度（Relevance）、日期（Date）、作者（Author）、文献来源（Source）、出版者（Publisher）进行排序，默认为相关度排序。检索结果管理，使用者可同时勾选多篇文献，进行 E-mail、打印、下载题录信息等管理。

检索结果页面右栏的精炼结果(Refine)中提供对检索结果按物理属性(By physical property)、按类别(By category)、获取方式(Access type)、受控词(Controlled vocabulary)、文献类型(Document type)、作者(Author)、作者单位(Author affiliation)、分类代码(Classification code)、国家/地区(Country/Region)、语言(Language)、年度(Year)、来源期刊名称(Source title)、出版商(Publisher)、基金资助者(Funding sponsor)、状态(Status)的统计。通过勾选对应的统计项,可以进一步对检索结果进行筛选,达到精炼结果的目的。点击"Limit to"表示限制结果在所勾选的字段,而点击"Exclude"则表示排除所勾选的字段。

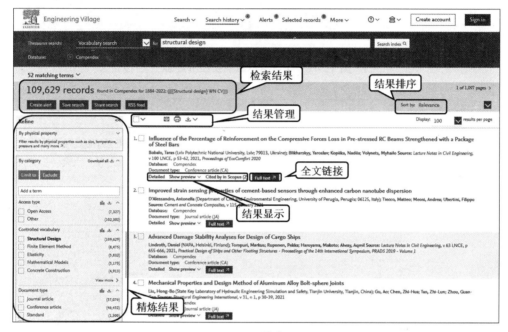

图 11.12　检索结果

点击全文选项"Full text",会跳转到检索结果的原出版商处,能否获取全文,则看读者对原出版商的订阅状况。

结果显示包括引用情况(Cited by in Scopus)、显示预览(Show preview)以及详细格式(Detailed)。点击显示预览,可在同个页面预览该检索结果的摘要。点击"详细格式"进入该条检索结果的详细记录显示页面,而点击"检索结果标题"则进入该文献摘要页面。

图 11.13 所示为一条检索结果的摘要(Abstract)显示页面,可以看到该篇文献的相关信息,包括作者、作者单位、文献来源、出版时间、出版商、摘要等内容。此外摘要页面还提供了关于该篇文献的相关文献、主标题词、受控词、非受控词等参考信息,点击这些信息的超链接,可以进一步查看与该篇文献有关的相同主题和学科的其他文献。

图 11.14 所示为该检索结果的详细记录(Detailed)显示页面,列出了 EI 收录该篇文献的全部相关详细信息。此外,点击左侧的参考文献(Compendex Refs)选项,可进入该篇文献引用的参考文献题录页面,可以进一步查看该篇文献引用的参考文献的详细信息。

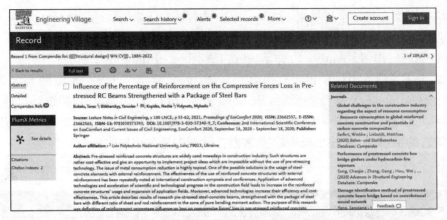

图 11.13　检索结果的摘要显示页面

图 11.14　检索结果的详细记录显示页面

## 思考与练习

1. 说出当前 EI 数据库的名称，以及该数据库提供的检索方法有哪几种？
2. 检索安徽师范大学近 3 年来被 EI 收录的所有文献。

# 第 12 章 文献管理软件

前面多章介绍了各种不同类型的化学化工文献及其数据库,进行了初步的检索实践,并查获了一些相关课题的文献信息。本章将介绍如何使用文献管理软件进行文献信息的管理与应用。

## 12.1 文献管理软件概述

当检索到的相关文献的总量积累到一定程度时,利用传统的方式进行收集和管理文献会十分辛苦,如何将阅读时产生的思考实时记录并与文献本身联系起来?如何在写论文时方便地按照不同格式输入中文标引和文后参考文献列表?为了解决这些问题,文献管理软件应运而生。文献管理软件是进行文献信息采集、管理和论文写作的有效工具。运用文献管理软件可以提高科研工作者的文献信息的获取、管理、分析和利用等多方面的能力。

文献管理软件的主要功能有:可以直接联网到不同的数据库进行检索,免去登录不同数据库的烦琐,提高了效率;可以非常方便地管理文献信息,包括文摘、全文、笔记以及其他的附件材料等;不用建立一个又一个的文件夹;检索功能大大地方便查找到需要的文献;多数软件还具备一定的分析功能、文末参考文献格式的编辑等功能。

国外文献管理软件主要有 EndNote、Zotero、Cilavi、Readcube、Papers、Biblioscape、Jabref、Mendeley 等。国产文献管理软件主要有 NoteFirst、NoteExpress、医学文献王和知网研学等。

以下主要介绍一款国产的 NoteFirst 和一款国外的 EndNote 文献管理软件。

## 12.2 NoteFirst

NoteFirst 文献管理软件由西安知先信息技术有限公司开发并提供技术支持,实现了个人知识管理、知识获取、论文写作助手、科研协作功能的集成。

### 12.2.1 主要功能

NoteFirst 主要功能包括知识管理、知识获取、论文写作助手和科研协作。NoteFirst 基于互联网,多台计算机数据可以自动同步,全面支持国标 GB/T 7714—2015《信息与文献 参考文献著录规则》,支持双语参考文献自动形成,支持多语言方案等特有的功能,能够满足 SCI、EI 等收录的期刊对中文论文和双语参考文献的格式要求。

#### 12.2.1.1 知识管理

科技人员希望把自己阅读过的文献、笔记、实验记录、知识卡片进行有效的管理。Note-

First 由客户端和 Web 服务组成，可以帮助科研人员对文献进行快速检索、下载、分类管理、笔记添加、等级标定、标签等，支持一键网页保存、屏幕截图等知识卡片功能，支持 PDF 的随文笔记，论文写作时可以自动形成参考文献，提供国内外知名期刊的参考文献格式、稿件模板和范例。具体如下：

（1）知识管理。可以对文献、知识卡片、笔记、实验记录进行分类、索引、价值度标定、数据完整性标定、标签、快速检索、有机关联、去除重复数据等进行管理。

（2）知识卡片摄取。可把整个网页或选中的部分网页一键保存为知识卡片，其屏幕截图功能可将任何有价值的内容保存为知识卡片。

（3）数据自动同步和备份。只要登录个人账户，就可把在其他计算机上保存的数据同步到当前计算机上，省去了导出导入的烦恼，同时提供数据自动备份，避免因计算机损坏而造成数据丢失。

（4）元数据自动补充。可自动补充文献缺失的元数据，以便形成完整的参考文献。

（5）全文自动下载。可自动下载文献题录对应的全文（需要全文访问权限），支持 OA（Open Access，开放存取）全文的自动下载（不需要权限）。

（6）个人成果管理。可以对个人成果进行自动收集。在数据库中自动搜索成员的个人成果，并在个人主页上公开显示个人成果，提高个人的学术影响力。

### 12.2.1.2 知识获取

知识获取可以分为积累性知识获取和目标性知识获取。目前大多数高校和研究院所购买了 SCI、Springer 等专业数据库，但要及时获取本专业最新进展，需要定期访问这些网站。团队和研究人员希望相关专业的期刊、会议有新文章发表时，能自动获悉。NoteFirst 为积累性知识获取提供了期刊 RSS 订阅、关键词订阅、知识卡片获取三种方法；为目标性知识获取提供了集成数据库检索（关键词订阅）。

**1. 期刊 RSS 订阅**

它用于订阅个人关注期刊的最新文章，也可以用于订阅一些相关的资讯，如基金委动态、相关企业的最新产品信息、国内外要闻等，还可把有价值的文献直接导入文献管理中，自动补充作者、标题、期刊名称、年卷期、页码等信息，以便作为参考文献进行引用。NoteFirst 整理了世界范围的科研相关 RSS，包括 Nature Publishing Group、ScienceDirect、Springer、IEEE、AIP、BMC、知网、万方、基金委、科技部、教育部等相关 RSS，也包括 TI、HP 等公司的最新产品信息。

**2. 关键词订阅**

它是指订阅某个主题的最新科技文献。在 NoteFirst 中，主题通过关键词来实现，如可以订阅标题、摘要中包括某些关键词的最新文章，还可以订阅业界某个知名专家发表的论文。NoteFirst 的关键词订阅为科研人员提供一种积累性知识获取的通道，以便及时、方便地获取本领域最新的科研成果。通过关键词订阅，还可以及时了解 SCI、EI、Pubmed 等知名数据库对个人成果的收录情况，可以把订阅中有价值的文献直接收藏为个人文献，并可自动下载全文，自动添加作者、标题、期刊等元数据。

**3. 知识卡片获取**

之前很多科研人员都有做卡片和剪报的习惯，NoteFirst 的知识卡片功能为个人提供"剪刀""照相机""笔记本"功能，可把看到的网页、网页中的选定内容、屏幕上任何有价值的内容保存为知识卡片，还可以对知识卡片进行分类、标签、快速检索，并可把知识卡片打包成电子书，实现知识卡片的永久保存。

#### 12.2.1.3 论文写作助手

论文写作助手的主要功能包括：参考文献自动形成，提供常见参考文献引文样式，常见期刊论文、实验记录模板。

论文写作时，把管理的文献作为引文一键插入文档中，根据不同期刊要求，自动形成规范的文中引文标记和文后参考文献的列表。学位论文、文献综述等学术论文往往引用上百篇参考文献，这些参考文献标引是一项需要耐心、费事的事务性劳动。参考文献自动形成将大大减轻论文写作时参考文献的标引工作量。引文插入、删除时，文中引文序号和参考文献列表自动调整。引文样式更换时，根据新样式，自动形成文后参考文献，方便论文转投。NoteFirst不仅支持中文参考文献样式，还支持双语参考文献样式，提供国内外常见期刊、会议、学位论文的参考文献样式，免去作者花费很多时间去搞清楚不同期刊引文样式的细微区别，提高写作效率，还支持参考文献的错误提醒。

#### 12.2.1.4 科研协作

对个人而言，NoteFirst是个人知识管理软件；而对团队来讲，NoteFirst则是团队科研协作管理系统，实现了两者功能的有机统一，在让个人享受文献知识管理、论文写作助手等实用服务的同时，实现了团队协作。

NoteFirst可满足文献级分享(不仅是文件，还包括作者、标题、媒体、年卷期、页码等引用数据)和参考文献自动形成等科研学术特殊服务需求；把个人知识管理和团队科研协作系统有机统一在一起，在让个人享受知识管理、论文写作助手等实用服务的同时，可一键分享所管理的个人文献、笔记、记录、卡片等，提高了成员进行团队协作的积极性。

小团队可以使用NoteFirst的云服务，不用架设服务器，节省团队费用。机构和大型团队可以安装独立的"NoteFirst机构版"，消除隐私数据安全性隐患。

### 12.2.2 软件的下载安装和运行

(1) 安装NoteFirst客户端。登录NoteFirst网站主页(http://www.NoteFirst.com)，可免费下载和安装Note First。在下载的软件安装包里，单击"setup.exe"进行安装(在安装前，将所有的Word进程关闭，避免Word插件在加载时出现问题)，如果计算机中安装了杀毒软件、防火墙等实时防护软件，那么在安装或登录时可能会提示"是否允许此操作"，均选择"允许"或"解除阻止"，避免NoteFirst无法正常运行。

安装完成后，用户桌面上会自动生成一个NoteFirst参考文献管理软件快捷方式图标"🐾"，双击图标后进入登录页面(见图12.1)。

(2) 注册账号。在使用前，需要先免费注册账号。在登录页面中直接单击"注册新账号"(见图12.1)，或者进入NoteFirst网站主页进行注册，账号注册完毕后，需要进入注册邮箱中进行账号激活，然后用设置好的用户名和密码登录及运行NoteFirst软件。

(3) 运行软件。NoteFirst软件客户端的主页面包括菜单栏、快捷工具栏、树形工作区、功能模块区和操作管理显示区，NoteFirst软件客户端的主页如图12.2所示，其中功能模块包括四个选项：文献订阅、文献管理、知识卡片和团队协作。

图 12.1　NoteFirst 登录页面

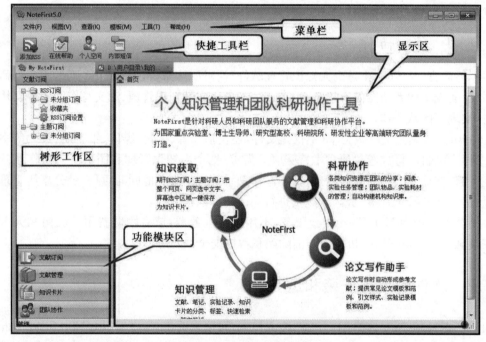

图 12.2　NoteFirst 客户端主页

NoteFirst 运行后在屏幕上出现一个浮动工具（见图 12.3）。使用浮动工具可以进行网页保存、屏幕截图、保存题录等快捷操作。点击"×"可隐藏浮动工具，执行"主菜单"→"视图"→"显示/隐藏浮动工具"，可重新显示浮动工具。

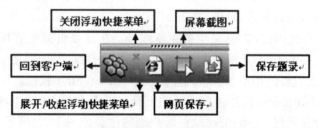

图 12.3　NoteFirst 浮动工具

## 12.2.3 文献管理

选择文献管理模块,打开文献管理操作页面(见图 12.4),文献管理显示区划分为树形工作区、题录列表区和信息显示区。

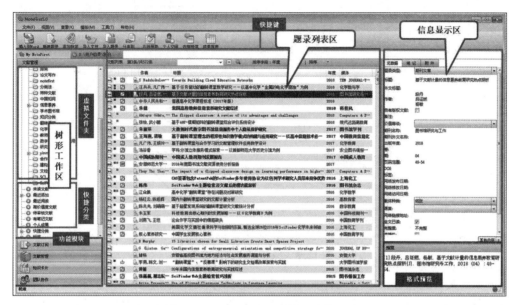

图 12.4 NoteFirst 文献管理功能页面

### 12.2.3.1 添加题录

添加文献题录信息有手动添加、导入文件、在线数据库导入题录和其他同类软件的导入题录等四种方法。

**1. 手动添加**

手动添加题录,就是给当前文件夹中添加题录信息。手动新建题录有三种方式。

(1) 单击快捷工具栏的"新建题录"按钮;

(2) 单击菜单栏的"文件",在出现先拉菜单中单击"新建题录"按钮;

(3) 在左侧文献管理的树形工作区,右击需要添加的目标文件夹,在出现的菜单中选择"新建题录"按钮。

在出现的新建题录对话框中,首先,选定通用文章、图书、期刊论文、会议论文、学位论文、报告或专利等题录类型;其次,输入文献信息的题名、作者、刊名、出版社、时间等各种元数据;最后,点击保存,一个新的文献题录即可生成。

**2. 导入文件**

在没有使用论文写作助手或者参考文献管理软件之前,读者往往会把收集的全文文献存放在计算机中,可以通过 NoteFirst 的导入文件功能将文献全文导入到题录数据库中,并且借助"题录自动更新"功能,补充和完善题录信息。既可导入单篇,也可以导入整个文件夹中的多篇文件。在树形工作区选择要导入题录的目标文件夹,单击快捷工具栏的"导入文件"(或者右击目标文件夹,执行"导入文件")。

(1) 导入单篇文件。在底部出现的对话框中(见图 12.5)点击"添加文件"→"导入"按钮,单篇文献就被导入。注意:导入时要正确选择题录类型,否则导入的数据不完整。

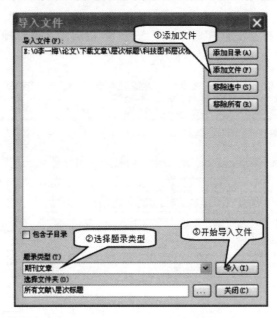

图 12.5　NoteFirst 文件导入

(2) 导入文件夹。导入整个文件夹中的文献的具体操作为:选择"添加目录"按钮,选择要导入的文件夹,点击"导入",该文件夹及其所有文献都被导入,并且在树形工作区中建立了一个以该文件夹名称命名的文件夹(见图 12.6)。

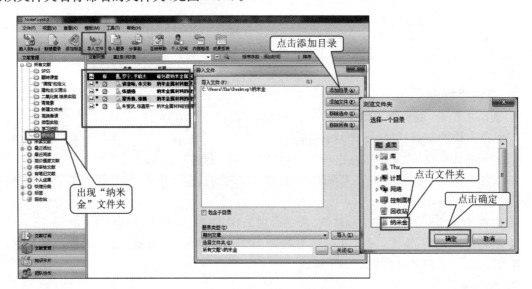

图 12.6　导入目录操作示意图

另外,NoteFirst 可以实现将计算机本地 PDF、CAJ、WORD 等文件直接拖拽到管理软件中进行题录添加和管理。

**3. 在线数据库导入题录**

NoteFirst 支持把读者从 Web of Science、ScienceDirect、SpringerLink、IEEExplore、中国知

网、万方数据等在线文献数据库中感兴趣的文献直接导入到自己的 NoteFirst 中,避免了题录数据输入的麻烦。

(1) 在线数据库检索结果列表页面中批量导入题录。将在线数据库的检索结果列表页面的感兴趣的多篇文献,直接导入到文献管理软件中。以中国知网为例,在检索到相关文献结果列表中,勾选需要批量导入的文献,点击"导出/参考文献",打开文献输出页面,点击左侧 NoteFirst 方式,点击"复制到剪贴板",在出现的对话框中点击"确定",记录以 NoteFirst 的编辑语言被复制到了剪切板中(见图 12.7)。打开 NoteFirst 客户端,在树形工作区选中要导入的文件夹,点击快捷工具栏的"导入题录",出现对话框,默认来自剪切板,点击"开始导入",出现题录列表,再点击"接受选定题录",这样多条记录就被导入文献管理软件(见图 12.8)。

图 12.7　在线数据库批量导入题录操作步骤一

图 12.8　在线数据库批量导入题录操作步骤二

（2）在线数据库检索结果详细题录页面导入题录。在打开的数据库某篇文献浏览器的详细题录页面，有三种方式导入题录。

方式一：右键单击，在出现的菜单中会有"NoteFirst 保存网页""NoteFirst 保存题录"等选项（见图12.9），单击"NoteFirst 保存题录"，即可保存题录到 NoteFirst 中。

方式二：单击浏览器的详细题录页面中出现的 NoteFirst 悬浮工具栏的"保存题录"（见图12.10）。

图 12.9　NoteFirst 在线添加题录一

图 12.10　NoteFirst 在线添加题录二

方式三：导出其他格式的文件后导入题录，以 Web of Science 核心合集检索结果的一篇文献为例，在某篇文献的详细题录页面点击"导出"按钮，在出现的下拉菜单中点击"其他文件格式"，选择"BibTex"格式，导出并下载 bib 格式的文件到本地（见图12.11），再将导出的 bib 格式的文件导入题录中，这样可将该篇文献导入到 NoteFirst 中了，导入题录时应正确选择过滤器（见图12.12）。

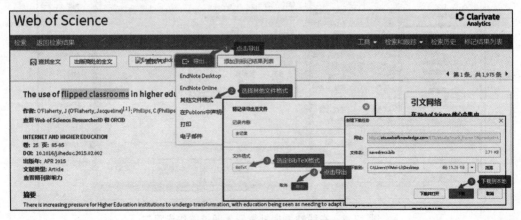

图 12.11　NoteFirst 在线添加题录三

## 4. 把其他同类文献管理软件中的题录导入 NoteFirst

如果之前试用了其他同类软件,则可以通过"导入题录",实现数据的转移,操作步骤如下:
(1) 单击快捷工具栏中"导入题录",或者右击目标文件夹,选择"导入题录"。
(2) 选择"题录来源""样式过滤器"和"文件编码",单击"开始导入"。
(3) 在"导入预览"中选择目标题录,最后单击"接受选定题录",完成题录的导入。

NoteFirst 目前提供了 BibTex、EndNote、Biblioscape Tag File、NoteExpress、Refmanager、RefWorks、BibliogscapeTag 等多种过滤器。导入之前,请先使用其他同类软件提供的导出功能,把题录导出到一个文件上。导入时,根据使用的软件和导出文件的格式选择相应的过滤器(见图 12.12)。

### 12.2.3.2 题录管理

**1. 题录分类**

在文献管理树形工作区,可以根据研究课题的关键词、学科、文献类型等把收集的文件分成若干文件夹(见图 12.13)。文件夹支持多级嵌套,允许用户新建、删除、更名文件夹。

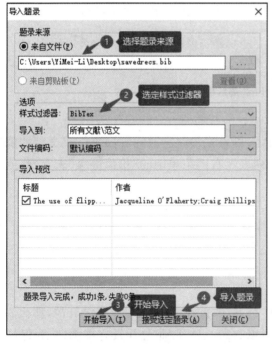

图 12.12　NoteFirst 同类软件导入题录

图 12.13　NoteFirst 分类文件夹

**2. 题录显示列表**

NoteFirst 管理软件题录文献列表形式包括预览形式、列表形式、预览备注形式和列表备注形式等四种形式。系统默认为列表形式(见图 12.14)。

**3. 题录列表排序**

在题录栏上方"排序字段"位置击鼠标,可以选择排序字段(根据添加时间、作者标题、媒体、题录类型、价值等级、年度进行排序),并可以选择按升序或者降序排列。

**4. 题录文献搜索**

在查找相关文献时,先在快捷工具栏输入检索关键词,再按回车键或单击" "图标。检索相关的题录,显示检索到的题录列表,默认从标题、作者、媒体中查找(见图 12.15)。

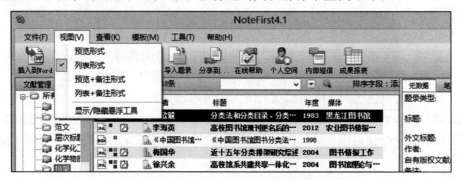

图 12.14　NoteFirst 题录列表视图形式选择

图 12.15　NoteFirst 便捷检索页面

系统提供高级检索功能,单击输入框右侧的向下箭头按钮,进入高级检索页面(见图 12.16)。可以对标签、作者、标题和媒体选项进行组配检索,缩小检索范围,实现准确检索。

图 12.16　NoteFirst 高级检索页面

**5. 价值等级标定**

NoteFirst 中,通过使用数值标记符号(如"①""②""③""④""⑤"等)来标识文献的价值等级,以突出对某篇题录价值的评定。通过题录列表区右键菜单中的"价值等级"来实现,或者选中题录,用"Ctrl+数字"来实现。

**6. 已读/未读文献**

NoteFirst 中,通过使用题录显示为"普通字体"或"加粗字体"来体现已读/未读属性:加粗表示未读,正常字体表示已读。标记状态可通过执行"标记为已读/未读"来进行手工修改。文献查看全文后会自动变为已读状态。

**7. 公开/非公开文献**

文件夹、题录、卡片、文稿等都有一个属性:公开/非公开,如果文件夹是公开的,那么添加到这个文件夹的题录将会被 NoteFirst 的搜索引擎收录。公开/非公开具有继承性,为保证用户隐私,"公开"和"非公开"的继承原则采取了区别对待。公开文件夹的子文件夹和题录允许改为非公开,但非公开文件夹的子文件夹和题录不能改为公开。公开文件夹的图标为"　",非公开文件夹的图标为"　"。

**8. 自有版权文献**

自有版权文献是指用户个人拥有版权,可以公开自由传播的文献。自有版权文献会出现在个人空间的列表中,任何人都可以访问注册用户的用户中心,用户中心是用户个人科研成果的展示"橱窗",如果对个人成果的版权归属不是很清楚,则建议不要提供全文的公开免费下载。

**9. 文献的移动**

NoteFirst 中的题录可以在文件夹中移动。具体操作:在题录上右击鼠标,选择"移动到其他文件夹",选择目标文件夹即可。

**10. 标签**

标签是指对管理的题录添加"关键词"。在添加一个题录时,可以选择一个或多个标签来标记这个题录,以后根据这些标签就可以很方便地进行检索。具体操作方法为执行"添加标签"。

**11. 查看全文**

当一条题录有全文文献时,题录前方会有相应全文格式的图标显示,双击题录便可以查看全文内容;或通过执行右键菜单中的"全文"→"在内部浏览器中打开/在外部浏览器中打开"查看全文。

**12. 全文文件、附件、网络链接地址**

在 NoteFirst 中可以添加多种形式的文件(如 PDF、Word、JPEG、CAJ 等)作为题录的附件。全文文件、附件、链接地址的添加通过执行题录列表区右键菜单中的"添加附件"或者题录详细信息区中的"附件"来实现。全文文件的文件格式通过图标表示。图标"土"表示在服务器上存在该题录的全文,但还没有下载到本地客户端,双击题录便可将全文下载到客户端,再次双击题录即可打开全文文件。

右键菜单中的"添加附件"与"全文"中的"添加全文"的区别为:"添加附件"可以添加多个附件,而"添加全文"只能添加一篇全文。

**13. 题录自动更新**

在没有使用 NoteFirst 之前,用户可能已经人工收集了一些全文文献,导入文件时只有题录名称,或手动添加了一些文献,但信息还不够完整,这时便可以通过题录自动更新来实现题录信息的完善。在确保题录名称和题录类型正确的情况下,利用右键菜单中的"题录自动更新",并选择正确的数据库,从而完成题录自动更新操作,使其信息完整。题录自动更新的实现方法为根据文献标题和题录类型到选定数据库去搜索题录类型相同、标题相似度达到设定阈值的文献。注意:在确保全文文件名与题录标题相同、题录类型正确的情况下,才可以题录自动更新。操作过程如图 12.17 所示。

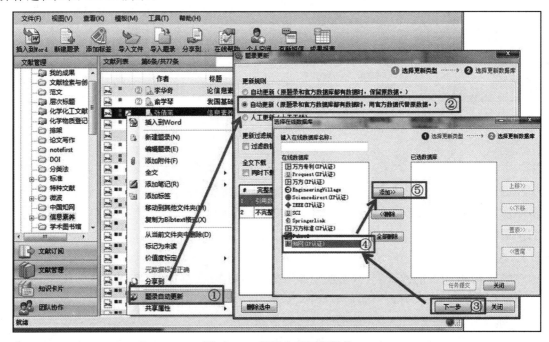

**图 12.17 题录自动更新操作**

### 14. 全文自动下载

保存题录、导入题录时或保存题录后都可以通过 NoteFirst 全文下载功能进行全文自动下载。

（1）保存题录时，通过勾选编辑题录窗体上方的"全文下载"选项，下载全文。

（2）保存题录后，通过右键菜单中的"全文"选项中的"全文自动下载"下载全文，也可以通过双击题录进行全文下载。

### 15. 重复题录处理

收集文献时总会出现一些重复的题录，题录数量较多时，若一条一条删除，则工作量会很大，而题录去重功能可以轻松实现题录的去重处理。录入、导入题录时，如果已经存在与标题相同的题录，则会出现提示，让用户选择"强制添加"或"取消"。在 RSS 订阅、关键词订阅的文献列表中，如果在文献管理中已经存在标题相同的文献，那么其底色就会变为绿色。

点击菜单栏中的"工具"下的"题录去重"，可进行重复题录处理。系统会按照题录元数据的完整度自动选择需要删除或保留的重复题录，也可自行选择保留或删除的题录。点击"删除选中题录"即可删除复选的题录（见图 12.18）。

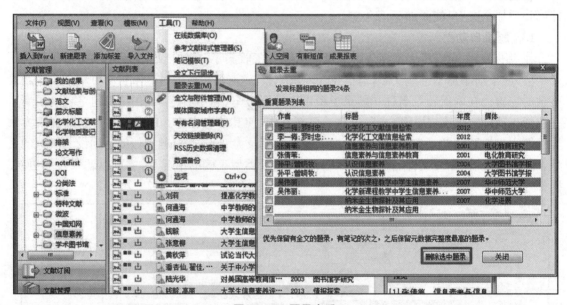

图 12.18 题录去重

## 12.2.3.3 读书笔记管理

NoteFirst 的笔记管理包括 PDF 文献的随文笔记、读书笔记两种。随文笔记通过全文 PDF 的备注形式实现，附在 PDF 文件中，可以在 PDF 阅读器中显示。读书笔记是在 NoteFirst 中写下的读书笔记，只能在 NoteFirst 中阅读。

### 1. 在线阅读

在附加 PDF 全文的题录上，双击题录即可打开内置 PDF 浏览器，实现在线阅读；同时也可以在外部浏览器中打开，并可以方便地拖拽、旋转、放大、缩小等。

### 2. 随文笔记

点击快捷键"添加注释"，再单击文献，会在鼠标单击处出现一个注释框。可以在注释框里添加注释,注释内容会同时作为笔记保存(见图12.19)。

NoteFirst 内置 Adobe Reader 阅读器,使用方法与正常的 Adobe Reader 阅读器大致相同,图 12.19 中的长方形工具包括:

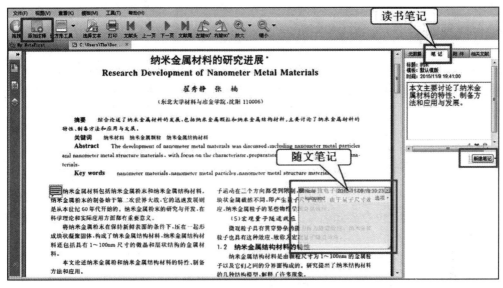

图 12.19　NoteFirst 笔记管理

(1)"高亮",点取"高亮"后,鼠标拖拽过的部分会用黄色底色标识;
(2)"箭头",点取"箭头"后,鼠标拖拽过的部分会出现箭头标识;
(3)"直线",点取"直线"后,鼠标拖拽过的部分会出现直线标识;
(4)"波浪",点取"波浪"后,鼠标拖拽过的部分会出现波浪标识。

**3. 读书笔记**

把信息显示区的选项卡切换到"笔记",点击"新建笔记",选择笔记模板,即可创建笔记。NoteFirst 支持用户对题录添加笔记,同一题录可以建立多条笔记。

笔记添加成功后,NoteFirst 会在标记列显示绿色色块,表明该题录有笔记。注意:必须有笔记模板才可进行笔记的添加。

创建笔记模板:点击菜单栏"工具"选项→"笔记模板",弹出"笔记模板对话框",在笔记模板列表下方的空白处单击鼠标右键,选择"新建笔记模板"(见图12.20)。

图 12.20　新建笔记

在左侧树形工作区中点击"有笔记文献",题录列表区便显示所有带有笔记的文献,再通过右侧的笔记显示区查看笔记,由于笔记显示区比较小,不便于查看,可以通过"放大查看"操作来查看笔记。笔记编辑可执行"编辑笔记"。

笔记分享：分享题录时，笔记会自动被分享到团队协作工作区下的分享笔记里；或通过执行团队协作工作区下的分享笔记下的"分享笔记"操作来完成笔记的分享。

## 12.2.4 文献订阅与知识卡片

NoteFirst 文献订阅功能包括关键词订阅和期刊 RSS 订阅。打开软件，进入主页面，默认为文献订阅功能模块操作页面，也可以在右下角的功能模块区，选择单击"文献订阅"，进行文献订阅操作。

### 12.2.4.1 关键词订阅

关键词订阅，也称为主题订阅，是指订阅某个主题（包含特定关键词）的最新文献。

关键词订阅与选择不同的数据库有关系，如 Pubmed、IEEE、SCI 等。可以利用高级检索准确检索到结果，以订阅某位业界知名专家的最新研究成果，还可以作为自动收集个人被 SCI、EI 收录的成果的工具。

具体的操作步骤是，首先选择功能模块区的"文献订阅"模块，在树形工作区选择"关键词订阅"，输入检索关键词，选择在线数据库，如万方、知网、Web of Knowledge 等，对满意的结果执行"保存为订阅"操作（见图 12.21）。

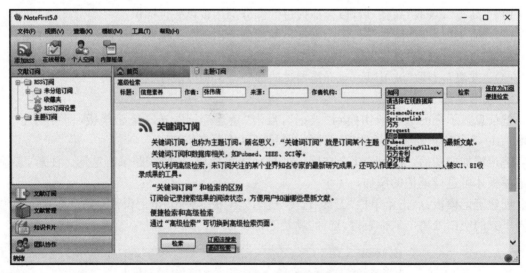

图 12.21 NoteFirst 关键词订阅操作

### 12.2.4.2 期刊 RSS 订阅

NoteFirst 期刊 RSS 订阅用于订阅个人关注期刊的最新发表的文章，还可以订阅其他相关资讯，如基金委动态、相关企业最新产品、国内外要闻等。NoteFirst 支持把有价值的文献直接导入文献管理中，自动补充作者、标题、期刊名称、年卷期、页码等元数据，以便作为参考文献进行引用。

NoteFirst 期刊 RSS 订阅的操作步骤为：

第一步，选择期刊 RSS 分组。在左边的树形菜单区，通过执行右键菜单中的"添加分组"或

"添加子分组"来实现。

第二步,添加 RSS 源。有两种方法,一是在左边树形菜单区,单击右键菜单中的"添加 RSS 源",二是单击快捷工具栏中的"添加 RSS"图标。添加 RSS 有两种途径,一种是在输入框中直接输入地址,另一种是在 NoteFirst 的 RSS 列表中选择。NoteFirst 整理了全球的学术相关 RSS,包括 Nature Publishing Group、ScienceDirect、Springer、IEEE、AIP、BMC、知网、万方、基金委、科技部、教育部等,并给出订阅人数较多的 RSS 列表以供参考(见图 12.22)。

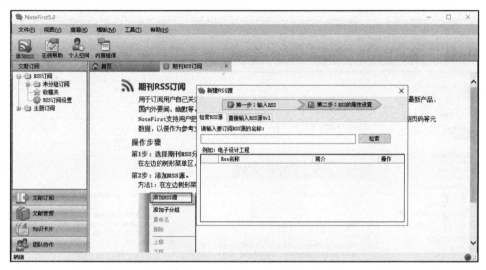

图 12.22　NoteFirst 期刊 RSS 订阅操作页面

## 12.2.4.3　知识卡片

NoteFirst 的知识卡片功能模块可以制作和管理卡片,从而快速地积累知识和信息。方法包括:一键保存网页,快速分类收藏有价值的信息;屏幕截图,以图片形式保存有价值的信息;知识卡片管理,对卡片进行分类管理,提供快捷查询和预览;转化为电子书,把收集的卡片转换为电子书,便于收藏、出版和分享(见图 12.23)。

图 12.23　NoteFirst 知识卡片功能操作页面

## 12.2.5 团队协作

NoteFirst 的团队科研协作系统,致力于为研究型高校、国家重点实验室、院士博导团队、科研院所、研发型企业等提供科研协作服务。点击客户端的"团队协作"直接打开进入网页版的"团队科研协作系统"功能模块(见图12.24)。

图 12.24　NoteFirst"团队科研协作系统"功能模块

团队科研协作系统具有创建或加入管理群组,邀请成员,分享题录、卡片、文件、笔记,任务管理,团队模板,标签等功能。

(1) 成员知识成果的自动积累、传承和分享。团队每个成员都阅读了很多文献,做了很多笔记,完成了很多实验,这些个人知识成果大多保存在成员的个人计算机中,会随着成员的毕业、转岗而流失,没能成为团队的知识财富。通过读书笔记分享可提高整个团队的信息获取效率,并营造团队文化。

(2) 任务管理。团队负责人会为新成员指派文献阅读任务、实验任务,但完成质量目前很难评估。让成员把阅读的文献、笔记(可分为精读笔记、泛读笔记)和完成的试验记录分享到团队中,既可实现团队资源的自动积累和传承,又可实现阅读任务的评估。

(3) 实验记录、器材物品管理。实验规程、实验记录的规范,实验记录模板把每个成员的实验记录自动留存到团队。即便是那些失败的实验,也可避免后来者犯同样的错误,还可以对团队的固定资产(实验器材、易耗品)的入库、领用进行管理。

(4) 团队所需专业资讯的订阅。目前大多数高校和研究院所购买了 SCI、ScienceDirect、SpringerLink 等专业数据库,团队和研究人员可以及时获取本专业最新进展,不需要定期访问这些网站。

(5) 工作规范的传承。很多团队都积累了一些实验规程、实验记录模板、读书笔记模板等工作规范,这些工作规范要进行传承,更要让成员知悉和执行。

（6）成员间交流。成员可以查看所参与群组的最新动态，包括资源的分享、成员的加入、微博信息等，对分享的资源进行评价、添加笔记；微博提供了便捷的交流工具，成员之间还可以通过内部短信进行交流。

（7）机构知识库建设。对团队的个人成果、实验记录、重组数据进行再组织，开辟机构成果展示"橱窗"，提高团队和机构的学术影响力。文献、实验记录、读书笔记等都是团队智慧劳动的见证，资源的日积月累在不知不觉中构建起了机构的知识库，也记录了团队科研活动的历史。

NoteFirst 还有"成果提交"功能，支持把个人成果一键提交给机构知识库，这样就可让成员享受 NoteFirst 增值服务的统一，省去成果提交带来的额外劳动，为机构知识库建设提供了便利。机构知识库既可覆盖笔记、知识卡片、实验记录、讲座、教案等知识成果，也可覆盖购置的数据库等机构知识资产。这种知识再组织，将机构从"购买者"进化为知识产品的"组织者"和"生产者"。

## 12.2.6 论文写作助手

NoteFirst 安装后，会在 Microsoft Office Word 软件中添加插件工具栏，在论文写作时可以实现参考文献的自动形成。插件工具栏包括主要功能、定位功能、格式化功能和引文编辑等四个功能区（见图12.25）。

图 12.25　Microsoft Office Word 中 NoteFirst 插件工具栏

论文写作助手的主要功能是把作者管理的引用文献直接插入活动文档的当前光标处，自动形成文中引文标记和文后参考文献列表。插入引文的步骤如下。

### 12.2.6.1　引文样式选择

因为不同期刊要求的文后参考文献的格式不同，所以需要选择引文样式，选择一次即可自动记忆。

（1）选择、更换引文样式。选择和更换引文样式的方法为：单击 Word 插件中的"更换引文样式"图标"　"，在打开的页面上单击"更多"，就会出现引文样式列表，系统自带 GB 7714—2015 顺序编码制等数百种引文样式。选择需要的引文样式，单击"确定"即可（见图12.26）。

NoteFirst 会自动记录每一篇文稿的引文格式，如果是新建的文稿，那么系统将默认引文样式为国标 GB/T 7714—2015 顺序编码制。

（2）引文样式设置。单击 NoteFirst 客户端主窗体菜单栏的"工具"选项，选择"参考文献样式管理器"，打开参考文献样式管理器窗体，或者单击 Word 文档的插件图标中的"引文编辑"，进行新建样式或编辑已有样式等操作（见图12.27）。

图 12.26　NoteFirst 更换引文样式

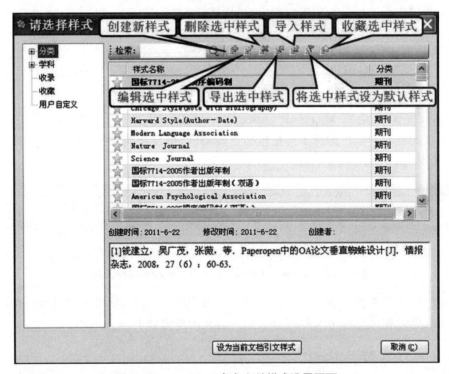

图 12.27　NoteFirst 参考文献样式设置页面

　　新建样式需要进行多步操作，最好在系统现有某个样式的基础上进行修改，然后另存。选择要编辑修改的参考文献样式名称，双击该样式名称，或者单击鼠标右键，选择"编辑样式"，就会出现"参考文献样式编辑器"窗口（见图 12.28）。

　　参考文献样式编辑主要包括常规设置、缺失项的设置、文中引文格式设置以及文后参考文献列表的设置。其中，因为文后参考文献列表选择的参考文献体制不同，所以包括的内容也不相同。编辑完成后，单击"另存为"，即可保存新的引文样式。

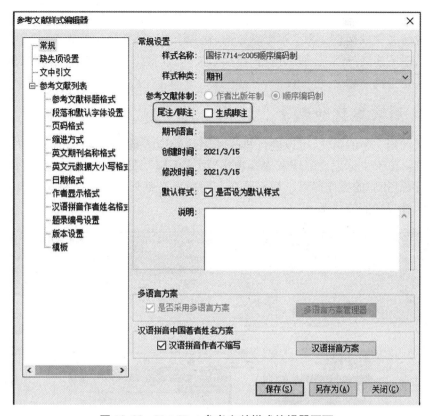

图 12.28　NoteFirst 参考文献样式编辑器页面

## 12.2.6.2　引文插入

在 NoteFirst 客户端中选定要插入的引文,在 Word 文档中单击插件中的"引文插入",即可把文献作为引文插入 Word 文档的当前光标处,自动生成文中引文标注和文后参考文献列表。或者使用 Word 插件中"插入引文",效果一样(见图 12.29)。

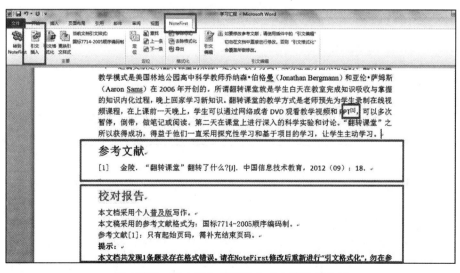

图 12.29　引文插入与自动生成文后参考文献

一次可以插入多篇引文,支持单选、连选、多选。引文插入后,会在文中自动插入引文标记,并在文后形成参考文献列表。为了不影响效率,在一个 Word 文档中插入 20 篇引文后,如果文中引文序号出现不连续的情况,那么进行"更换引文样式"操作,并且选择与客户端同步操作,不连续的现象就会自动消除。

#### 12.2.6.3 引文编辑和删除

对已经插入到文中的引文,可以进行修改和删除操作。删除引文时,首先选中要操作的文中引文(选中后,该引文标记会出现灰底),单击"引文编辑"(见图 12.30)。选中要删除、编辑、更新的题录,执行相应的操作即可。切不可在文后参考文献列表中直接编辑修改,否则格式化后又会恢复到修改之前的状态。

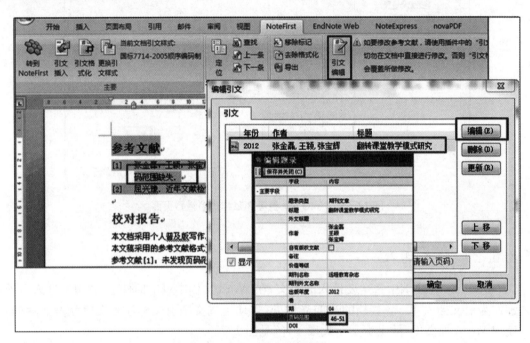

图 12.30　引文编辑操作

#### 12.2.6.4 引文格式化

在单文档插入引文超过一定量块复制、块删除、块移动等情况下,会出现引文序号不连续的现象。为了提高效率,在最后定稿时,通过引文格式化来消除这些现象。

引文格式化的具体操作是通过单击 Word 插件图标的"更换引文样式"来实现的。当需要把论文从一个期刊转投另外一个期刊时,在引文格式化时选择新的期刊引文样式即可轻松地实现引文格式的转变。

#### 12.2.6.5 定位

通过定位功能,实现文中引文和文后参考文献列表的跳转,可以从文中引文跳到文后参考文献列表中对应的参考文献,反之亦然。具体操作步骤为:将光标移至文中引文处,引文标注变灰,再单击插件中"定位引文"按钮" ",光标直接跳转到相应的文后参考文献,并且变灰,反之亦然,方便读者快速查找文中引文和文后参考文献。

### 12.2.6.6 移除标记

在论文写作完成、准备投稿或提交时,需进行移除标记处理。具体操作步骤为:点击"移除标记"按钮,出现对话框提示:"清除标记后,所有的引文标记将转换为普通文本并且无法继续通过 NoteFirst 软件管理,需要继续吗?"也就是将可编辑的文后参考文献改为普通文本(见图 12.31)。建议在移除标记之前一定要进行保存文件处理,移除标记之后再作另存为新文件处理,以便日后继续修改。

图 12.31 移除标记操作

### 12.2.6.7 脚注/尾注转换

NoteFirst 生成参考文献有尾注和脚注两种形式,默认为生成尾注,如果希望将尾注转换为脚注,那么只要在参考文献样式编辑器上勾选"生成脚注"方框,保存参考文献样式即可(见图 12.28)。

如果希望论文既包含尾注也包含脚注,那么具体操作为:生成尾注后保存文档 1,编辑参考文献样式时勾选"生成脚注"后另存生成脚注的文档 2,此时就有了两个文档,将含有尾注的文档 1 进行"移除标记"处理后,将文后参考文献列表拷贝到生成脚注的文档 2 后,这样就可实现同一篇论文既有脚注也有尾注的愿望。

注意:尾注已经进行移除标记处理,不能使用 NoteFirst 编辑参考文献了。

## 12.3 EndNote

EndNote 软件是目前世界上使用面广、认可度高、专门用于管理科技文章中参考文献和论文写作的文献管理软件。EndNote 集成搜索互联网上的参考文献数据库,组织参考书目、图片和 PDF 文件,利用嵌入模板构建稿件,在撰写的时候查看参考书目,撰写论文时插入引用文献并按照格式进行编排等多项功能。EndNote 的主要优点是英文文献兼容性好。

EndNote 是一款付费使用的软件,下载安装后,单击程序中的"EndNote"图标,进入 End-

Note 文献管理软件程序，系统会询问是否打开已有文件或新建文件。新建自己的数据库，会产生一个新的数据库文件；打开已有的数据库，可点击工具栏上的图标或执行"File"→"Open"→"Open Liarary"打开已有文件，进入 EndNote 主页面（见图 12.32）。

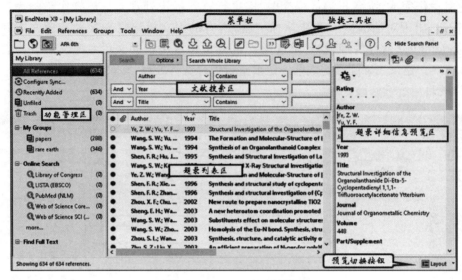

图 12.32　EndNote 主页面

EndNote 的网址为 http://www.EndNote.com。EndNote 最基本的功能是文献管理和论文撰写助手。

## 12.3.1　文献管理

### 12.3.1.1　添加文献

添加文献有手工添加、本地导入、客户端在线添加和在线数据库导入等四种文献导入方法。

（1）手动添加：点击"New Reference"（添加新文献）按钮，在打开的文本框中添加作者、题名等元数据，点击"保存"即可手动添加文献。

（2）本地导入：通过点击"File"（文件）→"Export"（导入），可实现单篇 PDF 文献（文件）或文件夹（含多个 PDF 文献）的批量导入。

（3）客户端在线添加：可点击"Online Search"（在线检索模式）按钮，实现在所选择的数据库内检索。在搜索结果中选择所需题录，按右键添加到特定文件夹，即可添加题录。

（4）在线数据库导入：在线数据库检索到的相关文献，可通过网页上的 Export 功能导出，然后使用 EndNote"导入"或"打开"，即可导入题录。

### 12.3.1.2　管理文献

EndNote 在本地建立个人数据库后，可随时收集查找文献记录；通过检索结果，准确调阅所需 PDF 全文、图片和表格；将数据库与他人共享，对文献进行分组、分析和查重，自动下载全文；对文献题录进行排序、查找、去重、分组、分析、获取全文等管理。

（1）创建组。左侧功能管理区，右击"My Group"→"Create Group"，创建并命名文件夹，将文献分类管理。

（2）评级。按重要程度标注星号。

（3）排序。点击题录列表的表头，可以按照作者、年代、期刊、更新日期、评级等将题录进行升降排序。

（4）检索。在文献搜索区选择不同字段输入检索词，可以快速找到目标文献。

（5）添加全文。点击右键菜单中的"Attach File"添加附件，即可添加全文。

## 12.3.2 论文写作助手

在论文撰写过程中，使用 EndNote 可以随时调阅、检索相关文献，并按照期刊要求的格式插入文后的参考文献；迅速找到所需图片和表格，将其插入论文相应的位置；在转投其他期刊时，可迅速完成论文及参考文献格式的转换。

参考文献库一经建立，以后在不同文章中作引用时，既不需要重新录入参考文献，也不需仔细地人工调整参考文献的格式，而且在很多情况下参考文献可以直接从网上下载并导入库中。对文章中的引用进行增、删、改以及位置调整时都会自动重新排序。文章中引用处的形式（如数字标号外加中括号的形式，或者作者名加年代的形式等）以及文章后面参考文献列表的格式都可自动随意调整。这在修改退稿并另投他刊时特别有用。

在正确安装 EndNote 之后，Word 的工具菜单下就会出现 EndNote 的插件工具栏。EndNote 的插件工具栏分为 Citations（引用）、Bibliography（参考文献条目）、Tools（工具）三个功能区（见图 12.33）。

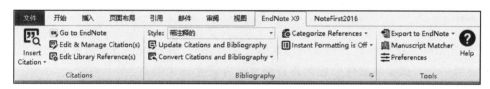

图 12.33　EndNote 在 Word 中的插件工具栏图标

### 12.3.2.1　Citations 功能区

（1）Insert Citation。有插入引文、选中书目、笔记和图片四种选择，默认为插入引文。把在 EndNote 中选择好的文献插入 Word 文档，无论是通过搜索还是自行挑选的方式，找到想要插入论文中的文献，并选中这些文献（按住"Ctrl"键选择多个、按住"Shift"键选择连续的多个），然后在 Word 的 EndNote 菜单条里选择文中标注的样式（有作者、年等），就会在文中光标处插入文中标注，同时在文后产生文后参考文献列表。

（2）Go To EndNote。切换至 EndNote 程序，如果 EndNote 程序没有打开，那么点击后就会自动打开。

（3）Edit & Manage Citation(s)。编辑与管理引文。可以对插入文中的所有参考文献进行顺序的移动、删除等操作，引文顺序标号将自动调整。

（4）Edit & Library Reference(s)。可以对 EndNote 个人数据库的文献题录进行编辑、修改操作。

### 12.3.2.2 Bibliography 功能区

(1) Style。输出引文样式,这里有多种期刊的引文样式可供选择。在投稿前,可以选中相应期刊的引文样式,也可以编辑、新建相应期刊的文后参考文献的引文样式。

(2) Update Citations and Bibliography。更新、格式化引文,在插入多条引文后可能出现不连续的现象,引文格式化后会消除这个问题。

(3) Convert Citations and Bibliography。转换引文有 Convert to Unformatted Citations、Convert to Plain Text、Convert Reference Manager Citations to EndNote、Convert Word Citations to EndNote 四种选择,其中 Convert to Plain Text 为去除域代码操作,在定稿投稿前需要将 EndNote 编辑域代码转化为普通文本,此时最好先保存源文件,因为转化后就不能再用 EndNote 进行编辑。点击"Convert to Plain Text",EndNote 会重新生成一个新的 Word 文档,在这个新的 Word 文档中不会存在域代码,只需将这个文档保存即可。

(4) Categorize References。对参考文献列表进行分组排序处理。

(5) Instant Formatting is On(Off)。打开(或关闭)即时格式化功能。

### 12.3.2.3 Tools 功能区

(1) Export to EndNote。导出参考文献列表。将 Word 文档中的参考文献列表导出到 EndNote 中。

(2) Manuscript Matcher。为你找到最匹配的参考文献格式。

(3) Preferences。一般设置功能。

#### 思考与练习

1. NoteFirst 文献管理软件的添加题录的方法有几种,哪一种方法最简便实用?
2. 使用一种文献管理软件管理你获得的文献并用于论文写作。

# 第 13 章 学术论文的撰写规范

一般来说,科学研究具有一定的工作流程。首先,发现问题。检索相关的研究,分析现有的研究结果,从中发现问题,提出假说。其次,进行科学实验。制订实验方案,定义实验步骤,进行实验,得出数据。再次,进行数据分析。整理汇总数据可视化,再验证数据,调整实验,重新校验假说。最后,展示成果。进行学术论文的写作与发表。

学术论文的撰写与发表可以反映一个人的科研能力、学识水平以及信息素质的综合能力。同时,学术论文的撰写必须遵循一定的规范与约定。

## 13.1 学术论文及其撰写规范

### 13.1.1 学术论文概述

学术论文主要用于科学技术研究及其成果的描述,是研究成果的体现。

#### 13.1.1.1 学术论文的含义

学术论文,通常也叫研究论文,是某一学术课题在实验性、理论性或观测性上具有新的科研成果或创新见解和知识的科学记录;或是某种已知原理应用于实际中取得新的进展的科学总结,在学术会议上宣读、交流或讨论;或是在学术刊物上发表的文章;或是作其他用途的书面文件。学术论文应提供新的科技信息,其内容应有所发现、有所发明、有所创造、有所前进,而不是重复、模仿、抄袭前人的工作。

学术论文是在科学研究、科学实验的基础上,对自然科学和专业技术领域里的某些现象或问题进行专题研究、分析和阐述,为揭示这些现象和问题的本质及其规律而撰写的文章。学术论文是报道自然科学研究和技术开发创新工作成果的论说文章,通过运用概念、判断、推理、证明或反驳等逻辑思维手段,来分析、表达自然科学理论和技术开发研究成果。

运用学术论文,可以进行成果推广、信息交流、促进科学技术的发展。论文写作完成后通常会在学术刊物上发表,或在学术会议上宣读交流。它们的发表意味着研究工作的水平为社会所公认,已载入人类知识宝库,成为人们共享的精神财富。学术论文也是考核科技人员业绩的重要标准。

#### 13.1.1.2 学术论文的特性

学术论文必须是作者自己对科技发展和社会进步有推动作用的创造性研究成果的文字记载,必须对写作材料进行科学、合理的逻辑加工。所以,学术论文应该具备科学性、创新性和逻辑性三个基本特性。

**1. 科学性**

科学性是学术论文在方法论上的特征。科学性是保证学术论文质量最基本的要求。它描述的不仅仅是涉及科学和技术领域的命题，更重要的是论述的内容还要具有科学可信性。学术论文不能凭主观臆断或个人好恶随意地取舍素材或得出结论，必须以足够的和可靠的实验数据或现象观察作为立论基础。所谓"可靠的"是指整个实验过程是可以复核验证的。也就是说，科学性是指选题必须有理论和事实根据；内容真实可信，忠于事实和材料；论点明确，论据可靠而充分；结论能经得起实践检验。学术论文以记录和总结科学研究实践过程、表述和论证并传播科学信息为职能，因而它必须具备科学性。

**2. 创新性**

创新性是学术论文的灵魂。它要求文章所揭示的事物现象、属性、特点及事物运动时遵循的规律，或者这些规律的运用必须是前所未见的、首创的或部分首创的，必须有所发现、有所发明、有所创造、有所前进，而不是对前人工作的复述、模仿或解释。学术论文的创新性大致表现在以下几个方面：开拓新的研究领域，提出前人没有提出的全新论断；深化和发展前人的研究成果；从不同的角度，或以新的论证方式，或利用新资料来研究老问题，提出新见解等。创新性是衡量学术论文价值的根本标准。

**3. 逻辑性**

逻辑性是学术论文的结构特点。逻辑性是指提出和论述的问题必须具有一定的逻辑顺序和内在联系，其逻辑结构应是步步为营、层层推进的，可运用演绎推理或归纳推理等研究方法推出必然的结论。它要求论文脉络清晰、结构严谨、前提完备、演算正确、符号规范、文字通顺、图表精致、推断合理、前呼后应、自成系统。不论文章涉及的专题大小如何，都应该有自己的前提或假说、论证素材和推断结论。通过推理、分析，将它提高到学术理论的高度，不应出现无中生有的结论或一堆堆无序数据、一串串原始现象的自然堆砌。逻辑性是一篇学术论文成功的重要保证。

### 13.1.1.3 学术论文的类型

学术论文的分类方法多种，从不同的角度分类，结果也有所不同。学术论文的类型主要有专题研究论文、综述论文、成果论文、学位论文和科学技术报告等，具体来说主要包括理论与应用研究论文（包括综述报告）、实用性成果报告、理论学习与社会实践总结、业务指导与技术管理的文章等。

## 13.1.2 学术论文的撰写步骤

学术论文的写作是一项复杂的智力活动，有效掌握学术论文的写作步骤是顺利完成写作的必要条件。学术论文写作一般经过选题、收集整理资料、拟定写作提纲、起草初稿和修改定稿等五个步骤。

### 13.1.2.1 选题

选择课题，确定主攻方向，是撰写学术论文的第一步，它直接关系着学术成果的质量和水平。科研人员的远见卓识，首先就表现在这里，所以选题一定要恰当、慎重。

**1. 选题原则**

学术研究活动往往受到许多因素的限制,应当研究什么问题,不应当研究什么问题,需要遵循一定的原则。选题一般包括创造性、实用性、独立性和专业性四项原则。

(1) 创造性。注意选择科学"前沿"课题,寻求科研中的空白点,争取有创造性突破。

(2) 实用性。针对具有普遍意义的社会实际问题开展研究及探讨,避免选题空泛,与实践脱离。力求解决和澄清实际问题,切忌言之无物,避免出现由于选题过于宽泛而造成面面俱到却无一精确、什么都谈却什么都没有说清楚的情形。

(3) 独立性。选择对传统观念提出质疑的课题,寻找学术的争鸣点,避免人云亦云,敢于涉猎新领域,推进理论认识及实际工作水平发展。

(4) 专业性。选择学科和专业的熟悉点,结合个人的兴趣,注意扬长避短,充分发挥自己的知识和能力水平,以利于进行深入的问题研究。

**2. 选题的方法**

一是在调查研究的基础上选题。全面了解本学科专业的研究历史和研究现状,是选择论题的基础。要弄清楚以下问题:前人的研究成果中已经解决的问题、是否有学科"空白点"、研究的不足之处、存在争议的问题、争议的焦点问题、研究的薄弱环节、尚待深入研究的领域、在实践中出现的新情况新问题等。只有熟悉本学科研究概况,掌握本专业领域的基本研究成果,并能深入了解某一专题的研究动态,才有可能选到合适的论题。一般来说,最好选择别人还没有研究过的或没有研究透的课题,或国外研究过的而本国尚未研究过的课题,或过去研究过的而现在尚需继续研究的课题,或从新角度、新侧面去研究老问题的课题等。

二是在学术研究的争论中选题。从某种意义上说,选题就是抓矛盾。在学科发展进程中,在一些关键问题上或对学科基本概念的理解上,往往存在分歧或对立;随着学科发展和社会实践的进步,一些旧观点已不能适应新形势的发展需要,会产生一些有争议的问题。善于发现旧理论和旧观点的不适应性,注意对学术争论中具有矛盾、分歧、对立的问题进行分析提炼、归纳综合,就有可能发现有意义的论题。

**3. 选题需注意的问题**

一是要注意选题的内容范围不宜太大。论文的题目有大有小、有难有易,如果选题较大、难度过深,那么就难以驾驭,即使勉强完成,也容易流于表面,难以说深讲透。只有选择大小适中、难易适度的论题,才有可能抓住问题的要害和重点,才能够作到分析透彻精辟、有独到见解,最终形成有分量的论文。

二是要注意扬长避短。有待研究的问题虽然很多,但并不是每个论题自己都具备研究条件。因此选题要切合自身实际,力求选择那些与所学专业对口,或者原有知识基础较好,又有一定研究条件的论题。

## 13.1.2.2 收集整理资料

论文题目确定以后,就要进行资料的收集与整理。

**1. 资料的收集**

收集资料的过程既是寻找论据、丰满论文"血肉"的过程,也是论点——论文"灵魂"提炼的准备过程。充分收集大量材料是学术论文写作的基础。资料的收集,一方面是通过作者的科学观察、实地调查和科学实验,把观察到的现象和测量到的数据详细记录下来而得到材料,这与专业的特点极为相关;另一方面则是通过检索工具或检索系统查找所需要的文献资料。迅速获取文献资料,熟悉各类信息源的分布,熟悉各种信息检索系统的功能与使用,掌握信息检索的途径与方法,这正是本书所讲述的文献信息检索的内容。

**2. 资料的整理与分析**

经过各种途径收集来的资料,不能直接利用,需要进行质和量的分析,需要经过选择和整理。其基本做法就是按照信息的内容和形式特征实现微观和宏观的有序化。这一过程包括审核鉴别和分类整理提炼信息两个环节。

(1) 审核鉴别,就是对搜集来的资料作可靠性、新颖性、适用性和典型性的判断。相比文字资料的整理来说,数据资料的整理更为复杂。数据资料的整理要根据研究的目的,对能反映社会自然现象各种变项、指标的数量特征的资料进行审核、汇总、分组及简单的数据处理,有的需要编制图表来显示各项数据资料。

(2) 分类整理提炼,经过选择后的资料还需作进一步的有序化处理,从而获得高度浓缩和有序的信息。分类整理提炼的过程分两步:分类整理与系统综合。分类整理就是将选择后的文献资料按照论题的需要进行分类、分析、比较,形成一个宝塔式的分类体系或信息集合。通常是按照一定的标准进行分类。例如,某一课题资料,既可以按历史线索分类,又可以按不同的观点分类,还可以按研究的问题的性质分类,也可以按子课题分类等。系统综合就是指在分类后,使得纷繁复杂的零散资料形成脉络分明、层次清晰的有机整体。在此基础上,再根据课题的不同需要,对资料进行集中、比较、高度浓缩,找出它们之间的相互联系,作出大致的分析和构思,为构造论文提纲打下基础。

将收集整理后的文献使用文献管理软件进行分类管理,以便论文写作时使用。

### 13.1.2.3 拟定写作提纲

拟定写作提纲是论文写作的重要阶段,实际上是对论文的总体框架进行构思。编写提纲可以保证一篇文章结构合理、层次清晰、前后照应、内容连贯、重点突出、比例协调。

提纲的编写不能凭空编造,而要在对材料和主题进行深入思考研究的基础上,对论文的整体进行全面设计。

**1. 论文结构的设计要求**

设计论文结构的基本任务在于理清写作思路,为表达论文内容建立一个整体结构形式。论文的结构要能正确反映论题内容的内在联系,内容安排要具有逻辑性;要服从表现中心论点的需要;要适应论文类型的特点与要求;要完整、严谨、匀称、自然。

**2. 论文结构的基本形式**

学术论文尽管表现形式多种多样,但其基本形式为"总—分—总",即包括绪论、本论和结论三个部分。绪论是提出问题、明确全文的论述中心,并说明研究本论题的目的意义与论证的方法。本论是论文的核心部分,主要是运用论据来论证分论点,进而论证中心论点。结论是总结全文论证的结果以及对论题研究的展望。

**3. 论文大纲的拟定**

论文提纲不仅勾画出论文的框架结构,还要体现出写作总体思路及逻辑顺序。其内容包括:题目、中心论点、分论点及主要论据的要点、结论。

提纲可按论文论述的顺序列出,可采用标题写法,也可使用句子写法。

### 13.1.2.4 起草初稿

按照已经拟定的写作提纲,运用丰富翔实的材料,在深入思考、研究、分析的基础上,按照自己要表达的主题充分准确地表达出来,即可完成初稿。写作时应注意:集中比较完整的时间写作,这有利于保持完整的思路;对照写作提纲,保证论文与提纲不脱节,不偏离主题;采用恰当的表达形式,如说明、记述、论证等,如借鉴别人的文献资料,则可以使用文献管理软件在文中插入和标注参考文献,文后自动生成文后参考文献列表。

在写作的过程中,应注意运用以下的方法:① 从已知的到未知的;② 从亲近的到较疏远的;③ 从简单的到复杂的;④ 从预备知识到本题论旨;⑤ 从概说到分论;⑥ 从具体到抽象;⑦ 从读者容易赞成的到不大同意的;⑧ 从与读者有关的到关系不大的;⑨ 从读者兴趣浓厚的到兴趣淡薄的;⑩ 语言尽量写得简洁、精练,避免烦冗、啰唆;⑪ 表和图的运用有助于论文的变化,增强表达效果;⑫ 引文要适当,引用时不可断章取义,即便使用了文献管理软件插入引文,也要核对、检查引文的出处是否准确。

#### 13.1.2.5　修改定稿

论文的初稿写成之后,还要再三推敲、反复修改、认真誊清。论文的修改,一般包括观点的修正、材料的增删、结构的调整、语言文字的润色等几个方面。修改的方法因人而异、因文而异,但不论用什么方法都应该注意:第一,要主动听取别人意见;第二,要再查阅、再研究,然后动笔修改;第三,要"冷处理",即把初稿搁置若干天,然后广泛地浏览有关的资料,让头脑冷静下来,再行修改。这样修改,往往容易突破原来的框框,发现问题或产生新的看法,从而使论文质量得到明显的提高。"好文章是磨出来的。"一篇高质量的学术论文正是在不断推敲、修改的基础上形成的。

### 13.1.3　学术论文的规范结构

为了方便文献信息存储、检索与利用,学术论文在结构上应有一定的规范性,应符合一定的标准与规范。学术论文的结构一般由前置部分、主体部分和附录部分三大部分组成。

#### 13.1.3.1　前置部分

学术论文的前置部分主要包括题名、作者和作者单位、摘要、关键词、中图分类号及文献标识码等(见图13.1)。

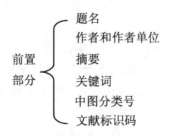

**图 13.1　学术论文前置部分主要内容**

**1. 题名**

学术论文的题名又称为题目、标题、篇名或文题,是标明文章的简短语言。题名是以最恰当、最简明的词语反映论文中最重要的特定内容的逻辑组合。学术论文的题名体现出作者研究成果的主题思想和主要内容。论文题名的拟订,要能突出论文的主题和创新之处,突出其检索作用和概括性，以准确揭示论文的本质，突出展现文章的中心内容，充分反映其创新内容，避免题目的一般化和雷同化。考虑到检索的需要，题名应尽可能包含主题词和关键词。题名所用的每个词语必须考虑到有助于选定关键词和编制题录、索引等二次文献提供检索的特定实用信息。题名应该避免使用外来语、药品的商品名、罕见的缩写或符号、代号和公式等。也就是说，文章的篇名不但要准确地反映文章的主题，同时要有利于读者的识别与判断，有利于其被充分利用。题名语意未尽时，可用副题名补充说明特定内容，以作为引申或说明。题名在学术论文中的不同地方出现时，应完全相同。

中文篇名一般不超过 20 个字。论文用于国际交流，应有外文题名（多用英文），外文题名一般不宜超过 10 个实词，应与中文题名含义一致。英文题名中首字母及实词首字母应大写，除特定缩写外，其他字母均小写。

**2. 作者和作者单位**

作者署名是文责自负和拥有著作权的标志，便于读者与作者的联系及文献检索。作者可以是个人，也可以是团体；可以是一位（独立创作），也可以是多位（合作完成）。作者只限于那些对于选定研究课题和制定研究方案、直接参加全部或主要部分研究工作并作出主要贡献以及参加撰写论文并能对内容负责的人，按其贡献大小排列名次。合作者按完成任务时承担内容的主次、轻重排序，主要作者排在前面，作者之间用"，"隔开。学术论文的作者以真实姓名出现，一般不用笔名、化名，不带头衔或职称，署在文章标题下一行。

参加部分工作的合作者、按研究计划分工负责具体小项的工作者、某一项测试的承担者、接受委托进行分析检验和观察的辅助人员等，均不作为作者署名。这些人可以作为参加工作的人员——列入致谢部分，或排于脚注中。

如责任者姓名有必要附注汉语拼音时，则必须遵照国家规定，即姓在名前，名连成一词，不加连字符，不缩写。

作者单位及其通信地址应用全称，不得用简称，写在姓名下一行，并要注明地区及邮政编码，同时，在首页脚注主要作者的简介，内容包括姓名、性别、出生年月、职称、学位、研究方向、E-mail 等。给出这些信息，有利于信息用户从团体作者角度检索文献，更重要的是为有共同关心的课题（项目）的读者与论文作者之间搭建合作与交流的渠道。

**3. 摘要**

学术论文一般应有摘要。摘要是学术论文的内容不加注释和评论的简短陈述。摘要应具有独立性和自含性，即在不阅读报告、论文全文的情况下，就能获得必要的信息。摘要是一篇完整的短文，可以独立使用，可以引用，也可以用于工艺推广。

摘要应采用第三人称表述，不使用"本文""笔者"作为主语。摘要的内容应包含与学术论文同等量的主要信息，供读者判断有无必要阅读全文，也供文摘等二次文献采用。摘要一般应说明研究工作的目的、实验方法、结果和最终结论等，而重点是结果和最终结论。

中文摘要一般不宜超过 300 字，如遇特殊需要字数可以略多。摘要中不用图、表、化学结构式、非公知公用的符号和术语。摘要一般置于题名和作者之后、正文之前。

为了便于国际交流，还应有外文摘要（多用英文）。英文摘要不宜超过 250 个实词。英文摘要应与中文摘要内容相对应。

**4. 关键词**

关键词是为了文献标引和检索工作而从论文中选取出来用以表示全文主题内容信息款目的单词或术语。关键词的选取要注意对论文主题进行概念分解，对确定的主题进行再分析，从中找出那些最能够表达主题内容、具有检索价值的重要词汇。每篇论文选取3~8个词作为关键词，以显著的字符另起一行，排在摘要的下方，如有可能，尽量用《汉语主题词表》等词表提供的规范词。为了国际交流，应标注与中文对应的英文关键词。中英文关键词应一一对应，分别排在中英文摘要下方，关键词之间用";"隔开。关键词的选取要作到能够清晰、深入、有序地反映论文的主题与类别属性。关键词的选择原则如下：

(1) 同义词、近义词不应并列为关键词；
(2) 化学结构式、反应式和数学式原则上不用；
(3) 冠词、介词、连词、感叹词、代词、某些动词(连系动词、情感动词、助动词)不宜使用；
(4) 不能表示所属学科专用概念的名词(如"理论""报告""实验""方法""学习""途径""特点""目的""概念""发展"等)不应作为关键词；
(5) 慎用副词和形容词修辞或评价；
(6) 不能使用非公知公认公用的专业术语及其缩写；
(7) 那些能反映新技术、新学科而尚未被主题词表录入的，但确实能反映文章主题的新的名词术语，也可列为关键词；
(8) 为了充分揭示文献主题的内容，某些复合词可拆分为2个词，2个单义词可用连字符组成1个专有名词。

关键词的遴选还应该层次分明、先后有序，根据词的概念大小、内容轻重按顺序排列。标引顺序应遵循一般论文的写作顺序"研究目的→研究类别→研究方法→研究结果"，由浅入深地组配排列。

**5. 中图分类号**

为了从论文的学科属性方面揭示其表达的中心内容，同时也为了使读者从学科领域、专业门类的角度进行(族性)检索，并为文章的分类统计创造条件，期刊编辑部、学位论文审定机构往往要求论文作者对自己的论文标注图中图分类号。

中文学术论文应按照《中图法》对论文标引分类号。论文一般标识一个分类号；涉及多个主题的论文，一篇论文可给出几个分类号，主分类号排在第一位，分类号之间以分号分隔。例如，题名为《纳米金生物探针及其应用》一文，其学科可归为"化学、生物和药学"，因其以化学分析为主要内容，所以中图分类号排列顺序为"O652；Q503；R39211"。

分类号的获取方法有多种：一是使用《中图法》和《中国分类主题词表》；二是通过查找数据库中一批类似的主题论文，了解其中图分类号，经过分析、比较，选定相应准确的分类号。

**6. 文献标识码**

为便于文献的统计和期刊评价，确定文献的检索范围，提高检索结果的适用性，每一篇文章或资料应标识一个文献标识码。共设置以下五种：

(1) A 为理论与应用研究学术论文(包括综述报告)；
(2) B 为实用性技术成果报告(科技)、理论学习与社会实践总结(社科)；
(3) C 为业务指导与技术管理性文章(包括领导讲话、特约评论等)；
(4) D 为一般动态性信息(通信、报道、会议活动、专访等)；
(5) E 为文件、资料(包括历史资料、统计资料、机构、人物、书刊、知识介绍等)。

不属于上述各类的文章以及文摘、零讯、补白、广告、启事等不加文献标识码。

中文文章的文献标识码以"文献标识码："或"[文献标识码]"作为标识。例如，"文献标识码：A"。英文文章的文献标识码以"Document code："作为标识。

## 13.1.3.2 主体部分

学术论文的主体部分一般由引言(或绪论)开始,以结论或讨论结束。主要包括引言、正文、结论、致谢、参考文献等部分(见图13.2)。

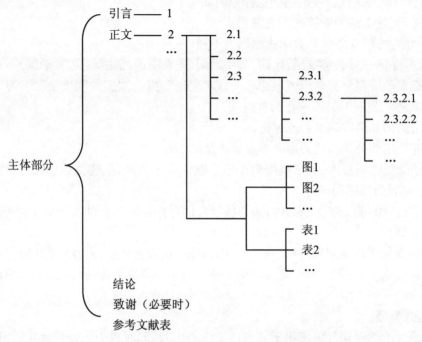

图 13.2  学术论文主体部分的主要内容

**1. 引言(前言)**

学术论文的引言(或前言)作为论文的开头,应以简短的篇幅说明研究工作的目的、范围、相关领域的前人工作和知识空白、理论基础和分析、研究设想、研究方法和实验设计、预期结果和意义等,从而引出本文的主题并给读者以引导。引言也可点明本文的理论依据、实验基础和研究方法,简单阐述其研究内容;三言两语地预示本研究的结果、意义和前景,但不必展开讨论,如果研究的项目是别人从未开展过的,那么这时创新性是显而易见的,要说明研究的创新点。但大部分情况下,研究的项目都是前人开展过的,这时一定要说明此研究与前人研究的不同之处和本质上的区别,而不是单纯地重复前人的工作。

引言不宜分段论述,不要插图、列表,不进行公式的推导与证明。引言要言简意赅,不要与摘要雷同,不要成为摘要的注释。一般教科书中有的知识,在引言中不必赘述。引言的篇幅一般要适宜,太长可致读者乏味,太短则不易交代清楚。比较短的论文可以只用小段文字来实现引言的效用。

**2. 正文**

正文是学术论文的核心部分,占据论文的主要篇幅。它一般包括调查对象、实验和观测方法、仪器设备、材料原料、实验和观测结果、计算方法和编程原理、数据资料、经过加工整理的图表、形成的论点和导出的结论等。需要说明的是因为研究工作涉及的学科、选题、研究方法、工作进程、结果表达方式等有很大的差异,所以对正文内容不能作统一的规定。但是,必须实事求是、客观真切、准确完备、合乎逻辑、层次分明、简练可读。

(1) 层次标题。学术论文的标题从结构形式上可分为总标题和一级、二级、三级、四级标题。总标题是一篇文章的题名,其他标题统称为层次标题。一级及其以下的标题以不同形式的逻辑分层,表现出论文中不同层次和深度的内容、上下的连接及相互的对应关系,构成科学的逻辑结构。层次标题应是对每章、每条中心内容的概括。同一层次的标题应该表达同一层次的内容,标题应尽量讲究结构、意义、语气的一致性,尽可能"排比";不同层次的标题有上下关系时,在内容上应相互联系。层次标题的题序有两种表示方法:一种是用阿拉伯数字表示,数字之间加点号".",末位数字后不加点号,如"1""1.1""1.1.1""1.1.1.1",一般不超过四级;另一种是用中文题序方法表示,如"一、""(一)"。对有悬置段的层级,悬置段下的小标题序号用点或括号、半括号、圆圈等,如"1""(1)""①"。一般来说,层次标题的题序可以跳级,但是不能倒级。层次标题题序左顶格,序号后空一个字符接排题名,文章内容则与题名分行另排。层次标题字数不宜过多,一般以 15 个字以内为宜,最多不超过当行字数。阿拉伯数字层次标题与汉语层次标题题序格式如图 13.3 所示。

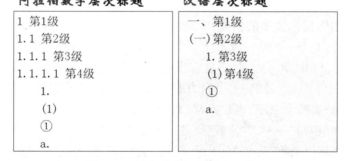

图 13.3 论文层次标题题序示意图

(2) 论证。学术论文以议论为主要表达形式。所谓议论,就是阐明道理和评论是非。学术论文中的议论是通过概念、判断、推理等逻辑形式进行的,包括论点、论据和论证三个要素。论点和论据在选题、分析整理资料和设计提纲时已经形成,行文中的论证,主要解决论文的具体论证问题。论证离不开推理,推理是指由一个或几个已知判断推导出未知判断的思维过程,论证是用论据证明论点的推理过程,两者之间有着密切联系。

在具体论证过程中,较常用的论证方法有例证法、引证法、分析法、比较法。① 例证法是以客观事实、统计数字、实验结果、图表照片等为论据来证明论点的论证方法。② 引证法是运用已被实践证明了的科学原理、定义、定律和人尽皆知的常理等作为论据来证明或推理的论证方法。③ 分析法是通过对问题所包含的事理进行分析,揭示其内在联系,使论点得到证明和深化的论证方法。④ 比较法是以与论题同类、相近或相对的事物或观点作论据,通过比较说理,从而证明论点的论证方法。比较法是学术研究和学术论文写作中的主要论证方法。在实际论证过程中,上述几种论证方法往往是综合采用的。

(3) 以实验为研究手段的论文。① 实验原材料及制备方法。主要描述研究材料的可靠性、均衡性及随机性的情况。② 实验所用设备、装置和仪器。通用设备应注明规格、型号,如果是自己特制的装置,那么应提供示意图,并附测试、计量所用仪器的精度,使读者得知实验结果的可信度和准确程度。③ 实验方法和过程。方法包括测量仪器、测定方法、标本处理、计算方法等,过程如何进行,操作应注意事项。④ 实验结果。结果部分是处理后的实验效应,包括各项指标的数据和图像。对结果进行分析,把实验所得的数据和现象加以解释,阐明自己的新发现或新见解。

写该部分时应注意:首先,选取数据必须严肃认真、实事求是;其次,描述现象要分清主次,抓住本质,图表设计要精心,使其一目了然;最后,分析问题必须以理论为基础,以事实为依据。

(4) 理论或解析的论文。① 解析方法,包括前提条件、提出的假设、解析的现象、适用的理论和计算的程序;② 解析的结果,可用图表、公式进行整理;③ 分析讨论,对结果的可信度、误差的评价。

(5) 数字的用法。在学术论文写作中涉及数字的使用时,参考国家《关于出版物上数字用法的试行规定》《国家标准出版物上数字用法的规定》及国家汉语使用数字有关要求。在不确定用阿拉伯数字还是用汉字数字时,可以灵活运用,但全文体例应相对统一。

统计表的数值,如正负数、百分比、分数、比例等,必须使用阿拉伯数字,如 75、−1.3、21.2%、1/7、1∶1 000 等,如用汉字数字则会累赘难看。

定型的词、词组、成语、惯用语、缩略语或具有修辞色彩的词语中作为语素的数字,必须使用汉字数字,如一把刀、二倍体、三叠纪、四面八方、五四运动、六五规划、七上八下、八面玲珑、九三学社、十月革命、十一届三中全会、百团大战等。

时间量应当使用阿拉伯数字的情况:① 公历世纪、年代、月、日,如公元前 3 世纪、20 世纪 90 年代、2007 年 5 月 20 日;年份一般不应简写,如 2001 年不应简写为"零一年"或"01 年"。② 时、分、秒,如 2 时、17 时 30 分。时间量应当使用汉字数字的情况:① 中国干支纪年和夏历月日,如丁卯年八月十五日、正月初一、九月九日重阳节等;② 中国清代及以前的历史纪年、各民族的非公历纪年,如康熙十二年、贞观八年、藏历阳木龙年一月;③ 含有月日简称表示事件、节日和其他意义的词组,如"一·二八"事变、五一国际劳动节、三八妇女节等。

物理量必须使用阿拉伯数字,如 15 千米、30 平方米、37 摄氏度、3 安培、4 伏特等。非物理量一般分两种情况:一是一般情况下应使用阿拉伯数字,如 100 元、10 个月、60 岁、150 人、5 万册、1000 幅、30 名等;二是整数 1~10,如果不是出现具有统计意义的表格数组,则既可用阿拉伯数字,也可用汉字数字。例如,某高中有教职员工 450 人、学生 500 人;提了十条意见,买了两本书等。但不管使用哪种,都要照顾上下行文,全文布局合理,互相照应。

多位整数与小数,使用阿拉伯数字:① 专业性科技出版物的分节法,如 7.356 42(从小数点起,向左和向右每三位数一组,组间空四分之一汉字的位置)。② 非专业性科技出版物可分节,也可不分节,如3.141592653589493,也可用汉字"亿""万"作单位进行简缩写法,如220000000也可写作 22000 万或 2.2 亿,但一般不得写作 2 亿 2 千万。③ 数值巨大的精确数字,为了便于定位读数或转下行,有关部门规定可作为特例使用,如 1990 年中国人口普查人数为 11 亿 3368 万 2501 人。④ 一个用阿拉伯数字书写的数值不应断开移转下行。⑤ 阿拉伯数字书写的数值在描述范围时应使用浪纹连接,如 18~22 米。

概数和约数:① 相邻的两个数并列连用表示概数,此时必须使用汉字数字,且中间不能使任何符号隔开,如四五个小时、三五天等;② 带"几"字的数字表示约数,必须使用汉字数字,如几万人、十几天、几百分之一等。还有就是用"多""余""左右""上下""约"等表示约数时一般也用汉字数字,但如果为了对应文章其余部分,则此时也可用阿拉伯数字。

代号、代码和序号:部队的番号、文件编号、证件号码和其他序号,应使用阿拉伯数字,如 8317 部队、赣府办发〔2007〕10 号文件、维生素 B12、18/20 次特快动车等。

行文标注:引文标注中版次、卷次、页码,一般使用阿拉伯数字,如"《中国统计》2007 年第 1

期第 21 页""见许慎:《说文解字》,影印陈昌治本,127 页,北京,中华书局,1963"。

(6) 计量单位的使用。在学术论文的写作中,量和单位的使用应严格执行国家标准 GB 3100～3102—93《量和单位》的规定,一律采用中华人民共和国法定计量单位。量的符号一般采用单个拉丁字母或希腊字母,量值的表达要使用单位的国际符号且要用正体。

(7) 图表。在进行各种研究和实验过程中,会涉及诸多数据和图表。数据获取必须严肃认真、实事求是,既要精确又要准确,还应具有代表性。图表要精心设计、大小适中、线条均匀,尽可能找出规律,图表中的度量单位、符号、术语、单位、文字及插图表达要一致,使其一目了然。表中所有单位相同,应将单位标注在表的右上角,不写"单位"二字,表中不能出现"同上""同左""下同"来代替相关内容。

图应有以阿拉伯数字连续编号的图序(如"图 1""图 2"……)和简明的图题(一般是中英文并列)。图序和图题间空一个字距,一般居中排于图的下方。

表一般随文排,先见文字后见表,表应有以阿拉伯数字连续编号的表序(如仅有一个表,表序可定名为"表 1")和简明的表题(一般是中英文并列)。表序和表题间空一个字距,居中放在表的上方。

**3. 结论**

学术论文的结论是最终的、总体的结论,不是正文中各段小结的简单重复。结论应该准确、完整、明确、精练,如果不可能导出应有的结论,则可以没有结论,进而进行必要的讨论。可以在结论或讨论中提出建议、研究设想、仪器设备改进意见、尚待解决的问题等。

结论(或讨论)主要回答"研究出了什么"。它应该以正文中的实验或考察中得到的现象、数据和阐述分析作为依据,由此完整、准确、简捷地指出以下问题:① 由对研究对象进行考察或实验得到的结果所揭示的原理及其普遍性;② 研究中有无发现例外或本论文尚难以解释和解决的问题;③ 与先前已经发表过的(包括他人或者自己的)研究工作的异同;④ 本论文在理论上与应用上的意义与价值;⑤ 对进一步深入研究本课题的建议。

写作论文的过程中,要注意避免引言与摘要雷同或成为摘要的注释,避免引言、摘要、结论内容互相重复。要认清摘要、引言及结论的内容和作用。摘要的作用是概括全文,是包括引言、正文和结论的一篇短文,阅读摘要后应该了解全文的所有内容。引言的作用是引导读者了解为什么要研究本文的问题。结论的作用是回答正文中的实验或考察得到了什么。由于摘要的篇幅有限,摘要中的研究背景和目的往往只用一两句话简要叙述即可,而在引言中对论文所要研究问题的来龙去脉应进行较为详细的论述。摘要中的结论也是用最简洁的语言叙述论文得出的主要结论,而在结论中则叙述得更为详细,内容也更为丰富。

总之,引言应是回答"为什么研究"的问题;正文应是回答"如何研究"的问题;而结论应是回答"研究出了什么"的问题。

**4. 致谢**

致谢不是论文的必要组成部分,不占标题、不编号,只在排版时采用与正文不同的字体、字号以示区别,放在结论之后,空半行。致谢的言语应该恳切、实事求是,而不流于浮夸或单纯的客套。可以作为致谢的对象有:① 国家科学基金,资助研究工作的奖学金基金,合同单位,资助或支持的企业、组织或个人;② 协助完成研究工作和提供便利条件的组织或个人;③ 在研究工作中提出建议和提供帮助的人;④ 给予转载和引用权的资料、图片、文献、研究思想和设想的所有者;⑤ 其他应感谢的组织或个人。

**5. 参考文献**

参考文献是在学术研究过程中,对某一著作或论文的整体的参考或借鉴。参考文献既是学术论文必不可少的内容,也是学术规范中的重要组成部分,它不仅反映作者对前人研究成果的继承情况,也界定了作者对该学科已有成果的研究范围(详见 13.1.4 小节)。

### 13.1.3.3 附录部分

附录是作为学术论文主体的补充项目,并不是必需的,除确有特殊需要外,一般不设附录。可以作为附录编于学术论文后的有:① 为了整篇报告、论文材料的完整,但编入正文又有损编排的条理性和逻辑性,资料比正文更为详尽的信息,研究方法和技术更深入的叙述,建议可以阅读的参考文献题录,对了解正文内容有用的补充信息等;② 因篇幅过大或取材于复制品而不便于编入正文的材料;③ 不便于编入正文的罕见珍贵资料;④ 一般读者并不用阅读,但对本专业同行有参考价值的资料;⑤ 某些重要的原始数据、数学推导、计算程序、框图、结构图、注释、统计表、计算机打印输出件等;⑥ 放在正文中过于冗长的公式推导;⑦ 为方便阅读所需要的辅助性教学工具或表格;⑧ 重复性数据和图表;⑨ 论文中使用的主要符号、单位、缩写、程序全文及说明;⑩ 调查问卷等。

## 13.1.4 参考文献及其著录规范

参考文献也称为引文,是为撰写或编辑论文和著作而引用的有关文献信息资源。

### 13.1.4.1 参考文献概述

参考文献是作者在开展研究活动的过程中亲自阅读过的并对其产生了明显作用的那些文献,也就是其写的论文中引用了其他资料中的内容,如数据、研究方法、概念及别人的研究成果等。其主要作用是为论文的观点提供论据,同时为引文统计提供依据。

记录参考文献具有三方面的意义:一是表现作者开展研究工作及撰写学术论文的理论支持及文献保障,它从一个侧面反映了作者的文献信息利用能力及作品的可信程度;二是体现作者尊重他人知识产权及研究成果的良好品质及严谨的治学态度;三是向读者提供相关信息的出处,以便核对文献、扩大对研究课题了解的范围及线索。

参考文献的引用有三种情形:一是直接引用,就是直接摘引参考文献的原文文字,前提是原文的文字非常清楚、优美、生动有趣,若作者加以转述就会失去原味;二是间接引用,就是作者用自己的语言表达参考文献的主题意思,前提是感觉原作者的话语表述不太清晰或比较啰唆;三是转引,在引用时,经过努力之后仍然找不到原始文献时,可以直接或间接引用,但需要注明"转引自……",转引的完整内容包括两个部分,前面部分是原始文献,后面部分是"转引自……",中间用分号或句号隔开。

参考文献的标注形式有多种,常用的有脚注和尾注。脚注,是指在某页中被引用文句出现的位置加注顺序编号并置于括号内,同时,在当前页正文下方编排相应编号参考文献的完整记录。尾注,是指在文中引用文句出现的位置加注顺序编号并置于括号内,将所有需要记录的参考文献顺序编号,完整记录统一集中在全文的末尾,又称为"文后参考文献"。

### 13.1.4.2 文后参考文献著录格式

中华人民共和国国家标准 GB/T 7714—2015《信息与文献-参考文献著录规则》,是一项专门供著者和编辑编撰文后参考文献使用的国家标准,规定了各个学科、各种类型出版物的文后参考文献的著录项目、著录顺序、著录用的符号、各个著录项目的著录方法以及参考文献在正文中的标注法。

参考文献的类型包括印刷版文献和电子网络文献,不同文献类型用不同的符号标识。参考文献的文献类型及其标识代码如表 13.1 所示。

表 13.1 文献类型和标识符号

| 文献类型 | 标识符号 | 文献类型 | 标识符号 |
| --- | --- | --- | --- |
| 普通图书 | M | 专利 | P |
| 会议录 | C | 数据库 | DB |
| 汇编 | G | 计算机程序 | CP |
| 报纸 | N | 电子公告 | EB |
| 期刊 | J | 档案 | A |
| 学位论文 | D | 舆图 | CM |
| 报告 | R | 数据集 | DS |
| 标准 | S | 其他 | Z |

电子文献具有不同的载体形式,如磁带、磁盘、光盘、联机网络等,电子文献载体及其标识符号如表 13.2 所示。

表 13.2 电子文献载体和标识代码

| 文献类型 | 标识代码 |
| --- | --- |
| 磁带(Magnetic Tape) | MT |
| 磁盘(Disk) | DK |
| 光盘(CD-ROM) | CD |
| 联机网络(Online) | OL |

几乎所有的印刷版文献都可以电子化,而电子文献需要标出载体类型,所以电子文献的标识符号应该是文献类型和载体类型的组合形式,如网上电子公告为 EB/OL、光盘图书为 M/CD、网上期刊论文为 J/OL 等。

参考文献著录格式中所有的著录事项前后顺序都是固定的,各个著录项目之间必须有著录标识符号,标注在著录项目之前,起着指示作用,并且与著录项目一一对应。同时这些著录标识符号也是计算机检索时的一种识别码,如果某些事项省略,则其对应的标识符也相应省略。

文后各条参考文献的序号可用方括号列出,如"[1]""[2]"……

对于多作者的参考文献,注意作者的著录变化。当作者为 3 人或少于 3 人的,作者应全部著录,名字之间用","隔开;若作者人数超过 3 人,则只列出前 3 个人的作者姓名,其后加",等";外文作者则在第 3 个人姓名后加", et al"。欧美作者的著录,姓在前、名在后,姓全大写,名可以缩写,省略缩写点,如 Albert Einstein → EINSTEIN A。用汉语拼音书写的人名,姓在前全大写,其名可缩写,取每个汉字拼音的首字母,如 Zhou Shuangliu → ZHOU S L。

不同类型的参考文献其著录格式略有不同,以下列出各种类型参考文献著录格式和示例。

**1. 普通图书([M])**

[序号] 作者. 书名[M]. 其他责任者(如译者). 版本项. 出版地:出版者,出版年:引文页码.

[1] 马宏佳. 化学数字化实验的理论与实践[M]. 北京:人民教育出版社,2016:55-58.

[2] 库恩. 科学革命的结构[M]. 金吾伦,胡新和,译. 4 版. 北京:北京大学出版社,2012.

[3] BENVENUTO M A, KOLOPAJLO L. Green Chemistry Education Recent Developments [M]. Berlin: De Gruyter, 2018.

若该书是第 1 次出版,则版本项可省略;若是第 2 版,则版本项著录为"2 版",以此类推;出版地是地市,而不是省或自治区。

**2. 期刊([J])**

[序号] 作者. 题名[J]. 刊名,年,卷(期):起止页码.

[4] 刘知新. 对化学教学论学科名称的认识与建议[J]. 化学教育(中英文),2018,39(9):3-4,81.

[5] 王磊,周冬冬,支瑶,等. 学科能力发展评学教系统的建设与应用模式研究[J]. 中国电化教育,2019(1):28-34.

[6] JING H, GENG B Y, KUAI L, et al. Simultaneous reduction-etching route to Pt/ZnSnO$_3$ hollow polyhedral architectures for methanol electrooxidation in alkaline media with superior performance [J]. Chemistry Communication,2011,47(8):2447-2449.

[7] CRACIUN A M, FOCSAN M, GAINA L, et al. Enhanced one-and two-photon excited fluorescence of cationic (phenothiazinyl) vinyl-pyridinium chromophore attached to polyelectrolyte-coated gold nanorods [J]. Dyes and Pigments,2016,136:24-30.

期刊出版年卷期的标识符不能混淆。出版年项目中期刊的年卷期号应该完整,若一份期刊只有出版年、期,没有卷,则不需著录卷。卷的标识符是",",期的标识符为"()"。例如,一篇论文刊载于某刊 2004 年第 36 卷第 2 期,则著录为"2004,36(2):26-28.",若刊载于 2001 年第 5 期,缺少卷,则著录为"2001(5):45-48.",若刊载于 2016 年第 136 卷,缺少期数,则著录为"2016,136:24-30."。

**3. 报纸([N])**

[序号] 作者. 题名[N]. 报纸名,出版日期(版面次序).

[8] 张立彬. 培育大学生的信息素养[N]. 光明日报,2005-12-21(6).

**4. 学位论文([D])**

[序号] 作者. 题名[D]. 保存地:保存者,年份:页码.

[9] 周双六. 外消旋稀土金属有机配合物的控制性合成[D]. 芜湖:安徽师范大学,2007:51-52.

保存地是地市,而不是省或自治区。

**5. 专利文献([P])**

[序号] 专利申请者或所有者. 专利题名:专利号[P]. 公告日期或公开日期.

[10] 王绍武,吴勇勇,钱长涛.含氧杂环取代茚配体二价稀土金属配合物及其应用:中国发明专利,CN200410044947.9[P].2007-03-21.

**6. 标准([S])**

[序号]　起草责任者.标准名称:标准代码[S].出版地:出版者,出版年:引用页码.

[11]　北京大学信息管理系,中国科学技术信息研究所,北京师范大学学报(自然科学版)编辑部,等.信息与文献 参考文献著录规则:GB/T 7714 — 2015[S].北京:中国标准出版社,2015.

**7. 会议论文([C])**

(1) 未正式出版的会议论文集。

[序号]　作者.题名[C].会议名称,会址,会议年份.

[12]　王绍武,冯其琴,盛恩宏.稀土金属—氮键均裂反应研究—立体、电子及氧化还原电势对反应的影响[C].第十三届金属有机化学学术讨论会,北京,2004.

(2) 已正式出版的会议论文集中析出文献。

[序号]　作者.题名[C]//论文集责任者.会议论文集名称.出版地:出版者,出版年:析出文献的页码.

[13]　钟文发.非线性规划在可燃毒物配置中的应用[C]//赵玮.运筹学的理论与应用:中国运筹学会第五届大会论文集.西安:西安电子科技大学出版社,1996:468-471.

**8. 电子文献**

各种类型电子文献的参考文献格式参见印刷版格式,不同之处在于补充了上传(或更新)日期、引用日期以及获取和访问路径等。

[序号]　主要责任者.题名[EB/OL].(上传或更新日期)[引用日期].获取和访问路径.数字对象标识符.

[14]　周然工作室.高校信息素养教育"云服务"平台构建[EB/OL].(2015-01-25)[2016-05-18].https://www.douban.com/note/481716166/.

[15]　中华人民共和国教育部.教育部关于印发《教育信息化十年发展规划(2011—2020年)》的通知[R/OL].(2012-03-13)[2018-05-31]. http://www.moe.gov.cn//srcsite/A16/s3342/201203/t20120313_133322.html.

**9. 数字对象标识符**

数字对象标识符单独为一项,著录在最后。获取和访问路径中含有数字对象标识符的可以省略此项。

[16]　NEPOGODIEV S A, STODDART J F. Cyclodextrin-based catenanes and rotaxanes[J]. Chemical Reviews, 1998, 98(5): 1959-1976. DOI:10.1021/cr970049w.

[17]　DEVERELL W. IGLER D. A companion to California[M/OL]. New York: John Wiley & Sons, 2013: 21-22(2013-11-15)[2014-06-24]. http//onlinelibrary.wiley.com/doi/10.1002/9781444305036.ch2/summary.

## 13.1.4.3　著录参考文献注意事项

尽量引用近期的、较为新颖的文献,经典文献选取要少而精。只需列出著者亲自阅读的,直接引用的,具有新颖性、真实性、代表性的文献。尽量列出公开发表的文献,公开发表是指在国内外公开发行的报刊或书籍上发表。

**1. 使用文献管理软件的插入参考文献**

不同的期刊对参考文献的体例要求是不同的(特别是国外),所以在撰写学术论文(论文初稿)时,最好将参考文献的全部信息(所有作者、题名、年卷期、页码)都列出。尽量使用文献管理软件写作论文,对于不同期刊的要求,选择相应的文后参考文献的引文样式,选择一次即可自动记忆。在确定拟投稿期刊后,将论文初稿重新起名另存文件,然后根据拟投稿期刊对参考文献的体例要求去修改。保留论文初稿的原因有两个:一是便于作者日后查找相应的参考文献;二是如果论文被拒稿,那么在改投其他期刊时,作者能够方便地修改参考文献的样式,而无需重新查阅参考文献。

**2. 同一处引用多篇文献与多次引用同一篇文献问题**

同一处引用多篇文献时,只需将各篇文献的序号在方括号内全部列出,各序号间用",",如遇连续序号,则可标注起讫序号,如"[3,6]""[5-8]"。

多次引用同一篇著者的同一篇文献时,在正文中标注首次引用的文献序号,并在序号的"[ ]"外著录引文页码,如"……成果[3]68。对于……达到了效果[3]136"。

**3. 引言与结论部分中参考文献的引用**

学术论文的引言中引用前人的研究成果时不必详细叙述,只需用参考文献的方式标注出处。在结论中一般不引用参考文献,结论是对论文研究工作的总结,不应该引用其他文献。但是,在与其他文献的结果进行比较时提及其他文献是可以引用的。

## 13.2 文献综述论文

文献综述论文是在对某一特定学科或专题的文献进行收集、整理、分析与研究的基础上,撰写出的关于学科或某专题的文献报告。它对相关文献群进行分析研究,概括出该学科或专题的研究现状、动态及未来发展趋势。

### 13.2.1 综述论文

综述论文(Review)即综合评述某一科研领域发展概况的文章,是作者对某一方面问题的历史背景、前人工作、争论焦点、研究现状和发展前景等内容进行评论的科学性论文。一篇好的综述论文不只是对文献的调研,其内容应当包含新思想、新资料,还要求作者在综合分析和评价已有成果资料的基础上,提出特定时期内有关学科或专业领域的演变规律和发展趋势,并结合作者自己的研究体会提出新的见解以及今后研究的方向。优秀的综述论文可以帮助读者了解最新研究热点及新思路、新方法。一篇好的综述论文可以引起相关读者的广泛关注,提高引文率,提升期刊的影响力,而且还是各学科之间的联系桥梁和纽带,对学科发展以及启发读者的研究思路具有向导作用。

#### 13.2.1.1 综述论文的特点

综述型论文是学术论文中比较独特的类型,其特点是"综"和"述"两个方面。

(1)"综"是文献信息量大,要求在收集并综合分析、研究几十篇甚至几百篇的文献资料基础上,把原始文献中的大量数据、资料和主要观点进行归纳整理、综合分析,使材料更精练明确、更有逻辑层次。读一篇优秀的综述，可以帮助读者迅速、全面地了解某方面问题或某专业在一定时期内国内外的发展历史、当前状况、发展趋势以及一批代表性文献。

（2）"述"是反映客观事实，要求对综合整理后的文献进行专门、深入的论述，全面、系统地反映国内外某一学科或专业的研究概况及发展趋势。它的最大特点在于它综合了多篇研究成果，涵盖的内容信息量大，使读者费时不多就可以了解某一学科或专业领域的概貌。

### 13.2.1.2 综述论文的类型

综述一般分为叙述性综述、事实性综述、评论性综述和预测性综述等类型。

（1）叙述性综述。叙述性综述是对某一课题大量文献中所探讨的问题进行综合分析而编写成的一种综述。它提取主要内容及研究成果，并加以概括地叙述，客观地反映原始文献中的学术观点和见解，不深入分析文献内容的得失，较少提及综述作者的观点，目的是综合地了解某一课题的研究现状、成果及发展趋势。

（2）事实性综述。事实性综述是对某一文献中的事实资料进行系统的排比，并附以其他资料的一种综述，以数字、计算方法、技术方法、具体方案、实验参数等表格形式，表达具体的事实资料，以纵、横向对比的方式，进行一些评价和解释。

（3）评论性综述。评论性综述是对某一课题文献进行全面深入的分析研究，从而提出论证和评价的一种述"评"，对文献进行浓缩组织，并且进一步提出自己的观点和见解，针对今后的发展动向提出有分析、有根据的建议。

（4）预测性综述。预测性综述是对某一课题的有关文献进行科学的分析综合，并着重对未来发展趋势进行预测的一种综述，根据与课题有关的大量数据、文献分析、现状调查，通过逻辑推理、数学演绎，乃至大胆的想象，得出有关课题研究对象未来发展的预测信息。

### 13.2.1.3 综述论文的结构

综述论文是学术论文的一种形式，它的结构与学术论文的结构一样，包括前置部分、主体部分，附注部分可有可无，视情况而定。综述论文在引言、概述、正文、建议和参考文献等部分的组成上有所侧重。引言用于阐明本课题的基本状况和研究的目的意义、综述的时间阶段、文献的收集范围等内容。概述用于叙述本课题的来龙去脉、目前研究状况、存在问题等。正文用于分析本课题的重要内容、代表性观点、发展趋势、关键性问题及不足之处等。建议用于提出解决问题的建议和应采取的措施或方案。参考文献用于列举编写综述所参考和引用的主要文献，一般要求参阅文献至少几十条，甚至数百条。

## 13.2.2 文献综述论文的编写

文献综述（literature review）是在针对某一研究领域或专题搜集大量文献资料的基础上，对国内外在该领域或专题的主要研究成果、最新进展、研究动态、前沿问题等进行综合分析而写成的，能比较全面地反映相关领域或专题的历史背景、前人工作、争论焦点、研究现状和发展前景等内容的综述性文章。"综"是要求对文献资料进行综合分析、归纳整理，使材料更精练明确，更有逻辑层次；"述"是要求对综合整理后的文献进行比较专门、全面、深入、系统的论述。

同学们初次练习编写文献综述论文，虽然不能要求与期刊上发表的著名专家撰写的评论综述一样，但是也要本着认真的态度，严格按照论文的写作步骤完成。文献综述论文写作与学术论文一样，一般经过选题、收集整理资料、拟定写作提纲、起草初稿和修改定稿等五个步骤。

（1）选题。在选题时要注意，题目可大可小，大到一个领域、一个学科，小到一种方法、一个理论或一类化学反应，可根据自己的需要而定。初次撰写文献综述论文的同学，可以选择自己感兴趣的方面或者针对研究课题、论文选题的方向进行选题，为研究课题或学位论文开题作准备，最好是自己比较熟悉或者愿意进一步探讨的课题。

（2）收集整理资料。通过文献信息检索，对收集的相关文献进行分门别类的管理、分析研究，抽取有价值的素材，加以鉴别和整理，通过获取和阅读原文，进而形成自己的观点和见解。在阅读与课题相关文献原文的同时，可以参照找出关键词，也可以参照相关论文的英文翻译，将自己课题的关键词和题目翻译成英文，还可以借鉴相关文献确定学科分类及中图分类号。

（3）拟定写作提纲。根据已经取得的文献资料，经过分析整理，对编写论文有了大概的思路，这时要列出写作提纲。写作提纲一定要层次清晰，具有逻辑性。拟定提纲有以下三种方法：一是时间顺序法，按照时间阶段，组织各种材料和观点；二是观点罗列法，将有关的观点、数据、方案一一列举说明，然后提出编者的分析、比较和评论；三是问题分析法，将有关课题的关键性问题抽取出来，以这些问题为提纲组织材料和观点。

（4）起草初稿。利用相对完整的时间进行初稿的编写，思路要清晰，依照提纲，不要偏题。注意引用文献的代表性、可靠性和科学性，引用文献要忠于文献内容，参考文献不能省略。

（5）修改定稿。论文写完后，不仅对文章的立论、结构要进行认真推敲，而且对每个句子、字词，甚至标点都要细加斟酌。一方面，要作严格的自我审阅、自我修改；另一方面，在文章的修改过程中，还可以请周围的老师或同行审阅，以获得更多的修改意见。

## 13.3　学 位 论 文

学位论文（Thesis；Dissertation）是高等院校毕业生或科研机构的研究生为申请获得相应学位而提出用于考核和评审的文章。

学位论文是学术论文的一种形式，为了进一步探讨和掌握毕业论文的写作规律和特点，需要对毕业论文进行分类。因为毕业论文本身的内容和性质不同，研究领域、对象、方法、表现方式不同，所以毕业论文就有不同的分类方法。按内容性质和研究方法的不同可以把毕业论文分为理论性论文、实验性论文、描述性论文和设计性论文。后三种论文主要是理工科大学生可以选择的论文形式。另外，还有一种综合型的分类方法，即把毕业论文分为专题型、论辩型、综述型和综合型四大类。按等级规格分为学士学位论文（学士论文）、硕士学位论文（硕士论文）和博士学位论文（博士论文）三种类型。

### 13.3.1　学位论文等级规格

学士论文、硕士论文、博士论文，是一种由浅入深的关系，它在学术水平上有区别，因而有不同的规格或标准。

#### 13.3.1.1　学士论文

学士论文是大学生在大学的最后阶段，运用所学的基础课和专业课知识，独立地探讨或解决本学科某一问题的论文。通过学士论文,可以大致反映作者运用大学期年间学得的基础知识来分析和解决本学科内某一基本问题的学术水平和能力。选题不宜过大,内容不宜太复杂,要求有一定的创见性,能够较好地分析和解决学科领域中不太复杂的问题。所以学士论文应能表明作者确已较好地掌握了本门学科的基础理论、专门知识和基本技能,并具有从事科学研究工作或担负专门技术工作的初步能力。一篇学士论文一般需要 5000 字以上。

### 13.3.1.2 硕士论文

硕士论文是攻读硕士学位研究生的学位论文,其学术水平比学士论文要高。它必须能够反映作者所掌握知识的深度,表明作者有自己的较新见解。国家学位条例第五条规定,"高等院校和科学研究机构的研究生,或具有研究生毕业同等学力的人员,只有在本学科上掌握坚实的基础理论和比较系统的专门知识,具有从事科研工作和专门技术工作的独立能力者,才可通过论文答辩,取得硕士学位"。这就是说,硕士论文强调作者在学术问题上应有自己的较新见解和独创性。所以,硕士论文应能表明作者确已在本门学科上掌握了坚实的基础理论和系统的专门知识,并对所研究课题有新的见解,有从事科学研究工作和独立担负专门技术工作以及解决问题的能力。硕士论文的篇幅一般要长一些,撰写前应阅读较多的相关重要文献。

### 13.3.1.3 博士论文

博士论文是攻读博士学位研究生的学位论文。博士论文是非常重要的科研成果,要求作者必须在某一学科领域中具有坚实而深广的知识基础,必须有独创性的成果;应有较高的学术水平和学术价值,能够对别人进行同类性质问题的研究和其他问题的探讨,有明显的启发性、引导性,在某一学科领域中起先导、开拓的作用。所以,博士学位论文应能表明作者确已在本门学科上掌握了坚实宽广的基础理论和系统深入的专门知识,并具有独立从事科学研究工作以及解决问题的能力,在科学或专门技术上作出了创造性的成果。

总之,通过上述几种相近论文的比较,可以明确毕业论文的规格或标准,这对写好毕业论文有着具体的指导作用。写学士论文,不可能把大学阶段所学的全部专业基础知识都用上,但在题目需要限度内运用的一些专业基础知识,必须运用得准确。在论文写作过程中,要多动脑筋,认真思索,紧紧围绕论题运用专业知识,使论文作到持之有故、言之成理,以体现出综合运用所学知识分析和解决问题的能力。学士论文,虽然不能完全作到发现前人所未发现的真理,但也要力求在前人已有成果的基础上提出一点新的见解,绝不能人云亦云,仅仅重复前人已经讲过的东西,更切忌东抄西拼,改头换面,把别人的成果拿来当作自己的东西。

## 13.3.2 学位论文写作步骤

学位论文是学术论文的一种形式,应包括学术论文写作的一般步骤,特别之处在于论文的开题。

### 13.3.2.1 选题

学位论文在选题之前,一般是先选指导老师(导师),根据指导老师研究的课题范围,再选择相关的课题。选题时应注意:一是专业要对口。所选课题要力求与自己所学的专业对口,并且是自己的兴趣和特长之所在,这样有利于扬长避短,保证论文质量。二是选题大小要适中。一一般来说,选题宜小不宜大。太大了,研究不易透彻,论文会缺乏深度。选择小一点的课题,特别是重要的小课题,如学科中的关键问题,经过深入研究,抓住其本质和核心,多方面、多层次进行挖掘,有理有据地阐述自己的新观点、新见解,把一个重要的小问题彻底解决,论文就会有分量、有价值。不同等级的学位论文选题应有所侧重。

学士论文的选题应反映作者能够准确地掌握大学阶段所学的专业基础知识,基本学会综合运用所学知识进行科学研究的方法,对研究的课题有一定的心得体会,论文题目的范围不宜过宽,一般选择本学科某一重要问题的一个侧面或一个难点,选择题目还应避免过小、过旧和过长。

硕士论文的选题应能反映作者广泛而深入地掌握了某专业基础知识,具有独立进行科学研究的能力,对所研究的题目有新的独立见解,论文应该具有一定的深度和较好的科学参考价值,对本专业学术水平的提高有积极的作用。

博士论文选题要求作者在导师的指导下,能够自己选择潜在的研究方向,开辟新的研究领域,掌握相当渊博的本学科有关领域的理论知识,具有相当熟练的科学研究能力,对本学科能够提供创造性的见解,论文应该具有较高的学术价值,对学科的发展具有重要的推动作用。

#### 13.3.2.2 资料的收集与整理

写作学位论文之前,要进行资料的收集和整理。资料的收集可采用的方法有多种:一是直接收集法,它包括科学考察、实地调查、科学实验等;二是间接收集法,它包括文献检索、利用图书馆(实体图书馆、电子图书馆)检索;三是其他方法,它包括与有学问的人、有经验的人面谈(注意时间,事先要筹划并带着问题进行),写信,观看音像资料,看电视或听收音机,参加演讲,到政府档案部门调查,阅读个人书信、日记、手稿、家传等,问卷调查,写作案例研究等。

经过各种方法途径收集来的资料,不能直接利用,需要进行质和量的分析,需要经过选择和整理。按照信息的内容和形式特征将资料进行微观和宏观的有序化,并对资料进行审核鉴别和分类整理提炼。

在资料的收集和整理过程中,要学会检索文献的方法并建立文献清单列表,也可以使用文献编辑软件管理收集到的文献,以便随时查阅和写作时调用。

#### 13.3.2.3 论文开题

(1) 文献的检索。分析研究课题,需要明确的问题有课题的检索目的,主题或主要内容,涉及的学科范围,所需信息的数量、语种、年代范围、类型等。

(2) 开题报告的撰写。在学位论文正式写作之前,需要提交论文的开题报告。开题报告的内容一般包括:选题的意义及研究状况,主要内容、研究方法和思路,准备情况(查阅过的文献资料及调研情况,现有仪器、设备的情况,已发表或撰写的相关文章等),创新点或难点,预期成果,总体安排和进度(包括阶段性工作内容及完成日期)等。

指导教师对开题报告给出多方面的意见,包括研究的意义、创新点、前期基础工作、存在的难点和困难、建议等;学院选题指导组也要给出相应的意见,以决定该论文可否开始写作。

(3) 文献综述的撰写。学位论文的文献综述是开题报告的另一种形式,尤其是硕士论文和博士论文对此要求更加严格。对搜集到的材料特别是文献资料进行分析、概括、比较、提炼,了解论文选题的研究现状、所存在的问题、需要解决的问题等,并撰写文献综述。

文献综述的内容包括选题的意义,其理论意义是对学科发展或理论完善的贡献;现实意义是对经济发展、社会进步、企业转型、科技创新等方面的贡献；时代意义是在特定时代解决特定问题的紧迫性和重要性，对特定研究方法发展和完善的贡献。

文献综述包括：全面了解既定选题的进展、存在问题和发展趋势；了解既定选题领域的核心研究人员及其成果；了解既定选题领域的空白点或发展机会；确定拟研究的问题或假设。

创新点：学士论文并非一定要求创新，但如果有创新点最好，创新点是指自己的原创而非重复他人的工作或对他人工作的简单改进；创新主要包括思维创新、理论创新、方法创新、工具创新。

难点：往往也是突破点，包括资料或数据的缺乏、案例的缺乏、研究手段的欠缺、数据或案例的可比较性差、相关理论知识的欠缺、模型的复杂性、结论的检验等。

研究内容：大纲要求至少到二级标题，研究方法有文献调查法、问卷调查法、访谈法、案例法、模型法、比较法、预测法或统计法等。

进度安排：包括定题、收集资料、实地调查、初稿、中期报告、修改、定稿、答辩。

预期研究成果：有期刊论文或会议论文、学术报告或咨询报告、学位论文。

对于实验、测试和测量，需要解释实验的设计、阐述研究的目的、表明假设与其问题的关系、提供研究的理论意义、解释本研究与前人研究的关系、描述你做了什么以及你是如何做的。对于实验对象，要描述仪器及其如何使用、使用过程、得出的结果等，要报告发现，简述所搜集的数据、必要的统计分析、与假设冲突的内容。讨论部分要求解释研究的意义、评价数据及其与假设的相关性、解释必要的发现、讨论发现的意义、限定结果以及你的研究结果的适用范围、对结果的推论。

### 13.3.2.4 拟定写作提纲，安排论文结构

撰写论文首先要拟定写作提纲。写作提纲是论文写作的设计图，是全篇论文的骨架。它一般包括：题目、基本论点或中心论点、内容纲要、大项目（大段段旨）、中项目（中段段旨）、小项目（段中的一个材料）。

其次要安排论文结构。论文的结构要围绕中心，语不离宗，富于逻辑，准确表达。不论是简单列举，还是按类归纳；不论是循时空经纬的发展顺序，还是夹叙夹议地安排，都要注意逻辑上的循序渐进，使读者易于接受。其表现形式可以用总标题与层次标题列出，也可以使用句子列出。

### 13.3.2.5 撰写初稿

在完成资料收集整理、提纲拟定、论文结构设计后，进行论文的初稿写作。利用完整的时间，对照提纲，保持完整的思路进行写作。在论文写作中运用材料来表现主题是关系论文成功的重要问题。撰写初稿时需要注意：材料要真实，材料要典型，材料要集中。即要选取那些能突出和说明主题的材料，并让其在论文中占据主要地位。

### 13.3.2.6 修改定稿

论文初稿完成后，还需要对论文进行一定的修改，有时候甚至需要进行第二次文献资料搜集，以便更好地符合写作的要求。论文的修改主要包括修改主题、修改结构、修改材料、修改语言和修改标题等。可以冷处理两三天，再拿出来修改。多与指导老师联系交流，老师会给出许多有益的修改建议。经过多次修改后的论文质量将会有所提高。一篇高质量的论文就是这样

千锤百炼出炉的。

## 13.3.3 学位论文规范要求

　　学位论文是学习阶段科学研究工作的全面总结,是描述其研究成果、代表其研究水平的重要学术文献资料,是申请和授予相应学位的基本依据。撰写学位论文是学术培养过程中的基本训练之一,必须按照确定的规范认真执行。指导教师应加强指导、严格把关。论文撰写应符合国家及各专业部门制定的有关标准,符合汉语语法规范。

　　学士、硕士和博士学位论文,除在字数、理论研究的深度及创造性成果等方面的要求不同外,对其撰写规范的要求基本一致。

　　学位论文的规范格式参照国家标准 GB/T 7713.1—2006《学位论文编写规则》规定的编写格式,其组成结构包括以下五个部分:① 前置部分。封面、封二(如有)、题名页、英文题名页(如有)、勘误页(如有)、致谢(或后置)、摘要页、序言或前言(如有)、目次页、关键词、插图和附表清单(如有)、缩写和符号清单(如有)、术语表(如有)。② 主体部分。引言、正文(章/节/图/表/公式/引文注释)、结论等。③ 参考文献。④ 附注。数据、资料、详细的公式推导等。⑤ 结尾部分。索引、作者简介、其他、学位论文数据集、攻读学位期间的成果、致谢、封底。

　　(1) 论文封面:其格式一般由学位授予单位统一印制,学生可根据封面统一的格式打印制作,具体项目包括中图法分类号、密级、编号、题名、申请学位级别、专业、指导教师、日期等。

　　(2) 论文题目:它是一篇论文给出的涉及论文范围与水平的第一个重要信息,必须有助于选定关键词和检索信息。对论文题目的要求是:准确得体、简短精练、外延和内涵恰如其分、醒目。

　　(3) 摘要:摘要应包含以下内容:① 从事这一研究的目的和重要性;② 研究的主要内容,指明完成了哪些工作;③ 获得的基本结论和研究成果,突出论文的新见解;④ 结论或结果的意义。

　　(4) 关键词(或主题词):一般选择方法是指作者在完成论文写作后,纵观全文,选出能表现论文主要内容的信息或词汇,这些词汇可以从论文标题中去找和选,也可以从论文内容中去找和选。

　　(5) 引言(或绪论):引言的内容包括研究的理由、目的、背景;前人的工作和知识空白;理论依据和基础;预期的结果及其在相关领域里的地位、作用和意义。学位论文需要反映作者确已掌握了坚实的基础理论和系统的专门知识,具有开阔的科学视野,对研究方案作了充分论证。因此,有关历史回顾和前人工作的综合评述以及理论分析等,可以单独成章,用足够的文字叙述。

　　(6) 正文:要求内容充实,论据充分、可靠,论证有力,主题明确。它一般包括研究问题的论述及系统分析、文献综述(第二手数据)、模型或方案设计(研究框架)、案例论证或实证分析(第一手数据)、模型运行的结果分析或建议、改进措施等。

　　(7) 结论:结论应该准确、完整、明确、精练。结论部分的写作内容一般应包括:① 本文研究结果说明了什么问题;② 对前人有关的看法作了哪些修正、补充、发展、证实或否定;③ 本文研究的不足之处或遗留未予解决的问题以及解决这些问题的可能的关键点和方向。

　　(8) 参考文献:参考文献应列于学位论文后,其目的有三:一是为了反映真实的科学依据;二是为了体现严肃的科学态度,分清是自己的观点或成果还是别人的观点或成果;三是对前人的科学成果表示尊重,同时也指明引用资料出处,便于检索。撰写学位论文过程中,可能引用了很多篇文献,但一般只列出较重要和较关键的文献资料。参考文献著录要求符合国家标准

GB/T 7714—2015《文献与信息 参考文献著录规则》的规定。

(9) 附录:对需要收录于学位论文中且又不适合书写于正文中的附加数据、资料、详细公式推导、调查问卷等有特色的内容,可作为附录,序号采用"附录1""附录2"等。

(10) 致谢:致谢应体现在国家科学基金,资助研究工作的奖学金基金,合同单位,资助和支持的企业、组织或个人;协助完成研究工作和提供便利的组织或个人;在研究工作中提出建议和提供帮助的人;给予转载和引用权的资料、图片、文献、研究思想和设想的所有者;其他应感谢的组织和个人等方面。

学位论文后应列出学生在攻读学位期间发表的与学位论文内容相关的学术论文。

一篇有分量的毕业论文,可以为你的简历增加含金量,为今后深入地学习和研究打下基础;为今后的职业生涯积累元素;为后来的同学提供有益的参考;也为你攻读学位阶段的学习画上一个圆满的句号。

## 13.4 校对符号及其用法

撰写论文的过程中,修改是难免的。利用标准的校对符号语言,对节约时间和提高工作质量非常有益。

校对符号是用来标明版面上某种错误的记号,是编辑、设计、排版、改版、查红样、校对人员的共同语言。

中华人民共和国国家标准 GB/T 14706—1993《校对符号及其用法》中规定了校对各种排版校样字符的改动、字符方向位置的移动和字符间距的改动的专用符号及其用法共21个。它主要适用于中文(包括少数民族文字)各类校样的校对工作。常用校对符号如表13.3所示。

表 12.3 常用校对符号一览表

| | 编号 | 符号形态 | 符号作用 | 符号在文中和页边用法示例 | 改正后的样式 |
|---|---|---|---|---|---|
| 一、字符的改动 | 1 | | 改正 | | 提高出版物质量。<br>改革开放 |
| | 2 | | 删除 | | 提高出版物质量。 |
| | 3 | | 增补 | | 要搞好校对工作。 |
| | 4 | | 改正上下标 | | $16=4^2$<br>$H_2SO_4$<br>尼古拉·费欣<br>$0.25+0.25=0.5$<br>举例:$2\times3=6$<br>$X:Y=1:2$ |

续表

| | 编号 | 符号形态 | 符号作用 | 符号在文中和页边用法示例 | 改正后的样式 |
|---|---|---|---|---|---|
| | 5 | | 转正 | 字符颠倒要转正。 | 字符颠倒要转正。 |
| | 6 | | 对调 | 认真经验总结。<br>认真验结经总。 | 认真总结经验。<br>认真总结经验。 |
| | 7 | | 接转 | 要重视校对工作，<br>提高出版物质量。 | 要重视校对工作，提高出版物质量。 |
| | 8 | | 另起段 | 完成了任务。明年…… | 完成了任务。<br>　　明年…… |
| | 9 | | 转移 | 校对工作，提高出<br>版物质量要重视。<br><br>"。以上引文均见中文新版<br>列宁全集》。<br><br>编者　年　月<br><br>各位编委： | 要重视校对工作，<br>提高出版物质量。<br><br>以上引文均见中文新版<br>《列宁全集》"。<br>　　编者　年　月<br>……<br><br>各位编委： |
| 二、字符方向位置的移动 | 10 | 或 | 上下移 | 序号｜名称｜数量<br>01｜显微镜｜2 | 序号｜名称｜数量<br>01｜显微镜｜2 |
| | 11 | 或 | 左右移 | 要重视校对工作，<br>提高出版物质量。<br>3 4　5,6　5<br>欢呼　歌　唱 | 要重视校对工作，<br>提高出版物质量。<br>3 4　　5 6 5<br>欢呼　歌　唱 |
| | 12 | | 排齐 | 校对工作非常重要。<br><br>必须提高印刷<br>质量，缩短印制周<br>期。国家标准 | 校对工作非常重要。<br><br>必须提高印刷<br>质量，缩短印制周<br>期。国家标准 |
| | 13 | | 排阶梯形 | RH₂ | $R_{H_2}$ |
| | 14 | | 正图 | | |

续表

| | 编号 | 符号形态 | 符号作用 | 符号在文中和页边用法示例 | 改正后的样式 |
|---|---|---|---|---|---|
| 三、字符间距的改动 | 15 | ∨ ＞ | 加大空距 | 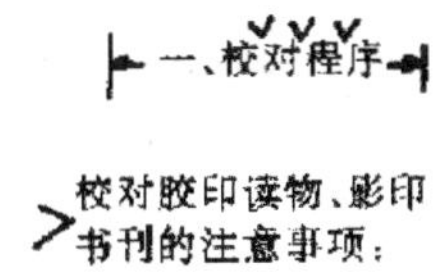 | 一、校 对 程 序<br>校对胶印读物、影印书刊的注意事项： |
| | 16 | ∧ ＜ | 减小空距 | 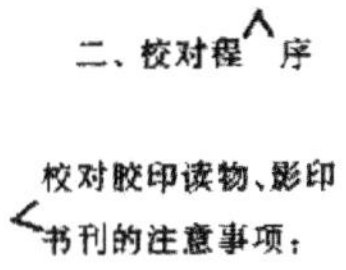 | 二、校对程序<br>校对胶印读物、影印书刊的注意事项： |
| | 17 | ♯ ♯ ♯ ♯ | 空1字距<br>空1/2字距<br>空1/3字距<br>空1/4字距 | 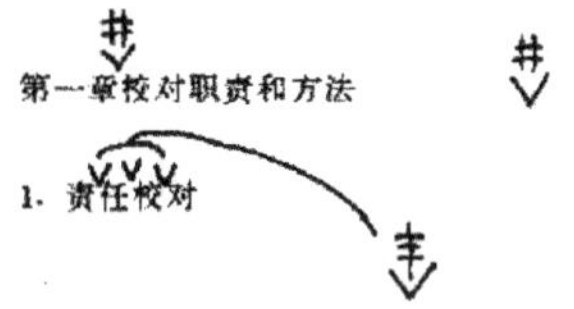 | 第一章　校对职责和方法<br>1. 责任校对 |
| | 18 | Y | 分开 |  Goodmorning! | Good morning! |
| 四、其他 | 19 | △ | 保留 | 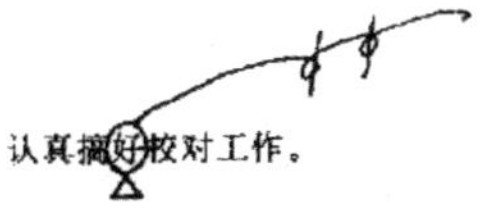 | 认真搞好校对工作。 |
| | 20 | ○＝ | 代替 | 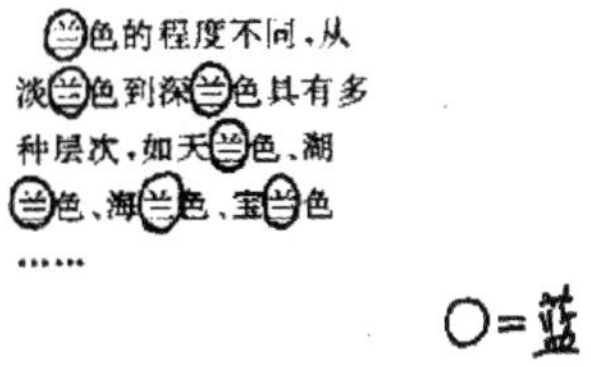 | 蓝色的程度不同，从淡蓝色到深蓝色具有多种层次，如天蓝色、湖蓝色、海蓝色、宝蓝色…… |
| | 21 | ○○○ | 说明 |  | 第一章　校对的职责 |

校对校样时，必须用色笔（墨水笔、圆珠笔等）书写校对符号和示意改正的字符，但是不能用灰色铅笔书写；校样上改正的字符要书写清楚，校改外文，要用印刷体；校样中的校对引线要从行间画出，墨色相同的校对引线不可交叉。

思考与练习

1. 学术论文主要由哪几个部分组成？各部分包含的具体项目有哪些？
2. 国家标准规定的参考文献标注形式有哪几种？

3. 简述在论文写作时记录参考文献的意义。

4. 试述学术论文的摘要、引言和结论的联系与区别。

5. 通过课程的理论学习和检索实践,结合文献综述论文的写作,谈谈学术论文的撰写步骤和过程。

# 第14章 化学化工文献信息检索实践

1992年国家教委高等教育司以高教司〔1992〕44号文件的形式,印发了《文献检索课教学基本要求》的通知。通知指出文献检索课程的性质和任务,文献检索课是培养学生的情报意识,掌握用手工检索方式(简称"手检")和计算机检索方式(简称"机检")从文献中获取知识和情报的一门科学方法课。文献检索课程的任务是使学生了解各自专业及相关专业文献的基本知识,学会常用检索工具书与参考工具书的使用方法,懂得如何获得与利用文献情报,增强自学能力和研究能力。通知还指出了文献检索课程的总学时数为30~50(每学时按50分钟计算),其中课堂教学与实习的比例为1∶1至2∶1。各个学校根据现有的条件和情况安排理论课和实验课的比例。"化学化工文献信息检索"课程是实践性较强的课程,实践环节的安排能够更好地完成课程的教学和文献信息检索技能的培养。

## 14.1 检索实践概述

### 14.1.1 实践的性质与任务

文献信息检索课是培养学生的信息意识,掌握用手工方式和计算机方式从文献中获取知识和情报的一门科学方法课,是提高学生自学能力和独立研究问题能力的工具课。本课程的任务是使学生在了解各自专业及相关专业文献的基本知识的基础上,学会常用手工检索工具、计算机检索工具的使用方法,懂得如何获得与利用文献信息,并综合利用文献知识,从而写出合格的文献综述报告。

### 14.1.2 实践的目的与要求

文献信息检索实践的目的是使同学了解并熟悉从主题途径、分类途径、著者途径等检索入口检索文献的方法以及数据库检索常用指令和检索算符的使用方法,学会分析课题、准确制定检索策略,并能根据检索结果,完成化学化工文献信息检索综述报告的编写。

通过本课程的学习,可使学生在中、外文文献信息检索和综合利用方面的能力得到锻炼和提高。具体表现为:一是熟悉若干种基本的综合性和专业性中、外文检索工具(书目、索引、文摘),了解其内容特点、结构和著录格式,能够通过多种途径使用它们检索和专业相关的不同类型的文献;二是熟悉若干种主要的综合性和专业性参考工具(辞书、百科全书、年鉴、手册、名录、表谱、图录、资料汇编、文献指南和参考数据库等),了解其内容特点、适用范围和查阅方法,能够使用它们进行事实检索和数据检索;三是掌握计算机检索的方法,包括选择数据库、制定检索策略、分析检索结果;四是能够独立地根据检索课题选用适当的检索工具,并综合使用多种检索工具和参考工具完成检索课题;五是掌握获取原始文献的主要方法及整理文献资料的方法;六是能够使用文献管理软件管理文献及论文写作;七是学会利用检索到的文献信息进行论文写作及实际应用。

## 14.2　检索实践的课题选取

"化学化工文献信息检索"课程的开设时间,可根据各校的情况而定。在低年级开设,有利于学生掌握文献信息检索的基础知识和技能。在高年级开设,此时学生具备一定的专业基础知识和计算机操作能力,对于专业文献信息检索的领会更加深入,有利于同学们更好地学习和掌握专业文献信息检索的方法,以及完成文献综述论文和专业论文的撰写。文献信息检索课程和实践,开设在大学三年级比较适宜,因为同学们通过两年多的专业及计算机课程的学习,掌握了一定的专业知识和计算机使用技能。这将有利于课题的选取、检索过程的完成和文献综述报告的编写。

课题的选取,主要有三个方面:一是选择感兴趣的研究课题。文献信息检索课程的老师需引导学生了解学院教师的科学研究方向,现在大多数学院都有学院网站,老师信息都被上传至学院网站的师资队伍栏。对于感兴趣的学科,同学们可自行拟定课题,经修改整理成适合文献综述论文的选题。二是根据毕业论文研究课题或创新实验选题。许多高校对部分学生开设创新实验,参加创新实验的同学,可以结合自己创新实验的内容自拟选题,这样检索到的文献与创新实验内容相关,将更有利于创新实验的进行。三是老师指定选题。为了让同学们能够独立地完成整个文献信息检索的实践过程,老师列出一些相关的前沿研究课题,要求每位同学选择不同的课题。

## 14.3　检索实践的项目内容

### 14.3.1　实践项目安排

在文献信息检索实践中,既要安排手工检索实践也要安排计算机网络检索实践;既要安排中文检索实践也要安排外文检索实践。实践过程中,应充分利用学校图书馆和院系资料室现有的检索工具资源,包括中、外文印刷版检索工具和中、外文数据库(见表14.1)。

实践的形式要求:分组实践,最好安排约20人一组。

### 14.3.2　实践内容、步骤、场所

(1) 选取关键词。根据自己的题目,找出3~8个关键词。
(2) 翻译。将选题与关键词译成英文。
(3) 检索内容。通过以上四次检索实践,利用检索工具检索并列出检索结果,即与选题相

关的文献题录条目,中文手检 10 条、外文手检 10 条、中文机检 10 条、外文机检 10 条。著录格式要求完整,符合检索工具题录的标准著录格式,中文可参照《全国报刊索引》的著录格式,外文可参照美国《化学文摘》的著录格式,或者符合《文献与信息 参考文献著录规则》的格式,以熟悉和掌握论文参考文献的格式要求。

(4) 实践场所的选择。根据现有的资源条件而定,一般是使用学校图书馆、院系资料室及计算机机房。① 手工检索实践:学校图书馆或院系资料室。② 计算机检索实践:联网计算机机房(或学生自备笔记本电脑)。

表 14.1 文献信息检索实践项目

| 序号 | 实践名称 | 学时数 | 检索工具 | 内容提要 |
|---|---|---|---|---|
| 1 | 中文手检 | 4 | ① 中文印刷版检索工具,如《全国总书目》《全国报刊索引》等;<br>② 中文印刷版专业检索工具,如《中国化学化工文摘》等 | 针对所给课题,利用中文检索工具刊进行相关文献信息检索 |
| 2 | 外文手检 | 4 | 外文印刷版检索工具,如美国《化学文摘》《科学引文索引》等 | 针对所给课题,利用外文专业检索工具刊进行相关文献信息检索 |
| 3 | 中文机检 | 4 | ① 搜索引擎:谷歌、百度等;<br>② 学术搜索引擎:谷歌学术搜索、百度学术搜索、读秀学术搜索等;<br>③ 光盘数据库:全国报刊索引、中国化学化工文摘等;<br>④ 网络数据库:中国知网、万方数据、维普网、超星发现系统等 | 针对所给课题,利用搜索引擎、学术搜索引擎及专业光盘数据库、网络数据库进行相关文献信息检索;熟悉文献管理软件的下载、安装、题录添加与管理 |
| 4 | 外文机检 | 4 | ① 光盘:CA on CD 等;<br>② 专业检索数据库:SciFinder、Web of Science 等;<br>③ 期刊全文数据库:ACS、RSC、ScienceDirect、SpringerLink、John Wiley 等 | 针对所给课题,利用外文专业光盘数据库、网络数据库及期刊全文数据库进行相关文献信息检索;熟练使用文献管理软件进行论文写作 |

## 14.4 检索实践的报告形式

学生进行中文手检、外文手检、中文机检和外文机检四次检索实践,根据检索结果,经过查找、分析、整理、阅读检索到的相关文献原文,然后写出一篇 1500~3000 字的文献综述论文。文献综述论文的编写要求具有完整的学术论文格式。最终完成文献信息检索实践报告书。文献信息检索实践报告书主要包括课题基本情况、检索过程和结果、文献综述论文等三部分内容。文献信息检索实践报告书样式见本书附录 3。

# 附 录

## 附录1 《中国图书馆分类法》第5版简表

A 马克思主义、列宁主义、毛泽东思想、邓小平理论
    A1 马克思、恩格斯著作
    A2 列宁著作
    A3 斯大林著作
    A4 毛泽东著作
    A49 邓小平著作
    A5 马克思、恩格斯、列宁、斯大林、毛泽东、邓小平著作汇编
    A7 马克思、恩格斯、列宁、斯大林、毛泽东、邓小平生平和传记
    A8 马克思主义、列宁主义、毛泽东思想、邓小平理论的学习和研究

B 哲学、宗教
    B0 哲学理论
    B1 世界哲学
    B2 中国哲学
    B3 亚洲哲学
    B4 非洲哲学
    B5 欧洲哲学
    B6 大洋洲哲学
    B7 美洲哲学
    B80 思维科学
    B81 逻辑学(论理学)
    B82 伦理学(道德学)
    B83 美学
    B84 心理学
    B9 宗教

C 社会科学总论
    C0 社会科学理论与方法论
    C1 社会科学概况、现状、进展
    C2 社会科学机构、团体、会议
    C3 社会科学研究方法
    C4 社会科学教育与普及
    C5 社会科学丛书、文集、连续性出版物
    C6 社会科学参考工具书
    [C7] 社会科学文献检索工具书
    C79 非书资料、视听资料
    C8 统计学
    C91 社会学
    C92 人口学
    C93 管理学
    [C94] 系统科学
    C95 民族学、文化人类学
    C96 人才学
    C97 劳动科学

D 政治、法律
    D0 政治学、政治理论
    D1 国际共产主义运动
    D2 中国共产党
    D33/37 各国共产党
    D4 工人、农民、青年、妇女运动与组织
    D5 世界政治
    D6 中国政治
    D73/77 各国政治
    D8 外交、国际关系
    D9 法律

E 军事
    E0 军事理论
    E1 世界军事
    E2 中国军事
    E3/7 各国军事

| | | | |
|---|---|---|---|
| E8 | 战略学、战役学、战术学 | H61 | 南亚语系(澳斯特罗-亚细亚语系) |
| E9 | 军事技术 | H62 | 南印语系(达罗毗荼语系、德拉维达语系) |
| E99 | 军事地形学、军事地理学 | | |

**F 经济**

- F0 经济学
- F1 世界各国经济概况、经济史、经济地理
- F2 经济管理
- F3 农业经济
- F4 工业经济
- F49 信息产业经济
- F5 交通运输经济
- F59 旅游经济
- F6 邮电通讯经济
- F7 贸易经济
- F8 财政、金融

**G 文化、科学、教育、体育**

- G0 文化理论
- G1 世界各国文化与文化事业
- G2 信息与知识传播
- G3 科学、科学研究
- G4 教育
- G5 世界各国教育事业
- G6 各级教育
- G61 学前教育、幼儿教育
- G62 初级教育
- G63 中等教育
- G64 高等教育
- G65 师范教育、教师教育
- G7 各类教育
- G71 职业技术教育
- G72 成人教育、业余教育
- G8 体育

**H 语言、文字**

- H0 语言学
- H1 汉语
- H2 中国少数民族语言
- H3 常用外国语
- H4 汉藏语系
- H5 阿尔泰语系(突厥-蒙古-通古斯语系)
- H63 南岛语系(马来-波利尼西亚语系)
- H64 东北亚诸语言
- H65 高加索语系(伊比利亚-高加索语系)
- H66 乌拉尔语系(芬兰-乌戈尔语系)
- H67 闪-含语系(阿非罗-亚细亚语系)
- H7 印欧语系
- H81 非洲诸语言
- H83 美洲诸语言
- H84 大洋洲诸语言
- H9 国际辅助语

**I 文学**

- I0 文学理论
- I1 世界文学
- I2 中国文学
- I3/7 各国文学

**J 艺术**

- J0 艺术理论
- J1 世界各国艺术概况
- J2 绘画
- J29 书法、篆刻
- J3 雕塑
- J4 摄影艺术
- J5 工艺美术
- [J59] 建筑艺术
- J6 音乐
- J7 舞蹈
- J8 戏剧、曲艺、杂技艺术
- J9 电影、电视艺术

**K 历史、地理**

- K0 史学理论
- K1 世界史
- K2 中国史
- K3 亚洲史
- K4 非洲史
- K5 欧洲史
- K6 大洋洲史

| | | | |
|---|---|---|---|
| K7 | 美洲史 | Q4 | 生理学 |
| K81 | 传记 | Q5 | 生物化学 |
| K85 | 文物考古 | Q6 | 生物物理学 |
| K89 | 风俗习惯 | Q7 | 分子生物学 |
| K9 | 地理 | Q81 | 生物工程学（生物技术） |

N 自然科学总论

- N0 自然科学理论与方法论
- N1 自然科学概况、现状、进展
- N2 自然科学机关、团体、会议
- N3 自然科学研究方法
- N4 自然科学教育与普及
- N5 自然科学丛书、文集、连续性出版物
- N6 自然科学参考工具书
- [N7] 自然科学文献检索工具
- N79 非书资料、视听资料
- N8 自然科学调查、考察
- N91 自然研究、自然历史
- N93 非线性科学
- N94 系统科学
- [N99] 情报学、情报工作

O 数理科学和化学

- O1 数学
- O3 力学
- O4 物理学
- O6 化学
- O7 晶体学

P 天文学、地球科学

- P1 天文学
- P2 测绘学
- P3 地球物理学
- P4 大气科学（气象学）
- P5 地质学
- P7 海洋学
- P9 自然地理学

Q 生物科学

- Q1 普通生物学
- Q2 细胞生物学
- Q3 遗传学
- Q4 生理学
- Q5 生物化学
- Q6 生物物理学
- Q7 分子生物学
- Q81 生物工程学（生物技术）
- [Q89] 环境生物学
- Q91 古生物学
- Q93 微生物学
- Q94 植物学
- Q95 动物学
- Q96 昆虫学
- Q98 人类学

R 医药、卫生

- R1 预防医学、卫生学
- R2 中国医学
- R3 基础医学
- R4 临床医学
- R5 内科学
- R6 外科学
- R71 妇产科学
- R72 儿科学
- R73 肿瘤学
- R74 神经病学与精神病学
- R75 皮肤病学与性病学
- R76 耳鼻咽喉科学
- R77 眼科学
- R78 口腔科学
- R79 外国民族医学
- R8 特种医学
- R9 药学

S 农业科学

- S1 农业基础科学
- S2 农业工程
- S3 农学（农艺学）
- S4 植物保护
- S5 农作物
- S6 园艺
- S7 林业

S8　畜牧、动物医学、狩猎、蚕、蜂
S9　水产、渔业

T　工业技术
　　TB　一般工业技术
　　TD　矿业工程
　　TE　石油、天然气工业
　　TF　冶金工业
　　TG　金属学与金属工艺
　　TH　机械、仪表工业
　　TJ　武器工业
　　TK　能源与动力工程
　　TL　原子能技术
　　TM　电工技术
　　TN　电子技术、通讯技术
　　TP　自动化技术、计算机技术
　　TQ　化学工业
　　TS　轻工业、手工业、生活服务业
　　TU　建筑工程
　　TV　水利工程

U　交通运输
　　U1　综合运输
　　U2　铁道运输
　　U4　公路运输
　　U6　水路运输
　　[U8]　航空运输

V　航空、航天
　　V1　航空、航天技术的研究与探索
　　V2　航空
　　V4　航天(宇宙航行)
　　[V7]　航空、航天医学

X　环境科学、安全科学
　　X1　环境科学基础理论
　　X2　社会与环境
　　X3　环境保护管理
　　X4　灾害及其防治
　　X5　环境污染及其防治
　　X7　行业污染、废物处理与综合利用
　　X8　环境质量评价与环境监测
　　X9　安全科学

Z　综合性图书
　　Z1　丛书
　　Z2　百科全书、类书
　　Z3　辞典
　　Z4　论文集、全集、选集、杂著
　　Z5　年鉴、年刊
　　Z6　期刊、连续性出版物
　　Z8　图书报刊目录、文摘、索引

# 附录2　常用网络信息资源网址

| 名　称 | 网　址 |
| --- | --- |
| 搜索引擎 ||
| 百度 | https://www.baidu.com |
| 百度学术 | https://xueshu.baidu.com |
| 谷歌 | http://www.google.com |
| 谷歌学术 | http://scholar.google.com |
| Bing | https://www.bing.com |
| 读秀 | http://www.duxiu.com |
| 搜狗学术 | https://scholar.sogou.com |
| 中国学术搜索网 | http://www.sciinfo.cn |

续表

| 名　称 | 网　址 |
| --- | --- |
| Soopat 专利搜索 | http://www.soopat.com |
| 参考数据库 | |
| 超星发现 | http://ss.zhizhen.com |
| 智立方 资源知识服务平台 | http://zlf.cqvip.com |
| 中国社会科学引文索引 CSSCI | http://cssci.nju.edu.cn |
| 中国科学引文数据库 CSCD | http://sciencechina.cn/search_sou.jsp |
| 中国高等教育文献保障系统 | http://www.calis.edu.cn |
| Web of Science 平台 | http://www.webofscience.com |
| Web of Science 核心合集<br>(SCI,SSCI,A&HCI,CPCI-S,CPCI-SSH,BkCI) | http://www.webofscience.com |
| Inspec(科学文摘) | http://www.webofscience.com |
| DII | http://www.webofscience.com |
| MEDLINE | http://www.webofscience.com |
| MEDLINE Home | https://www.nlm.nih.gov/medline |
| PubMed | https://www.ncbi.nlm.nih.gov/pubmed |
| 美国国家医学图书馆(NLM) | https://www.nlm.nih.gov/medline |
| SciFinder | https://scifinder.cas.org |
| Engineering Village(EI) | https://www.engineeringvillage.com |
| Scopus | https://www.scopus.com |
| STN | https://www.stn.org, https://stnweb.cas.org |
| Reaxys | https://www.reaxys.com |
| ERIC 教育研究信息中心 | https://eric.ed.gov |
| IEEE | https://ieeexplore.ieee.org |
| 日本科学技术振兴机构英文主页 | https://www.jst.go.jp/EN |
| JDreamⅢ | https://jdream3.com |
| JDreamⅢ数据 | https://jdream3.com/service/science |
| 俄罗斯《文摘杂志》(РЖ) | http://www.viniti.ru |
| 源数据库 | |
| 中国知网(CNKI) | https://www.cnki.net |
| 万方数据 | https://www.wanfangdata.com.cn |
| 维普网 | http://www.cqvip.com |
| 超星读书 | http://book.chaoxing.com |
| 超星数字图书馆 | http://www.sslibrary.com |
| ScienceDirect | https://www.sciencedirect.com |
| Wiley Online Library | https://onlinelibrary.wiley.com |

续表

| 名　　称 | 网　　址 |
|---|---|
| Springer Link | https://link.springer.com |
| Taylor & Francis | https://www.tandfonline.com |
| Sage Publishing | https://www.sagepub.com |
| Proquest | https://www.proquest.com |
| PQDT | https://pqdtopen.proquest.com |
| ACS pubs | https://pubs.acs.org |
| RSC pubs | https://pubs.rsc.org |
| CCS publishing | http://www.ccspublishing.org.cn |
| CSJ journals | https://www.journal.csj.jp |
| Nature pubs | https://www.nature.com |
| Science pubs | https://www.sciencemag.org/journals |
| Thieme pubs | https://www.thieme.com |
| OALib Journal | https://www.oalib.com |
| EBSCOhost | https://search.ebscohost.com |
| OCLC 联机计算机图书馆中心 | https://www.oclc.org |
| CRC 化学和物理手册 | https://www.hbcponline.com |
| Chemnet 化工助手 | http://cheman.chemnet.com |
| PubChem | https://pubchem.ncbi.nlm.nih.gov |
| WWW Chemicals | http://www.chem.com |
| ChemBlink(化学品信息) | https://www.chemblink.com |
| ChemExper | http://www.chemexper.com |
| 物竞化学品数据库 | http://www.basechem.org |
| 方正 Apabi 数字图书馆, | http://www.apabi.cn |
| 开元知海 e 读 | http://www.yidu.edu.cn |
| 机构、协会、门户网站、其他 | |
| 中国化学会(CCS) | https://www.chemsoc.org.cn |
| 美国化学会(ACS) | https://www.acs.org |
| 美国化学文摘社(CAS) | http://www.cas.org |
| 英国皇家化学会(RSC) | https://www.rsc.org |
| 德国化学会(GDCh) | https://www.gdch.de |
| 法国化学会(SCF) | https://www.societechimiquedefrance.fr |
| 日本化学会(CSJ) | https://www.chemistry.or.jp |
| 爱思唯尔(Elsevier) | https://www.elsevier.com |
| 科睿唯安(Clarivate) | https://www.clarivate.com |

续表

| 名　称 | 网　址 |
|---|---|
| X-MOL 科学知识平台 | https://www.x-mol.com |
| 化学学科信息门户 | http://chemport.ipe.ac.cn |
| 中国化工网 | http://China.Chemnet.com |
| 中国国家图书馆 | http://www.nlc.cn |
| 中国科学院文献情报中心 | http://www.sciencechina.cn |
| 中国科学院智能服务平台 | https://www.las.ac.cn |
| 中国国家科技图书文献中心(NSTL) | https://www.nstl.gov.cn |
| 中国数字图书馆 | http://www.cdlc.cn |
| 中国科技网 | http://www.stdaily.com |
| 中国标准网 | http://www.standardcn.com |
| 国家知识产权局 | https://www.cnipa.gov.cn |
| 中国专利信息网 | https://www.patent.com.cn |
| 中国专利信息中心 | https://www.cnpat.com.cn |
| 美国专利商标局 | https://www.uspto.gov |
| 日本专利局 | https://www.jpo.go.jp |
| 欧洲专利局 | https://www.epo.org |
| NASA | https://www.nasa.gov |
| NASA 技术报告信息 | https://ntrs.nasa.gov |
| 美国能源(OSTI) | https://www.osti.gov |
| 美国国家技术情报服务局(NTIS) | https://www.ntis.gov |
| 国际标准化组织(ISO) | https://www.iso.org |
| 美国材料实验协会(ASTM) | https://www.astm.org |
| 工　具　类 | |
| 国际 DOI | https://dx.doi.org |
| 中国 DOI | http://www.chinadoi.cn |
| 《中国图书馆分类法》第五版查询 | https://www.clcindex.com |
| ISBN check | http://www.isbn-check.com |
| ISSN | https://www.issn.org |
| EndNot 文献管理软件 | https://www.endnote.com |
| NoteFirst 文献管理软件 | http://www.notefirst.com |
| NoteExpress 文献管理软件 | http://www.inoteexpress.com |

# 附录3 化学化工文献信息检索实践报告书

| 姓名 | | 学号 | | 专业 | |
|---|---|---|---|---|---|
| 导师 | | | | 总成绩 百分制 | |
| 任课教师 | | | | | |

一、课题基本情况

| 学科 | |
|---|---|
| 研究方向 | |
| 研究领域 | |
| 中文课题题名 | |
| 英文课题题名 | |
| 中文关键词 | |
| 英文关键词 | |
| 中图分类号 | |
| 类名 | |
| 课题研究的目的与意义 | |

二、文献检索（检索条目包括：图书、期刊论文、学位论文等多种文献类型）

| （一）中文手工检索 ||
|---|---|
| 检索工具 | |
| 检索过程 | |
| 检索条目 | |

| （二）中文计算机检索 ||
|---|---|
| 检索工具 | |
| 检索过程 | |
| 检索条目 | |

| (三)外文手工检索 ||
|---|---|
| 检索工具 | |
| 检索过程 | |
| 检索条目 | |

| (四)外文计算机检索 ||
|---|---|
| 检索工具 | |
| 检索过程 | |
| 检索条目 | |

三、文献综述(要求具备学术论文的完整格式)

# 参考文献

[1] 潘杏仙.科技文献检索:入门与提高[M].合肥:安徽人民出版社,2008.

[2] 余向春.化学文献及查阅方法[M].4版.北京:科学出版社,2009.

[3] 余向春,黄文林.化学文献及查阅方法[M].5版.北京:科学出版社,2019.

[4] 余向春.化学化工信息检索与利用[M].3版.大连:大连理工大学出版社,2008.

[5] 王荣民.化学化工信息及网络资源的检索与利用[M].北京:化学工业出版社,2003.

[6] 张厚生.信息检索[M].4版.南京:东南大学出版社,2006.

[7] 张翠梅,周激.化学化工文献与信息检索[M].北京:国防工业出版社,2005.

[8] 卢小宾,李景峰.信息检索[M].2版.北京:科学出版社,2009.

[9] 陈子康,张连水,李华民.化学文献检索与应用导引[M].2版.北京:北京师范大学出版社,2001.

[10] 王正列,王元欣.化学化工文献检索与利用[M].2版.北京:化学工业出版社,2009.

[11] 曹彩英,左惠凯.化学化工信息检索与利用[M].北京:海洋出版社,2008.

[12] 阚元汉.专利信息检索与利用[M].北京:海洋出版社,2008.

[13] 朱江岭,陈金梅.中外专利信息网络检索与实例[M].北京:海洋出版社,2009.

[14] 王崇臣,等.化学化工专利文献及其检索[M].北京:化学工业出版社,2005.

[15] 王兵.知识产权基础教程[M].北京:清华大学出版社,2009.

[16] 陶鑫良.知识产权教程[M].上海:上海大学出版社,2006.

[17] 李平,刘洋.信息检索分析与展示[M].北京:清华大学出版社,2012.

[18] 龙丽嫦,曾祥潘,简子洋.用技术解决问题教师信息素养88个情景实例[M].广州:暨南大学出版社,2014.

[19] 赵莉.信息素养实用教程[M].北京:中国轻工业出版社,2013.

[20] 赵莉,丛全滋,耿晓宁,等.信息素养实用教程[M].北京:中国轻工业出版社,2013.

[21] 孙华,秦浩波,魏力更,等.数字信息资源检索[M].哈尔滨:哈尔滨工程大学出版社,2012.

[22] 毕玉侠,于占洋.药学文献检索[M].沈阳:东北大学出版社,2014.

[23] 姚荣余.美国《化学文摘》查阅法[M].北京:化学工业出版社,2004.

[24] 咸昌文,罗艳娥.新编知识产权教程[M].2版.武汉:华中科技大学出版社,2012.

[25] 文希凯.专利法教程[M].修订版.北京:知识产权出版社,2011.

[26] 王细荣,韩玲,张勤.文献信息检索与论文写作[M].上海:上海交通大学出版社,2006.

[27] 陈子康,张连水,李华民.化学文献检索与应用引导[M].2版.北京:北京师范大学出版社,2008.

[28] 邓学军,孙敏,刘涛,等.科技信息检索[M].西安:西北工业大学出版社,2006.

[29] 董慧茹,高彦静,张元晶,等.化学化工信息检索基础知识和检索工具[M].北京:化学工业出版社,2005.

[30] 叶晓风.网络信息资源检索与利用[M].南京:南京大学出版社,2008.

[31] 国家图书馆《中国图书馆分类法》编辑委员会.中国图书馆分类法[M].5版.北京:国家图书馆出版社,2010.

[32] 秦殿启.信息素养论[M].南京:南京大学出版社,2012.

[33] 周智佑.情报与文献工作词汇基本术语:GB4894—1985[S].北京:中国标准出版社,1985.

[34] 全国信息与文献标准化技术委员会.科学技术报告、学位论文和学术论文的编写格式:GB/T7713—1987[S].北京:中国标准出版社,1987.

[35] 国务院学位委员会办公室,中国科学技术信息研究所.学位论文编写规则:GB/T 7713.1—2006[S].北京:中国标准出版社,2006.

[36] 国家图书馆,清华大学图书馆,中科院文献情报中心,等.信息与文献术语:GB/T 4894—2009[S].北京:中国标准出版社,2009.

[37] 中国社会科学院,国家图书馆,北京大学图书馆.文献著录 第1部分:总则:GB/T 3792.1—2009[S].北京:中国标准出版社,2009.

[38] 北京大学.标点符号用法:GB/T 15834—2011[S].北京:中国标准出版社,2011.

[39] 北京大学信息管理系,中国科学技术信息研究所,北京师范大学学报(自然科学版)编辑部,等.信息与文献 参考文献著录规则:GB/T 7714—2015[S].北京:中国标准出版社,2015.

[40] 张普定.网络首发著作权之刑法保护[J].天津大学学报(社会科学版),2020,22(4):368-373.

[41] 蒋巧媛,陈泉.植物学综述论文的写作及遴选[J].广西植物,2006,26(3):338-340.

[42] 陈鹤星,马建玲.电子期刊文献与参考咨询工作[J].图书与情报,2004(5):3.

[43] 林晖.美国《生物学文摘》的检索途径和方法[J].农业图书情报学刊,2007,19(4):121-123.

[44] 侯跃芳,魏良.美国《生物学文摘》光盘检索系统[J].情报理论与实践,1999,22(6):451-452.

[45] 张海燕.对比分析美国《化学文摘》和俄罗斯《化学文摘杂志》的检索特点[J].医学情报工作,1995,16(6):29-30.

[46] 张倩苇.信息素养与信息素养教育[J].电化教育研究,2001(2):9-14.

[47] 宋玉梅.Reaxys的检索及特点[J].现代情报,2011(10):151-156.

[48] 刘海波,彭勇,黄璐琦,等.基于PubChem数据库的天然产物快速寻靶方法[J].中草药,2012,43(11):2099-2106.

[49] 许兴斌.超星发现系统对高校图书馆文献传递服务的影响及对策分析[J].农业图书情报

学刊,2014,26(8):118-120.

[50] 覃燕梅.百度学术搜索与超星发现系统比较分析及评价[J].现代情报,2016,36(3):48-52,60.

[51] 洪坚.网络级资源发现系统与图书馆信息服务:基于超星中文发现系统的思考[J].图书馆工作与研究,2014(6):42-45.

[52] 王华,王光梅.国际联机检索系统新旧平台 Dialog 与 ProquestDialog(PQD)的比较[J].科技情报开发与经济,2014,24(7):86-89.

[53] 朱兵,张碧玉.美国《化学文摘》(CA)百年发展历程回眸[J].农业图书情报学刊,2009,21(10):50-53.

[54] 王旭.SciFinderWeb 数据库的特色功能[J].图书情报工作,2014,58(S1):66-68,271.

[55] 傅倩,葛巧珍.SciFinder Web 版数据库在化学类科研活动中的应用[J].化工高等教育,2014(2):103-108.

[56] 张巍巍,谢志耘,李春英.SciFinderWeb 主题检索技巧浅析[J].图书情报工作,2015,58(S2):108-111.

[57] 季慧.大学学术评价的异化:期刊评价[J].鸡西大学学报,2016(5):4-7.

[58] 俞立平,王艳.学术期刊被引频次的时间分布规律研究:以图书馆、情报、文献学期刊为例[J].情报科学,2016(5):159-162.

[59] 苗美娟,刘兹恒.国内图书馆开放存取出版服务探析[J].国家图书馆学刊,2016(2):60-65.

[60] 盈江燕,袁润,李广平.国内开放存取研究的知识图谱分析[J].现代情报,2016(4):145-150.

[61] 姜春林,赵宇航,程秀红.我国科学学与科技管理类期刊发展现状及提升策略[J].中国科技期刊研究,2016(4):420-426.

[62] 张露露,陈朝晖,谢薇.专利政策对专利转化的影响[J].合作经济与科技,2016(10):190-191.

[63] 郑红,胡思康.中文专利文献摘要的知识表示研究[J].山东科技大学学报(自然科学版),2015(5):104-108.

[64] 汪滨,陈云鹏,张明,等.标准信息公益服务模式研究:以国家标准文献共享服务平台为例[J].标准科学,2015(12):9-11.

[65] 王自强,袁亚平,李英,等.美国政府出版物管理制度研究[J].出版参考,2016(2):16-18.

[66] 王颖.档案信息化建设与技术档案管理研究[J].现代国企研究,2015(22):41.

[67] 王自强,袁亚平,李英,等.我国政府出版物管理制度的现状、问题及对策[J].出版参考,2016(3):18-21.

[68] 温芳芳.基于专利文献计量的我国校企科研合作现状分析[J].情报杂志,2014(12):71-76.

[69] 刘峰,吴瑞红,徐川,等.专利文献中关键词抽取方法的改进[J].情报杂志,2014(12):

36-40.

[70] 袁碧辉.科技项目技术档案管理分析[J].现代商贸工业,2014(23):70-71.

[71] 闫冬.浅谈科技查新中专利文献的检索与利用[J].科技情报开发与经济,2015(6):110-112.

[72] 刘恬渊,李景,陈颖,等.论技术文档编制的重要性及对标准文献服务提出的新需求[J].标准科学,2015(3):42-44,49.

[73] 范莉萍,刘颖.技术档案资料信息化管理探讨[J].电子世界,2014(17):199-200.

[74] 韩红,朱江,王春明,等.开放学术会议文献信息服务模式探索:以中国科学院重要会议开放资源采集与服务系统为例[J].图书馆理论与实践,2015(6):83-86.

[75] 王萌萌.国家图书馆的特藏文献收藏:以国际组织和外国政府出版物为例[J].科技资讯,2015(16):193-194,197.

[76] 吴宏涛,李祥松.浅谈专利文献在研发工作中的利用[J].科技广场,2015(5):246-249.

[77] 王晓丽,景怀宇.科技查新中专利文献的检索与对比分析[J].现代情报,2015(7):89-92.

[78] 戴翀,郜琳琳."中间文件"在专利文献检索中的应用:以专利审查为视角[J].农业图书情报学刊,2015(10):110-113.

[79] 郑红,胡思康.中文专利文献摘要的知识表示[J].山东科技大学学报(自然科学版),2015(5):104-108.

[80] 赵华.标准文献馆藏资源建设评价体系[J].图书馆学刊,2014(8):28-30.

[81] 张海生,蔡宗模,吴朝平.学术期刊增强出版的实践与探索[J].传媒,2020(15):33-34.

[82] 周秀会.知识元搜索引擎:CNKI知识搜索平台[J].现代情报,2007(5):220-222.

[83] 国际标准书号[EB/OL].(2003-10-20)[2011-6-18]. http://baike.baidu.com/view/20171.htm.

[84] 西安知先信息技术有限公司.团队科研协作系统用户简明手册[EB/OL].(2012-03-06)[2016-05-18]. http://admin.notefirst.com/UpLoad/Documents/NoteFirst3.0.

[85] 西安知先信息技术有限公司.产品介绍[EB/OL].[2020-05-18]. http://www.notefirst.com/product/default.aspx?id=0px&defalut.

[86] 姜忠辉.如何撰写论文[EB/OL].(2011-03-02)[2016-05-18]. http://wenku.baidu.com/view/9ad0541fa76e58fafab0032c.html.

[87] 中国知网.帮助中心[EB/OL].[2020-05-18]. http://service.cnki.net/helpcenter/Html/index.html?randomNum=866.

[88] CAS. New STN Revolutionizes Patent Searching[EB/OL].[2016-06-06]. http://www.cas.org/products/stn/newplatform.

[89] 中国版本图书馆(中央宣传部出版物数据中心).全国总书目介绍[EB/OL].(2012-01-04)[2021-03-01]. https://www.capub.cn/qgzsm/qgzsmjs/01/2054.shtml.